基因组学

JIYINZUXUE

宋方洲　李海玉◎主编

西南大学出版社
SWUP 国家一级出版社 全国百佳图书出版单位

图书在版编目(CIP)数据
基因组学 / 宋方洲，李海玉主编. -- 重庆：西南大学出版社，2025. 2.（2025.7 重印）-- ISBN 978-7-5697-2825-5
Ⅰ. Q343.2
中国国家版本馆 CIP 数据核字第 2024D9A185 号

基因组学

JIYINZUXUE

宋方洲　李海玉　主编

责任编辑：杜珍辉
责任校对：秦　俭
装帧设计：汤　立
排　　版：杜霖森
出版发行：西南大学出版社（原西南师范大学出版社）
地址：重庆市北碚区天生路 2 号
邮编：400715
电话：023-68868624
印　　刷：重庆市圣立印刷有限公司
成品尺寸：185 mm×260 mm
印　　张：18
字　　数：420 千字
版　　次：2025 年 2 月第 1 版
印　　次：2025 年 7 月第 2 次
书　　号：ISBN 978-7-5697-2825-5
定　　价：68.00 元

编委会

EDITORIAL BOARD

主　编

宋方洲　李海玉

副主编

麦　力　吴晓彬　左的于

编　委

白　鑫（四川大学）
龚　婷（重庆中医药学院）
李海玉（重庆中医药学院）
李照东（绵阳市中心医院）
马永平（重庆医科大学）
彭惠民（重庆医科大学）
宋方洲（重庆医科大学）
汤　华（重庆医科大学）
吴晓彬（重庆市妇幼保健院）
易发平（重庆医科大学）
周　兰（重庆医科大学）
左的于（重庆市中医院）
卜友泉（重庆医科大学）
郭风劲（重庆医科大学）
李建美（重庆中医药学院）
刘　莉（鄂尔多斯应用技术学院）
麦　力（重庆医科大学附属第二医院）
冉　娅（重庆市黔江区中医院）
孙　艳（重庆医科大学）
唐永曜（重庆医科大学）
武向梅（重庆医科大学）
张雪梅（重庆医科大学）
朱慧芳（重庆医科大学）

前言

PREFACE

生命科学实际上是围绕其重要的基石——中心法则，而进行生命科学三个层次的研究，即从DNA→RNA→蛋白质，从而形成了三个层面的科学，即基因组学、转录组学和蛋白质组学，这是目前生命科学研究中，最重要、最热门和最前沿的三个研究领域。而基因组学是生命科学中心法则中最核心、最基础的部分，是中心法则的上游，也是整个生命科学研究的重心，为适应生命科学的发展和研究所需，组织了一线科研人员在《基因组学》讲义基础上编写出版了本书。

本书旨在为生命科学领域的研究者、学习者以及对此抱有浓厚兴趣的广大读者，提供一份系统、全面且紧跟时代步伐的学习资料。不仅深入浅出地阐述了基因组学的基本原理、技术方法，还涵盖了该领域内的最新研究进展与未来趋势，力求成为连接理论与实践、过去与未来的桥梁。生命科学的发展突飞猛进，日新月异，生命科学的研究技术不断发展和创新，特别是研究生命科学的新技术不断涌现，为满足新时代生命科学的发展和研究以及广大读者的需要，我们在原讲义的基础上，修改完善、充实和增添了部分新的内容，并把最新发展起来的基因编辑技术单列一章。更值得一提的是，这次的编写，吸纳了多位年轻的后起之秀，他们的思路更为新颖，更为敏锐，为本书的编写增添了活力和新颖性，还为我们的事业培养了学术和人才梯队。

尽管如此，科学探索之路永无止境，生命科学仍在不断地发展和创新，加之水平有限，我们深知在追求真理的道路上，疏漏与不足在所难免。因此，诚挚地邀请每一位读者、专家，不吝赐教，对本书提出宝贵的批评与建议。您的每一条反馈，都将是我们未来修订与完善的宝贵财富。在此，对于所有给予我们支持与帮助的同仁，表示最深的谢意，并期待在未来的版本中，能够更好地服务于读者的需求，共同推动基因组学乃至整个生命科学领域的进步与发展。

编　者

2024年10月于重庆

目 录

CONTENTS

第一章　基因组学概论

生命科学实际上是围绕其重要的基石——中心法则，而进行生命科学三个层次的研究(DNA→RNA→蛋白质)，从而形成了三个层面的科学(基因组学、转录组学和蛋白质组学)。这些科学是目前生命科学研究最重要、最热门，也是最前沿的三个研究领域。

第一节　基因组学概况

一、“组学”的概念

DNA结构的发现与“中心法则”的建立和完善，以及随后发明的DNA重组和分子克隆等技术，使人类获得了崭新的干预生物进化和优化生物某些功能的有效手段和途径。现在，生命科学的研究继续在分析和综合两个层面上不断深入和拓展。虽然传统的基于相对独立的研究小组或实验室的研究活动仍然是主要的工作方式，但随着生命科学研究内涵的丰富和范围的扩大，多个实验室间的合作研究成为当前的新潮流，大规模的跨单位、跨地区、跨国家的联合研究亦呈现强劲的势头。此外，由于复杂系统理论和非线性科学的发展，生命科学研究正从局部观向整体观转变，从线性单向思维走向复杂性思维，从单一学科为主转变为多学科的交叉融合。随着计算生物学和系统生物学等新兴学科的不断涌现，生命科学大综合和大发展的时期即将或已经来临。在此过程中，“组学”的概念应运而生。

研究细胞、组织或是整个生物体内某种分子(DNA、RNA、蛋白质、代谢物或其他分子)的所有组成内容，称之为“组学”(omics)。“omics”术语代表了对怎样思考生物学和生物体系工作方式的重新定位。组学研究包括对基因组及基因产物(转录子组和蛋白质组)的系统生物学研究，随后上升到细胞机制、分子机制和系统生物学水平的研究。基因组的信息被用来发现和解释具有普遍意义的生命现象，以及它们的变化、内在规律和相互关系，因此，学科的交叉合作就成为必然。同时，基因组的复杂性必然促使多学科的引进和介入，例如，各生物学科、医学、药学、计算机科学、化学、数学、物理学、电子工程学、考古学和地质学等。

从科学研究的历史来看，形成一门学科并非一件容易的事。但在人类基因组计划（human genome project,HGP）实施的短短几年间，各种"组学"迅速在生命科学界蔓延。最早出现的是与DNA相关的"基因组学"（genomics），人类基因组计划完成以后产生了"后基因组学"（post-genomics），随后又形成了许多与各种生物大分子或小分子相关的"组学"。

在生命科学基础研究中，最活跃的前沿学科主要包括：分子生物学、细胞生物学、神经生物学和生态学等，并由此引申出相应系统性、整体性的组学，诸如：基因组学（genomics）、结构基因组学（structural genomics）、功能基因组学（functional genomics）、转录组学（transcriptomics）、蛋白质组学（proteomics）、比较基因组学（comparative genomics）、代谢组学（metabonomics）和糖组学（glycomics）等。

本章仅对基因组学、后基因组学等几种重要组学进行简要阐述。

二、基因、基因组及基因组学的基本概念

（一）基因

基因（gene）是1909年丹麦植物学家W. Johannsen根据希腊文单词genos（birth，给予生命）创造的。

现代分子生物学的基因概念通常认为：基因是储存和表达某一多肽链信息或RNA分子信息所必需的全部核苷酸序列，是生物体传递和表达遗传信息的基本单位。

（二）基因组

基因组（genome）一词由德国汉堡大学H. Winkles教授于1920年首创。"genome"最初由gene和chromosome组成，用于表示生物的全部基因和染色体组成的概念，是指生物的整套染色体所含有的全部DNA序列。现在一般认为，基因组即指生物所具有的携带遗传信息的遗传物质的总和，包括所有的基因和基因间区域。如人类基因组包含了细胞核染色体（常染色体和性染色体）及线粒体DNA所携带的所有遗传物质，其中核基因组大约有28.5亿个碱基对，2万~2.5万个蛋白编码基因，这些编码区仅占整个基因组很少一部分（不到3%），而大部分为非编码区。

基因组的结构主要指核酸分子中不同的基因功能区域各自的分布和排列情况，其功能是储存及表达遗传信息。不同种类生物储存的遗传信息量迥异，其基因组的结构和组织形式也不同。在对生命现象（包括疾病）的研究中，除需要研究个别基因的结构和功能外，更应该了解整个基因组及其产物是如何协同作用调节生物整体或细胞活性的。DNA重组等分子生物学技术的发明和应用极大程度上促成和推动了1990年正式启动的"人类基因组计划"，该计划的实施和完成促进了基因组学的形成和发展。

（1）真核生物基因组

①核基因组：细胞核内所有遗传物质的总和。

②线粒体基因组：线粒体携带的遗传物质总和。

③叶绿体基因组：叶绿体携带的遗传物质总和。

(2)原核生物基因组

①染色体:原核细胞内的主要遗传物质。

②质粒:独立于细菌染色体的自主复制的环状双链DNA分子。质粒能稳定地独立存在于染色体外,并传递到子代,一般不整合到宿主染色体上,通常编码毒素和耐药性等相关基因。

(3)病毒基因组

病毒颗粒携带的遗传物质。

(三)基因组学(genomics)

所谓基因组学就是一门对所有基因进行基因作图(包括遗传图谱、物理图谱、转录图谱)、核苷酸序列分析、基因定位和基因功能分析的科学,简言之,就是在基因组水平上研究基因组结构和功能的科学。基因组学研究的内容包括基因的结构、组成、存在方式、表达调控模式,基因的功能及相互作用等,是研究与解读生物基因组所蕴藏的生物全部性状的所有遗传信息的一门新的前沿科学。1986年美国科学家Thomas H. Roderick首次提出了基因组学的概念,但随着1990年"人类基因组计划"启动才开始真正系统地研究基因组、解码生命,并由"后基因组计划"的实施推动其发展。作为当今最活跃的学科之一,基因组学已经对生物学、遗传学、医药学乃至整个人类社会产生深远影响。

三、基因组学的分支

根据基因组学的定义,基因组学包括结构基因组学、功能基因组学和比较基因组学。

(一)结构基因组学

通过基因组作图、核苷酸序列分析,研究基因组结构,确定基因组成、基因定位的科学。

结构基因组学的主要研究内容:

(1)基因组测序

目前很多DNA测序每次反应仅能读取不到1 000 bp的长度。已知最小的细菌基因组为58万bp,人类基因组为30亿bp。因此,基因组测序首先将整个基因组的DNA分解为一些小片段,然后将这些分散的小片段逐个测序,最后将测序的小片段按序列组装。

(2)基因组作图

在长链DNA分子的不同位置寻找特征性的分子标记,绘制基因组图。根据分子标记可以将已测序的DNA小片段准确无误地锚定到染色体的位置上。人类7号染色体的基因组图谱见图1-1。

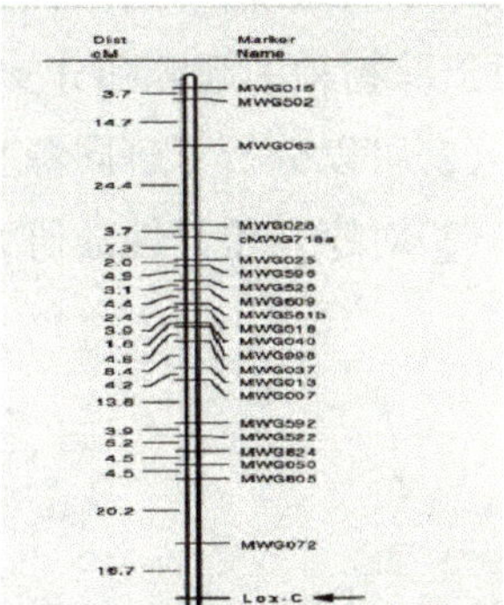

图1-1　人类7号染色体的基因组图谱

(二)功能基因组学

利用结构基因组学提供的信息和产物,在基因组系统水平上全面分析研究基因功能的科学。功能基因组学基因芯片图谱见图1-2。

功能基因组学的主要研究内容:

(1)进一步识别基因以及基因转录调控信息。

(2)厘清所有基因产物的功能,这是目前基因组功能分析的主要层次。

(3)研究基因的表达调控机制,研究基因在生物体发育过程以及代谢途径中的地位,分析基因、基因产物之间的相互作用关系,绘制基因调控网络图。

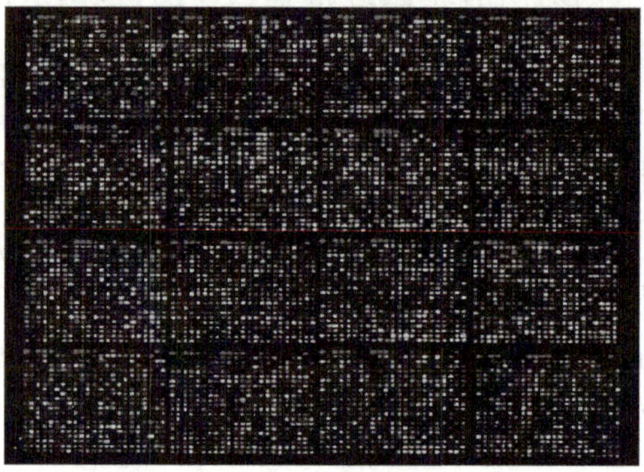

图1-2　功能基因组学基因芯片图谱

(三)比较基因组学

比较研究不同生物、不同物种之间在基因组结构和功能方面的亲缘关系及其内在联系的科学。常见的几种生物基因组学比较模式见图1-3。

比较基因组学的主要研究内容:

(1)通过研究不同生物、不同物种在基因组结构和功能上的相似及差异,可以勾画出一棵详尽的系统进化树,而且还可显示进化过程中最主要的变化发生的时间及特点,据此可以追踪物种的起源和分支路径。

(2)可以分析了解同源基因的功能。

(3)对序列差异性的研究有助于认识大自然生物多样性的产生基础。

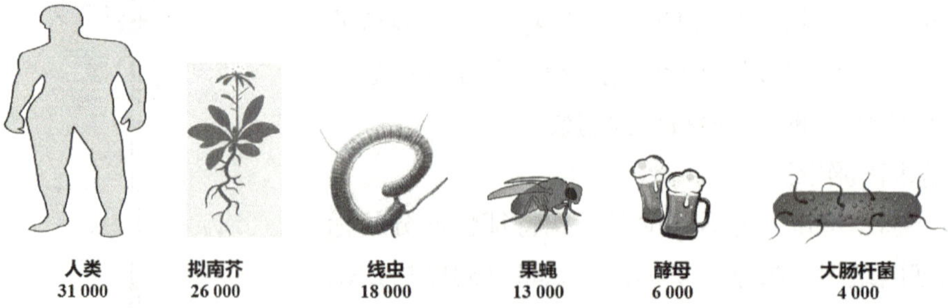

图1-3　几种生物基因组学比较模式图

注:数字为物种基因数目。

四、研究基因组学的意义

基因组学的研究已经涉及医学、生物技术、制药工业、社会经济、伦理及法律等众多领域。尤其在人类疾病基因的研究方面，基因组学显现和发挥着十分重要的作用：

(1)是疾病的遗传学基础。

(2)致病基因及相关基因的克隆在基因组学研究中占据着核心位置。

(3)对疾病的预防、诊断、治疗等有重要意义。

(4)人类基因组计划的直接动因是要解决包括肿瘤在内的人类疾病的遗传学基础问题。

(一)单基因病的疾病基因研究，如血友病等

(1)人类基因组计划使我们了解基因组序列。

(2)现在采用定位候选克隆方法，极大地提高了发现疾病基因的效率。

(3)定位候选克隆，通过遗传分析等方法将疾病基因定位到染色体区段上。

(4)对人类基因组图上该区段内的基因进行功能分析，并筛选出疾病基因，为相应疾病的基因诊断和基因治疗奠定了基础。

(二)多基因病的疾病基因研究，如心脏病、糖尿病、癌症等

(1)比单基因病困难，是目前疾病基因研究的重点和难点。

(2)用比较基因表达谱的方法来识别疾病状态下基因的激活或抑制。

(三)癌症基因组解剖学计划(cancer genome anatomy project，CGAP)

(1)1996年癌症基因组解剖学计划开始。

(2)主要由美国国家癌症研究所(national cancer institute，NCI)开展。

第二节 基因组学发展的历史沿革

1986年，美国遗传学家Thomas H. Roderick首次提出了“基因组学”(genomics)的概念，标志着基因组学作为一个独立学科的诞生。根据该门学科的发展情况，我们将基因组学划分为下面5个历史发展阶段。

一、1900年以前——前遗传学时代

(1)1859年C. Darwin在*On the Origin of Species*这一名著中，提出了物种进化的自然选择学说——达尔文进化论。我们将达尔文进化论作如下概括：

生物的来源——进化；生物的性状——遗传；进化的动力——选择。

(2)1865年G. Mendel根据豌豆杂交实验结果，提出了遗传学的两大遗传规律——分离规律和独立分配规律(分离规律的实质：决定一对性状的一对基因位于一对染色体上，这对基因随着染色体的分离而分离；独立分配规律的实质：决定两对性状的两对基因位于两对染色体上，它们随着染色体的分离而分离，随着染色体的组合而组合，这种组合是随机的自由组合)，并认为是生物体内的遗传因子或遗传颗粒控制生物性状。但他的结论直到1900年才得到认可和重视(被称为孟德尔遗传规律再发现或重新发现)。

二、1900—1950年——经典遗传学时代

标志：1900年孟德尔遗传规律再发现标志着遗传学的诞生。

孟德尔遗传规律重新发现以后，人们开始把控制遗传性状的遗传单位称为基因(gene)。生命科学的研究工作基本上都是围绕着基因来进行的。

(1)1902年染色体学说的产生，合理解释了G. Mendel的实验结果；

(2)1910年发现了遗传学的第三大遗传规律——连锁遗传规律(连锁遗传规律的实质：决定两对性状的两对基因位于同一对染色体上，就会发生连锁遗传现象)，并证明基因的确存在于染色体上，并呈线状排列。

(3)1944年证实了DNA是携带遗传信息、构成染色体的生物大分子。这个观点到今天仍然是正确的。

总之，人们自从认识到“基因决定生物性状”“基因的本质就是核酸——主要是DNA”之后，从来没有停止对基因的研究，最先是对基因结构的研究。

三、1950—1990年——分子生物学时代(前基因组学时代)

标志：DNA双螺旋结构的发现，标志着分子生物学时代的开始。

1953年J. Watson和F. Crick基于几个实验室的研究成就，根据DNA的X射线衍射图谱，提出了DNA双螺旋结构模型，用分子结构的特征解释了生命现象最基本的问题——基因复制的机制，从而真正开始从分子水平上研究生命活动(见图1-4)。生物学研究也从此进入了分子生物学时代。

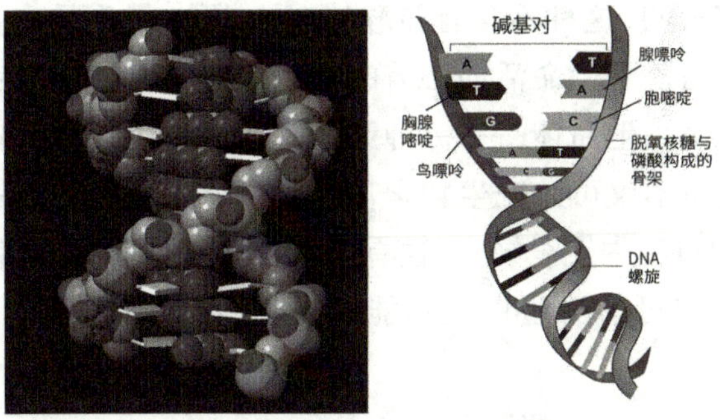

图 1-4 DNA 双螺旋结构及其平面图

注：左图为 DNA 双螺旋 3D 模型，右图为 DNA 碱基配对及结构。

1953—1970 年，DNA 双螺旋结构的发现和确定，促进了分子生物学的迅猛发展，也就是分子生物学理论和技术体系逐步形成的时期。在这一时期，分子生物学取得了一系列重大突破：

(1)mRNA、DNA 聚合酶、RNA 聚合酶的发现；

(2)DNA 半保留复制机理的阐明；

(3)操纵子学说的提出；

(4)遗传密码的发现，其通用性的证明；

(5)1966 年，64 个密码子的破译；

(6)中心法则(DNA→RNA→蛋白质)的建立，标志着分子生物学学科理论体系的形成；

(7)重组 DNA 技术的建立，使得分子生物学的技术体系初步形成，或者说，生命科学进入了分子生物学或前基因组学时代。

不仅如此，20 世纪 70 年代以后，分子生物学还在飞速发展，理论体系和技术体系不断完善。

(1)逆转录酶的发现，修正和完善了中心法则(见图 1-5)。

$$\text{DNA} \underset{\text{逆转录}}{\overset{\text{转录}}{\rightleftharpoons}} \text{RNA} \longrightarrow \text{蛋白质}$$

图 1-5 修正后的中心法则

(2)Prion 蛋白特性的发现进一步推动了中心法则的演变。

20 世纪 80 年代初期，非常厉害的疯牛病(牛海绵状脑病)肆虐着欧洲大陆。后来，人们发现以疯牛病和人类克雅病(creutzfeldt-jakob disease，CJD)为代表的可传染性海绵状脑病(transmissible spongiform encephalopathies，TSEs)是一类致死性神经系统疾病，其感染因子是一种与细胞朊粒蛋白(PrPC)一级结构完全相同，但高级结构、理化特性不同的 PrPsc(见

图1-6)。目前的研究表明,这种不含有核酸的Prion蛋白似乎具有自身复制的能力,也就是说这种蛋白本身就储备了生命活动必需的遗传信息。这就提示我们,在自然界中可能还存在着一种全新的微小生命体——一种无核酸的微小生物体,从而改变人类对整个生物界的认识。即蛋白质不仅可体现生物学功能,而且可储存遗传信息。而核酸成分可能在Prion蛋白自身复制过程中完全缺失,这有力地挑战了目前的"生物中心法则"。Prion蛋白高级结构的改变不仅可造成蛋白质功能的变化,在某种意义上还是遗传信息传递的方式。

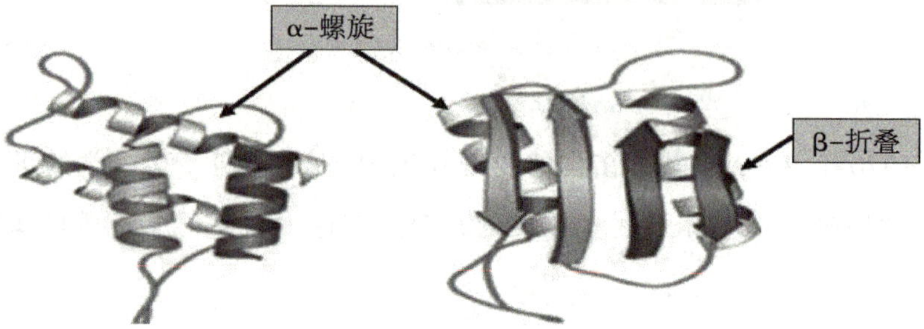

图1-6　细胞朊粒蛋白与羊瘙痒病朊粒蛋白结构图

注:左边为细胞朊粒蛋白PrPC(cellular prion protein),右边为羊瘙痒病朊粒蛋白PrPsc(scrapie-associated prion protein)。

根据以上推理,描绘比较完善或期望的中心法则,如图1-7:

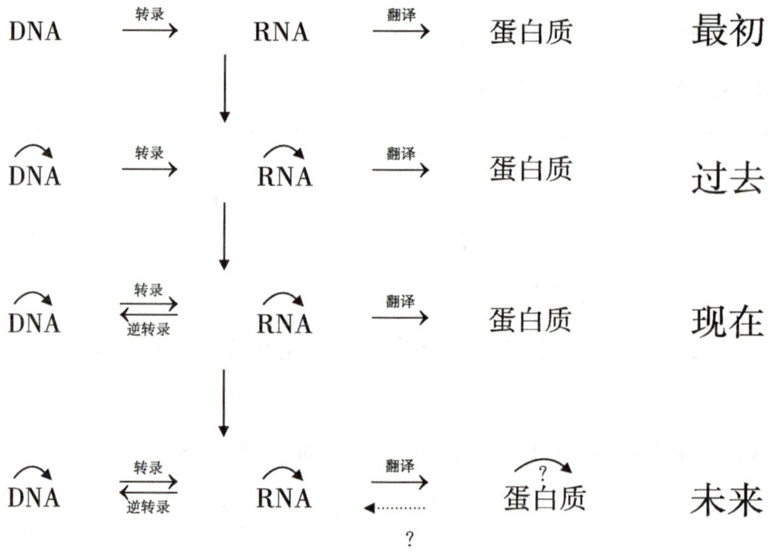

图1-7　中心法则的发展与演变

(3)工具酶的发现,重组DNA技术的建立,使表达外源基因成为可能。

(4)"断裂基因"的发现,揭示了真核生物与原核生物基因结构的差异。

(5)DNA测序方法的建立,使读取遗传信息成为可能。

(6)PCR技术的建立,使基因克隆和基因分析有了强有力的手段。

(7)基因表达与调控研究的不断拓宽和深入。

(8)转基因技术的建立与转基因动植物的成功。

(9)人类疾病的基因诊断(1978年开创)和基因治疗(1990年9月首例腺苷脱氨酶缺乏症患者接受基因治疗并取得成功)。

(10)1980年,噬菌体(5 368碱基对)完全测序,成为第一个测定的基因组。

尽管人类很早就开始了对基因的研究,但真正系统地研究基因组、解码生命还是在1990年人类基因组计划启动后才开始的。

四、1990—2000年——基因组学时代

标志:人类基因组计划的实施标志着基因组学时代的开始。

(一)人类基因组计划(HGP)的提出

人类基因组计划最先由美国提出并启动,随后英国、日本、法国、德国、中国等国家相继加入,是描述人类基因组和其他模式生物体基因组特征,在整体上破译遗传信息,发展基因组新技术,并阐明与此相关的伦理、法律和社会影响的一个国际性研究项目。1985年5月,美国能源部提出"人类基因组计划"草案;经过一番讨论后于1986年3月宣布实施这个草案;1986年3月7日,Renato Dulbecco在*Science*上发表了一篇关于开展人类基因组计划的短文,引起了全世界的强烈反响,推动了美国甚至全世界人类基因组计划的发展;1988年2月,美国国家科学研究委员会的专家成立了"国家人类基因组研究中心";1990年10月1日,美国国会批准的"人类基因组计划"正式启动,计划在15年内投入30亿美元以上的资金进行人类基因组的分析,即对人类约3×10^9个核苷酸进行测序。

随着人类基因组计划的实施,以人类基因组为研究对象的基因组学作为一门新兴学科的地位亦已确立。

(二)人类基因组计划(HGP)的内容与任务

人类基因组计划从1985年提出到1990年正式实施,研究的具体内容表现为4张图,即遗传图谱、物理图谱、转录图谱和序列图谱,其主要任务是绘制人类基因组序列框架图。1993年在马里兰州Hunt Valley会议上,美国人类基因组研究中心(今美国国家人类基因组研究所)修订了HGP,修订后的内容包括:人类基因组作图及序列分析;基因的鉴定;基因组研究技术的建立、创新与改进;模式生物(主要包括大肠杆菌、酵母、果蝇、线虫、小鼠、水稻、拟南芥等)基因组的作图和测序;信息系统的建立,信息的储存、处理及相应的软件开发;与人类基因组相关的伦理学、法学和社会影响与结果的研究;研究人员的培训;技术转让及产业开发;研究计划的外延;等等。这些内容构成了20世纪末到21世纪初最大的系统工程。简言之,HGP的主要内容就是制作高分辨率的人类基因遗传图谱和物理图谱,最终完成人类和其他重要模式生物全部基因组DNA序列的测定。在基因组学中,HGP属于结构基因组学的范畴。

(1)HGP的内容

人类基因组作图及序列分析,基因的鉴定,基因组研究技术的建立、创新与改进,模式生物基因组的作图和测序,信息系统的建立,信息的储存、处理及相应的软件开发,技术转让及产业开发等。

(2)HGP的任务

HGP的基本任务可用4张图来概括,即遗传图谱、物理图谱、转录图谱(基因图谱)、序列图谱。

①遗传图谱(genetic map)

又称连锁图(linkage map),是以具有遗传多态性的遗传标记为“位标”,以遗传学距离为“图距”的基因组图。通过计算连锁的遗传标志之间的重组频率,确定它们的相对距离,一般用厘摩(1 cM,即每次减数分裂的重组频率为1%)来表示。

遗传图谱的绘制需要应用多态性标记。20世纪80年代最早应用的标记是限制性片段长度多态性(restriction fragment length polymorphism,RFLP)。20世纪80年代后期发展短串联重复序列(short tandem repeat,STR;又称微卫星DNA,micro-satellite DNA,MS DNA)或可变数目串联重复序列(variable number tandem repeat,VNTR)为标记。第三代多态性标记,即单核苷酸多态性(single nucleotide polymorphism,SNP)标记近年来被大量使用。

②物理图谱(physical map)

是通过测定遗传标志的排列顺序与位置绘制而成的基因图谱,该图谱以一段已知核苷酸的DNA片段为“位标”,以DNA实际长度(Mb或kb)为“图距”。

HGP在整个基因组染色体每隔一定距离标上序列标签位点(sequence tagged site,STS)之后,随机将每条染色体酶切为大小不等的DNA片段,以酵母人工染色体(yeast artificial chromosome,YAC)或细菌人工染色体(bacterial artificial chromosome,BAC)等作为载体构建YAC或BAC邻接克隆系,确定相邻STS间的物理联系,绘制以Mb、kb、bp为图距的人类全基因组物理图谱,其中5号染色体的物理图谱见图1-8。

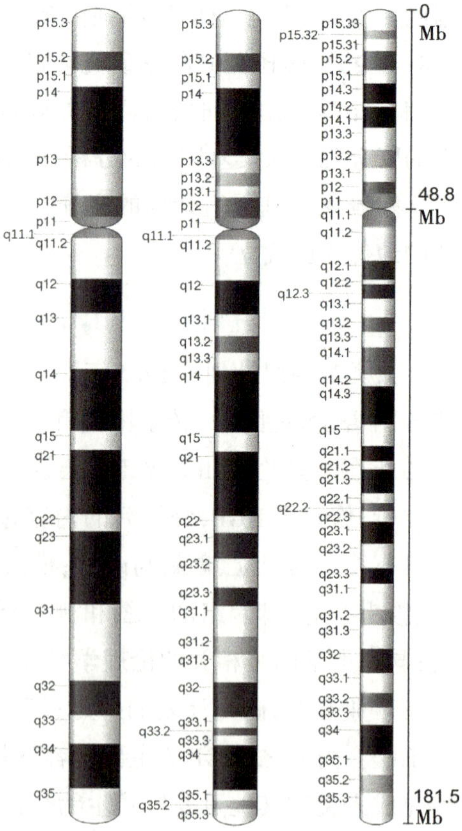

图1-8　人5号染色体的物理图谱

注:p表示染色体的短臂,q表示染色体的长臂。

③转录图谱(transcription map)

又称cDNA图或表达序列图谱(expression map),是一种以表达序列标签(expressed sequence tag,EST)为位标绘制的分子遗传图谱。对cDNA文库中随机条区的克隆进行测序所获得的部分cDNA的5′或3′端序列称为表达序列标签(EST),一般长300~500 bp左右。将以mRNA为模板逆转录合成的cDNA或EST的部分cDNA片段作为“探针”与基因组DNA进行分子杂交,标记转录基因,绘制出可表达基因转录图谱,最终绘制出人体所有组织、所有细胞以及所有发育阶段的全基因组转录图谱。EST不仅为基因组遗传图谱的构建提供了大量的分子标记,来自不同组织和器官的EST也为基因的功能研究提供了有价值的信息。此外,EST还为基因的鉴定提供了候选基因(candidate gene),通过分析基因组序列能够获得基因组结构的完整信息,如基因在染色体上的排列顺序,基因间的间隔区结构,启动子的结构以及内含子的分布等,转录图谱实际上是人类“基因图谱”的雏形。

④序列图谱(sequence map)

即人类基因组核苷酸序列图谱,是人类基因组在分子水平上最高层次、最详尽的物理图谱。其绘制方法是在遗传图谱和物理图谱基础上,精细分析各克隆的物理图谱,将其切割成易于操作的小片段,构建YAC或BAC文库,得到DNA测序模板,测序得到各片段的碱基序列,再根据重叠的核苷酸顺序将已测定序列依次排列,获得人类全基因组的序列图谱。2000年6月,美国、英国、法国、德国、日本与中国几乎同时宣布人类基因组计划工作草图的完成,成为生命科学研究的一个里程碑。

这四张图(图1-9)被誉为人类“分子水平上的解剖图”或“生命元素周期表”,为21世纪医学和生物学的进一步发展与新的飞跃奠定了基础。

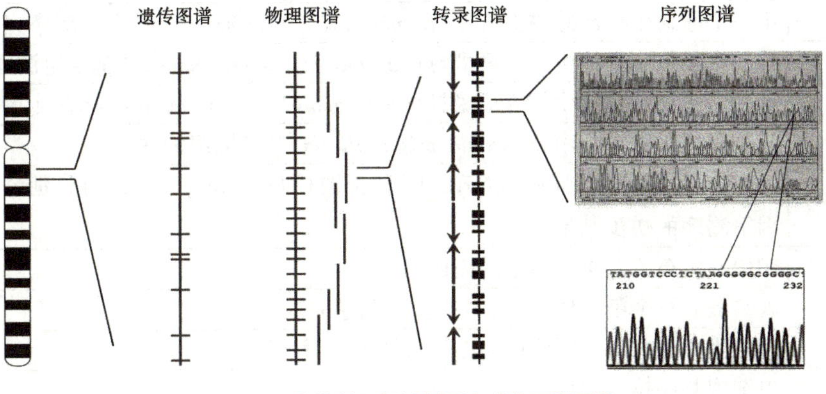

图1-9 人类基因组计划要完成的四张图谱

(三)人类基因组计划的几个阶段性工作

在HGP的前半段时间,人类全基因组序列的测序工作进展比较缓慢,到1997年HGP仅完成5%的测序任务。1998年5月,美国私有企业Celera公司的参与加速了HGP的进程。1999年12月,英、美、日、中等国的研究小组共同完成了人类22号染色体基因全序列的测定(首次破译完整的人类染色体基因全序列);2000年4月13日,美国JGI中心完成5、

16和19号染色体的遗传密码草图;2000年5月,德、日两国共同破译了人类21号染色体基因全序列;2000年6月26日,国际人类基因组测序联盟(IHGSC)与Celera公司联合发布了"人类基因组工作草图"(work draft);*Nature*和*Science*杂志在2001年2月几乎同时公布了人类基因组"精确图"(准确度达到99.99%)及初步分析结果,两组数据存在一定差异,但大部分高度吻合,且发现人类基因数目约为3.4万~3.5万个,仅比果蝇多2万个,远小于原来估计的10万个基因,HGP的测序基本完成;2003年4月,在DNA双螺旋结构发表50周年之际,F. Collins博士在华盛顿宣布得到了人类基因组"完成图"(包括99%的人类基因组序列,准确度为99.99%),标志着HGP全部完成,各项指标均如期实现。截至2004年5月26日,已完成了9条染色体的测序和分析,随后完成了9号和10号染色体图谱的绘制工作,认为癌症、糖尿病和阿尔茨海默病与这两条染色体有关;2004年10月21日,国际人类基因组测序联盟在*Nature*杂志上公布了人类基因组的完成图,认为人类只有2万~2.5万个基因,比2001年估计的还要少;美国和英国科学家在2006年5月18日于*Nature*杂志网络版上发表了人类最后一个染色体——1号染色体的基因测序结果,标志着解读人体基因密码的"生命之书"宣告完成。基因组研究大事表见表1-1。

表1-1　基因组研究大事表

时间	事件
1980年	David Botstein以DNA多态性为标记,绘制人类染色体遗传连锁图
1983年	亨廷顿舞蹈病的致病基因*Huntington*基因定位于4号染色体短臂顶端
1987年	绘制第一幅人类基因连锁图,有400多个位标,定位1 000多个疾病相关基因
1990年	美国启动人类基因组计划(HGP),进行全基因组测序
1995年	第一个原核生物流感嗜血杆菌(*Haemophilus influenzae*)全基因组测序完成
1996年	第一个单细胞真核生物酿酒酵母(*Saccharomyces cerevisiae*)全基因组测序完成
1998年	第一个多细胞真核生物秀丽隐杆线虫(*Caenorhabditis elegans*)全基因组测序完成
2000年	第一个高等生物拟南芥(*Arabidopsis thaliana*)全基因组测序完成
2001年	国际人类基因组测序联盟(IHGSC)和美国Celera Genomics公司分别公布了人类基因组测序的初步结果
2004年	IHGSC公布了人类基因组的完成图
2006年	人类最后一个染色体——1号染色体测序完成
2007年	染色质免疫共沉淀测序(ChIP-seq)技术问世
2009年	单细胞测序技术问世
2014年	泛基因组研究问世

中国的人类基因组计划是1994年初在吴旻院士、强伯勤院士、陈竺院士和杨焕明教授等人的倡导下开始启动的。1998年3月,由陈竺院士挂帅成立的上海人类基因组研究中心正式揭牌,并于同年10月改名为国家人类基因组南方研究中心;1999年由强伯勤院士策划组织,在北京建立了国家人类基因组北方研究中心;作为HGP第六个成员国,中国于1999年

10月1日正式启动HGP;2000年4月完成了1%,也就是人类3号染色体上的3 000万个碱基对的人类基因组"工作框架图";2001年8月26日,绘制完成"中国卷",提前2年获得精确度达99.99%的"完成图"序列。所有BAC序列都经过了指纹图谱的验证,共测定31.6 Mb的序列,识别122个基因,其中86个是已知基因(55个为功能明确的基因,8个为疾病相关基因),在31个基因中找到了75种不同的剪切方式,发现了1 760个新的SNP,分析了"完成图"中重复序列、CpG岛和GC含量。中国是参与这一研究计划的唯一发展中国家。

目前,已完成基因组测序的模式生物包括线虫、小鼠、果蝇、酵母、水稻、玉米等(见图1-10)。

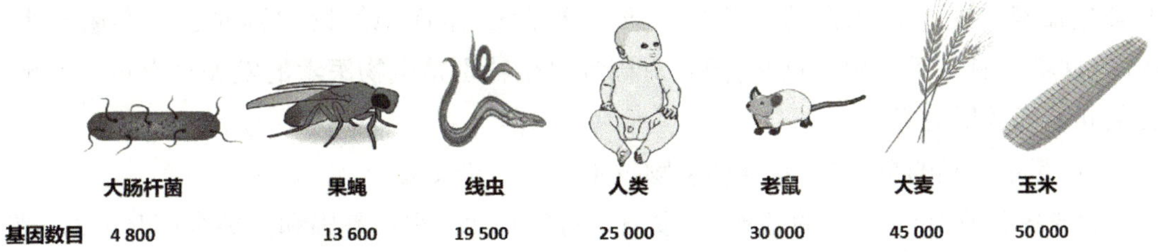

图1-10　人类与其他生物基因数量的比较

最新研究显示,人类基因数量比原先估计少得多。所以,英国《每日电讯报》非常悲观地报道:产生一个爱因斯坦只需比线虫多了约1.2万个基因(实际只多500 ~ 5 500个),或是比果蝇多了1.7万个左右的基因(实际只多6 400 ~ 11 400个)。

那么,为什么生物体的复杂度没有与其基因数量之间建立必然的联系呢?原因可能是:

①RNA剪接(splicing)作用可以保证单个基因产生多个蛋白质产物;

②脊椎动物基因比无脊椎动物基因会产生更多的这种切割;

③神经系统发达的程度与这种数值是相关的。线虫比果蝇迟钝,就需要更多的特异蛋白质(相应更多的基因数)来对环境或天敌做出反应。同样更迟钝的植物,需要不断地进化出新基因来对付不断出现的新敌人和各种天气环境的变化。

中心法则与RNA切割示意图见图1-11。

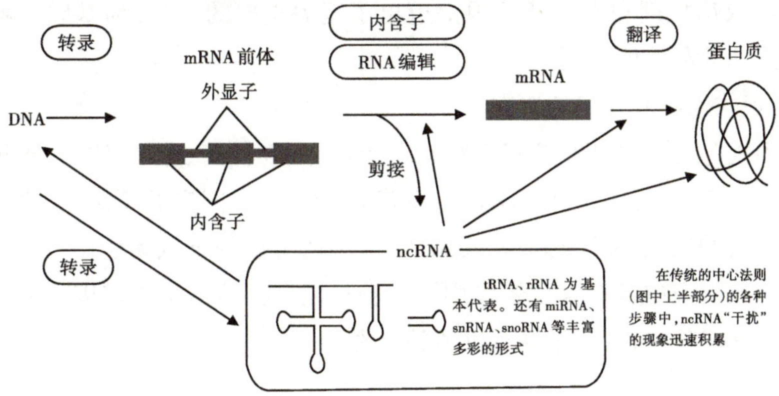

图1-11　中心法则与RNA切割示意图

（四）人类基因组计划的意义

基因组在个体水平代表个体所有遗传性状的总和；在细胞水平代表一个细胞所有染色体的总和；而从分子角度上看，基因组则代表了一个生物体所有遗传物质的总和。人类基因组计划实现了人类基因组的破译和解读，对于认识各种基因的结构和功能，了解基因表达及调控方式，理解生物进化的基础，进而阐明所有生命活动的分子基础具有十分重要的意义。

人们回顾20世纪所取得的辉煌成就时，认为最激动人心的伟大创举之一是和“曼哈顿计划”“阿波罗计划”一起被誉为20世纪科学史上三个里程碑的“人类基因组计划”。这项人类生命科学史上最伟大的工程之一第一次系统、全面地解读和研究了人类遗传物质DNA，这不仅具有重大理论意义，而且对国计民生特别是生物医学的发展具有重大的现实意义和深远的历史意义。

（1）鉴定人类的全部基因，推动生物技术的进一步发展

科学家们在DNA测序的基础上，致力于对碱基如何组成基因和人类全部基因的位置、结构、功能的研究，最终建立起人类遗传物质的一整套信息数据库。HGP所获得的庞大的DNA序列，将对生物技术的研究提供指导性依据。HGP的大规模运作也将推动生物技术科研与开发并肩走向操作的规模化、自动化，这无疑会使生物技术在未来经济发展中占有非常重要的位置。

（2）将人类带入基因医学的新时代

人类基因组计划是科学史上最宏伟的目标之一，它成功描绘出了构成“智人”的全部基因图谱，开创了人类医学新时代。

随着基因组“工作框架图”的问世，许多致病单基因被确定为候选基因，现已成功分离到亨廷顿舞蹈病、杜氏肌营养不良等70多种遗传病的基因，多基因遗传病已成为疾病基因组学研究的重点。遗传性疾病的基因定位，尤其是对多基因复杂性状的基因位点进行全基因组的定位扫描，使得确定致病基因的工作更为容易，吸引着众多的医学家和药物学家从分子水平上突破对癌症、高血压、糖尿病等疾病的传统认识，从而改变治疗方式。HGP使人类在了解致病机理和发现新基因上迈出了至关重要的一步，为基因药物的设计提供了重要的理论基础和设计原则。

（3）推动模式生物基因组的研究

人类基因组“工作框架图”的建立带动了小鼠、大肠杆菌、酵母、线虫、果蝇等模式生物以及50多种微生物的全基因组破译和一些其他生物DNA图谱的绘制，也推动了人类基因组计划纵深方向的发展，如酵母双杂交系统、人类遗传病的小鼠动物模型等的建立和应用在功能基因组的研究中发挥着重要作用。大肠杆菌和其他微生物基因组研究进展相当迅速，可为人类致病基因的研究提供有价值的参考。

(4)促进学科交叉与重组

HGP的深入发展促进了许多新学科和新领域的诞生,其中包括以生物信息的收集、储存、分析、利用、共享、服务、研究与开发为核心的生物信息学;以跨物种、跨群体的DNA序列比较为基础,利用模式生物和人类基因组之间编码序列的组成、结构上的同源性,研究物种起源、进化、基因功能演化、差异表达和定位、克隆人类疾病基因的比较基因组学;以及蛋白质组学、医学基因组学和药物基因组学;等等。

HGP的完成,标志着对基因组的研究取得了"结构基因组学"阶段的胜利,在此基础上进入了以研究基因组功能为主的新阶段,生命科学已进入后基因组学时代。

五、2000年以后——后基因组学时代

2000年以后,随着人类基因组计划的深入实施和基因组测序技术的飞速发展,生命科学领域迎来了一个崭新的时代——后基因组学时代。这一时代的标志是功能基因组学和蛋白质组学的兴起,它们共同推动了生命科学研究的深入和拓展。后基因组学时代是指在人类基因组计划完成之后,科学家们开始更加深入地研究基因的功能及其与生命活动的关系,而不仅仅局限于基因组的序列分析。这个时代的研究重点逐渐从基因组的静态结构转向基因组的动态功能和蛋白质的表达调控,旨在揭示生命的本质和疾病的发生机制。基因功能解析是后基因组学时代的重要研究方向之一。研究人员通过基因表达分析,揭示基因在不同组织、不同发育阶段以及不同环境条件下的表达模式;通过基因功能注释,预测基因可能参与的生物学过程;并通过基因敲除与过表达研究,确定基因的具体功能。

蛋白质组学研究也是后基因组学时代不可或缺的一部分。研究人员利用质谱等高通量技术手段,对细胞或组织中的蛋白质进行鉴定和定量,揭示蛋白质表达谱;通过蛋白质相互作用研究,理解蛋白质在生命活动中的协同作用;同时,还关注蛋白质翻译后修饰对其功能和稳定性的影响。

此外,基因表达调控机制的研究也是后基因组学时代的重要课题。研究人员通过表观遗传学研究,探索DNA甲基化、组蛋白修饰等表观遗传修饰对基因表达的影响;通过非编码RNA研究,揭示非编码RNA在基因表达调控中的作用;并利用系统生物学方法,构建基因表达调控网络,理解基因之间的相互作用和调控关系。

同时,基因与疾病的关系研究也是后基因组学时代的研究热点。研究人员通过比较正常与疾病状态下的基因表达谱,鉴定与疾病相关的基因和基因变异;研究疾病相关基因的功能和表达调控机制,揭示疾病的分子发病机理;并寻找可用于疾病早期诊断和预后评估的分子标志物。

在基因治疗与药物研发方面,后基因组学时代也取得了显著进展。研究人员利用基因编辑技术开发针对遗传性疾病的基因治疗方法;基于基因和蛋白质的功能研究,开发新

的基因药物和靶向治疗药物;并利用高通量筛选技术,对候选药物进行筛选和评估,加速药物研发进程。

此外,系统生物学与合成生物学也是后基因组学时代的新兴研究方向。研究人员整合基因组学、转录组学、蛋白质组学等多组学数据,构建生物系统的数学模型,理解生物系统的整体行为和动态变化;同时,利用生物工程技术,设计和构建新的生物系统或生物部件,实现生物制造、环境治理等应用。生物进化与比较基因组学也是后基因组学时代不可忽视的研究领域。研究人员通过比较不同物种的基因组序列,揭示生物进化的规律和机制;研究不同物种之间的基因组差异和相似性,理解物种间的亲缘关系和进化历程。这些研究方向的深入发展,将推动生命科学领域的不断进步和创新。

第三节 后基因组学产生的背景

人类基因组计划被誉为20世纪三大科学工程之一。经过各国科学家十几年的努力,人类基因组计划取得了巨大成绩,整个计划已提前完成。所取得的划时代研究成果——人类基因组草图的完成宣告进入了一个新的纪元——“后基因组学(post-genomics)时代”的到来。

随着人类基因组计划的实施和完成,我们对于基因组的结构和特征有了全面的认识,接下来的主要问题是:这些基因的功能是什么;不同的基因参与了细胞内哪些不同的生命过程;基因表达的调控、基因与基因产物之间的相互作用,以及相同的基因在不同的细胞内或者疾病和治疗状态下的表达水平是怎样的;等等。生命科学研究的重点转移至解析基因组的功能,包括详尽分析序列、描述基因组所有基因的功能、研究基因的表达及调控模式等内容。即对基因组的研究由结构基因组学进入功能基因组学的范畴,有人将其称为“后基因组纪元(post genome era)”,而将功能基因组学及蛋白质组学等各种基因组学又称为“后基因组学”。所以,后基因组学包括功能基因组学、转录组学、蛋白质组学、比较基因组学、糖组学、代谢组学等学科领域。

人类基因组计划启动以来,公共媒体不断向大众勾画着一幅幅美丽的图景,使人们认为:一旦科学家把各种生物基因组的全部碱基排列顺序测定清楚,生命的遗传奥秘就会显露无遗。然而,真实的图景远不像人们想象的那样简单。

遗传信息并不直接参与生命活动。一个基因所含的遗传信息,通过一系列复杂的反应,最终促使相应的蛋白质形成,蛋白质再参与到各种生命活动中去。对于复杂生命系统的研究来说,注重整体性分析的“大”生物学是必不可少的。

科学家们认为功能基因组学这一前沿研究将成为新世纪最大的战略资源——人类基因争夺战的重要"战场"。同时,RNA组学(RNA omics)、转录组学和蛋白质组学也以前所未有的速度向前推进。围绕中心法则三个层面的研究既纵深发展又横向关联。研究重点包括如何将人类基因组计划所获知的人类基因序列转变为人类对自身认识的知识,如何对这些基因加以利用。科学家们认为,生命科学已进入了后基因组学时代,而功能基因组学的研究可能是这一时代的核心内容。

功能基因组学主要是采用一系列新技术,对成千上万的基因表达进行分析比较,并从基因整体水平上对基因的活动规律进行阐述。它抛弃了经典分子生物学零敲碎打地研究个别基因的习惯,力求从细胞水平上解决基因组问题,以建立对生命现象的整体认识。

在过去的50多年内,实验生命科学的主要目标是寻找特定的基因或蛋白质,从而在分子水平上根据个别的基因或蛋白质行为来解释生命活动。随着生命科学的发展,人们逐渐认识到,过去得到的图景过于简单,生命实际上是一个由成千上万种基因、蛋白质和其他化学分子相互作用构成的复杂系统。对于高等生物而言,除了分子层面的复杂行为外,还有着细胞、组织和器官等不同层面的复杂活动,生命现象就是这样一种复杂系统的整体行为。

因此,注重整体性分析的"大"生物学是必不可少的,即各种"组学"的产生为研究复杂生命系统奠定了基础,提供了平台。

第四节 后基因组学的主要研究内容与发展趋势

纵观近50年生命科学的发展历史,尤其是分子生物学的发展历史,可以看出20世纪以核酸的研究为中心,带动了生命科学不断纵深发展。20世纪50年代的DNA双螺旋结构,60年代的操纵子学说,70年代的DNA重组,80年代的PCR技术,90年代的DNA测序,21世纪的蛋白质组技术、基因(生物)芯片技术、RNA干扰技术都具有里程碑意义,它们将生命科学带向一个由宏观到微观再到宏观以及由分析到综合的时代。那么,21世纪生命科学发展趋势怎样呢? 随着"人类基因组计划"的实施和完成,人类基因组研究的重点已由"结构"向"功能"转移。如前所述,21世纪的生命科学已进入了一个新的时代——后基因组学(post-genomics)时代。

一、主要的重点研究领域有

(1)功能基因组学(functional genomics);(2)转录组学(transcriptomics);(3)蛋白质组学(proteomics);(4)代谢组学(metabonomics);(5)糖组学(glycomics);(6)表型组学(phenomics);(7)相互作用组学(interactomics);(8)生物信息学(bioinformatics);(9)脑科学与类脑科学研究(brain science and brain-like intelligence technology)(神经、认知、记忆、智力等)。

以上内容构成了后基因组学的时代特征、主要研究内容和发展趋势。

由中美英等国科研机构发起的大型国际科研合作项目“千人基因组计划”于2010年10月28日在英国《自然》杂志上,以封面文章形式发布了迄今最详尽的人类基因多态性图谱,同时也在美国《科学》杂志上报道了在基因研究技术手段上的收获,相关成果标志着人类基因研究进入了一个划时代的新阶段。由深圳华大基因研究院(今深圳华大生命科学研究院)绘制的中国人全基因组DNA甲基化图谱(炎黄甲基化项目)于2010年11月9日在*PLoS Biology*上发表,将建立东亚人种特异性的高密度、高分辨度医学遗传图谱,以更好地了解亚洲人的基因与复杂疾病的关系。美国加利福尼亚大学伯克利分校、丹麦哥本哈根大学等单位合作的研究成果“对200个人类外显子的测序揭示大量低频率非同义突变的存在”在国际著名学术杂志*Nature Genetics*上发表,并且认为复杂疾病可能由低频遗传变异决定。中国科学家发表了世界上首个多囊卵巢综合征的全基因组关联分析结果,并发现了3个相关的易感位点,为研究和认识该疾病的发病机制打下了很好的基础。采用全基因组测序对基因组进行不带偏见的调查,发现它能够探测到在常规检测中经常遗漏的结构性变异株,从而避开常规候选基因测试的局限性。而且随着全基因组测序费用的降低,它也许会成为检测易患癌基因中的变体的首选方法。研究人员通过对人类、黑猩猩和红毛猩猩三种基因组的对比发现,人类基因组更类似于红毛猩猩的基因组,这反映了人类和黑猩猩从同一个祖先进化而来,两个物种拥有相同的红毛猩猩DNA。

我们有理由相信,后基因组计划将比人类基因组计划更宏伟,将给人类社会和人们的生活带来更加深刻的影响。

二、涉及的分子生物学技术

(1)重组DNA技术;(2)PCR技术;(3)DNA测序技术;(4)转基因技术;(5)基因敲除与基因敲入;(6)RNA干扰技术;(7)生物信息学技术;(8)蛋白质研究技术;(9)组合化学技术;(10)生物芯片(DNA芯片、蛋白芯片)技术……

三、学科发展的趋势

(一)分子生物学

继续保持生命科学中的主流地位,与细胞生物学、分子遗传学一起推动整个生命科学向前发展。

(二)神经科学和脑科学

逐渐崛起,代表生命科学发展的又一个高峰到来。21世纪从分子水平到行为水平各个层次对脑功能的研究将有重大突破,在阐明学习、记忆、思维、行为与情感机理等方面也将有重大进展。脑功能研究的进展还会促进新一代智能计算机的研制。因此,一些国家制定了“脑的十年”发展计划。

(三)蛋白质组学

蛋白质组学是以蛋白质组为研究对象,研究细胞内所有蛋白质及其动态变化规律的科学。

蛋白质组与基因组不同:基因组基本上是固定不变的,即同一生物不同细胞中基因组基本上是一样的,如人的基因总数大致为2万~2.5万个。单从DNA序列尚不能回答某个基因的表达时间、表达量等;而蛋白质组则是动态的,有时空性、可调节性。所以,基因的表达可在蛋白质组研究中找到答案。

在提出蛋白质组与蛋白质组学概念的短短几年中,已于1997年成功构建第一个完整的蛋白组数据库——酵母蛋白质数据库(yeast protein database,YPD),进展速度极快,新的思路和技术不断涌现。蛋白质组学这门新兴学科,在今后的实践中将会不断完善,充实壮大,发展成为后基因组学时代的带头学科。

(四)保护生物多样性

这是21世纪生命科学研究的紧迫任务,据报道,每天有100多种生物物种从地球上灭绝,很多生物在没有被人类研究前就已经灭绝,这对人类来说无疑是一种灾难。因此,生态学研究重新得到重视。其结果也为改善人类生存环境服务,并为国民经济持续与协调发展提供重要的科学决策依据。因此,我国实施重大建设项目之前必须要通过进行环境影响评估的政策。

(五)发育生物学将要快速兴起

100多年来无数科学家苦苦求索,一个受精卵如何通过分裂和分化发育成为结构与功能无比复杂的个体。精确控制细胞在时空上有条不紊地发育的精确机制有望在21世纪得到满意的回答。

(六)空间生物学将异军突起

21世纪人类的空间活动将更加频繁,空间医学必须解决长期以来宇航员遇到的骨质疏松、肌肉萎缩、免疫功能变化等生理学问题。

外层空间为研究重力生物学提供了理想的条件,空间生物学将重点研究超重力和微重力对细胞、植物、微生物和小动物的影响,特别是重力环境对哺乳动物细胞形态、结构、变异和基因表达等方面的影响,其研究成果将向空间制药及空间生态系统等应用领域转化。

（七）干细胞研究方兴未艾

有科学家预测，21 世纪将是干细胞研究取得重大突破，给人类医学，尤其是器官移植、癌症治疗等方面带来希望的时代。

胚胎干细胞能够转化为不同种类的细胞，进而生成各种组织，从而使一系列至今尚无药可救的绝症获得治愈的希望。

（八）人造器官逐步进入临床

2001 年 7 月 2 日，世界第一颗全植入人造心脏开始起跳。这一天，生命垂危的心脏病患者在美国被成功植入了一颗与体外彻底隔绝、能够自主运行的人造心脏。这一新型的人造心脏被命名为“阿比奥科”（AbioCor），是历史上第一颗被完整植入人体、无须与外界进行管线连接的完全意义上的人造心脏，运行了将近 5 个月。这次手术被认为是自 20 世纪 80 年代以来人工心脏技术的一大飞跃，是人造心脏移植手术发明近 20 年来具有划时代意义的巨大进步。

（九）生物信息学

将成为后基因组学研究不可缺少的理想工具和数据处理的强大手段。

（十）癌症的研究和治疗

可能有重大突破，艾滋病等重大病毒性疾病将可能得到控制。

四、生命科学的主旋律

生命的起源与进化—生命的本质—遗传学—基因的概念—基因的研究（表观基因的研究、基因结构的研究、基因功能的研究）—基因组研究—后基因组（功能基因组学、转录组学、蛋白质组学、糖组学）……

五、生命科学的发展历史与潮流

前遗传学—经典遗传学—分子生物学（前基因组学）—基因组学—后基因组学（功能基因组学、蛋白质组学等）。

众所周知，21 世纪被称为“生物学世纪”，或称为“生命科学时代”，生命科学已成为科学的前沿，而分子生物学是生命科学的带头学科。21 世纪分子生物学将得到进一步发展并占统治地位，将深刻影响到生命科学的各个领域。作为生命科学前沿研究领域的生命科学工作者，一定要认清生命科学发展的形势，才能了解生命科学的发展动态，紧跟生命科学发展的潮流，把握生命科学的主旋律，才能在激烈的研究竞争中立于不败之地。

思考题

1. 基因组与基因组学的概念是什么？
2. 基因组学包括哪些内容？
3. 学习和研究基因组学的意义是什么？
4. 基因组学的发展动态与趋势是怎么样的？
5. 凡是疾病都与基因有关吗？
6. 基因组学的发展与人类的生存、生活及健康的关系是怎么样的？

参考文献

[1]杨金水.基因组学.2版.北京：高等教育出版社，2007.

[2]宋方洲.基因组学.北京：军事医学科学出版社，2011.

[3]宋方洲，何凤田.生物化学与分子生物学实验.北京：科学出版社，2008.

[4]黄诒森，张光毅.生物化学与分子生物学.2版.北京：科学出版社，2008.

[5]韦弗.分子生物学.2版.北京：科学出版社，2002.

[6]LEWIN B.Gene.7th ed.New York：Oxford University Press，2000.

[7]贺林.解码生命——人类基因组计划和后基因组计划.北京：科学出版社.2000.

[8]丹尼斯，加拉格尔.人类基因组——我们的DNA.林侠，李彦，张秀清，等译.北京：科学出版社，2003.

[9]BROWN T A.Genomes.2nd ed.Oxford：Bios Scientific Publishers Ltd，2002.

[10]蒙特.生物信息学：序列与基因组分析.北京：科学出版社，2002.

[11]郑晓飞.RNA实验技术手册.北京：科学出版社，2004.

[12]陈竺，强伯勤，方福德.基因组科学与人类疾病.北京：科学出版社，2001.

[13]LINK D C，SCHUETTPELZ L G，SHEN D，et al.Identification of a novel TP53 cancer susceptibility mutation through whole-genome sequencing of a patient with therapy-related AML.The journal of the American medical association，2011，305(15)：1568-1576.

[14]WELCH J S，WESTERVELT P，DING L，et al.Use of whole-genome sequencing to diagnose a cryptic fusion oncogene.The journal of the American medical association，2011，305(15)：1577-1584.

[15]PASCHE B，ABSHER D.Whole-genome sequencing：a step closer to personalized medicine.The journal of the American medical association，2011，305(15)：1596-1597.

[16]LOCKE D P，HILLIER L W，WARREN W C，et al.Comparative and demographic analysis of orang-utan genomes.Nature，2011，469：529-533.

[17] The 1000 Genomes Project Consortium. A map of human genome variation from population-scale sequencing.Nature, 2010, 467: 1061-1073.

[18] LI Y R, VINCKENBOSCH N, TIAN G, et al. Resequencing of 200 human exomes identifies an excess of low-frequency non-synonymous coding variants.Nature genetics, 2010, 42(11): 969-972.

[19] BARSKI A, CUDDAPAH S, CUI K, et al. High-resolution profiling of histone methylations in the human genome.Cell, 2007, 129(4): 823-837.

[20] TANG F C, BARBACIORU C, WANG Y Z, et al. mRNA-Seq whole-transcriptome analysis of a single cell.Nature methods, 2009, 6(5): 377-382.

（唐永曜 宋方洲 刘 莉）

第二章 基因组多态性

人类基因组是一个稳定的，但又有一定变异性的体系，不同的种族和个体都有相同的基因数目和基因分布，这种稳定性保证了人类作为一个物种的共同性和稳定性。但在长期进化过程中，基因组DNA不断发生变异，其中一些变异被保留下来，导致了不同种族和个体基因组的差异性。

在不同群体或个体之间，基因组的某些位点上存在碱基的差异，称为基因组多态性(genome polymorphism)。这种差异也可看作遗传标记(genetic marker)，它们是能够稳定遗传的物质，通过一定方法可以检测其客观存在，常用于区分不同的个体和群体。基因组多态性的种类主要有：限制性片段长度多态性(restriction fragment length polymorphism, RFLP)、小卫星DNA(minisatellite DNA)、微卫星DNA(microsatellite DNA)、单核苷酸多态性(single nucleotide polymorphism, SNP)、表达序列标签(expressed sequence tag, EST)、序列标签位点(sequence tagged site, STS)、表观遗传修饰(epigenetic modification)。

第一节 限制性片段长度多态性

同种生物不同个体之间的差异表现在哪些方面？表现型的差异是显而易见的，如不同的面容、身高和体格，甚至对疾病的易患性都不相同。微观上看，细胞内蛋白质的结构和功能也可能存在一定的差异，但更多更为稳定的差异在DNA水平上，在DNA不编码蛋白质的区域以及没有重要调节功能的区域表现更为突出。DNA序列上的大多数突变是中性突变，不影响生物体的表型。当使用某种限制性内切酶酶切不同个体的DNA分子后，个体之间限制图的不同称为限制性片段长度多态性(RFLP)。RFLP技术于1980年由人类遗传学家Botstein提出，它是第一代DNA分子标记技术。RFLP的遗传基础是：限制性内切酶具有特异的识别序列和切点，如：*Apa* Ⅰ的识别序列和切点为：5′-GGGCC^C-3′，*Bam*H Ⅰ的识别序列和切点为：5′-G^GATCC-3′。不同个体的DNA分子存在个别碱基的差异，如果这种差异正好位于某种限制性内切酶的特异性识别序列上，将会失去或增加一个酶切位点，从而改变酶切后形成的DNA片段的大小。凡是可以引起酶切位点变异的突变，如点突变、DNA片段插入或缺失等均可导致RFLP的产生。DNA分子水平上的多态性检测技术是进行基因组研究的基础，RFLP已被广泛用于基因组遗传图谱构建、基因定位以及生物进化和分类的研究。RFLP技术在法医物证鉴定、遗传育种、基因多态性分析和遗传病的家系连锁分析方面都有很好的应用价值。

限制性内切酶位点上发生了单个碱基突变，使这一限制性位点丢失或获得而产生的多态性，称为点多态性（point polymorphism）。这类多态性实际上是双态的，即有或无。如果DNA序列上发生较多碱基的改变，如DNA片段的缺失、重复、插入，或是不同个体的DNA串联重复序列的拷贝数有较大差异，可使限制性内切酶识别位点的位置发生相对位移。这一类型的RFLP是由于缺失、插入片段或串联重复顺序的拷贝数不同所产生的，限制性内切酶识别位点本身的碱基没有发生改变，改变的只是它在基因组中的相对位置。

扩增片段长度多态性（amplified fragment length polymorphism，AFLP）是在RFLP的基础上发展的一种多态性检测方法，其基本原理是对基因组DNA限制性酶切片段进行选择性扩增。首先用限制性内切酶产生基因组DNA酶切片段，然后使用双链接头与基因组DNA的酶切片段相连接形成扩增反应的模板。接头与接头相邻的酶切片段的几个碱基序列作为引物的结合位点。这样只有那些两端序列能与选择碱基配对的限制性酶切片段被扩增。扩增片段通过变性聚丙烯酰胺电泳分离检测。AFLP具有分辨率高、稳定性好、效率高的优点，为分子标记技术的一次重大进步，被认为是一种有效的分子标记。

第二节 小卫星DNA

1980年，Wyman和White发现了人类基因组中第一个高变区（hypervariable region，HVR），他们在进行人体DNA基因文库的研究中，筛选到一个随机DNA片段。以该片段为探针进行RFLP分析，检测到8个等位基因，平均杂合率超过75%，因此推测该位点的多态性来源于DNA重排而非碱基突变。此后，人们又在人类基因组中陆续发现了其他一些高变区，如α-珠蛋白基因、胰岛素基因、脂蛋白基因、Zata-珠蛋白基因等基因的侧翼及肌红蛋白基因的第一个内含子区域。这些高变区的共同特点是由一些十多个bp或几十个bp的短序列（即重复单位）串联重复而成。这些重复序列首尾相连、重复多次，如：GGTTCTTAAAAAGGTTCTTAAAAA……GGTTCTTAAAAAGGTTCTTAAAAA，不同的重复次数构成了众多的等位基因。这些高变区后来被叫作小卫星DNA（minisatellite DNA），又称可变数目串联重复序列（variable number tandem repeat，VNTR）。小卫星DNA的产生是有丝分裂或减数分裂时不等互换、基因转换及滑动复制的结果。

一、小卫星DNA特点

同一小卫星DNA的重复单位的序列具有高度保守性。在不同的个体或同一个体的同源染色体之间，重复单位的重复次数可能不同。小卫星DNA高度多态，是多态信息含量较高的分子标记。DNA经酶切、电泳、变性、印迹、重复序列杂交、冲洗、显影后可表现为丰富多彩的RFLP，如图2-1。

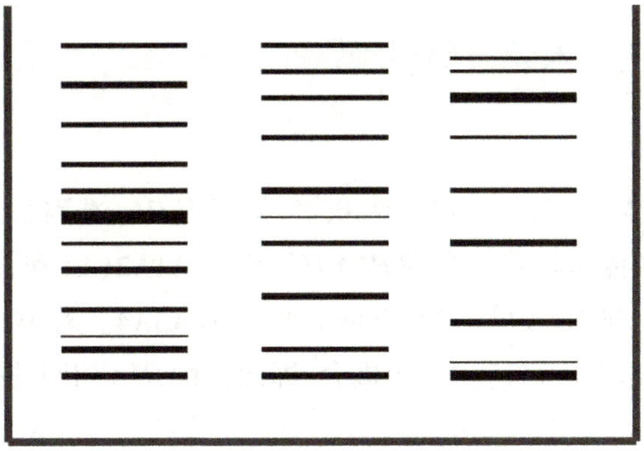

图2-1　小卫星DNA带型模式图

同一个体不同组织来源的小卫星DNA谱带完全一样，而不同个体的小卫星DNA谱带的位置和宽度千差万别，可称为DNA指纹。每一条谱带的遗传均遵循孟德尔规律，大部分谱带以杂合状态存在。DNA指纹图谱具有以下基本特点。

（一）亲子代传递稳定性

家系分析表明，DNA指纹图谱中的谱带能够稳定地从上一代遗传给下一代。子代DNA指纹图谱中的每一条带都能在其双亲之一的谱带中找到，而产生新带的概率（由基因突变产生）仅在0.001～0.004之间。DNA指纹图谱中的杂合带遵守孟德尔遗传规律，双亲的各条带平均传递50%给子代。

（二）体细胞稳定性

DNA指纹图谱还具有体细胞稳定性，即用同一个体的血液、肌肉、毛发、精液等做出的DNA指纹图谱是一致的，但组织细胞的恶性病变可导致谱带的不同。

（三）多位点性

相同重复单位的小卫星DNA位点，在基因组中数量较多。在一定的杂交条件下，一个小卫星探针可以同时与十几个甚至几十个小卫星位点上的等位基因杂交。一般来说，一个DNA指纹探针产生的某个个体DNA指纹图谱由10～20条肉眼可分辨的谱带组成。由于大部分小卫星位点是杂合的，即来自双亲的两个等位基因由于重复单位和重复次数不同，在长度上有差异，因而每条谱带只代表一个位点平均杂合率大于70%，某些大片段的杂合率甚至高达100%。

（四）高变异性

DNA指纹图谱反映的是基因组中的高变区，由多个位点上的等位基因所组成的图谱必然具有很高的变异性。DNA指纹图谱比RFLP更能全面地反映基因组的变异性。DNA指纹图谱的变异性由两个因素所决定，一是可分辨的条带数，二是每条带在群体中出现的频率。除同卵双生子外，不同的个体或群体有不同的DNA指纹图谱。

二、小卫星DNA与人类白细胞抗原（HLA）多态性比较

（一）HLA呈单倍型遗传

虽然*HLA*基因位点很多，复等位基因众多，但所有*HLA*基因都集中分布在6号染色体短臂，并随6号染色体传递。若父亲的*HLA*基因型为A1A2（A1和A2分别为两条6号染色体上*HLA*基因的组合，即HLA单倍型，下同），母亲为A3A4。若第一胎为A1A4，在第二胎中，A1A4、A1A3、A2A4、A2A3各有1/4的机会，即同胞中*HLA*相同的概率为1/4（1/2×1/2）。

（二）小卫星DNA非单倍型遗传

小卫星DNA的基因分布在多条染色体上，多对染色体的分离和自由组合，使得同胞中基本上无相同的基因型，其多态性比HLA单倍型遗传高得多。如用探针33.15进行DNA指纹分析时，发现两个无血缘关系的个体具有相同DNA指纹图谱的概率仅为3×10^{-11}；而将探针33.15和33.6产生的DNA指纹图谱综合起来分析时，则这种概率为5×10^{-19}，可见DNA指纹图谱具有高度的个体特异性。

三、DNA指纹分析所采用的方法

（一）RFLP法

多位点的小卫星DNA检测方法，即DNA经限制性内切酶酶切、电泳、变性、印迹、重复序列探针杂交、冲洗、显影，得到多条泳带图谱，每一谱带代表一个小卫星DNA位点与探针互补的重复序列。

（二）AMP-FLP法

单位点的小卫星DNA检测方法，即经特定位点小卫星DNA两端的互补序列合成引物、PCR、电泳、染色，得到一条或两条带，仅代表一个小卫星DNA位点的重复序列，可判断个体是纯合子或杂合子。也叫PCR扩增片段长度多态性。

四、DNA指纹的应用

由于DNA指纹是按孟德尔规律遗传的，子代的DNA指纹图可以追溯到其父母DNA指

纹图上,而在不是其父母的DNA指纹图上则很难找到与其一样的DNA片段。在不同个体,如果使用一种探针产生的DNA指纹图无法鉴定这两个个体,再用另一种探针便有可能将这两个个体区分开。DNA指纹技术已被应用于亲子鉴定和法医学上对罪犯的确认等领域。个体识别时,现场检材和嫌疑对象的DNA指纹条带位置与强度一致,则为同一个体。亲子鉴定时,如能从父母指纹中找到孩子的所有条带,亲子关系成立。在多种疾病的基因内或基因旁发现小卫星DNA区域,也可用小卫星探针进行辅助的基因诊断。

第三节　微卫星DNA

人类基因组的间隔序列和内含子等非编码区内,广泛存在着与小卫星DNA相似的短小重复序列,称为微卫星DNA(microsatellite DNA),也称为短串联重复序列(short tandem repeat,STR),如:(GACA)*n*、(GATA)*n*、(TCC)*n*、(CT)*n*、(CA)*n*,括号内表示重复单位,*n*表示重复次数。微卫星DNA一般是以1~6个碱基为核心序列,首尾相连组成的串联重复序列。这种序列存在于几乎所有真核生物的基因组中,含量丰富,且呈随机均匀分布。它们不仅大量分布于基因的间隔区和内含子中,而且还分布于基因的外显子和调控区(如启动子、增强子)。微卫星DNA具有种类多、分布广和高度多态性等特点,并按孟德尔共显性方式在人群中世代相传。对微卫星DNA多态性的认识,极大地推动了人类对基因组的研究。这种多态性标志已广泛用于构建人类遗传连锁图谱、基因定位、遗传病诊断、肿瘤细胞染色体分离与重组,以及亲子鉴定等法医学检查。

一、微卫星DNA的特点

(1)在人类基因组中出现的数目和重复次数不同,表现高度多态性。与小卫星DNA的区别见表2-1。

(2)是分散排列的简单重复序列,每10 kb的DNA中可能有一个微卫星DNA,约占基因组的10%。

(3)同一染色体上的微卫星DNA具有遗传连锁不平衡现象。

(4)微卫星DNA可能被转录,但一般不具有编码蛋白质的功能。

(5)属于不稳定的DNA序列,其数目在某些遗传病中有扩增现象,扩增可发生在减数分裂过程中,由亲代传递给下一代,也可发生在有丝分裂中,导致嵌合体形成。

(6)重复单位为3个碱基或4个碱基的微卫星DNA,突变率低,实验中稳定性好,易于标准化,应用价值较高。

表2-1 微卫星DNA与小卫星DNA的区别

比较指标	微卫星DNA	小卫星DNA
存在部位	染色体任何区域,广泛存在于内含子、基因间隔区、启动子	近端粒和近着丝粒
重复单位长度	1～6 bp	6～70 bp
重复次数	10～60	几至几百
总序列长度	几十至几百bp	0.5～30 kb
重复单位变异程度	10^{-5}～10^{-4}	$5×10^{-2}$
存在数目	5万～50万,约10 kb中有一个,约占基因组的10%	有限,有些染色体中不存在
探针	更易合成	合成相对困难

二、微卫星DNA的检测和应用

(一)DNA指纹图谱法

根据不同位点的微卫星DNA可有相同重复序列单位的特点,用一种核心重复顺序作为探针,可检测到酶切片段许多不同位点的微卫星,经放射自显影在X光胶片上显现DNA指纹图谱,该图谱是许多微卫星位点的集合状态,并且有高度的个体特异性。家系分析表明,指纹谱带以孟德尔遗传方式传递,如果用不同位点微卫星DNA核心重复顺序制作核苷酸探针,可得到不同的DNA指纹,因此多位点微卫星DNA重复顺序核苷酸探针检测方法在法医学上有很高的应用价值。

(二)PCR-RFLP检测法

以特定微卫星位点侧翼区互补序列合成引物,进行微卫星DNA位点的扩增,然后再用该位点的特异性探针进行RFLP检测,也称为微卫星DNA的基因分型(genotyping),即PCR扩增微卫星DNA位点片段、电泳、分析基因型(一条带为纯合子,两条带为杂合子),如基因型可以写为:10-13、10-10、12-14。该法特异性强、可靠。在医学研究领域中,一般选择符合下列标准的微卫星DNA:等位基因数目大于5;杂合度大于70%;PCR扩增片段小于400 bp。

(三)毛细管电泳法(capillary electrophoresis,CE)

先以PCR扩增含有微卫星位点的目的DNA片段,然后利用CE进行分离分析。此法最主要的优点是快速、微量、分辨率高、重复性好、易于定量和自动化。CE能在20 min内分离长至几千kb的DNA片段,对于外显子大小的DNA片段,其分辨率可达1 bp。该技术已广泛应用于核酸定量分析、基因突变的检测、遗传病的诊断等,它与PCR和其他技术相结合将逐渐取代传统的琼脂糖和聚丙烯酰胺电泳。激光检测仪的引入,将会进一步提高分析灵敏度及分辨率。

(四)多重PCR微卫星荧光标记全自动基因组扫描

多重PCR技术是指在同一PCR反应体系内对同一标本采用多种引物同时进行扩增，由PerkinElmer公司推出的微卫星荧光标记全自动基因分型技术已被普遍采用。利用FAM、TET和HEX 3种不同颜色的荧光染料标记微卫星DNA引物，可以将多种不同荧光标记和不同扩增片段的PCR产物在同一加样孔中电泳，并且可将待测PCR产物与DNA内在分子量[①]标准同时上样，通过顺序凝胶电泳，用GENESCAN软件进行图像分析，精确计算出微卫星等位基因片段大小。本法具有产量高、成本低、快速简便等优点，且具有广阔的应用前景。

微卫星DNA在基因定位和人类基因组计划中作为遗传学标记被广泛应用。不仅可用于致病基因连锁分析，通过与致病基因或主基因紧密连锁的微卫星标记，可进行高风险人群筛查或产前诊断，也可用于个体识别和亲子鉴定。多位点微卫星DNA测定，检测方便，结果稳定可靠，广泛应用于法医学领域。目前多位点微卫星DNA能很好地用于亲子鉴定和个体识别，例如：应用微卫星DNA标记，有人从欧洲出土的数千年前的人类骨骼中提取到DNA，与现在欧洲大陆人的微卫星DNA比较，找到了古尸的后裔。

第四节 单核苷酸多态性

单核苷酸多态性(single nucleotide polymorphism，SNP)指基因组内特定核苷酸位置上存在两种不同的碱基，其中一种在群体中的频率不小于1%的现象。尽管遗传密码由四种碱基组成，理论上是四个等位基因，但SNP通常是二等位基因的，或二态的遗传变异。这种变异可能是转换、颠换、插入和缺失，转换的发生率较高。转换型变异的SNP约占2/3，其原因可能是CpG二核苷酸上的胞嘧啶残基是人类基因组中最易发生突变的位点，其中大多数是甲基化的，可自发地脱去氨基而形成胸腺嘧啶。SNP是人类遗传变异中最常见的一种，占所有已知多态性的90%以上。SNP在人类基因组中广泛存在，平均每500～1 000 bp中可能就有1个，估计其总数有400万个以上。从对生物遗传性状的影响上来看，如果SNP所致的编码序列的改变并不影响所翻译的蛋白质的氨基酸序列，突变碱基与未突变碱基的含义相同，称为同义SNP。如果碱基序列的改变可使所翻译的蛋白质序列发生改变，从而影响了蛋白质的功能，这种改变常是导致生物性状改变的直接原因，称为非同义SNP。SNP与小卫星DNA和微卫星DNA的区别见表2-2。

① 本书涉及DNA等长度大小时，参考众多文献后决定，仍采用分子量的说法，若涉及质量大小，采用分子质量说法。

一、SNP特点

（1）基因频率容易估计，SNP在人群中是二等位基因性的，在任何人群中其等位基因频率都可估计出来。

（2）分布密度高，平均密度约1/500～1/1 000，它在基因组中的分布比微卫星标记广泛得多，人类基因组中至少有400万个SNPs，其中只有10万个可以形成RFLP（SNP多态性更高）。根据SNP在基因中的位置，可分为基因编码区SNPs（coding-region SNPs，cSNPs）、基因周边SNPs（perigenic SNPs，pSNPs）以及基因间SNPs（intergenic SNPs，iSNPs）等三类。

（3）性状可能具代表性，部分位于基因内部的SNP可能会直接影响产物蛋白质的结构或基因表达水平，因此它们本身可能就是疾病遗传机制的候选位点。

（4）遗传稳定性高于微卫星DNA。

（5）可构成SNP单倍型（haplotype），3～4个相邻SNP标记若能稳定遗传则构成一种单倍型，可有8～16种单倍型，这相当于一个微卫星DNA的多态性。其高密度、稳定性弥补了只有两种等位基因的不足。

（6）容易检测，SNP适用于快速、规模化的筛查，易于检测自动化，通过简单的“+/–”进行基因识别，因为只有三种基因型，研究较为方便。

表2–2　SNP与小卫星DNA和微卫星DNA的区别

比较指标	小卫星DNA和微卫星DNA	单核苷酸多态性（SNP）
多态性的本质	重复序列拷贝数差异	散在的单个碱基不同
形成原因	不等交换和滑动复制	单个碱基置换，多为二态
数量	数以万计	400万个之多

二、SNP检测方法

目前SNP检测方法较多，且较为成熟，如DNA测序法、*Taq* Man探针法、限制性片段长度多态性聚合酶链反应（PCR–RFLP）、单链构象多态性（SSCP）、等位基因特异性PCR（AS-PCR）、分子信标法、高分辨率熔解曲线法（HRM）、SNaPshot法、KASP（kompetitive allele-specific PCR）法、SNP芯片技术及质谱法等。用于检测SNP的方法，除了测序法可直接获取核酸信息外，其他方法均是基于已知SNP位点进行设计的检测方法。这些方法中，有些技术在扩增检测原理上类似。如*Taq* Man探针法和分子信标法均是基于探针的特异性识别来区分检测SNP位点的，AS–PCR和KASP法则是基于引物特异性识别SNP位点的检测方法，SNaPshot法和质谱法则均使用了单碱基延伸技术。

SNP芯片技术是新开发的一种DNA序列变异检测工具，当前使用的芯片含有超过100万个SNPs，以及更多地用于检测拷贝数变异的探针。待测基因经提取后，被切成长短不一的片段，经荧光化学物质标记后，注射到嵌有芯片的载片上。由于DNA和探针杂交的程度与荧光强度相关，因此通过激光扫描，即可根据荧光强弱测出被检测序列的变异。SNP芯片技术检测通量高，可实现自动化。

质谱法是基于基质辅助激光解吸电离飞行时间质谱技术（matrix-assisted laser desorption ionization time-of-flight mass spectrometry，MALDI-TOF MS）的检测方法，其检测过程中，需通过激光激发DNA分子片段，再利用飞行时间判断DNA片段的分子量大小，从而确定SNP位点。其检测原理使用了单碱基延伸技术，在多重PCR扩增时，其扩增产物将在SNP位点上终止延伸，形成不同分子量的检测产物，再利用质谱分析获得图谱，而不同分子量的延伸产物，在它对应的分子量位置上可查看检测峰图，由此确定SNP位点。

三、SNP的应用

由于SNP在任一特定位点上只有2个等位基因，所涵盖的信息量很有限，似乎很难满足疾病易感基因精确定位的要求。但这个不足可通过加大分布密度来弥补，更多的SNP单倍型和完整的SNP图谱完成之后，可以提供远高于此要求的密度。人类的遗传连锁图谱第一代是限制性酶切片段长度多态性图谱，第二代是微卫星DNA标记图谱，第三代就是SNP图谱。

SNP研究是人类基因组研究的又一个热点。目前，不仅在人类染色体上，而且在其他生物的基因组上也已建立了SNP图谱。美国、日本等国和欧洲等地区的政府、科研机构及部分私人公司斥巨资研究开发的SNP图谱也向公众免费提供。

目前已有许多生物医学网站开辟了专门的SNP网页，人们可以很方便地在这些网站上查阅有关的SNP信息。国际上较重要的网站有：(1)dbSNP(https://www.ncbi.nlm.nih.gov/snp/)，该网站是由美国的NCBI主办的。它除了可接受各地发来的SNP申请注册外，也向公众免费提供对SNP的查询。(2)HGBASE(http://hgbase.car.ki.se)，该网站建在德国，收集基因内SNP，研究者可通过检测出的序列查询SNP。(3)MIT SNP数据库(https://wi.mit.edu/snp/human/index.html)，该网站是由美国麻省理工学院建立的。它包括数千条已经定位的SNP，可以通过指定染色体的某一区域查询SNP。(4)SNPnexus数据库(https://www.snp-nexus.org/index.html)，支持多种输入方式，如dbSNP rs #、基因组位置等。(5)GWAS4D数据库(http://mulinlab.tmu.edu.cn/gwas4d)，提供SNP位点优先排序、基因组区域可视化、SNP功能预测和注释。

SNP作为第三代分子标记，被广泛应用于分子遗传学、法医物证检验以及疾病诊断和治疗等众多领域。而2019年出现的新型冠状病毒，作为一种RNA病毒，在进化演变过程中，也出现了很多SNP位点，其中的一些变异甚至使得新冠病毒的传染性和毒力进一步增强。从Alpha、Beta、Gamma到Delta，再到Omicron，面对这些需要关注的变异株，SNP检测方法同样必不可少。

第五节 表达序列标签和序列标签位点

表达序列标签(expressed sequence tag,EST),是指从不同组织来源的cDNA文库中随机挑选克隆进行5′或3′端测序后得到的部分cDNA序列。

一、EST的结构特征

EST代表一个完整基因的一小部分,在数据库中其长度一般从20到7 000 bp不等,平均长度为(360±120)bp。EST来源于一定环境下一个组织总mRNA所构建的cDNA文库,因此EST也能说明该组织中各基因的表达水平。EST序列具有单拷贝特性,其位点称为序列标签位点(sequence tagged site,STS),也是一种遗传标记。这个标记不是用来区分个体与群体的,而是用来区分不同的染色体位点的。STS数目多,覆盖密度较大,达到平均每1 kb一个或更密集。STS在基因的定位上可以发挥很大的作用。任何DNA序列,只要知道它在基因组中的位置,都能被用作STS标签。作为基因组中一种遗传标记系统,其数目多,覆盖密度较大。STS序列在染色体上只出现一次,其位置和碱基序列都是已知的,适宜作为人类基因组的一种地标,据此可以判定DNA的方向和特定序列的相对位置。

二、EST序列的用途

(1)用于种内和种间的遗传性状研究,EST作为表达基因所在区域的分子标签,因编码DNA序列高度保守而具有自身的特殊性质,与来自非表达序列的标记相比,更可能穿越家系与种的限制。因此EST标记在亲缘关系较远的物种间比较基因组连锁图和比较质量性状信息具有重要的应用价值。

(2)通过序列已知的物种研究序列未知的物种,EST在不同物种中均为保守序列,较多物种基因组学已有现存数据,可以应用或参考。对于一个DNA序列缺乏的目标物种,来源于其他物种的EST也能用于该物种的基因遗传作图,加速物种间相关信息的迅速转化。

(3)用于了解基因的全长或部分DNA序列,采用生物信息学方法延伸EST,可获得基因的部分乃至全长cDNA序列。EST是cDNA的一个片段,一般长200~400个核苷酸对。一个全长的cDNA分子可以有许多个EST,但特定的EST有时可以代表某个特定的cDNA分子。两端有重叠的共有序列的EST可以组装成一个叠连群(contig),直到装配成全长的cDNA序列,这样就等于克隆了一个基因的编码序列。

(4)用于构建基因组的遗传图谱与物理图谱,将EST定位在基因组,也可作为基因组作图时的一种标记序列。人类和其他生物基因组计划的完成,将为基因识别、基因克隆和表达分析提供有力支持,为基因功能的研究提供广阔的空间。

(5)作为探针用于放射性杂交;用于定位克隆;作为分子标记用于寻找新的基因;用于研究基因的功能;用于研究生物群体多态性。

第六节 表观遗传学

表观遗传学是与遗传学相对应的概念。遗传学研究基因序列改变所致的基因表达水平变化,如基因突变、基因缺失、基因易位等。若基因的DNA序列没有发生改变,基因功能发生可遗传的变化,并最终导致表型的变化,称为表观遗传。因此,表观遗传学是研究基因的核苷酸序列不发生改变的情况下,基因功能发生可遗传的变化的一门遗传学分支学科。现在已知,基因组含有两类遗传信息,一类是传统意义上的遗传信息,即DNA序列指导蛋白质合成的遗传信息,另一类是表观遗传信息,它提供了何时、何地、以何种方式去应用遗传信息的指令。表观遗传现象也是一种基因组的多态性。表观遗传的现象有很多,已知的有X染色体剂量补偿、DNA甲基化、组蛋白修饰、基因组印记、非编码RNA调控、RNA修饰等。

一、X染色体剂量补偿

在雌性哺乳动物中,两条X染色体中有一条是部分失活的,称为X染色体的剂量补偿(dosage compensation)。X染色体的失活状态需要表观遗传修饰,如需要DNA甲基化来维持。这种失活可以通过有丝分裂或减数分裂遗传给后代。哺乳动物雌性个体的X染色体失活遵循n-1法则,不论有多少条X染色体,最终只能随机保留一条的活性。X染色体随机失活是X失活中心(X inactivation center,Xic)调控的。Xic是一个顺式作用位点,包含辨别X染色体数目的信息和X失活特异性转录本(*Xist*)基因,前者可保证仅有一条染色体有活性,后者是哺乳动物X染色体失活的主要调节因子,其缺失将导致X染色体失活失败。X染色体失活过程为:*Xist*基因编码长非编码(lnc)RNA,该RNA包裹在合成它的X染色体上,引发X染色体失活;随着该RNA在X染色体上扩展,DNA甲基化和组蛋白的修饰随即发生,这对X染色体失活的建立和维持有重要的作用;失活的染色体依旧持续合成该RNA,维持本身的失活状态。

与X染色体失活相关的疾病多是由于X染色体的不对称失活,使携带有突变等位基因的X染色体在多数细胞中具有活性所致。Wiskott-Aldrich综合征表现为免疫缺陷、湿疹,伴血小板减少症,该病是由于*WAS*基因突变所致。因为染色体随机失活导致女性为嵌合体,携带有50%的正常基因,通常无症状表现,而男性仅有一条X染色体,该病发病率男性显著高于女性。存在女性患病的原因在于不对称X染色体失活，即携带有正常*WAS*基因的染色体过多失活。

二、DNA甲基化

DNA甲基化（DNA methylation）是DNA序列上特定的碱基在DNA甲基化转移酶（DNA methyltransferases，DNMT）的作用下，通过共价键结合的形式获得一个甲基基团的过程。它是DNA化学修饰的一种形式，能够在不改变DNA序列的前提下，改变DNA片段的活性，从而改变遗传表现，是一种非常保守的表观遗传修饰。DNA甲基化可以发生在胞嘧啶的C-5位、腺嘌呤的N-6位、鸟嘌呤的N-7位等，由不同的DNA甲基化酶催化，分别生成5-甲基胞嘧啶（m^5C）、N6-甲基腺嘌呤（m^6A）及7-甲基鸟嘌呤（m^7G）。在脊椎动物中，CpG二核苷酸是DNA甲基化发生的主要位点。CpG常成簇存在，基因组中富含CpG的一段DNA序列称为CpG岛（CpG island），长度在1～2 kb左右，通常位于转录调控区附近。DNA甲基化包括维持甲基化和从头甲基化。维持甲基化是指在DNA半保留复制过程中，根据亲链上特异的甲基化位点，在互补链相应位置上进行甲基化修饰的过程。从头甲基化是在原来没有甲基化的DNA双链上进行甲基化的过程，然后由维持甲基化的酶来维持稳定的甲基化状态。DNMT家族中有五个成员：DNMT1、DNMT2、DNMT3A、DNMT3B和DNMT3L。DNMT1作为维持甲基化转移酶，参与细胞增殖过程中DNA序列甲基化的维持；DNMT2可以作为RNA甲基转移酶，修饰某些tRNA的反密码子环中的第38个胞嘧啶残基；DNMT3A和DNMT3B是从头甲基化酶，它们使未甲基化的CpG位点甲基化；DNMT3L属于DNMT3家族，缺乏甲基转移酶活性，但DNMT3L可以与DNMT3A/B相互作用以促进DNA甲基化。

DNA甲基化与维持正常细胞的功能、雌性个体X染色体失活、寄生DNA序列的抑制、基因组结构稳定、遗传印记、胚胎发育，以及肿瘤和疾病的发生、发展紧密相关，具有至关重要的作用。因此，DNA甲基化已经成为表观遗传学和表观基因组学的重要研究内容。DNA甲基化影响到基因的表达，与肿瘤的发生密切相关，把肿瘤基因组学与表观遗传学的研究结合起来，是癌症研究的发展趋势。

三、组蛋白修饰

组蛋白是真核生物染色体的基本结构蛋白，是将DNA折叠形成染色质的关键蛋白。基因正常表达除需要相应转录因子的诱导和启动子区低甲基化状态外，还需要具备另一个表现遗传学条件，即组蛋白修饰处于激活状态。常见的组蛋白修饰包括甲基化、乙酰化、磷酸化、泛素化等，不常见的包括ADP核糖基化、甲基丙烯酰化、乳酸化、巴豆酰化、琥珀酰化、棕榈酰化等。它们的作用主要包括改变组蛋白与DNA及其他核蛋白的相互作用、改变染色质结构和活性、调控基因表达。通过组蛋白修饰的调控，细胞可以实现基因的精确表达调控。组蛋白修饰的异常在许多疾病中起着重要作用，包括癌症、心血管疾病、神经系统疾病等。

组蛋白乙酰化与基因活化以及DNA复制相关，组蛋白的去乙酰化和基因的失活相关。乙酰化转移酶(HATs)主要是在组蛋白H3、H4的N端尾上的赖氨酸加上乙酰基，去乙酰化酶(HDACs)则相反，不同位置的修饰均需要特定的酶来完成。乙酰化转移酶家族参与转录调控、调节细胞周期、参与DNA损伤修复。去乙酰化酶家族则和染色体易位、转录调控、基因沉默、细胞周期、细胞分化和增殖以及细胞凋亡相关。甲基化—CpG结合蛋白2(methyl-CPG binding protein 2，MeCP2)可募集去乙酰化酶到甲基化的DNA区域，使组蛋白去乙酰化导致染色质浓缩。若能阻碍去乙酰化酶的功能，则可抑制癌细胞的增殖和分化，可用于某些肿瘤的治疗。

组蛋白甲基化是由组蛋白甲基化转移酶(HMTs)和组蛋白去甲基化酶(HMDs)相互协调的动态过程。甲基化可发生在组蛋白的赖氨酸和精氨酸残基上，赖氨酸残基能够发生单、双、三甲基化，而精氨酸残基能够发生单、双甲基化，目前研究比较多的组蛋白甲基化主要是发生在组蛋白H3和H4上的。所有精氨酸残基的甲基化由蛋白质精氨酸甲基转移酶家族(PRMTs)催化，PRMT1可催化产生单甲基化和非对称的二甲基化，与基因的激活相关；PRMT2通过精氨酸残基的单甲基化和对称二甲基化促进基因抑制。此外，辅因子相关的精氨酸甲基转移酶(CARM1)通过精氨酸残基的单甲基化和不对称二甲基化促进基因活化。在组蛋白残基上添加或去除甲基会改变染色质的结构，不过与促进基因表达的乙酰化修饰不同，不同位点的甲基化对于基因的表达可以起到促进或抑制的作用。

组蛋白磷酸化指组蛋白在蛋白激酶(PKs)催化下加入磷酸基团的过程，而蛋白磷酸酶(PPs)催化组蛋白发生去磷酸化。组蛋白磷酸化通常发生在丝氨酸(Ser)、苏氨酸(Thr)和酪氨酸(Tyr)的氨基酸残基上，且主要在组蛋白的N-末端尾部。其中丝氨酸磷酸化被认为是最常见的，其次是苏氨酸。酪氨酸磷酸化相对罕见，但在大多数真核生物中处于许多蛋白质磷酸化信号通路(例如酪氨酸激酶连接受体)的顶端。组蛋白磷酸化基团中和组蛋白上的正电荷，造成组蛋白与DNA之间亲和力下降，同时磷酸化修饰能够产生与蛋白质识别模块结合的表面，与特异性的蛋白质复合物相互作用。组蛋白磷酸化可能会改变组蛋白与DNA结合的稳定性，在细胞信号传导、有丝分裂、细胞死亡、DNA损伤修复、DNA复制、转录和重组过程中发挥重要作用。

蛋白质泛素化是泛素分子的羧基末端与蛋白质的赖氨酸残基结合的过程。泛素化调控酶主要有：泛素活化酶(E1)、泛素结合酶(E2)和泛素连接酶(E3)。所有组蛋白核心蛋白都可以被泛素化，但H2A和H2B是最常见的，也是细胞核中泛素化程度最高的两种蛋白。组蛋白泛素化在DNA损伤反应中起核心作用。

核小体结构的存在为染色质包装提供了便利，但DNA与组蛋白八聚体的紧密结合却为基因的表达设置了障碍，要打破这一障碍获得有活性的染色质结构，可通过染色质重塑来实现。染色质重塑是指在能量驱动下核小体的置换或重新排列，它改变了核小体在基因启动子区的排列，增强了基础转录装置和启动子的可接近性。染色质重塑的发生和组蛋白N端尾巴修饰密切相关，尤其是对组蛋白H3和H4的修饰。修饰直接影响核小体的结构，并为其他蛋白提供了和DNA作用的结合位点。染色质重塑异常引发人类疾病是指重塑复合物中的关键蛋白发生突变，导致染色质重塑失败，即核小体不能正确定位，并使修复DNA损伤的复合物、基础转录装置等不能接近DNA，从而影响基因的正常表达。

四、基因组印记(genomic imprinting)

基因组印记的本质仍为DNA修饰和蛋白质修饰。来自双亲的某些等位基因，在子代的表达不同，有些只有父源的基因有转录活性，而母源的同一基因则始终处于沉默状态，另一些基因的情况则相反。不同亲本来源的两个等位基因在子代细胞中表达不同，在基因组中的这类现象就是基因组印记。原因是来自父方和母方的等位基因在通过精子和卵子传递给子代时发生了修饰，使带有亲代印记的等位基因具有不同的表达特性，这种修饰常为DNA甲基化修饰，也包括组蛋白乙酰化、甲基化等修饰。在生殖细胞形成早期，来自父方和母方的印记全部被消除，父方等位基因在精母细胞形成精子时产生新的甲基化模式，但在受精时这种甲基化模式还将发生改变；母方等位基因甲基化模式在卵子发生时形成。因此，在受精前来自父方和母方的等位基因具有不同的甲基化模式。印记基因的异常表达可引发伴有复杂突变和表型缺陷的多种人类疾病。研究发现许多印记基因对胚胎和胎儿出生后的生长发育有重要的调节作用，对行为和大脑的功能也有很大的影响。例如，基因组印记与Prader-Willi综合征/Angelman综合征(PWS/AS)关系密切，PWS表现为肥胖、身材矮小和轻度智力发育迟缓；AS表现为共济失调、过度活跃、严重智障、少语、表情愉悦，这两种疾病都和神经功能失调相关。PWS是由于突变导致父本印记基因在大脑中高表达所致；AS是由于母本的*UBE3A*基因的缺失或受到抑制所致，该基因编码泛素蛋白连接酶并在脑中表达。

目前发现的印记基因大约80%成簇，这些成簇的基因被位于同一条链上的顺式作用位点所调控，该位点被称为印记中心(imprinting center，IC)。印记基因的存在反映了性别的竞争，从目前发现的印记基因来看，父方对胚胎的贡献是加速胚胎发育，而母方则是限制胚胎发育速度。亲代通过印记基因来影响下一代，使它们具有性别行为特异性，以保证本方基因在遗传中的优势。与基因组印记相关的疾病常常是由于印记丢失导致两个等位基因同时表达，或突变导致有活性的等位基因失活所致。印记丢失不仅影响胚胎发育并可诱发出生后的发育异常，从而导致癌症发生。调控基因簇的印记中心发生突变将导致一系列基因不表达，引发复杂综合征。

五、非编码RNA调控

非编码RNA(ncRNA)是一类不编码蛋白质的RNA分子，它们在基因表达调控中发挥着重要作用。按照它们的大小可分为小RNA和非小RNA。小RNA主要包括微小RNA(microRNA，miRNA)、小干扰RNA(siRNA)、PIWI相互作用RNA(piRNA)等，长度通常在20～25 bp。非小RNA主要包括长链非编码RNA(lncRNA)、环状RNA(circRNA)等，长度通常超过200 bp。非编码RNA可以通过多种机制参与表观遗传修饰。首先,非编码RNA可以作为引导分子,帮助DNA甲基化酶、组蛋白修饰酶等定位到特定的基因区域。其次,非编码RNA可以通过与DNA、RNA和蛋白质的相互作用,直接影响表观遗传修饰的过程。例如,一些非编码RNA可以通过与DNA结合,改变DNA的构象和稳定性,进而影响染色质的结构和基因的表达;一些非编码RNA可以通过与RNA结合,影响RNA的稳定性和加工过程,进而影响基因的表达;一些非编码RNA可以通过与蛋白质结合,影响蛋白质的活性和功能,进而影响基因的表达。

六、RNA修饰

RNA修饰是指发生在RNA上的各种修饰形式,是表观遗传学领域新的分支。自然界中的RNA修饰广泛存在于A、U、C、G四类核苷酸上,极少的RNA修饰发生在次黄嘌呤核苷(I)上。目前已知的RNA化学修饰已有100多种,其中RNA甲基化修饰占主导。N6-甲基腺嘌呤(m^6A)是mRNA中丰度最高的甲基化修饰形式,也是目前研究最为透彻的一种RNA修饰类型,对基因表达的调控起着至关重要的作用。m^6A修饰通过影响mRNA的稳定性、翻译效率、剪接和转运等多个方面,参与了细胞的多种生物学过程,包括细胞分化、发育、应激响应和疾病发生等。RNA修饰广泛存在于mRNA、tRNA、rRNA和其他非编码RNA上,每一种修饰都有自己的功能,包括RNA结构、输出、稳定性和mRNA剪接。该研究领域的未来一片光明,但仍有许多有关部分新修饰功能的内容尚待探索。

七、表观基因组学(epigenomics)

研究基因组水平上表观遗传修饰的科学称为表观基因组学,主要研究染色质解码基础、自身免疫疾病表观遗传、恶性肿瘤表观遗传、衰老性疾病表观遗传、表观遗传学药物研发平台等。1999年成立了人类表观基因组协会(human epigenome consortium,HEC),其网址为:https://epigenomesportal.ca/ihec/。HEC于2003年10月正式宣布开始实施人类表观基因组计划(human epigenome proiect,HEP)。HEP绘制不同组织类型和疾病状态下的人类基因组甲基化可变位点(MVP)图谱,可以进一步加深人类对基因组的认识,为探寻与人类发育和疾病相关的表观遗传变异提供蓝图。

表观遗传学补充了"中心法则"忽略的两个问题,即哪些因素决定了基因的正常转录和翻译以及核酸并不是存储遗传信息的唯一载体。决定表观遗传学过程的主要因素为DNA修饰、组蛋白修饰、RNA修饰以及非编码RNA调控,这四个因素的相互关系以及它们如何共同来调节染色质结构还有待进一步研究。在生命的历史中,短链RNA可能充当着保护基因组稳定性的角色,且RNA对DNA甲基化和组蛋白修饰有指导作用,表明RNA可能和表观遗传改变的根本诱因相关。对表观遗传中各种因子突变导致的疾病研究将有助我们了解表观遗传机制,进而指导疾病的治疗和新药的研制。

思考题

1. 什么是基因组多态性?

2. 限制性片段长度多态性的遗传学本质是什么?

3. 小卫星DNA图谱形成的原理是什么?(1)每一条带代表什么?(2)条带间隙代表什么?(3)条带数目代表什么?

4. 小卫星DNA与微卫星DNA有什么共性和区别?

5. 单核苷酸多态性为什么具有很好的应用价值?

6. 表达序列标签与序列标签位点的联系,有什么应用价值?

7. 简述表观遗传修饰的种类和遗传机理。

参考文献

[1]杨金水.基因组学.4版.北京:高等教育出版社,2019.

[2]阿利斯,卡帕罗,叶努温,等.表观遗传学:原书第二版.方玉达,郑丙莲,译.北京:科学出版社,2023.

[3]克雷布斯,戈尔茨坦,基尔帕特里克.Lewin基因Ⅻ.江松敏,译.北京:科学出版社,2021.

[4]LAI C H, LIN Y S, WANG C M, et al.A novel 16S rRNA PCR-Restriction fragment length polymorphism assay to accurately distinguish zoonotic *Capnocytophaga canimorsus* and *C. cynodegmi*.Microbiology spectrum, 2023, 11(3): e0291622.

[5]MUKAMEL R E, HANDSAKER R E, SHERMAN M A, et al.Repeat polymorphisms underlie top genetic risk loci for glaucoma and colorectal cancer.Cell, 2023, 186(17): 3659-3673.

[6]LUDFORD K, HO W J, THOMAS J V, et al.*Neoadjuvant pembrolizumab* in localized microsatellite instability high/deficient mismatch repair solid tumors.Journal of clinical oncology, 2023, 41(12): 2181-2190.

[7]STEIN A P, HARDER J, HOLMES H R, et al.Single nucleotide polymorphisms in coronary microvascular dysfunction.Journal of the American heart association, 2024, 13(4): e032137.

[8]WANG Y H, LI N, CHEN T, et al.Generation and characterization of expressed sequence tags(ESTs)from coralloid root cDNA library of *Cycas debaoensis*.Plant Diversity, 2018, 40(5): 245-252.

[9]FITZ-JAMES M H, CAVALLI G.Molecular mechanisms of transgenerational epigenetic inheritance.Nature reviews genetics, 2022, 23(6): 325-341.

(麦力 彭惠民 左的于 李海玉)

第三章　基因组作图

人类24条染色体载有几万个基因，约31亿个碱基对（见图3-1）。怎样认识这些复杂大分子呢？由于最新的技术也难以测到大于750 bp的精确序列，很多DNA分子只能通过拼接测出序列，研究的基本策略是基因组作图（genomic mapping）。基因组作图是指应用界标或遗传学标记对基因组进行精细的划分，进而标示出DNA的碱基序列或基因排列的工作。基因组图谱主要包括遗传图谱（genetic map）、物理图谱（physical map）、序列图谱（sequence map）和基因图谱（gene map）。

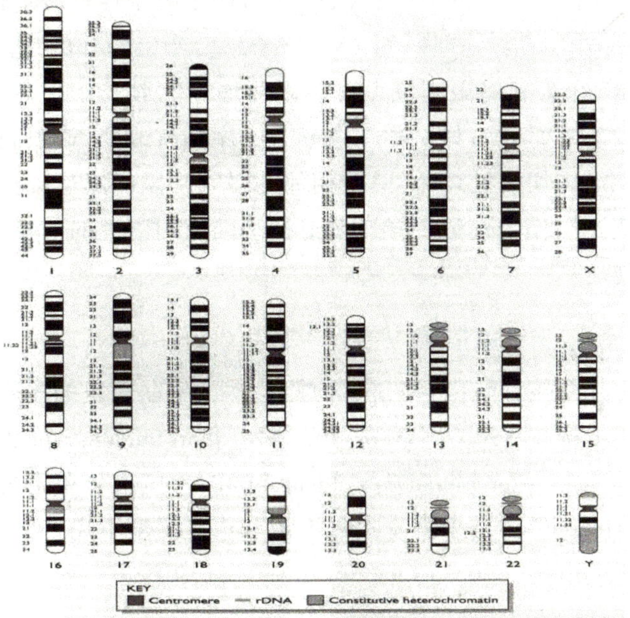

图3-1　人类染色体模式图

第一节　基因组遗传图谱

通过遗传重组所得到的基因在具体染色体上的线性排列图称为遗传连锁图谱，简称遗传图谱。它是通过计算连锁的遗传标志之间的重组频率，确定它们的相对距离，一般用厘摩（cM，即减数分裂的重组频率为1%）来表示。cM值越大，两者之间距离越远。

一、遗传作图标记

最初的遗传图谱是在20世纪初对果蝇等生物构建的，使用基因作为遗传标记。但结构基因数量有限，不能广泛应用。后来人们认识到DNA分子片段也是很好的遗传学标记，这些分子标记大多是以DNA片段电泳谱带形式表现的。依其遗传特性可分为显性和共显性分子标记，依其检测手段可分为以Southern杂交技术为核心的分子标记和以PCR技术为核心的分子标记，根据在基因组中出现的频率，又可分为低拷贝序列标记和重复序列标记。

以下几种类型的DNA多态性标记常用于遗传作图：

（一）限制性片段长度多态性（restriction fragment length polymorphism，RFLP）

RFLP是第一种用于研究DNA的多态性标记。限制性核酸内切酶是一种在特定序列上切割DNA分子的酶，用它处理一个DNA分子时产生限制性片段。这种序列特异性意味着用一种限制性核酸内切酶处理一种DNA分子总会产生同样的片段。但对于同源DNA来说并不总是这样，因为有些限制位点可能以两种等位形式存在。一种等位形式有正确的限制位点序列，能被酶切开；另一种等位形式的序列有改变，该限制性内切酶不能识别。后者的结果是在核酸内切酶处理后，两个相邻的限制片段仍然连接在一起，从而导致了长度多态性。如同用基因作为标记一样，RFLP在基因组图谱上的位置可以通过追踪其等位基因的遗传而得到。

（二）微卫星（microsatellite）

微卫星是指以几个核苷酸（1～6 bp）为单位，多次串联重复的序列，也称为简单重复序列（simple sequence repeat，SSR）、短串联重复序列（short tandem repeat，STR）或简单序列长度多态性（simple sequence length polymorphism，SSLP）。广泛分布于真核生物基因组中，大约每10 kb就有一个微卫星，由于重复次数不定和重复程度不完全而造成每一个位点均有多态性。

（三）单核苷酸多态性（single nucleotide polymorphism，SNP）

基因组中存在大量的单个碱基的突变，有些能产生RFLP，但许多并不能，这是因为它们所处的序列不能被限制性内切酶所识别。人类基因组中至少有400万个SNPs，其中只有10万个可以形成RFLP（SNP多态性更高）。SNP分布密度高，平均密度约1/500～1/1 000，它在基因组中的分布比微卫星标记广泛得多。

二、遗传作图的基础

连锁分析是遗传作图的基础，即分析两个基因或遗传标记在染色体上的位置关系。摩尔根总结了连锁和交换定律，然而一个重大发现是在其实验室工作的一名大学生（Sturtevant，1913）发现的：基因间因交换而去连锁的概率与它们在染色体上的距离成正比例。

因而重组频率是衡量两个基因间距离的单位。生殖细胞在减数分裂时发生交换，一对同源染色体上存在着两个相邻的基因座位，距离较远，发生交换的机会较多，则出现基因重组；若两者较近，重组机会较少。基因定位的连锁分析是指根据基因在染色体上呈线性排列，不同基因相互连锁成连锁群的原理，即应用被定位的基因与同一染色体上另一基因或遗传标记相连锁的特点进行定位。利用某个拟定位的基因是否与某个遗传标记存在连锁关系，以及连锁的紧密程度就能将该基因定位到染色体的一定部位，成为人类基因定位的重要手段。

三、遗传作图的方法

（1）对果蝇和小鼠等物种的连锁分析，可进行有计划的育种试验，观察后代中基因的重组率。

（2）对不发生减数分裂的细菌的连锁分析，可诱导同源片段交换，观察子代细胞中基因的重组率。

（3）人类的连锁分析，只能通过家系分析来完成，即分析一定数量的疾病家系中连续几代成员遗传标记与某基因（或某疾病）共同出现的频率。对以图3–2为代表的家系分析可以知道，对于某种限制性酶的酶切片段，所有的患者均有1号片段，所有的正常个体都不具有1号片段，说明1号片段是与疾病相关的基因连锁的。

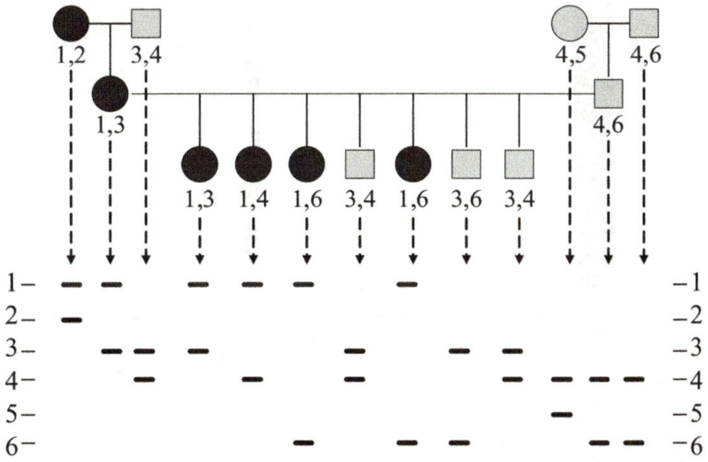

图3–2 遗传标记系谱分析（1号片段与疾病基因连锁）

注：绿色圆点表示某个遗传标记的存在，黄色方块表示另一个遗传标记的存在，黑色短横线表示个体不携带任何特定遗传标记，数字表示个体在家系中的编号（彩图见二维码）。

四、遗传图谱的用途

遗传作图提供了基因在染色体上的坐标，为基因识别和基因定位创造了条件。例如，6 000多个遗传标记能够把人的基因组分成6 000多个区域。连锁分析可以找到某一疾病的基因与特定遗传标记紧密连锁(即邻近)的证据,可把这一基因定位于这一已知区域,再对基因进行分离和研究。人类遗传图谱建立为人类物理图谱构建奠定了基础,遗传图谱的分子坐标也是基因组物理图谱绘制的基础。

第二节 基因组物理图谱

遗传图谱对于测序还远不够,这是因为遗传图谱分辨率依赖于交换率,而高等生物交换数目有限,重组热点的存在使遗传图谱准确性有限。因此,还需要更精细的图谱——物理图谱。物理图谱的构建是基因组进行序列测定的基础,具有承上启下的作用。图3-3为从遗传图谱绘制,到物理图谱构建,并进行DNA片段测序的过程。

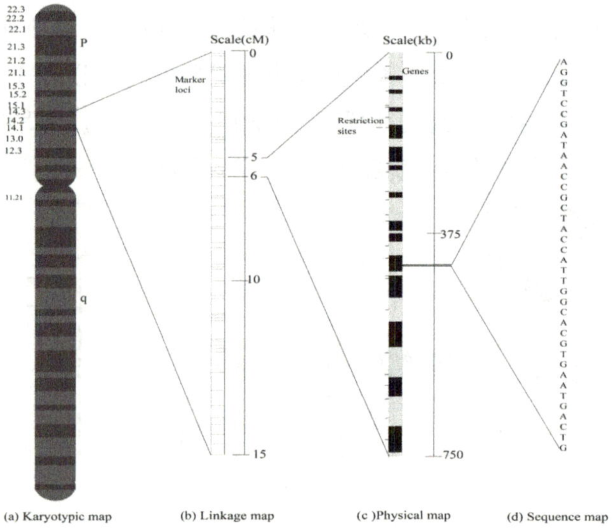

图3-3 从染色体到DNA序列

一、基因组物理图谱作图方法

(一)限制性酶切作图

限制性内切酶将染色体切成片段,根据重叠序列确定片段之间的连接顺序,以及遗传标记之间物理距离的图谱。

(1)限制性酶切作图的原理

重叠群(见图3-4)是相互间存在重叠序列的一组克隆。在对DNA进行限制性酶切时,如果控制反应条件避免完全酶切发生,可产生部分重叠的片段。可根据重叠顺序的相对位置将各个克隆首尾连接，构成连续顺序图。限制性酶切后，以大片段基因组DNA分子为基本单位，以连续的重叠群为基本框架，通过遗传标记将重叠群或基因组DNA分子排列于染色体上。

图3-4　重叠群示意图

注：横线表示限制酶酶切后的DNA分子片段。

（2）部分酶切法测定DNA片段位置

①完全降解：选择合适的限制性内切酶将待测DNA链完全降解，降解产物经凝胶电泳分离后进行显影，获得的图谱即为组成该DNA链的酶切片段的数目和大小。

②部分降解：通过控制反应条件使DNA链上该酶的切口随机断裂，避免所有切口断裂的完全降解发生。部分酶解产物同样进行电泳分离及显影。

③比较上述两步的显影图谱，根据片段大小及彼此间的差异即可排出酶切片段在DNA链上的位置。

（3）限制酶切物理图谱技术路线

获得分布于整个基因组的遗传标记，制备放射性探针与基因组进行原位杂交，使每隔100 kb就有一个标记。构建覆盖每条染色体的大片段：构建数百kb的酵母人工染色体（YAC），得到重叠的YAC连续克隆系，也称为低精度物理作图。将YAC随机切割后装入cosmid黏粒，在几十个kb的DNA片段水平上作图称为高精度物理作图。

染色体→酵母人工染色体重叠群→单个YAC克隆→cosmid人工染色体重叠群→单个cosmid克隆→质粒亚克隆→随机测序→计算机分析串联的大片段。

①酵母人工染色体（YAC）：YAC人工染色体载体是利用酿酒酵母的染色体的复制元件构建的载体。YAC载体必须含有以下元件：

端粒重复序列：定位于染色体末端的一段序列，用于保护线状的DNA不被胞内的核酸酶降解，以形成稳定的结构。

着丝粒：有丝分裂过程中纺锤丝的结合位点，使染色体在分裂过程中能正确分配到子细胞中。

自主复制序列：一段特殊的序列，含有酵母菌中DNA进行双向复制所必需的信号。

②cosmid黏粒：cosmid是英文cos site-carrying plasmid的缩写，也称黏粒、柯斯载体，是人工建造的含有λ噬菌体DNA的cos序列和质粒复制子的特殊类型的质粒载体。cosmid载体带有质粒的复制起点、克隆位点、选择性标记以及λ噬菌体用于包装的cos末端等。可利用噬菌体体外包装的特性，利用噬菌体感染的方式将重组DNA导入受体细胞。但它不会产生子代噬菌体，而是以质粒DNA的形式存在于细胞内。

（二）荧光原位杂交作图

荧光原位杂交（FISH）就是用标记有荧光分子的一小段DNA序列（探针），在合适的湿度和盐离子浓度条件下，与染色体上的互补序列特异地退火结合而不破坏染色体的整体形态，以便在显微镜下观察到此特异的DNA序列的存在及其在染色体上的位置。

同位素标记探针用于原位杂交的敏感性非常高，曾在物理作图中起到很大的作用。但因其放射性废液对环境污染和操作者有危害，且放射自显影需要曝光显影的时间较长而被废弃。Bauman和Langer首次分别应用荧光素和生物素标记核苷酸探针进行原位杂交获得成功。近年来，由于方法学的不断进步，FISH检测的灵敏度大大提高了，不仅能检测高度重复的序列，还可以在单个细胞中检测小到1 kb的单拷贝基因。FISH已经完全取代了用同性素标记进行的染色体原位杂交。FISH检测的敏感性与同位素原位杂交不相上下，其空间分辨率和基因定位的准确性却大大提高。可将一组不同颜色的荧光标记探针与单个变性的染色体或染色质杂交，分辨出每种杂交信号，从而测定出各探针序列的相对位置。由于克隆的探针片段确定了DNA序列，因此，探针间位置关系的确定提供了DNA序列与基因组图谱间的直接联系。

（三）序列标记位点（STS）作图

为得到我们需要的基因组详细物理图谱，理想状态下，一个高分辨率的作图过程应当快速而不需要复杂的技术。限制性酶切作图和FISH作图均不能满足这些要求。限制性酶切作图快速、简便，能提供详细定位信息，但不能用于大基因组。FISH作图能应用于大基因组，而且使用改进的方法，如纤维FISH，可以得到高分辨率的数据，但FISH难以操作，数据积累慢，一次实验仅能获得不超过3个或4个标记的图谱位点。因此要使详细的物理图谱成为现实，需要发展更有效的技术。

STS作图通过对基因组片段进行PCR和杂交分析，来对短序列进行定位作图，是最有效的物理作图方法。

（1）STS作图原理

STS标记是染色体上位置已定的、核苷酸序列已知的且在基因组中只有一份拷贝的DNA短片段，一般长200～500 bp。从人类的DNA中鉴定出数千种STS，通过筛选含有人基因组DNA片段的酵母人工染色体库（YAC）来确定这些STS标记在基因组上的顺序。YAC库含有人类染色体约1 Mb大小片段的酵母人工染色体克隆群，如果2个STS标记间距小于1 Mb，它们将可能存在于同一个YAC克隆中。这样，利用自动分析机器，分别以STS片段为标记探针对每个YAC染色体DNA进行PCR扩增，鉴定出阳性克隆，然后将结果输入数据库中，利用计算机软件分析就可确定这些STS的顺序。如果要更精确地确定STS之间的准确距离，还可结合利用称为BAC和MAC的技术。BAC是细菌人工染色体的简称，可以确定距离较近的STS标志。MAC则是以哺乳动物细胞作为宿主细胞的人工染色体技术，作为异源DNA片段的载体，比YAC容量大，间隔较大的STS标记间的距离也可以确定了。最终，以STS为物理标志的物理图谱就绘制成功了。

(2)STS作图方法

STS的基本特征是唯一性,可根据单拷贝的DNA片段两端的序列,设计一对特异引物,经PCR扩增基因组DNA而产生长度为几百bp的特异序列,根据分离频率来计算遗传标记之间的图距。

①制作来自单一染色体或基因组的(酶切和部分酶切的)重叠DNA片段,使每一STS位点有多条片段对应。

②分析两个STS位点共存于一个片段的概率(位置越近,共存机会越大),由此计算STS位点的距离,绘制图谱(见图3-5)。

③连锁分析的图距是根据交换率计算的,STS作图的图距是根据分离频率来计算的。

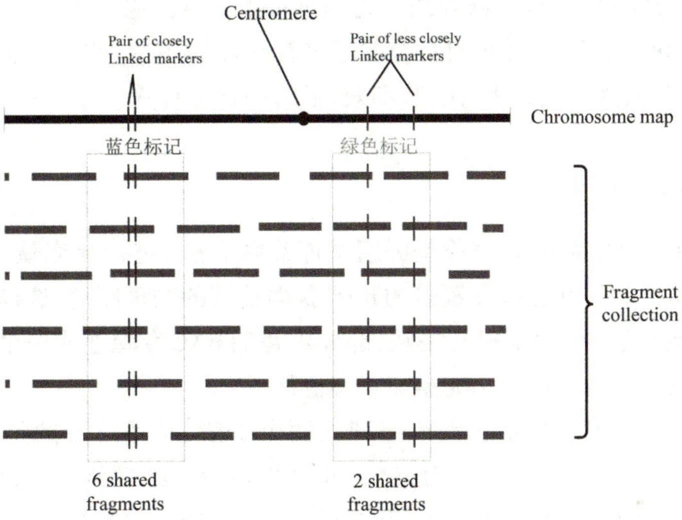

图3-5 根据酶切片段上共存的STS标记计算分离率(彩图见二维码)

二、基因组物理图谱的用途

基因组物理图谱是序列测定的基础,是指导DNA测序的蓝图,是测序工作的第一步。物理图谱的构建为基因组序列分析和进化研究提供了基础,为基因的定位、克隆和基因之间的相互关系分析提供了有效途径。物理图谱以一个“物理标记”作为路标,以Mb、kb、bp作为图距的基因组图。物理图谱与遗传图谱相互参照就可以把遗传学的信息转化为物理学信息。如某一区域的大小为多少cM可以基本折算为某一区域大小为多少kb。物理图谱的绘制需要筛选大量的物理标记以及进行大量复杂和繁琐的分析。1995年,第一张以序列标签位点STS为物理标记的物理图谱问世,它包括了94%的基因组和1 500多个标记位点,平均间距为200 kb。这样,物理图谱就把人类庞大基因组分成具有界标的1 500个小区域。人类基因组物理图谱的问世是基因组计划中的一个重要里程碑,遗传图谱与物理图谱结合在一起,就能迅速确定与疾病有联系的基因。物理图谱的问世标志着离人类基因组全序列测定仅有一步之遥了。

第三节 基因组序列图谱

两种不同的战略：全基因组随机测序战略（美国Celera公司）和以物理图谱为基础、以大片段克隆为单位的定向测序战略（公共领域测序计划）。两者的最大区别在于是否依赖基因组作图。

一、全基因组鸟枪法

全基因组鸟枪法测序也称“霰弹法”，先随机将整个基因组打碎成小片段进行测序，最终利用超级计算机根据序列之间的重叠关系进行排序和组装，并确定它们在基因组中的正确位置。它的最大优点是经济、快速、高效，但对高性能计算的方法和设备要求非常高。

二、逐个克隆法

对连续克隆系中排定的大片段基因组文库克隆，逐个进行亚克隆测序并进行组装。先构建遗传图谱，再利用几套高度覆盖的BAC获得精细的物理图谱，选择合适的BAC克隆测序，利用计算机拼装，然后由相互关联、部分重叠的BAC克隆连成一个大的重叠群。理想状况下，整条染色体就是由一个完整的重叠群构成。

绘制草图与完成图是测定基因组序列的两个阶段，草图绘制的是整个基因组的框架，完成图则是基因组序列测定的完成结果和最终目标。经过包括中国在内的多国科学家10多年的努力，2001年2月15日出版的英国《自然》杂志以及2001年2月16日出版的美国《科学》杂志，分别正式公布了人类基因组计划和Celera遗传公司的人类基因组全序列数据，人类基因组草图由此诞生。2004年10月国际人类基因组计划合作组织在英国《自然》杂志上宣布，经过多国科学家近3年的精心“雕琢”，一张精度达99.999%，误差小于十万分之一的人类基因组完成图绘制完成，原本遗漏了15万个细节的人类基因组图谱已经近乎完美。完成图完全覆盖所测物种的基因组，为人们提供了更详尽、更准确的基因图谱。

第四节 基因图谱

基因图谱是在识别基因组所包含的蛋白质编码序列的基础上绘制的有关基因序列、位置及表达模式等信息的图谱。人类基因总数约3万个，在人类DNA中有基因密集的“城市中心”,GC含量很高。而在基因稀少的“沙漠”区,AT含量很高。GC富含区和AT富含区分别对应于染色体的浅带和深带。基因富集区位于基因组的随机区域,之间有大量的非编码DNA序列。紧邻基因富集区处常有GC重复区,可达3万拷贝,这种CpG岛将基因富集区与所谓“垃圾DNA”(junk DNA)隔离开来,并可调节基因活性。基因组包含大量的重复序列,它们的功能应该被重新认识。人与人之间99.99%的基因密码是相同的,且人与人之间的变异仅为万分之一。从数量上看,虽然人类的基因与其他物种相比并不占优势,但人类的基因图谱要复杂得多。基因的数量多少并不是关键问题,最重要的因素是不同物种如何利用了这些基因。生物学上的复杂性,不是基于单个蛋白质,而是基于多个蛋白质的组合。

一、基因组中的重复序列

人类基因组中不编码蛋白质的重复顺序超过50%。重复顺序没有编码功能,但参与染色体的结构形成和动态变化。在进化过程中,这些重复顺序还与基因组重排、新基因产生、已有基因修饰和重排有关。

与其他物种相比,人类基因组还有以下特点:基因富集区随机出现于基因组中,而其他生物的基因富集区则均匀分布;一个基因可产生多种蛋白质,原因是人类mRNA“可变剪接”和蛋白质化学修饰较强。人类的基因数约为线虫或果蝇的2倍,蛋白质则约为它们的3倍。人类每个基因家族的成员较多,尤其是与发育和免疫相关的基因家族。人类似乎在5 000万年前停止积累重复DNA,但啮齿类似乎还在继续积累,所以两个物种虽然基因数接近,但基因组存在很大差异(见表3-1)。重复顺序比较:人类50%、拟南芥11%、线虫7%、果蝇3%。

表3-1 不同物种基因组比较

物种	基因组碱基对数/对	基因数/个
乙肝病毒HBV	3 200	4
支原体*Mycoplasma genesis*	58万	480
大肠杆菌*Escherichia coli*	460万	3 200
酵母*Saccharomyces cerevisiae*	0.12亿	6 000
果蝇*Drosophila melanogaster*	1.37亿	13 000
秀丽隐杆线虫*Caenorhabditis elegans*	0.97亿	19 000
拟南芥*Arabidopsis thaliana*	1亿	25 000
实验小鼠*Mus musculus*	26亿	30 000
人*Homo sapiens*	31.6亿	30 000

二、不同人种的基因组图谱

人类基因组计划的精准结果为人类提供了非常清晰的人类基因组图谱，这一高精确度的人类基因组序列使我们能够更精确地对遗传信息以及它们对健康和疾病的影响进行研究。人类基因图谱的绘制完成，给即将广泛推行的全新基因医疗手段打下了坚实的基础，它使人类向真正的“个性化医疗”时代又迈进一步。今后，遗传性疾病或复杂性疾病，只要根据患者个人的基因图谱分析，就可以找出与疾病相关的基因，若能用最直接的办法使基因恢复正常状态，人体就会作出相应调整，从而治愈疾病。

通过对白种人、黑种人、黄种人进行大样本的全基因组测序和序列比较，探索人类基因组在不同人群中的多态性分布和变化规律。这是我国科学家与英国桑格研究所合作进行的千人个体基因组多态性研究的一部分。世界上第一个黄种人基因组序列图谱由中国科学家绘制完成(深圳华大生命科学研究院)，命名为“炎黄一号”。

黄种人突变位点与白种人不尽相同，不能完全照搬国外的诊断标准。开展黄种人基因与疾病关系的基础和应用研究显得意义重大，将为黄种人的基因研究和疾病治疗提供更准确和更有针对性的“基因标准图库”，好比为你的基因做了一张“参考CT”。

拥有个人基因组图谱，意味着医生可以凭此为你设计“个性化医疗方案”，更精确地治病，甚至在发病前就进行干预。首个利用新一代高速测序技术得到的全基因组图谱，以“DNA之父”詹姆斯·沃森为检测对象。此后美国生物学家Craig Venter领导的团队在2007年9月完成了Venter自身全基因组的测定工作。从人类基因组测序需斥资30亿美元，到个人基因组测序缩减至100万美元，如果能把成本降到100～1 000美元，也许将来会有更多的人能够拥有属于自己的个人基因组图谱，从而实现“医药个性化”和“营养个性化”的双重需求。

三、单体型图

对于多基因座复等位基因遗传系统而言，每条染色体上带有分属各个基因座上的某个等位基因。一条染色体上这些不同的等位基因组合就是不同的单体型(haplotype)。

(一)单体型图的基础

单体型图(HapMap)的科学基础是染色体上的SNP的“板块”(block)结构。SNPs在一段染色体上是成组遗传的，在DNA上构成无形的区域“板块”。每个板块在进化上非常保守，在多世代的传递中没有或极少发生DNA重组，其SNPs的构成在单个染色体上的模式称为单体型。

(二)人类基因组单体型图计划

国际人类基因组单体型图计划是人类基因组研究领域的又一重大研究计划。科学家们在已完成的人类全基因组序列图谱的基础上，确定人类经世代遗传仍保持完整的单体型图，以及在不同族群中这些单体型的类型与分布，并将这些不同的单体型标上标签。

(三)基因组单体型图——中国卷

2002年10月28日至29日,在美国华盛顿召开的"第一届国际人类基因组单体型图计划战略会议"确定了5个国家的任务:美国31%,日本25%,英国24%,加拿大10%,中国10%。"中国卷"的具体内容是构建3号、21号染色体和8号染色体短臂的人类基因组单体型图。所用样品分别取自亚、欧、非裔人群,我国提供了一半的亚裔样品,占到研究样品总数的1/6。这意味着我国虽然只做10%的构建工作,但是可以得到几十份全基因组规模的单体型图,并且获得与其他族裔的比对结果。

北京、香港和台湾地区的科学家共同参与了这一重大国际合作科研项目,进行了国际交流,并统一向国际中心提交了数据。中国协调组由杨焕明院士任组长,香港大学、香港科技大学和香港中文大学共同承担单体型图2%的任务,台湾中研院下属的生物医学科学研究所承担1.5%左右的工作。

(四)基因组单体型图的意义

单体型图是人类基因组的遗传整合图,使对基因组的研究更为全面、有效、准确、经济。

人类单体型图的绘制有助于:不同群体的遗传多态性研究;疾病与遗传的关联分析;致病基因的确定;药效及副作用研究。人类单体型图是人类起源、进化、迁徙的基因组信息和研究工具。国家人类基因组南方研究中心进行了2 000多万个基因分型分析,完成中国人群遗传变异的独创性工作,绘制出中国人21号染色体遗传变异图谱,对于我国多基因病风险人群的检测、制定相应的预防措施等具有重要应用价值,同时为药物研发、筛选以及根据我国人群特点实现"量体裁药",提供了理论基础和技术储备。

四、表观遗传学图谱

基因的DNA序列没有发生改变,基因功能发生可遗传的变化,并最终导致表型的变化,称为表观遗传。表观遗传学是研究基因的核苷酸序列不发生改变的情况下,基因功能发生可遗传的变化的一门遗传学分支学科。

甲基化是基因组DNA的一种主要表观遗传修饰形式,是调节基因组功能的重要手段。组蛋白修饰、非编码RNA调控也是极为重要的表观遗传学调控现象。科学家计划像基因组计划那样绘制表观遗传学图谱,目前很多疾病和基础问题都与表观遗传学有关。表观遗传学被称为基因、疾病和环境之间"迷失的桥梁",研究表观基因组的全部图谱将方便我们更好地体会基因组究竟如何影响健康和疾病,也可以使我们明白饮食和环境如何作用于基因表达。

思考题

1.什么是基因组作图?

2.基因组遗传图谱绘制的遗传基础是什么?

3.基因组物理图谱绘制的遗传基础是什么?有哪些作图方法?

4.人类基因图谱有哪些主要特征?

5.基因组单体型图绘制的原理是什么?

6.什么是表观基因组图?有什么应用价值?

参考文献

[1]杨金水.基因组学.2版.北京:高等教育出版社,2007.

[2]马希特贾恩.比较基因组学基础.北京:科学出版社,2007。

[3]布朗.基因组2.袁建刚,等译.北京:科学出版社,2006.

[4]麦克锡.植物基因组作图手册:遗传作图与物理作图.康定明,华金平,译.北京:中国农业大学出版社,2010.

[5]刘占江.水产基因组学技术.鲍宝龙,王志勇,张士璀,等译.北京:化学工业出版社,2011.

[6]EKBLOM R,STAPLEY J,BALL A D,et al.Genetic mapping of the major histocompatibility complex in the zebra finch (*Taeniopygia guttata*). Immunogenetics, 2011, 63 (8): 523-530.

[7]ANDRADE-SOUZA V,COSTA M G C,CHEN C X,et al.Physical location of the carotenoid biosynthesis genes Psy and β-Lcy in *Capsicum annuum* (Solanaceae) using heterologous probes from *Citrus sinensis* (Rutaceae).Genetics and molecular research, 2011, 10(1): 404-409.

[8]NEVES L G,MAMANI E M,ALFENAS A C,et al.A high-density transcript linkage map with 1, 845 expressed genes positioned by microarray-based Single Feature Polymorphisms(SFP)in *Eucalyptus*.BMC Genomics,2011,12:189.

(孙艳 彭惠民)

第四章 疾病基因组学

基因组学是一门研究生物基因组的组成,基因组内各基因的精确结构、相互关系以及表达调控的新兴学科,也是一门发展非常迅速的学科。自1990年人类基因组计划实施以来,随着测序技术的不断发展和成熟,基因组学的发展日新月异,已经渗透到医药、农业、生态和人类健康等生命科学领域的各个方面,并显示出强大的发展活力。

近年来,疾病基因组学不仅成为医学研究中引人瞩目的领域,也是基因组科学中的重点领域。长期以来,人们普遍认为人类疾病的发生与发展都直接或间接地与基因密切相关。正因如此,人们一直在努力寻找某一基因和某一疾病的对应关系。疾病基因组学主要研究与疾病易感性相关的各种基因的定位、鉴定和关联分析等。疾病易感性指机体易于患某种或某类疾病的倾向性。易感性生物标志物是指机体暴露于某种特定的外源化合物时,由于其先天遗传性或者后天获得性缺陷而反映出其反应能力的一类生物标志物。

第一节 疾病基因组研究概述

从孟德尔发现生物性状由细胞遗传物质控制,至今已经有一百多年的历史了。现在每一位研究者都清楚地知道控制生物遗传性状的基本单位是基因(gene),且基因是具有遗传效应的DNA分子片段。基因主要位于染色体上,并在染色体上呈线性排列。基因不仅可以通过复制把遗传信息传递给下一代,还可以使遗传信息经过转录和翻译后得到表达。不同人种之间头发、肤色、眼睛、鼻子等不同,都是基因差异导致的。基因组(genome)指单倍体细胞中包括编码序列和非编码序列在内的全部DNA分子的总称。不同物种有不同的基因组,人类基因组包括核基因组和线粒体基因组,核基因组是单倍体细胞核内的全部DNA分子,线粒体基因组则是一个线粒体所包含的全部DNA分子。

科学家已经获得非洲人、白人、中国人和韩国人的全基因组测序结果,而且对于基因功能及表达调控机制的研究也日益成熟。但是迄今为止,我们还不能圆满解释许多与人类健康和疾病有关的现象。精神性疾病、心血管疾病、癌症、糖尿病及发育疾病等许多严重威胁人类健康的疾病,目前还不能完全根治。因此,疾病基因组学将成为基因组学研究的"主旋律"。

人类基因组计划的动因是从根本上解决复杂性疾病的发病机理。因此,在后基因组学时代,生物医学将成为基因组学研究的“主战场”,疾病基因组学将成为“主旋律”。

陈竺院士总结了后基因组学时代生物医学研究将发生的九个方面的转变:

第一,由结构基因组学向功能基因组学转变;

第二,由基因组学向蛋白质组学转变;

第三,由以作图为基础的基因鉴定向以序列为基础的基因鉴定转变;

第四,由单基因病研究向多基因病研究转变;

第五,由对疾病的特异性诊断向疾病易感性监测转变;

第六,由分析单个基因向分析基因家族、生化通路和系统中的多基因转变;

第七,由研究基因的作用向研究基因作用的调控机制转变;

第八,由研究疾病的病因(特异性突变)向研究疾病的病理发生(机制)转变;

第九,由研究单一种属向研究多种种属转变。

以上九个方面的研究内容绝大部分都是疾病基因组学的内容。

我国既具有发达国家疾病谱,又具有发展中国家疾病谱。陈竺、强伯勤两位院士提出了我国疾病基因组学研究的计划,并作为国家高技术研究发展计划(863计划)和国家重点基础研究发展计划(973计划)内容立项。近年来,以国家级重点实验室、国家人类基因组南方研究中心和国家人类基因组北方研究中心为骨干,经过全国广大科研人员的共同努力,我国疾病基因组学研究取得了一系列可喜成果。

从研究角度来看,疾病研究由临床表型到组织细胞表型到简单分子表型(基因型)再到基因组表型,步步深入,组成了疾病研究上下数百年历史。如今,疾病基因组学已被赋予更广泛的含义,分别体现在基因组(genome)、启动子组(promotome)、转录组(transcriptome)、蛋白质组(proteome)、代谢物组(metabolome)等层次之中,俨然形成“大科学”态势。历史已把疾病基因组学推到疾病研究“舞台”的中心。那么,疾病基因组学的目标是什么呢? 简而言之,就是要突出两点:一是要用整合的观点和思维模式把发生在上述各层次上的分子生物事件构建成合理的网络作用模型,真实地阐明疾病发生和发展机理;二是高通量、高灵敏度、高特异性的“三高”技术平台的建立及应用。随着思维模式的改变,传统的研究技术已不能满足要求,“三高”技术平台应运而生,它们既承担理论研究重任,又作为解决疾病早期筛查、诊断、治疗、预防和药物筛选的工具与手段。因此,疾病基因组学具有更加理性的观念和有力的技术手段两大优势,这必将带来新的突破。

第二节 疾病基因组研究策略

众所周知，人类基因组约含有 3×10^9 bp，包括大量的重复序列，这些核苷酸分布在人类24条染色体上。因此，可以根据染色体上的长臂、短臂、区、带和亚带对人类每一个功能基因进行定位，并进一步运用基因克隆技术将基因组DNA进行切割和克隆，深入研究这些基因的结构、特性和功能，分析它们与人类健康、疾病、生殖和发育之间的关系。随着大片段DNA克隆技术的发展和基因定位克隆技术的完善，多发性骨性连接综合征、慢性肉芽肿病、杜氏肌营养不良、亨廷顿舞蹈病等几十个疾病的相关基因被克隆分离。疾病基因组学最终研究目的是分离人类疾病相关基因并阐明其功能。本节重点阐明疾病基因组的研究方法与策略。

一、疾病相关致病基因的定位、连锁与克隆

基因定位（gene mapping）指将致病基因定位到人类染色体某一区段上。基因定位对于研究基因的结构、功能和相互作用有重要意义，并可应用于基因工程中的重组体DNA操作。单基因疾病的基因定位已有一套行之有效的方法，并定位和克隆到了一千多个致病基因。

（一）体细胞杂交

体细胞是生物体除生殖细胞外的所有细胞，与基因定位有关的是体细胞杂交（somatic hybridization）。细胞杂交又称细胞融合（cell fusion），是将来源不同的两个或多个细胞融合成一个新细胞。大多数体细胞杂交是用人的细胞与小鼠、大鼠或仓鼠的体细胞进行杂交。这种新产生的融合细胞称为杂种细胞（hybrid cell），含有双亲不同的染色体。杂种细胞有一个重要的特点是在繁殖传代过程中，保留啮齿类一方的染色体，而人类染色体则逐渐丢失，最后只剩一条或几条，其原因至今不明。这种仅保留少数甚至一条人类染色体的杂种细胞正是进行基因连锁分析和基因定位的有用材料。基于人类细胞和鼠类细胞都有各自不同的生化和免疫学特征，Miller等运用体细胞杂交并结合杂种细胞的特征，证明杂种细胞的存活需要胸苷激酶（TK）。但凡含有人17号染色体的杂种细胞都因有TK活性而存活，反之则死亡，从而推断*TK*基因定位于人17号染色体上，这是首例用细胞杂交法进行的基因定位。由此可见，研究基因定位时，由于有杂种细胞这一工具，只需要集中精力于某一条染色体上，就可找到某一基因的座位。

辐射性杂交（radiation hybrid, RH）是体细胞杂交技术中的一种独特方法，主要应用于构建人类基因组的高分辨率连续物理图谱。用含有辐射切割的人类染色体片段的细胞与啮齿类动物的细胞融合，产生新的杂种克隆细胞。可构建部分基因组放射染色体杂种细胞或单染色体杂种细胞，进而实现基因定位。

（二）原位杂交（in situ hybridization，ISH）

利用同位素标记DNA探针，将探针与玻片上前期或中期的染色体进行杂交。原位杂交是分子杂交技术在基因定位中的应用，也是一种直接进行基因定位的方法。所谓原位指标本上DNA原位变性，原位杂交指在利用放射性或非放射性标记的已知核酸探针杂交后，通过放射自显影或非放射性检测体系来检测染色体上特异DNA或RNA顺序，可用荧光的强弱或放射性颗粒在某条染色体的区带出现的最高频率来确定探针的位置，从而进行准确的基因定位。分子杂交的基本原理是碱基的互补配对，同源的DNA-DNA双链或DNA-RNA链在一定条件下能结合成双链，用放射性或非放射性物质标记的DNA或RNA分子作为探针，可探测到细胞基因组中的同源部分。1970—1978年首次将分子杂交法应用于基因定位，即以α及β珠蛋白基因的cDNA为探针，与各种不同的人鼠杂种细胞进行杂交，再对DNA杂交情况进行分析，找出cDNA探针与人染色DNA顺序间的同源互补关系，从而将人α及β珠蛋白基因分别定位于16号和11号染色体上。原位杂交是在显微镜载玻片上的中期染色体标本中进行的。原位杂交必须在已知探针的情况下方可进行，而在未知致病基因时，是无法进行基因定位的。

放射性同位素标记的核酸探针与染色体显带结合进行原位杂交仍有不少缺点和局限性。例如需要使用放射性同位素的特殊实验室，自显影曝光时间长，同位素标记的探针不易保存，放射污染不利健康，高质量的中期染色体标本在细胞培养基础上难以得到，观察费时，对间期核的研究难以进行等。

（三）荧光原位杂交（fluorescence in situ hybridization，FISH）

用特殊荧光素标记DNA探针，将探针与玻片上的染色体、细胞和组织标本进行杂交。荧光原位杂交是一种非放射性的原位杂交方法。用特殊荧光素标记核酸（DNA）探针，可在染色体、细胞和组织切片标本中进行DNA杂交，对检测细胞内DNA或RNA的特定序列存在与否最为有效。该探针不是放射性的，而是通过将荧光染料与抗体蛋白结合进行检测的。它们具有高度亲和力，有与放射性探针相同或更高的分辨率。现已可用不同的荧光染料同时进行多重原位杂交，显示出不同的荧光色泽。这种多色FISH技术近年来发展迅速，已成为基因定位作图和医学诊断的重要手段。1992年运用这种策略，已能在中期染色体和间期细胞中同时进行7个探针的检测。科学家们的目标是实现用24种不同颜色来观察22条常染色体和X、Y染色体。荧光原位杂交法提高了杂交分辨率，可达100～200 kb。此法除了应用于基因定位外，还有多种用途，它已日益发展成为代替常规细胞遗传学检测和诊断的方法，在此不多论述。

（四）连锁分析

利用疾病基因与某一酶切片段连锁，通过家系分析进行基因定位。基因突变致病可能引起缺少或增加一个酶切位点，改变酶切图谱。基因定位的连锁分析是根据基因在染色体上呈线性排列，不同基因相互连锁成连锁群的原理，即应用被定位的基因与同一染色体上另一基因或遗传标记相连锁的特点进行定位。

生殖细胞在减数分裂时发生交换，一对同源染色体上存在着两个相邻的基因座。若两者距离较远，发生交换的机会较多，出现基因重组；若两者较近，重组机会较少。由于重组DNA和分子克隆技术的出现，发现了许多遗传标记——多态位点，利用某个拟定位的基因是否与某个遗传存在连锁关系，以及连锁的紧密程度就能将该基因定位到染色体的一定部位，使经典连锁方法获得新的广阔用途，成为人类基因定位的重要手段。

染色体上两个位点从亲代传给子代时，若相距1 cM，就有1%的重组机会。整个人类基因组约含3×10^9 bp，相应约有3 300 cM，每条染色体平均约有150 cM，1 cM约为1 000 kb。因此，一个致病基因和标记位点紧密连锁，二者不须在同一条染色体的同一区段，一条染色体可以产生大量的DNA多态，只要提供足够的家系，按孟德尔方式遗传的疾病都可进行基因定位。

（五）cDNA或遗传标记基因定位（genetic marker gene localization）

通过基因的表达产物mRNA反追到染色体的位置。利用稳定的cDNA、EST或其他遗传标记作为“探针”进行分子杂交，可鉴别出有关的基因。

（六）基因克隆（gene cloning）

将目的基因插入到某种载体内，利用载体在宿主细胞内大量繁殖以获得足够量的拷贝，从而进行基因结构和功能的分析。随着人类基因组计划的完成，致病基因的克隆主要用于疾病基因的鉴定，确定某一基因的突变与某种疾病的关联性。

人类基因组计划的直接动因是要解决人类疾病的分子遗传学问题。6 000多种单基因遗传病和多种大面积危害人类健康的多基因遗传病的致病基因及相关基因，代表了人类基因中结构和功能完整性至关重要的组成部分。所以，疾病基因的克隆在HGP中占据着核心位置，也是计划实施以来成果最显著的部分。

在遗传和物理作图工作的带动下，疾病基因的定位、克隆和鉴定研究已经开始从“表位→蛋白质→基因”的传统途径转向“反求遗传学”或“定位克隆法”的全新思路。随着人类基因图谱的完成，3 000多个人类基因已被精确地定位于染色体的各个区域。一旦某个疾病位点被定位，就可以从局部的基因图谱中遴选出相关基因进行分析。这种被称为“定位候选克隆”的策略，将大大提高发现疾病基因的效率。疾病基因克隆的策略包括定位克隆（positional cloning）和功能克隆（functional cloning）。其中，定位克隆方法是通过家系分析首先找到基因，用一定的方法把基因分离出来，分析基因变异及基因产物，进而探明生理作用或临床机制的策略。功能克隆则是先研究相关基因的功能，再定位克隆该基因。首先，分析蛋白质中氨基酸顺序，推测并合成寡核苷酸探针，从cDNA文库中分离cDNA克隆；其次，利用基因转录后在核糖体内翻译的一些特点分离mRNA。一般的核糖体中含有

mRNA以及蛋白质的部分氨基酸顺序，因而根据基因产物制备蛋白质单克隆抗体可望与带有mRNA的核糖体作用，从而分离出其中的mRNA。

二、疾病微效易感基因的鉴定

除通过胚系遗传突变等位基因引发疾病的家族性疾病外，疾病受多因素、多基因作用得到公认。也就是说，绝大多数疾病的发生是众多微效（低危险度）的、低外显率的易感基因相互作用以及它们与环境因素相互作用的综合结果。据推算，在人群中，疾病易感基因的平均危险度仅为1%，如此低危险度，采用传统的技术手段难以鉴别。由上述事实引出两个难题：一是不同组织特异性疾病发生过程究竟有多少个微效易感基因参与？二是如何鉴定微效易感基因？目前尚无法给出准确答案。欲回答这些问题，最重要的是要建立多基因病的理论模型，然后在理论模型指导下采用合理的技术手段去筛查、鉴定疾病易感基因，进一步运用高通量技术，结合遗传方向方法，从疾病患者基因组中找出变异等位基因，研究和采用的方法如下。

（一）候选基因关联分析

以序列标记（SNP、突变、微卫星等）为筛查标记，根据患者组与匹配对照组疾病出现频率的显著性差异，从候选基因中筛出易感基因。

（二）单倍型（haplotype）关联分析

据新近单倍型作图（haplotype mapping）结果表明，人类基因组中含有12万个单倍型域（haplotype block），每个域平均长度为25 kb，加起来正好覆盖整个基因组，而每个域最多横跨1个目标基因。因此，以单倍型域为靶标，进行全基因组扫描，寻找与疾病易感性相关的单倍型域，找到了单倍型域，也就找到了相应的易感基因。

（三）建立小鼠模型

可以在对致病物质具有不同敏感性的近交系小鼠中对数量性状位点作图，以缩小寻找疾病易感基因的范围。同时也可在产生一系列单倍型不足的小鼠（如具有高比例LOH的Blm−/−小鼠模型）中去搜寻新的抑制疾病基因。

（四）模式生物基因组测序

用于比较基因组学研究，有助于鉴别人类疾病易感等位基因。

以上方法有一个共同的要求，就是必须具备大标本量，否则影响鉴别能力。有一个事实表明：具有完全不同遗传背景的个体可具有相同的疾病表型（疾病易感性）。这提示，不论何种理论模型，都面临相同的问题：疾病相关变异等位基因的不同组合和相互作用是决定疾病易感性的主要因素，而目前的分析方法尚未达到研究清楚这个问题的能力。这是疾病基因组学迫切需要解决的问题，也是最大的挑战。

(五)明确分子表型与临床表型的关系

分子表型(molecular phenotype)在单个基因水平称为基因型(genotype),在若干相关基因的组合水平称为基因集(gene set),在基因组表达水平叫基因表达谱(gene expression profile),在蛋白质组水平称为蛋白质组图谱(proteome profile)等。但是,上述水平的检测的关键是把疾病发生发展中的特异性突变(即特异性分子表型)组合在一起,从而阐明特异性分子表型之间的相互作用,及特异性分子表型与疾病不同表型特征之间的对应关系。如果能做到这一点,则上述水平的检测必将在疾病早期诊断、治疗、预防中发挥至关重要的作用。实际上,近几年来这些方面已取得了一些进展。例如,采用微阵列(基因芯片、蛋白质芯片等)技术和质谱分析技术发现了一些疾病发生发展中特有的基因表达谱和蛋白质图谱。将来总有一天,特异性分子表型会被作为“标签”一样标明疾病的各种临床表型特征,为临床医生进行合理的治疗和个性化治疗提供科学依据和可操作指标,为人群防治疾病体系制定预案提供可能性。

(六)疾病发生发展的分子作用机理

即使找到了疾病易感基因和特异性分子表型,也不等于阐明了疾病发生发展的分子作用机理。最终阐明机理必须至少回答3个问题:(1)疾病易感基因涉及哪些信号通路?(2)信号通路之间如何发生作用和影响?(3)疾病易感基因在信号通路内是如何发挥作用及是否与通路之外的分子发生作用?

英国剑桥大学巴布拉汉研究所的Mike Taussig提出,“人类的基因组仅仅是一连串的字母,需要通过翻译我们才能理解基因的功能”。疾病中基因的突变比人们原先假设的情形要复杂得多,因此还有许多工作有待完成。

第三节 单基因病的基因组学研究

一、概述

根据遗传因素的作用方式,遗传病可分为单基因遗传病、多基因遗传病、染色体遗传病、线粒体遗传病和体细胞遗传病。单基因遗传病简称单基因病(monogenic disease; single gene disorder),是指单一基因突变引起的疾病,符合孟德尔遗传方式,所以称为孟德尔式遗传病,是人类遗传性疾病的主要类型,较常见的有红绿色盲、血友病、白化病等。根据致病基因所在染色体的种类,单基因遗传病通常又可分为常染色体显性遗传病、常染色体隐性遗传病和性连锁遗传病等几种类型。

基因是编码蛋白质或RNA等具有特定功能产物的遗传信息的基本单位。当基因发生突变或缺失时，其编码的蛋白质或RNA也可能会发生突变或缺失，从而引起人体不同系统或器官的发育及功能的病理变化。这些突变的基因大多来自父母，很少一部分来自后天的基因突变。在同源染色体某一基因座上存在两个甚至多个基因或者DNA序列，称为等位基因(allele)。同源染色体上某基因座上的等位基因若相同，则该个体在该基因座上是纯合子(homozygou)；若不同，则为杂合子(heterozygou)。一个生物体的遗传结构或组成，称为基因型(genotype)，一个生物体在特定的基因型和环境相互作用下所表现出来的性状或特征，称为表型(phenotype)。

由于人类病症和性状不能如动物或植物那样通过杂交试验研究其遗传规律，因而必须采取适合于人类特点的研究方法。家系调查和系谱分析(pedigree analysis)是判断某种遗传病遗传方式最常用的方法。系谱分析是指将调查某患者家族成员所得到的该病或性状发生情况的资料，按一定格式绘制成图解(系谱)。对某病或性状遗传方式的判断，必须进行多个系谱综合分析后方能作出准确结论。因此，家系的收集对于绘制系谱至关重要，对于确定单基因病的致病基因也是非常重要的，家系是疾病基因组学研究的重要资源。在收集足够家系的基础之上，确定单基因病致病基因的研究方法包括基因定位、基因克隆和基因功能研究等。

二、单基因病的遗传方式

由于基因主要位于染色体上，而染色体有常染色体和性染色体之分，基因也有显性基因与隐性基因之别，故位于不同染色体上的致病基因，其遗传方式是不同的。因此，单基因病又可分为常染色体显性遗传病、常染色体隐性遗传病、X连锁显性遗传病、X连锁隐性遗传病、Y连锁遗传病等几类。

(一)常染色体显性遗传病

常染色体显性遗传(autosomal dominant，AD)病的致病基因位于常染色体上，只要一条染色体携带致病基因就可致病，因而其发病率很高。家系分析中，先征者通常都有一个患病的父亲或母亲，而患病的父亲或母亲也有一个患病的父亲或母亲，以此类推。常染色体显性遗传病的遗传特点是：①系谱中每代通常都有患者出现。临床中有两种例外，新突变的出现或者外显不全。②患者的后代具有50%的概率患病。③女性和男性患者都能将其遗传性状传给下一代，男女患病的机会相同。④双亲无病时，子女一般不会患病(除非发生新的突变)。⑤孤立事件的发生通常是由于新突变的产生引起的。

短指(趾)症(brachydactyly；A1型，MIM 112500)是一种常染色体完全显性遗传病。其主要症状是患者指骨(或趾骨)短小或缺失，致使手指(或足趾)变短。其致病基因定位于染色体2q33－q35和5p13.3－p13.2。2001年，我国贺林等人在3个无血缘关系的中国人短指症家系中发现了3个*IHH*(indian hedgehog gene)基因的杂合子错义突变，从而认为突变的*IHH*基因(位于染色体2q33—q35)就是短指症的致病基因。5p13.3—13.2位点突变也会引起短指症，它是由Armour报道并通过连锁分析发现的。

(二)常染色体隐性遗传病

常染色体隐性遗传病的致病基因为隐性基因，只有隐性纯合子才会发病。在杂合子中，隐性致病基因的作用被显性基因掩盖，而不表现相应的疾病，表型与正常人相同，但是却可能将致病基因遗传给后代，这种表型正常而带有致病基因的杂合子称为携带者(carrier)。常染色体隐性遗传病的发病率相对较低，但致病基因的携带者非常常见。例如囊性纤维化(cystic fibrosis，CF；MIM 219700)就是一种常染色体隐性遗传病。囊性纤维化是一种侵犯多脏器的遗传病，主要表现为外分泌腺的功能紊乱，黏液腺增生，分泌液黏稠，汗液氯化钠含量增高等。临床上肺脏、气管、胰腺、肠道、胆道、输精管、子宫颈等的腺管被黏稠分泌物堵塞，从而引起一系列的症状。囊性纤维化是由于位于7号染色体的*CFTR*(cystic fibrosis transmembrane conductance regulator)基因发生突变引起的。囊性纤维化在亚洲人群中几乎没有出现，在非洲人群中也相对很少。而在高加索人中，每2 000个儿童中就有1个具有两个致病基因而患病，其携带者的比率为1/22。也就是在2 000个高加索人中，有1个囊性纤维化患者，90个致病基因的携带者，1 909个正常基因的纯合子。

常染色体隐性遗传病的遗传特征是：①系谱中患者的分布往往是散发的，通常看不到连续传递现象，有时在整个家系中只有先征者一个患者。②由于致病基因位于常染色体上，男女患病概率相同。③患者的父母表型正常，但都是致病基因的携带者。患者的兄弟姐妹患病的概率是1/4，患者的正常同胞中携带者的可能性为2/3。④患者的父母很可能是近亲结婚。近亲婚配时，子女隐性遗传病的发病率要比非近亲婚配者高很多，这是因为他们来自共同的祖先，往往具有某种共同的致病基因。

(三)X连锁显性遗传病

女性有两条X染色体，因而X染色体上的基因就有两个拷贝；男性有一条X染色体和一条Y染色体，因而X染色体上的基因就只有一个拷贝。如果决定某种性状或疾病的基因位于X染色体上，并且该致病基因对其相应的等位基因来说是显性的，这种遗传病的遗传方式为X连锁显性遗传(X-linked dominant，XD)。

X连锁显性遗传病的遗传特征是：①系谱中常可看到连续传递现象，这点与常染色体显性遗传一致。②人群中女性患者约是男性患者的两倍，但是男性患者病情比女性患者更为严重。③女性患者(杂合子)与正常男性的子女中各有50%的概率患病。④男性患者与正常女性的女儿全部都是患者，儿子全部正常。

抗维生素D佝偻病(vitamin D-resistant rickets；MIM 307800)属于X连锁显性遗传病，这是一种以低磷酸盐血症导致骨发育障碍为特征的遗传性骨病。患者由于肾小管对磷酸盐的再吸收产生障碍，导致血磷下降，尿磷增多，肠道对磷、钙的吸收不良而影响骨质钙化，形成佝偻病。该致病基因为*PHEX*（phosphate regulating endopeptidase homolog X-linked）基因，已定位于Xp22.2—p22.1。该基因编码749个氨基酸，碱基突变、RNA剪切位点突变以及碱基缺失会导致PHEX蛋白活性改变或丢失，从而导致磷的排泄增多，影响骨质钙化。

（四）X连锁隐性遗传病

决定某种性状或疾病的基因定位于X染色体上，且为隐性基因，这种基因引起的疾病的遗传方式为X连锁隐性遗传（X-linked recessive，XR）。由于女性有两条X染色体，其中一条染色体上的一个基因发生突变，另一条染色体上的等位基因正常，则该女性为致病基因的携带者。男性只有一条X染色体，因而只要X染色体上的基因为致病基因，则该男性患病。

X连锁隐性遗传病的遗传特征是：①系谱中通常只见到男性患者，女性患者很少见。女性杂合子通常不患病，但是由于X染色体的失活会导致某些女性杂合子患有轻度的表型。②男性患者不会将致病基因直接传递给儿子，但会传递给女儿。而患者女儿与正常男性结合后，其儿子有50%的患病概率。③双亲无病时，儿子可能会患病，女儿则不会患病；儿子如果患病，母亲肯定是携带者，女儿也有50%的概率为携带者。④男性患者的兄弟、外祖父、舅父、姨表兄弟、外甥、外孙等也有可能是患者。⑤女性患者的父亲肯定也是患者，而母亲是携带者或患者。

血友病A（hemophilia A；MIM 306700）属于X连锁隐性遗传病。本病患者自幼在轻微外伤处出血不止，皮肤出血可形成皮下血肿，关节、肌肉出血可累及膝关节，甚至导致跛行，不经治疗者往往造成关节永久性畸形，严重者可因颅内出血而致死。凝血因子Ⅷ为血友病A的致病基因，参与凝血过程。该基因定位于染色体Xq28，基因全长186 kb，有外显子26个，mRNA长约9 029 bp。突变形式包括点突变、基因的部分或全部缺失、基因插入、产生终止密码的点突变和基因倒位等。Tuddenham等总结的资料中，各种不同的点突变超过80种，插入突变6种，小片段的缺失7种，大片段的缺失60种，已有近400种凝血因子Ⅷ基因缺陷会导致血友病A。

（五）Y连锁遗传病

人类基因组计划完成后，发现有89个基因定位于Y染色体上。其中，很多基因是胚胎发育中男性所必需的，若是这些基因缺失，胚胎将发育为女性。如果致病基因位于Y染色体上，则由该致病基因引起的遗传病为Y连锁遗传病。Y连锁遗传病的特点比较简单，因为只有男性具有Y连锁基因，这些基因将随Y染色体进行传递，父传子、子传孙，因此为全男性遗传（holandric inheritance）。目前已知的Y连锁遗传病比较少，如外耳道多毛症（Hypenrichosis of external auditory meatus）等。外耳道多毛症患者全为男性，出生时外耳道即有茸毛状褐色霭毛，6岁后色泽转黑，青春期外耳道部位出现更长的黑色硬毛，长度约为2～20 mm。外耳道多毛症全部表现为双侧性，且有明显的对称性。多毛的部位常常见于外耳道口、耳轮缘和耳屏，且仅见发生在耳廓的前面，而未见长于耳廓背面。耳毛最长可达到4.5 cm，有的呈卷曲状，还有部分可与络腮胡并存。

三、单基因病的方法学研究

临床上判断单基因病的遗传方式常用家系分析，即对某遗传病患者家族各成员的发病情况进行详细调查，再以特定的符号和格式绘制成反映家族各成员相互关系和发病情况的图解，然后根据孟德尔遗传规律对各成员的表现型和基因型进行分析。通过在家系中寻找与疾病表型（致病基因）共遗传（连锁）的多态性DNA标记，连锁分析技术能够将一种疾病基因定位在人类染色体上的一个特定的区域。当一个遗传多态性标记和一个疾病表型建立了遗传连锁关系，根据遗传标记在染色体上的位置，位于定位的染色体区域内的一些已知基因或通过生物信息学方法预测的新的假想基因将会成为疾病的候选基因，再通过DNA测序或其他突变检测技术检出疾病相关的突变，例如对非综合征型轴后多指的研究。非综合征型轴后多指是指不伴有其他器官与系统症状而单独发生的，位于小指侧的多指；一般呈常染色体显性遗传，外显率在60%～80%之间；同一家系不同患者之间，甚至同一患者的不同部位之间（如左侧肢体和右侧肢体、手和足等）的表现度常有差异。其遗传方式和单一的表型，提示至少在每一个独立的家系中应当为单基因病，且仅在肢端发育中起作用。通过基于家系的连锁分析，目前非综合征型轴后多指已经确立了多个不同的基因座，分别为PAPA1:7p15—q11.23（OMIM 174200，印度家系，Radhakrishna et al. 1997），PAPA2:13q21—q32（OMIM 602085，土耳其家系，Akarsu et al. 1997），PAPA3:19p13.2—p13.1（OMIM 607324，中国家系，Zhao et al. 2002），PAPA4:7q22（OMIM 608562，荷兰家系，Galjaard et al. 2003）等。其中Radhakrishna等后来在PAPA1中确定了*GLI3*为该家系的致病基因，并找到了相应突变，这一突变也在中国云南一个非综合征型轴后多指家系中被找到。而其他几个连锁区域的范围为数千碱基，经过数年甚至十余年的突变筛查，始终未找到相应的致病基因和致病突变。

随着微阵列技术的发展，基因型芯片（genotyping array），或称为SNP（single nucleotide polymorphism，SNP）芯片在单基因病的突变检测中得到了应用。SNP芯片可同时检测分析10^4-2×10^6个SNPs，也可以定量分析小片段DNA序列中CNVs（copy number variants）的重复或丢失。根据芯片检测的结果，可利用定量RT-PCR、荧光原位杂交和长片段PCR等技术来验证。例如，Charcot-Marie-Tooth病（CMT病）是一种遗传性神经性肌萎缩，又称遗传性运动感觉神经病（hereditary motor and sensory neuropathy，HMSN）和腓骨肌萎缩症。CMT病的进展比较缓慢，患者的临床表现主要以控制脚/小腿或手/前臂的感觉信息缺失和肌肉萎缩为特征，伴感觉障碍、脊柱及足畸形、植物神经功能紊乱等症状。在大多数患者中，染色体17p11.2和17p12的CNVs存在重复，其中包含基因*PMP22*（peripheral myelinic protein 22）。而且，在CMT患者的染色体17p12上，存在186 kb的基因片段重复或者与*CMT1A*基因相连的1.5 Mb的基因片段重复，而这些片段在正常人中没有发生重复。位于重复DNA片段内的*PMP22*被认为是致病基因，在部分CMT患者中检测到*PMP22*基因上存在点突变，而且一些具有CMT表型的大鼠和小鼠模型中也检测到了多拷贝数的*PMP22*基因。虽然*PMP22*基因的拷贝数增加被认为是患CMT病的主要原因，但是其详细的致病机制还不清楚。

新一代测序技术的产生和发展为疾病研究带来了新的机遇。随着科研技术的不断发展，新一代测序技术能够作为更有效、快速、高性价比的研究方法应用于疾病致病机理的研究。利用测序技术替代传统的定位克隆研究方法，或与之相结合，已成为研究者们进行人类遗传疾病研究的又一新途径。其中，全外显子组测序和全基因组测序成为单基因病研究的新策略。全外显子组测序是指利用序列捕获技术将芯片能覆盖到的全基因组外显子区域的DNA捕获并富集后再进行高通量测序的基因组分析方法。全基因组测序是将短序列、双末端和不同长度的插入片段相结合进行高通量测序，更为全面地挖掘基因序列差异和结构变异，可用于研究由非外显子区域突变导致的疾病。国内深圳华大生命科学研究院利用全外显子组测序技术进行的研究已取得一定的研究进展，例如对小脑共济失调的研究。小脑共济失调是一种常染色体显性遗传的神经系统疾病，其特征是进行性小脑、脑干和脊髓变性，疾病临床常表现为运动失调。应用传统的定位克隆方法已经在人类基因组上定位了对应不同亚型的31个位点，并确定了其中19个亚型的致病基因。中南大学湘雅医院Wang等利用外显子组测序技术发现了小脑共济失调的SCA23亚型新的致病基因*TGM6*。该研究对患有小脑共济失调的同一家系4个人进行了全外显子组测序，在每个患者的外显子区域平均检测到约5 800个潜在影响基因功能的变异，包括非同义突变（nonsynonymous mutation，NS）、剪切位点突变（splice site mutation，SS）和插入或缺失突变（insertion or deletion mutation，Indel），其中包含了大量的罕见变异。研究人员通过生物信息学分析，将候选致病基因突变锁定为*TGM6*基因第10外显子保守区域的一个错义突变。进一步研究发现，在另一个患有该病的家系里，*TGM6*基因同样存在错义突变，从而证实*TGM6*基因是小脑共济失调家族的新致病基因，属于SCA23亚型。该研究还同步对测序的家系进行了定位克隆，通过连锁分析将致病位点定位在染色体20p上8.4 Mb的区域，该区域包含了91个基因，*TGM6*基因正是其中之一。*TGM6*基因的发现，对今后阐明小脑共济失调发病机制、遗传诊断和新药研发具有重要的科学和应用价值。

蛋白质是生物功能的执行者，蛋白质的修饰加工、结构变化、蛋白质间的相互作用，以及蛋白质与其他生物大分子间的相互作用等影响了蛋白质的功能。随着蛋白质组学的产生和发展，它在研究遗传病的发病机制、寻找遗传病早期诊断的生物标志及寻找特异性的药物靶位点等方面逐渐发挥作用。亨廷顿舞蹈病(Huntington disease,HD)是一种常染色体显性遗传病,多在30~40岁发病,其主要病理变化为大脑基底神经节变性,患者有进行性不自主的舞蹈样动作,以下肢最为常见。本病的致病基因为*Huntington*基因,定位于染色体4p16.3,因*Huntington*基因的CAG核苷酸的重复次数增多,导致该基因所编码的蛋白质改变而致病。Zabel等用双向凝胶电泳等方法对4、8、12周的R6/2转基因小鼠(HD小鼠模型)和对照组CBA×C57BL/6小鼠的脑组织进行蛋白质组研究,发现12周的R6/2小鼠有两种蛋白质与对照组在表达水平上有明显的不同。经质谱鉴定和Swiss-Prot比对,证实为α1-抗胰蛋白酶和αB-晶状体球蛋白,表明上述两种蛋白的表达水平对HD的发展起重要作用,进一步阐明了α1-抗胰蛋白酶和αB-晶状体球蛋白对预防HD患者的神经细胞死亡和延迟疾病的发展进程有一定的作用,从而为探讨HD的发病机制及治疗提供新的线索。

到目前为止,许多单基因病的致病基因和致病机制还不清楚。而高通量微阵列和第二代测序技术等先进研究方法的发展,促进了人们对遗传病尤其是单基因遗传病的基因组学研究。致病基因突变的数据库不仅仅是在数量上,而且在突变的类型和性质上也日益丰富。通过对致病基因的定位、克隆和功能研究,加深了对单基因病的致病机制的了解,并可根据疾病的发生和发展而设计相应的药物进行干预。

第四节 复杂性疾病的基因组学研究

尽管许多人类疾病呈单纯的孟德尔式遗传或者与染色体异常有关,但大多数成年人常见病和常见先天畸形,如高血压、糖尿病、哮喘、精神分裂症、唇裂、腭裂等却不属于单纯的孟德尔式遗传病,这类疾病的产生是由两对以上致病基因与环境因素共同作用的结果,这类疾病称为多基因遗传病,常表现出家族聚集现象。在多基因遗传病中,每个基因座对表型的影响相对较小,称为微效基因(minor gene),不同基因位点上的基因,以累加方式协同作用,形成一个明显的表型效应,称为累加效应。多基因遗传病是遗传因素和环境因素共同作用的结果,其中遗传因素所起作用的大小称为遗传率或遗传度(Heritability)。由遗传因素和环境因素共同作用决定一个个体患某种多基因遗传病的可能性称为易患性(liability),在易患性中,由遗传因素所决定的患病风险称为易感性(susceptibility),所涉及的基因称为易感基因。

一、复杂性疾病的研究策略

（一）连锁分析法（linkage analysis）

连锁分析是指通过研究已知的遗传标记和疾病的共分离（co-segregation），来确定疾病易感基因在染色体上的大致位置，即运用疾病易感基因与已知遗传学标记在染色体上的关系分析，从而将该基因定位在染色体某一位置。染色体上两个位点相距越远，其间发生重组的概率越高，越近则越低。

随着人类基因组计划的逐步完成，疾病基因的定位及功能研究已经成为当代医学研究的热点和难点，尤其是诸如2型糖尿病（T2DM）这类复杂性疾病易感基因的定位已成为可能。近年来，与2型糖尿病易感基因位点相关区域的报道逐渐增多，如20q12—20q13.1、2p13、1q24—1q25、8p21—22、9q、12q等。

连锁指两基因位于同一染色体且相伴传递的现象。连锁分析法就是通过研究两个位点（致病基因与遗传标记）的传递规律，从而对致病基因进行定位的一种分析方法。两个位点间发生重组的可能性大小可以用重组率来表示，重组率越高，两个位点在一起传给后代的机会就越少。因此，根据重组率的大小不仅可以把致病基因定位于染色体上有固定位置的遗传标记附近，而且还可以计算两基因之间的染色体图距。连锁分析的方法之一就是对数优势记分（log odds score，Lod）法，它是家系连锁分析提供的连锁信息值，即两位点呈连锁的概率与不呈连锁的概率之比的对数值。若Lod值>1则存在连锁，Lod值>3则肯定连锁，Lod值<-2则否定连锁。这种基于Lod值的传统参数连锁分析法在单基因或具有主基因效应的疾病基因定位研究中卓有成效，但在2型糖尿病易感基因的定位研究中，却非常有限，主要是因为2型糖尿病的遗传没有一个固定的模式，无法设置参数并套用公式。此外，2型糖尿病具有显著的遗传异质性，使得到的家系资料无法累加，而且可供选择的家系比较少。因此，针对连锁分析，研究人员提出了一种非参数连锁分析法——受累同胞对（affected sib-pair，ASP）法。

ASP法最大的优点是不需要了解疾病的遗传方式、基因频率及外显率。Lander等在《复杂性疾病的基因分析》一文中介绍了ASP法的基本原理——等位基因共享（allele-sharing），即通过寻找受累同胞间共有的出现概率超过1/4的标记，分析致病基因与标记之间的连锁关系。如果一个亲本有标记等位基因ab，另一亲本有标记等位基因cd，则他们的子女基因型只能是ac、ad、bc、bd，两个子代具有相同基因组合的概率是1/4。ASP分析中，在标记位点与疾病基因无连锁时，双亲的标记位点等位基因随机地分配给子代，所以，同胞间共有2个、1个以及0个等位基因的概率分别为0.25、0.50及0.25。如果标记位点与疾病基因呈连锁（共分离）状态，则患病同胞间共有等位基因的概率将高于上述预期值，可用卡方检验确认。

理想的ASP研究，应具备双亲样本资料，由此来准确判断患病同胞的相同等位基因片段是否确实共有，即来自双亲中的同一等位基因，这类分析称为血缘一致性（identity by descent，IBD）分析。若双亲标本不能取得，则只能从同胞间等位基因的比较来推测是否共有，即状态一致性（identity by state，IBS）分析。若对候选基因内的遗传标记进行ASP分析，可以排除或确认疾病的候选基因。但ASP法也有两点不足：一是为了排除遗传异质性的影响，需要收集较多的患病同胞对；二是不能像Lod法那样得出标记位点与疾病基因之间的距离。

（二）关联分析（association analysis）和连锁不平衡（linkage disequilibrium）

关联分析包括群体关联分析和家系关联分析。其中，群体关联分析是指在一定人群中，设置无亲缘关系的病例组和正常对照组，研究某一标记在两组中分配的不同，发现连锁不平衡。

关联分析最早是由Jennings提出来的，他认为任意两个连锁基因座的等位基因A与B之间的关联都可以用Δ值来衡量，Δ=AB基因型频率−A基因频率×B基因频率。后来，在Fisher和Kimura的研究和推广下，出现了连锁不平衡的概念。这一概念是针对上述公式而言的，公式中的Δ值以$1-r$的速率逐代递减，直到为0，r为A、B两点的重组值。若Δ=0，则单倍型频率是两个连锁基因频率的乘积；若0<Δ<1，则A位点与B位点连锁不平衡。假如A位点是疾病易感基因，B位点是遗传标记，如果两者连锁不平衡，那么病例组遗传标记的频率就会高于对照组，进一步表明该标记B与疾病易感基因A相关联。除了遗传距离影响连锁不平衡外，突变率、选择和重组事件的不均衡分布都会影响到连锁不平衡的强度。

通常，关联结果可能有3种情况：一是该遗传标记位点本身与疾病的病理发生有关；二是该遗传标记位点与疾病基因位点之间存在连锁不平衡；三是这种关联性是由于各种混杂因素所造成的虚假联系，混杂因素指这一因素与疾病和检测位点均有关联，如遗传背景不同的人群混杂在一起造成的虚假联系，又称为不同分层人群（stratified population）。

为了避免群体关联研究中，由于对照选择不当而导致的假阳性结果，研究人员先后提出了两种方法。一是直接以患者家系成员作为对照的研究方法，称为家系关联研究。家系关联研究中常用的方法有患者家系对照者（affected family-based control，AFBAC）分析和单倍型相对风险率（haplotype relative risk，HRR）分析，这两种方法都是以患者核心家系成员（双亲及同胞）作为相关分析对照组，再通过传统的病例－对照研究加以分析。这样既保证了病例组与对照组来自遗传背景相同的群体，又消除了由群体分层所带来的虚假关联。二是在群体关联的基础上，已经揭示某标记位点与某疾病基因之间存在某种关联性（包括真实和虚假的关联）的前提下，检验标记位点为杂合型的父（母）亲传递给患病子女的风险等位基因的概率是否偏离50%。这一检验方法称为传递/不平衡检验（transmission/disequilibrium test，TDT）法，它不仅可以排除虚假关联，还有助于相关基因的进一步精细定位。TDT方法有很多优点：（1）对人群结构不敏感；（2）不仅可以检验连锁，也可以检验关联；(3)可用于遗传异质性及基因与环境相互作用的分析；(4)适用于多种家系资料。早期TDT方法要求父母基因型已知，其应用限制在早发疾病中。1998年同胞组TDT(sib transmission/disequilibrium test，sTDT)和不一致同胞对TDT(discordant sib pair transmission/disequilibrium test，dTDT)检验方法的提出使TDT方法在诸如2型糖尿病这类晚发疾病中的检验成为可能。

(三)动物模型的基因分析

在2型糖尿病易感基因定位研究中，除了连锁分析和连锁不平衡分析以外，动物模型的应用也为糖尿病这类复杂人类疾病的分析提供了强有力的手段。比如，研究人员在肥胖伴糖尿病的小鼠中发现一种*ob*/*ob*基因，该基因产生的Leptin能起到调节能量平衡的作用，Leptin的缺乏可导致严重肥胖及糖尿病的发生。研究人员又发现了一种新的由脂肪细胞分泌的多肽类激素resistin，如果体内这一激素含量增多，会引起胰岛素抵抗。resistin可能是联系肥胖和2型糖尿病的一个重要因素。为了进一步了解这一激素的调控机制，研究人员又一次利用了动物模型。因此，动物模型的建立为多基因疾病的研究开辟了一个新天地。

二、常见复杂性疾病易感基因的研究现状

运用分布于整个人类基因组的高度多态标记的特征，可以很快地寻找和鉴定常见多基因疾病的易感基因。两种主要方法是连锁分析和关联分析：连锁分析是研究家系内某一标记基因座与疾病的共传递情况，而不考虑该基因座的等位基因；关联分析主要寻找群体中某一遗传位点的特定等位基因与疾病的相关程度。下文以2型糖尿病易感基因的遗传定位为例。

基因定位研究发现，2型糖尿病在许多染色体上几乎都有过阳性的报道。但由于人种的不同，相关位点也不同，下面就几个出现较多的阳性位点加以论述。

关于1号染色体与2型糖尿病的关系，最早在1995年有过报道，Thompson等利用Pima Indians人群中的175个2型糖尿病患病同胞对，以及1号染色体上的18个标记，研究并肯定了D1S198与AIR(acute insulin response)连锁(P=0.000 056)。1999年，美国Elbein等在高加索人群中发现1q21－23区域与2型糖尿病相关，Lod值为4.295，并进一步指出1q21－23区域与2型糖尿病相关的位点在*APOA2*基因附近。同年，Hegele等在加拿大土著人2型糖尿病患者的研究中发现，位于1号染色体的血管紧张素原(angioten-sinogen)基因*M235T*等位基因的频率显著高于正常组，而德国学者Ringel等在高加索人群中未证实这一基因与2型糖尿病的相关性，此结果可能与种族差异有关。Wiltshire等调查了英国人群中573个家系，利用418个标记在743个患病同胞对中进行常染色体基因组扫描，在英国人群中发现了与2型糖尿病相关的7个区域：8p21－22，靠近D8S258位点，Lod值为2.55；10q23.3，靠近D10S1765位点，Lod值为1.99；5q13的位点D5S647，Lod值为1.22；5q32的位点

D5S436，Lod值为1.22；7p15.3，Lod值为1.31；8q24.2，Lod值为1.41；1q24－25，靠近D1S218位点，Lod值为1.50。

美国Bowden等在高加索人群中发现20号染色体与2型糖尿病的相关关系，位于20q12－13区域的位点D20S197与本病有关，D20S197位点Lod值为1.48，C检验结果D20S197，P=0.005。随后，美国Ji和Malecki等通过对498个高加索家系的研究，在20q12－13.1区域又找到与本病相关的3个位点：D20S119，P=0.005；D20S178，P=0.009；D20S197，P=0.004。此外，美国Ghosh等通过对477个芬兰家系中的716个患病同胞的研究发现，在20号染色体上至少含有两个2型糖尿病易感基因。后来，研究人员又在20号染色体的长臂(20q13.1)上发现一个新的2型糖尿病候选基因——*GLUT10*(glucose transporter10)基因，这一基因在肝脏和胰脏的表达水平最高，它编码的葡萄糖转运蛋白由541个氨基酸组成。

2001年4月，上海市内分泌代谢病研究所和瑞金医院的研究人员利用ASP法结合基因组扫描技术，在中国东部和东南部的汉族人群中也发现了20号染色体与2型糖尿病相关的位点D20S196，相应的P=0.04。此外，他们还发现9号染色体上有两个位点(D9S171、D9S175)与2型糖尿病有关，其中D9S171位点的Lod值为3.286，P=0.000 119；D9S175位点的Lod值为2.939，P=0.000 447。

法国国家卫生研究所的研究人员1998年首次在北非人群中发现与2型糖尿病相关的位点位于2号染色体2p12－13上14.9 cM区域内。然后他们利用2型糖尿病家系的患病同胞对，找到了2号染色体上与2型糖尿病阳性相关的位点，并把相应的区域由14.9 cM缩小到6.1 cM。具体的位点是D2S2110/145和D2S286，Lod值为3.96。另外，美国的人类基因研究中心1996年在美国墨西哥人群中发现2号染色体上与2型糖尿病相关的位点是D2S125。

12号染色体与2型糖尿病有关的阳性报道在高加索人群中最多。美国Bowden等在高加索人群中发现位于12号染色体的位点D12S349、D12S86与本病有关，C检验结果D12S349位点的P=0.040；D12S86位点的P=0.006。随后，Bektas等运用群体相关分析的方法在高加索人群中发现12号染色体的D12S375和D12S1052两个位点与2型糖尿病有显著的连锁，D12S375的Lod值为3.8，P=0.007。

另外，在其他染色体的某些区域也有一些阳性报道，比如3q21－25、7q21.3、17q23、19q13.3，以及2p13区域等，但这些位点在不同人种中的报道都有所不同，还需要进行大量的实验来加以证实。

对2型糖尿病进行遗传分析(包括连锁分析和关联分析)，除了需要大量的多态性遗传标记以外，还需要大量有患病同胞对的家系进行连锁分析以及大量无直接血缘关系的个体或小家系进行连锁不平衡分析。一般来说，遗传流行病学调查显示，遗传因素的相对风险λs值(同胞患病率/群体患病率)越大，找到致病基因的可能性就越大，λs值越小，找到致病基因的可能性就越小。有报道1型糖尿病λs值为15，2型糖尿病λs值仅为3.5，说明与1型糖尿病相比，2型糖尿病相关基因的情况比较复杂，找到致病基因的困难比较大，基因组型分析的工作量也比较大。但随着大量家系资料的不断获得、候选基因的不断发现、检测方法的不断提高，应用基因组DNA随机标记位点对2型糖尿病易感位点进行全基因组扫描定位，在不久的将来会成为现实。

第五节 肿瘤基因组学研究

一、概述

1986年，癌症研究的先驱雷纳托·杜尔贝科(Renato Dulbecco)(图4-1)在《科学》杂志上宣称："如果我们希望更多地认识癌症，那么我们现在必须集中精力研究细胞的基因组。我们正处在一个转折点上。"这位诺贝尔奖获得者30多年前的这几句话成为了日后人类基因组工程最早的一次公开倡议。随着人类基因组图谱的完成，基因组学、蛋白质组学、药物研发、临床研究及疾病预测等领域针对肿瘤的研究也由横向变为纵深不断拓展。2005年12月13日，美国国立卫生研究院(national institutes of health, NIH)组织美国国家癌症研究所(national cancer institute, NCI)和国家人类基因组研究所(national human genome research institute, NHGRI)共同启动开展了肿瘤基因组图谱计划(the cancer genome atlas, TCGA)。该计划选择了各500例的肺鳞状细胞癌、卵巢浆液性腺癌和脑胶质瘤进行肿瘤基因组图谱研究，其目的是从分子水平来研究肿瘤的病因、肿瘤的发生和发展以及耐药等方面的问题。

图 4-1 Renato Dulbecco (1914—2012)(美国科学家Renato Dulbecco和David Baltimore因研究肿瘤病毒与遗传物质相互关系而共同获得1975年诺贝尔生理学或医学奖)

二、肿瘤基因组的研究内容

目前，肿瘤基因组学研究的主要内容包括：肿瘤相关DNA的插入、缺失、颠换等突变；甲基化表观遗传性改变；染色体重排；miRNA靶标和干扰；能激活或灭活癌基因的DNA化学修饰；候选基因mRNA定量表达；与肿瘤发生及化疗相关的基因分型；调控区片段分析和微卫星不稳定性(microsatellite instability, MSI)分析；等等。美国国家癌症研究所和国家人类基因组研究所主要应用高通量测序技术，建立全面的组织部门和完善的数据处理体系以便肿瘤基因组计划高效地运作。在计划实施的3年里，美国国家癌症研究所和国家人类基因组研究所各投资5 000万美元，用于分类和鉴定与肿瘤密切相关的基因突变和其他基因改变，并建立科学的框架，为全面描绘人类肿瘤基因图谱奠定坚实的基础。

肿瘤基因组包含众多的体细胞突变，其染色质结构的改变主要包括基因突变、小片段或者大片段DNA的插入或者缺失、基因重组、基因转座、基因扩增、基因拷贝数减少等。这些改变引起基因的表达异常，可能参与肿瘤的起始、发生和发展。此外，肿瘤细胞基因组中也会插入外源性DNA片段，如人乳头瘤病毒、EB病毒、乙肝病毒、人类疱疹病毒等，它们都能促进一种或者数种肿瘤的形成。

在人类基因组计划完成后，肿瘤基因组内体细胞突变确定了大约22 000个编码蛋白质的基因，其中约有350个（占1.6%）基因与癌的发生有关，10%可能出现在胚细胞中。实际上肿瘤基因组内与肿瘤发生相关的基因可能不止1.6%，这是因为在小鼠基因组中，发现有2 000个基因与肿瘤的发生有关。癌基因可分为致癌基因（oncogene）和抑癌基因（tumor suppressor gene）两大类。致癌基因约占癌基因的90%，属显性遗传，即在体细胞的一对等位基因中只要有一个发生突变，就能通过有丝分裂传递给该体细胞的后代。由于基因扩增或者基因重排，导致癌基因过度激活，产生癌蛋白，在白血病、淋巴瘤和肉瘤中均发现了重排的癌基因。近年来，已在一半以上的前列腺癌和胰腺癌中发现融合癌基因的存在。抑癌基因约占10%，呈隐性遗传，即需要2个等位基因均发生突变才可导致失活，其突变模式包括从单一碱基的置换到一个等位基因的全部丢失。

肿瘤基因组发生表观遗传性变化，如DNA甲基化、组蛋白修饰等。DNA的甲基化参与肿瘤的发生和发展，其基本特点是肿瘤细胞的去甲基化和启动子区CpG岛的超甲基化。一般情况下，CpG岛的超甲基化和组蛋白的修饰会抑制相关基因的表达。组蛋白H3K9的甲基化和H3K27的三甲基化，同时伴随着H3K4的三甲基化的丢失和组蛋白H3与H4的去乙酰化修饰。DNA甲基化已作为肿瘤进程的一个生物标志物，组蛋白修饰基因的重排也是一些肿瘤发生的一个原因。在急性淋巴细胞白血病中，组蛋白甲基化酶*MLL1*（mixed-lineage leukemia 1）基因发生了重排。

miRNA中的小分子非编码RNA也是肿瘤中基因表达调节的关键因子。miRNA通过降解靶向mRNA或者抑制翻译，调节基因的表达。研究发现，miRNA与肿瘤中的抑制通路相关。如p53调节的基因表达与miRNA34家族密切相关，p53诱导了miRNA34a和miRNA34b/c的表达，而miRNA34家族能够引起G_1停顿、细胞静息和凋亡等。

肿瘤细胞中存在的另一个基因组——线粒体DNA也会发生变化。细胞中存在上千个线粒体，每个线粒体包含约17 kb的环形基因组DNA。许多肿瘤中发现有线粒体DNA的突变，然而这些突变是否参与肿瘤的发生和发展还不清楚。

三、肿瘤基因组的研究意义

(一)肿瘤基因组研究有利于实现肿瘤分子分型和个体化治疗

肿瘤基因组研究是人类完成基因组计划之后又一个集世界各国力量开展研究的课题。乳腺癌、结肠直肠癌、胰腺癌、白血病及胶质瘤的全基因组序列分析均已取得重要进展。2008年,《自然》杂志上发表了第1例急性髓性白血病肿瘤患者的全基因组DNA分析结果,在该患者的基因组内发生突变的10个基因中,仅有2个是以前报道与肿瘤发生、发展相关的基因,而其他8个均是功能未知的基因。Johns Hopkins大学Kimmel癌症研究中心于2008年9月在《科学》杂志上首次发表了胶质瘤患者的全基因组序列分析图谱,发现在胶质瘤中存在许多该研究领域从未报道过的基因改变(如*IDH1*基因),为胶质瘤生物学研究提供了新的线索。由此可见,对不同类型的肿瘤进行全面、系统的异常突变分析,是实现肿瘤分子分型和个体化治疗的基础。

(二)肿瘤基因组的研究使得一些肿瘤的早期诊断与预防成为可能

从基因的角度讲,肿瘤的发展是一个多基因变化的过程,包括基因的突变、缺失、甲基化等分子事件的发生,会导致原癌基因的激活和抑癌基因的失活,进而加快细胞增殖、减少凋亡,最终导致细胞癌变。在肿瘤发生的漫长过程中,基因的异常改变可能持续几年、十几年,甚至终生携带,这使得肿瘤的早期诊断成为可能。因此,若能找到这些异常改变的基因并用于肿瘤筛检,其就有可能成为一种很好的肿瘤标志物。

例如,在家族性乳腺癌的研究中,发现了*BRCA1*和*BRCA2*两个乳腺癌易感基因,该突变基因携带者中约80%患有乳腺癌。因此,在高突变人群中先筛检*BRCA1/2*突变来评价一个人患乳腺癌的风险,然后进行干预是可行的。2003年美国癌症协会颁布的大肠癌筛检指导中,推荐家族性多发性结肠息肉和遗传性非息肉病性结直肠癌的患者做基因检测,以便进一步确定干预措施。

(三)肿瘤基因组的研究成果为研发新的抗肿瘤药物提供了靶位点

癌基因表达的癌蛋白已成为新的肿瘤治疗靶点。研究发现,*ABL*和*KIT*基因分别在慢性粒细胞白血病和胃肠道间质瘤中表达,针对这两种癌基因的蛋白抑制剂伊马替尼(imatinib)就成为慢性粒细胞白血病和胃肠道间质瘤的治疗药物。在乳腺癌中,*ERBB2*(也称为*HER2*)基因扩增,表达过量蛋白,而赫赛汀抗体可以对抗该蛋白,成为乳腺癌治疗的候选药物。通过肿瘤基因组的筛选,科学家们成功找到了诸如*BRAF*、*PIK3CA*、*EGFR*、*HER2*、*JAK2*、*UTX*和*IDH1*等癌基因上的大量点突变,不少激酶在肿瘤中也存在突变现象,这为研发新的抗肿瘤药物(抑制剂)提供了靶位点。现在,一些针对癌基因的抗肿瘤药物已进入了临床试验阶段。

在基因组学中，表观遗传修饰主要包括DNA甲基化、组蛋白修饰、染色体重塑等，但普遍认为，与肿瘤相关的表观基因改变主要体现在DNA甲基化和组蛋白修饰两方面。近年来，对肿瘤表观基因组学的研究显示，与肿瘤发生相关的基因，特别是抑癌基因存在着普遍的表观遗传修饰异常，如DNA过度甲基化、组蛋白异常去乙酰化修饰等。通过把表观修饰相关的酶或蛋白质作为肿瘤研究的靶点，出现了许多新的分子靶向药物。对这些药物的研究和开发，使肿瘤的表观基因治疗有望成为肿瘤治疗的一个新兴领域。

（四）肿瘤基因组研究是未来整合医学发展的基础

整合医学已成为现代肿瘤防治领域发展的一个新方向，整合医学强调预防性治疗、个体化治疗和替代性治疗的统一。肿瘤已被认为是全身代谢障碍的局部表现，因此临床肿瘤治疗方案制定应针对患者的机体状况和肿瘤生物学特性，而制定肿瘤的预防策略则应考虑机体遗传与环境因素的交互作用。如何实现上述目标的一个关键是解析决定肿瘤发病的先决条件和必备条件的关系。环境致病因素只是致病的先决条件而不是必备条件，而致病的必备条件的基础是机体的遗传变异。因此，认识疾病的发生或发展规律需从基因组入手，全面揭示基因转录、翻译、调控和代谢与生物学行为的关系。肿瘤基因组研究不仅是转录和蛋白质组学研究的基础，也是未来整合医学发展的基础。

（五）肿瘤基因组研究促进基础医学研究成果向临床应用转化

肿瘤基因组研究对转化医学的临床实践同样具有促进作用。转化医学的宗旨在于促进基础医学研究成果向临床应用转化。转化时，将临床诊疗中的问题，提炼成科学假说，通过系统地整理、分析和研究，得到明确的答案，然后用于指导临床。现代医学采用的疾病诊疗手段基本上是建立在解剖和细胞病理学的基础上的，而未来医学的发展则需在分子水平上认识生命活动规律和疾病状态。人类基因组计划的实施及相关研究，极大地促进了对疾病机制和分子标志物的研究，发现了大量与疾病诊断、治疗和预防相关的候选基因及蛋白，并开发出新的诊疗方法。最具有代表性的实例，如赫赛汀（herceptin）是针对乳腺癌中*HER2/neu*扩增导致过量表达的单克隆抗体，伊马替尼是针对染色体易位导致*BCR/ABL*基因重排的慢性粒细胞白血病的小分子抑制剂，它赛瓦（erlotinib）是针对*EGFR*突变的肺癌的小分子抑制剂。这些新的诊疗方法的基础均是在基因水平发现特定突变。由此可预测，从全基因组水平认识肿瘤基因变异将会提供更加全面、完整的DNA变异信息，包括肿瘤相关的单核苷酸多态性（single nucleotide polymorphism，SNP）、拷贝数、点突变、重排和缺失的信息与知识。通过建立相应的资料数据库，为肿瘤基因的识别、生物学功能改变与临床意义的评价、诊断试剂和药物的研发提供最基本的信息，从而促进基础医学研究成果向临床应用转化。

四、目前肿瘤基因组研究的局限

肿瘤基因组研究计划从开始到现在已取得了一些令人兴奋的结果。但到目前为止，由于测序技术和分析方法的限制，对不同类型肿瘤的全基因组研究仍缺乏全面、系统的认识。针对这一问题，为实现肿瘤分子分型和个体化治疗的目标，需要对不同类型肿瘤的遗传变异进行系统分析和鉴定。

由于许多基因检测仍要求活检取组织，这将限制基因检测在肿瘤筛检中的应用，因此，基因组学的检测技术应用于肿瘤筛检还有一定的困难。美国国家癌症研究所早期诊断研究协作组织（the early detection research network，EDRN）将肿瘤标志物从发现到应用的过程分为5个阶段：①临床前实验室研究阶段；②临床验证阶段；③以回顾性研究验证标志物是否可以作为一种筛检指标来确定其诊断标准；④以前瞻性研究来进一步验证其对疾病的筛检效果并确定假阳性率；⑤设计随机对照试验来评价这种筛检在人群中的应用价值。目前大多数的研究成果只处于前三个阶段，与实际应用还有很长一段距离。

思考题

1. 简述基因定位的相关概念与研究方法。
2. 荧光原位杂交的原理是什么？如何运用这一技术对基因进行定位？
3. 简述几种常见的疾病基因组研究方法。
4. 单基因病的类型及其特点？
5. 单基因病的研究方法有哪些？
6. 什么是连锁？简述连锁分析法的原理和方法。
7. 什么是连锁不平衡？简述关联分析的原理和方法。
8. 目前肿瘤基因组学的研究内容有哪些？
9. 肿瘤基因组学的研究意义有哪些？
10. 肿瘤基因组学未来的研究方向有哪些？

参考文献

[1] CHIODINI B D, LEWIS C M. Meta-analysis of 4 coronary heart disease genome-wide linkage studies confirms a susceptibility locus on chromosome 3q. Arteriosclerosis, thrombosis, and vascular biology, 2003, 23(10): 1863-1868.

[2] KRUGLYAK L. Prospects for whole-genome linkage disequilibrium mapping of com-

mon disease genes.Nature genetics,1999,22(2):139-144.

[3]SATSANGI J,PARKES M,LOUIS E,et al.Two stage genome-wide search in inflammatory bowel disease provides evidence for susceptibility loci on chromosomes 3,7 and 12.Nature genetics,1996,14(2):199-202.

[4]HAMPE J,FRANKE A,ROSENSTIEL P,et al.A genome-wide association scan of nonsynonymous SNPs identifies a susceptibility variant for Crohn disease in ATG16L1.Nature genetics,2006,39(2):207-211.

[5]CARLSON C S,EBERLE M A,NICKERSON D A.Mapping complex disease loci in whole-genome association studies.Nature,2004,429(6990):446-452.

[6]LUPSKI J R.Genomic disorders:structural features of the genome can lead to DNA rearrangements and human disease traits.Trends in genetics,1998,14(10):417-422.

[7]DALY M J,RIOUX J D,SCHAFFNER S F,et al.High-resolution haplotype structure in the human genome.Nature genetics,2001,29(2):229-232.

[8]ZHAO L P,LI S SUE,KHALID N.A Method for the assessment of disease associations with single-nucleotide polymorphism haplotypes and environmental variables in case-control studies.The American journal of human genetics,2003,72(5):1231-1250.

[9]MICHELMORE R W,PARAN I,KESSELI R V.Identification of markers linked to disease-resistance genes by bulked segregant analysis:a rapid method to detect markers in specific genomic regions by using segregating populations.Proceedings of the National Academy of Sciences of the United States of America,1991,88(21):9828-9832.

[10]MARCHINI J,HOWIE B,MYERS S,et al.A new multipoint method for genome-wide association studies by imputation of genotypes.Nature genetics,2007,39(7):906-913.

[11]GRUPE A,GERMER S,USUKA J,et al.In silico mapping of complex disease-related traits in mice.Science,2001,292(5523):1915-1918.

[12]LÓPEZ-BIGAS N,OUZOUNIS C A.Genome-wide identification of genes likely to be involved in human genetic disease.Nucleic acids research,2004,32(10):3108-3114.

[13]LEARY R J,LIN J C,CUMMINS J,et al.Integrated analysis of homozygous deletions,focal amplifications,and sequence alterations in breast and colorectal cancers.Proceedings of the National Academy of Sciences of the United States of America,2008,105(42):16224-16229.

[14]JONES S,ZHANG X S,PARSONS D W,et al.Core signaling pathways in human pancreatic cancers revealed by global genomic analyses.Science,2008,321(5897):1801-1806.

[15]GHOSH S,SCHORK N J.Genetic analysis of NIDDM:The study of quantitative traits.Diabetes,1996,45(1):1-14.

（郭风劲 朱慧芳）

第五章　基因组的进化与分子系统学

遗传密码的通用性表明，地球上所有生物都采用同一套遗传密码，解读密码的系统也大同小异，这就说明生物都起源于一个共同的祖先。生命的进化有一个基本的法则，即从不间断，也不重新开始。因此，决定生物性状的内在物质基因组就记录了已有生命进化过程中所发生的各种事件。尽管这份遗传档案可能残缺不全，但仍可从中找到物种进化的蛛丝马迹，由此编辑它们进化的家谱，追踪其间的历史渊源。基因组核苷酸序列的差异实际上反映了生物之间亲缘关系的远近，起源的祖先越是古老，物种间产生的差异就越大，相反，起源越近，差异就越小。这样，根据生物大分子相似性程度建立分子系统发生树，就可进一步确定由传统分类学确立的不同物种之间的进化关系，并进行定量的分析。

第一节　基因组进化的分子基础

基因组的组成与结构随着生命的进化在不断演变，包括逐代累积的小区域序列的基因重排(gene rearrangement)及大范围的染色体重排(chromosomal rearrangement)。基因重排就是基因突变(gene mutation)，而染色体重排就是染色体发生断裂，然后与别的染色体相连构成新的染色体，又称为染色体重组(chromosomal recombination)。转座(transposition)也是基因组演变中的一个重要机制，它指的是DNA片段(如转座子)在基因组内的移动，这种移动可以导致基因位置的改变、基因表达的调控变化，甚至新基因的产生。突变(包括基因重排形式的突变)、重组(染色体重排)以及转座，是共同导致基因组不断变化和进化的三个主要因素。

一、突变

突变指基因组中小段区域内核苷酸序列的改变。大多数突变是点突变，即核苷酸序列中某一碱基被替换成另一碱基，其他的突变则涉及一个或几个核苷酸的插入或缺失。

点突变又称为简单突变，有时也称代换突变。点突变分两种类型：

(1)转换(transition)，指一种嘌呤变为另一种嘌呤(A→G，G→A)，或一种嘧啶变为另一种嘧啶(C→T，T→C)的突变。

（2）颠换（transversion），指嘌呤变为嘧啶（A→C，A→T，G→C，G→T），或嘧啶变为嘌呤（C→A，C→G，T→A 或 T→G）的突变。

二、重组

重组指染色体或DNA分子之间的交换与重组，涉及染色体区段或DNA序列之间新的连锁关系。重组包括：

（1）同源重组（homologous recombination）：是指两条具有同源序列的DNA靠近时所发生的DNA交换。

（2）非同源重组（non-homologous recombination）：是指发生在非同源染色体上的基因的重新组合，如染色体移位等。

重组是基因组中发生重新组合的区段，具有重要的生物学意义。通过重组，可将基因组变异的范围扩大，增加进化的潜力。狭义的重组是指重组发生于减数分裂时同源染色体的交换，染色体的倒位和易位；广义的重组是指转座成分在同一染色体或不同染色体上转座以及外源DNA的整合。

三、转座

转座是基因组进化的一种重要方式，出现在几乎所有生物类型中。转座与狭义重组不同，它不是某种类型的重组，但利用了重组过程。其结果是一段DNA或其拷贝从基因组的一个位置转移到另一位置，并在插入位点两侧产生一段很短的正向重复序列。转座可分为以下两种类型：

（1）DNA转座：直接以DNA区段作为转座成分。

（2）逆转录转座：以RNA为中介，通过逆转录酶将转座子RNA逆转录为cDNA后再整合到寄主基因组中。

第二节　基因组进化的模式

突变和重组事件可能仅提供有关基因组进化历程中很少的信息，只有将这些事件与不同生物基因组之间的比较结合起来，才能得出有关基因组进化比较多的信息和模式，从而找到某些生物学基本问题的答案。

一、遗传系统的起源

（一）RNA

DNA、RNA和蛋白质是组成生物体的重要的生物大分子，但关于何者是生命的起源，至今众说纷纭。近来的研究表明，RNA可能是生命的起源，这就是著名的"RNA世界"假说。有关生命起源的早期研究始终将注意力都放在蛋白质与DNA的关系上。DNA是遗传物质，指导蛋白质的合成（先有DNA后有蛋白质），而DNA自身的复制过程却又需要蛋白质（酶）的辅助（先有蛋白质后有DNA），从而进入到"先有鸡还是先有蛋"的辩解之中。

20世纪80年代中期，由于具有催化活性RNA的发现，关于生化系统起源的研究发生了根本性的改变。这些具有催化活性的RNA称为核酶（ribozyme），包括rRNA和tRNA，可以完成多种生化反应（见表5-1）。

表5-1　核酶的组成与活性

核酶分类	活性特点
自我剪接内含子	Ⅰ型、Ⅱ型和Ⅲ型内含子可自我催化剪接
核糖核酸酶P	是具有酶活性的核糖核蛋白复合体，可剪切tRNA分子中多余的序列
核糖体RNA	又称rRNA（ribosomal RNA），核糖体的重要组成部分，位于核糖体的大小亚基之间。rRNA为肽酰转移酶时，催化肽键形成，不需要额外的能量
$tRNA^{Phe}$	在二价铅离子存在时可自我催化切割
病毒基因组	某些病毒RNA基因组的复制涉及新合成基因组链的自我催化切割，如植物类病毒（virus）、拟病毒（virusoid）和动物肝炎delta病毒（hepatitis delta virus）等

实验证实，具有复制能力的RNA可以突变生成新的RNA分子，后者比前者复制效率更高。精确的复制使RNA分子长度增加，而且不失其序列专一性，最终可能形成像Ⅰ型内含子或核糖体RNA这样的复杂结构。这类RNA分子已经兼备生命所具有的两种基本属性：复制和催化。复制成为传递遗传信息的载体；通过催化活性，直接扮演了表型的角色。

（二）基因组的起源

从以上的理论我们似乎可以认为，遗传系统（或基因组）的起源应该是先有RNA，后有DNA，即RNA→DNA。那么，RNA世界又是怎样向DNA世界过渡的呢？地球上最早出现的生物大分子为RNA，而RNA同时具有催化与编码两种功能。RNA可以催化肽键形成并合成蛋白质，RNA与蛋白质联手以RNA为模板逆转录合成DNA。这样，生命世界的三个主要多聚生物大分子——RNA、蛋白质和DNA的分工就基本定型：RNA的编码功能让位于DNA，催化功能由蛋白质替代，RNA自身则成为传达遗传信息的中介分子。但在现存生物的生化体系中我们仍可发现这些原始关系的痕迹，RNA分子仍在许多方面保留着原初的功能。此后，由DNA组成的基因组成为生命进化的主角。

(三)生命的三界

传统生物学将生命世界分为五大王国，即动物、植物、真菌、原生生物和细菌。近年来完成的一些基因组测序揭示，可以依据最基本的生命特征将地球上所有生物分为三大类群，即生命的三界(domain)，包括真细菌(eubacteria)、古细菌或古生菌(archaea)和真核生物(eukarya)(图5-1)。它们既是三个独立起源的生命系统，但又来自共同的单细胞祖先，彼此间不存在承继关系。通过对比发现，三界系统与五大王国的差别在于，前者将动物、植物、真菌和原生生物归并在同一界，即所谓的真核生物界，而将五大王国中的细菌分为真细菌界和古细菌界。

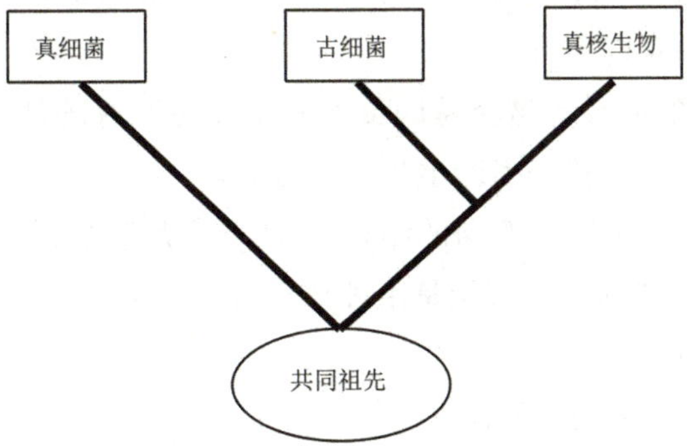

图5-1　生命的三界

注：生命三界的假说认为，15亿年前地球上有三个独立的生命系统存在。两个起源不同的原核生物分别为真细菌和古细菌，所有真核生物归在真核生物这一类。古细菌与真核生物的亲缘关系比它与细菌的更近。

从2 000 m深的西太平洋海底烟突状喷发流中分离到一种生长在88～94℃的厌氧古细菌，称为詹氏甲烷球菌(*Methanococcus jannaschii*)。其基因组序列分析显示，它在起源上与真核生物更加接近(表5-2)。古细菌的翻译系统如核糖体蛋白、延伸因子和氨酰tRNA合成酶以及转录系统均与真核生物相似，而与真细菌有所不同。在代谢系统方面，古细菌与真细菌非常相似。因此推测，古细菌和原始真核细胞可能从原始细胞分别继承了部分共同的遗传物质。

表5-2　生命三界特征比较

特征	分界		
	真细菌	古细菌	真核生物
核膜	无	无	有
细胞器	无	无	有
细胞壁肽聚糖	有	无	无
脂膜成分	无分支碳氢链	有某些分支碳氢链	无分支碳氢链
RNA聚合酶	一种类型	多种类型	多种类型
蛋白质合成起始氨基酸	甲基甲硫氨酸	甲硫氨酸	甲硫氨酸
基因内含子	无	有或无	有
链霉素和氯霉素抗性	－	＋	＋

二、新基因的产生

生物结构的复杂性是由基因组结构的复杂性决定的，并伴随着基因组结构的复杂化而逐步增加。这种复杂性的一个重要指标就是基因数目的改变，大多数细菌的基因数目不到5 000，而脊椎动物如人类则达到20 000以上。生物进化过程中基因数目的增加不是渐进式的，其间发生了两次爆发式的扩张。第一次基因数目的扩张大概发生在14亿年前真核生物出现的时候，此时从原核生物数千个基因猛增加到最简单的真核生物10 000多个基因。第二次扩张大概与脊椎动物的首次出现有关，它们出现于寒武纪末期，原始脊椎动物基因数目可能接近现代脊椎动物的下限。迄今的研究结果认为，基因数目的增加即新基因的产生可能主要有以下方式：

（1）基因加倍之后的趋异。这类基因虽然基本保持原有的基因功能，但表达模式发生改变，从而成为新基因，这是新基因产生的主要方式。

（2）外显子或结构域洗牌。不同的结构域加倍或者重组，从而产生具有新功能的基因。真核生物大约有19%的基因可能是由外显子洗牌的方式产生的。

（3）外源基因水平转移。

（4）逆转录及之后的趋异或重排。

（5）基因裂变（fission）和融合（fusion）。前者是由一个基因分裂成两个不同的基因；后者是由两个或多个基因融合组成一个新的基因。原核生物大约有0.5%的基因可能由此产生。

（6）非编码序列转变为编码序列。

在此重点讨论前三种方式：

1）基因与基因组加倍

在基因组进化中，现有基因的加倍毫无疑问是最重要的方式之一，它可能通过以下途径实现：

①整个基因组加倍；

②单条或部分染色体加倍；

③单个或成群基因加倍。

有关生物染色体加倍效应的研究发现，因单条或部分染色体加倍而使基因数目增加的可能性并不占重要地位。在染色体变异中，如果一对同源染色体多出一条染色体，那么称之为“三体”，常见的如21－三体综合征（唐氏综合征），就是21号染色体多一条的遗传病，会对生长与生育造成严重影响。这可能是由于某些基因拷贝数增加破坏了基因的平衡，使细胞的生理生化反应陷入混乱所致。其他两种途径，即整个基因组加倍和单个或成群基因加倍在进化中起更重要的作用。

2）外显子洗牌

所谓外显子洗牌（exon shuffling），即指来源于不同基因的两个或多个外显子异位性地被组合在一起，或是一个相同的外显子通过复制创造了一个新的外显子－内含子结构。外显子洗牌最初由美国的Walter Gilbert于1977年提出，他认为外显子可以作为独立的模块来构建不同的蛋白质，是新基因产生的重要途径，基因创新的原动力可能就在于外显子的不同排列与重新组合。外显子洗牌主要有两种方式：

①结构域加倍。可因编码结构域的基因区段不等交换或DNA加倍使编码序列的拷贝数增加。重复的结构域也可能发生突变，这就可能形成新的蛋白质或为蛋白质提供新的活性。结构域加倍的结果会增加基因的长度，被认为是基因组进化的一个普遍特点。一般而言，高等生物基因的平均长度大于低等生物。

②结构域或外显子洗牌。由不同基因中编码不同结构域的片段彼此连接形成全新编码序列就称为结构域洗牌(domain shuffling)或外显子洗牌。由于它们有一个全新的基因结构组合，可为细胞提供完全不同的蛋白质和生物学功能。

3)DNA水平转移

①原核生物中的DNA水平转移。

物种在进化过程中，由于突变的积累，其基因组DNA序列的组成带有明显的种属特征，密码子的使用偏爱也有一定的模式。可以利用这种特征，比较基因组内及不同物种间基因的序列差异来推测它们的起源关系。

原核生物中DNA的水平转移是一种十分普遍的现象，可通过接合转移、噬菌体转染、外源DNA的摄取等不同途径发生。

②真核生物中的DNA水平转移。

由于种间隔离，动物中不易进行种间杂交，因此很难找到有关动物种间共生同源基因转移的证据。尽管许多真核生物仍然保留与古细菌或真细菌相关的基因，但它主要来源于真核细胞与原核细胞的内共生，并非后来发生的基因截获事件，而大多数动物种间基因转移主要靠逆转录病毒及其转座成分。众多实验证明，逆转录病毒可携带动物基因在同一物种或不同物种的个体间扩散，而成为基因水平转移的媒介。

三、非编码序列的扩张

(一)真核生物基因组非编码序列的组成

真核生物具有复杂的基因组结构，基因组中绝大部分是非编码序列，不编码具有生物活性的蛋白质或多肽。就人类基因组而言，97%是非编码序列，编码区域在人类基因组所占的比例不超过3%。真核生物基因组非编码序列的组成可分为3种类型：

(1)高度重复序列：主要分布在着丝粒和近端粒区；

(2)转座因子：包括逆转录转座子和DNA转座子两种，分散在整个基因组当中；

(3)其他的基因间和内含子中的非编码序列。

（二）转座子与基因组进化

转座子(transposable element，TE)序列是转座元件中的一种，具有完整转座元件的功能特征，并能携带内外源基因组片段(单基因或多基因)在基因组内移动或在生命体之间传播，从而表达出新的表型。真核生物基因组非编码序列中有相当大的比例为转座子序列。TE对基因组进化的影响是多方面的。

(1)非编码DNA可能具有结构功能(某种尚未识别的功能)，如果没有这些非编码序列细胞将不能存活。

(2)转座子可参与基因的组成，发挥以下两方面的作用。

①转录调控序列。大部分转座因子含有能调节基因表达的序列，为基因表达的多样性提供分子基础。

②基因编码序列中的转座成分。转座子可参与基因编码序列的重排，为基因创新提供原材料。

(3)染色体的重排主要依赖非编码重复序列。

（三）内含子起源假说

目前，关于内含子起源有“早”“晚”两种假说(见图5-2)。

(1)“内含子早起源”假说(intron early)认为，内含子在生命起源的早期即已存在，它们在真核生物的进化中逐步丢失。

(2)“内含子晚起源”假说(intron late)主张，内含子起源只是生命进化中较晚出现的事件，随后在真核生物中逐渐积累。

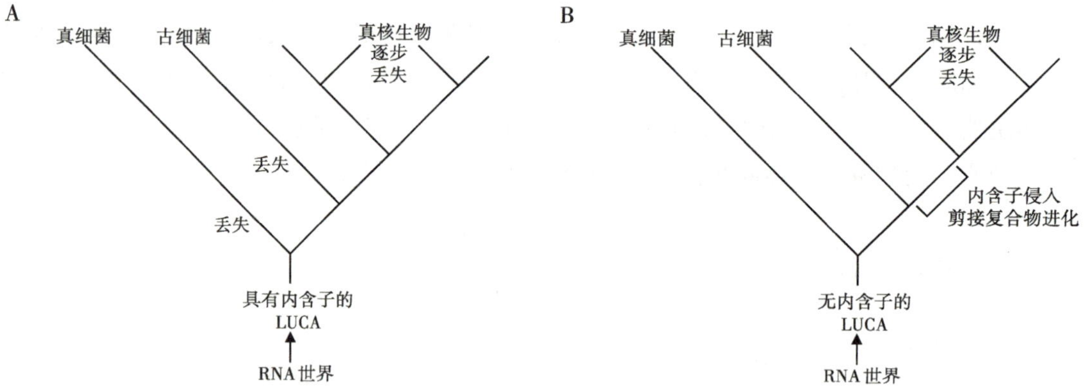

图5-2 内含子起源与进化的两种假说

注：A.内含子早起源假说，B.内含子晚起源假说。LUCA为last universal common ancestor，最早的祖先。

第三节 基因组与生物进化

地球上所有生物均遵循同一套遗传密码，且其解读机制高度相似。这揭示了现存生物与已灭绝生物均源自一个共同的祖先。生命的进化遵循着连续不断的法则，始终没有中断，也无须重启。因此，基因组如同一部历史档案，记录了生命进化历程中的点滴。尽管这部遗传档案并非完整无缺，但我们仍能从中寻找物种进化的痕迹，进而编纂它们传承的家谱，追溯其间的渊源脉络。生物间基因组核苷酸序列的差异程度，映射了它们亲缘关系的远近；祖先亲缘关系越远的物种，其间的差异就越为显著。通过构建基于生物大分子相似性的分子系统发生树，我们能够更清晰地揭示传统分类学所确立的不同物种间的进化关系，并对其进行定量分析。

一、分子系统发生学

分子系统发生学是建立在传统分类学基础之上的。18世纪林奈创建的传统分类学从形态特征方面来区分不同的物种，根据生物个体外观的相似性与差别的程度对生物进行归类。林奈的工作为后继者的进化研究奠定了基础，他们将生物依据分类学中的等级系列分门别类，起始于界，然后依次为门、纲、目、科、属和种。后来的自然科学家们将这种等级称为“生命之树”(tree of life)，达尔文在他的《物种的起源》一书中也采用类似的方法描述生物之间相互联系的进化关系。在林奈初创的分类学基础之上，现代生物进化学者已将它发展为系统发生学(phylogenetics)，不仅涉及物种之间的相似性，更涉及它们之间的进化关系。

(一)表征学和分支系统学

传统的分类学分为两个学派，即表征学(phenetics)和分支系统学(cladistic systematics)。这两个学派都主张正确的分类应该尽可能地包括众多特征，并采用严格的数学方法进行计分归类。而不同之处在于，分支系统学认为用于分类的性状应该有主次之分，计分时应体现权重的差别。特别是在系统发生研究中，应当仔细挑选区分分支次序的性状，以便找到一个很好地显示进化关系的指标。比较而言，分支系统学采用的标准似乎更为客观，并不根据主观的想象来确定哪些性状更加重要，这使得分支模型中的错误被减至最少。

表征学和分支系统学有一些具有特定含义的专门术语：

(1)趋同进化(convergent evolution)或平行演化(homoplasy)：指两个分开的种系在进化中出现相同的性状。但趋同进化可造成一些虚假类似，例如蝙蝠与鸟类都有翅膀，但蝙蝠与无翅哺乳动物亲缘关系比与鸟类的亲缘关系更近。因此在脊椎动物系统发生学所描述的内容中，提出是否“具翅”这一性状便会发生误导。

(2)祖征性状(ancestral character states)与衍征性状(derived character states):祖征性状是指有关分类单位中,自祖先便具有的性状,例如脊椎动物的五趾特征。有关分类单位进化后所产生的独特性状即为衍征性状,如现代马具有的单趾即属衍征性状。

(二)分子系统发生学的产生

从发展的观点看,前述的表征学和分支系统学采用的分类指示性状大多仍为形态特征,不能满足分析的要求,这就促使研究者转向能够体现生物性状或生命现象本质的蛋白质和DNA,从而产生了分子系统发生学。与其他类型的形态特征相比较,蛋白质或DNA具有以下优点:

(1)许多分子特征可同时记分:如DNA序列中特定位置的核苷酸或蛋白质中特定位置的氨基酸可视为单个特征,DNA中该特征可表述为4种状态,分别为A、C、G和T。

(2)分子特征的状态非常清晰:如碱基A、C、G和T易于识别又不会混淆,而形态特征易发生重叠,导致划分界限不清楚。

(3)分子资料便于转变为数学形式,可进行修正和统计学分析,而且可进行计算机自动化处理,提高研究的可靠性和工作效率。

(三)DNA系统发生树

(1)DNA系统发生树的概念

不同物种在进化过程中保留的同源基因随着进化关系的疏远会出现更多的变异。由于同源DNA序列的代换速率是基本恒定的,因此,同源DNA序列中核苷酸取代的比率即可作为物种之间进化关系远近的指标。根据DNA序列代换的比率构建的进化树就称为DNA系统发生树(DNA phylogenetic tree)(与传统的系统发生树——“生命之树”对应)。

(2)DNA系统发生树的构建

DNA系统发生树的构建主要依赖于统计学分析基础,数据取自目标同源DNA序列所发生的核苷酸取代比率。

①分类单元。DNA系统发生树的分类单元是一组DNA序列,它们来自不同的目标生物,可以是不同物种,也可以是不同的亚种或者生态型。收集到一组同源DNA序列后,进行各个分类单元之间差异的比较,通常采用距离方阵或序列排比的方法计算发生核苷酸代换的比率。有些序列的对比较容易,用肉眼即可看出。另一些较复杂的对比序列,必须借助点矩阵的方法。

②DNA系统发生树的构建。假定我们的目的是构建4个同源基因A、B、C和D的DNA系统发生树,那么在获得它们之间的序列差别之后,接下来就是确定它们之间的相互关系。目前构建DNA系统发生树比较流行的方法是相邻连接程序法(neighbor-joining method)。

在构建系统发生树时,人们往往需要寻找一个群外基因(outgroup gene),目的是确定系统发生树的基部位置，从而指出进化的方向。群外基因的选择标准取决于既有的工作基础，它的进化地位已经根据古生物学的研究确定，一般来自起源更早的种属。因此与群外基因序列差异最小的同源基因应该最靠近系统发生树基部。

③分子钟。所谓分子钟（molecular clock）是指单位时间内同源蛋白质的氨基酸顺序或DNA核苷酸序列取代的比率。通常以百万年发生单个代换为计算单位，可用来估算祖先序列演化的时间，确立系统发生树的进化年代。这些信息对研究基因组的进化来说非常重要，例如采用系统发生树与分子钟推算脊椎动物球蛋白基因的祖先，分别在8亿、5亿和2亿年前发生重复基因突变，最终进化为现在的肌球蛋白、α-球蛋白和β-球蛋白。在有些情况下，这类信息有非常重要的意义，如某一基因系统发生树与物种系统发生树相同，即可从祖先序列的演化时间直接推测物种形成所花的时间。

分子钟的建立方法是以化石记录的年代作为参考的，统计单位时间（百万年）内核苷酸或氨基酸取代的数目。假定某一对同源序列取代的核苷酸数目为x，每一种系的取代数为$x/2$。如果化石分析祖先物种生活的年代在800万年前，由计算可知分子钟的速率为$x/(2\times8)$。

由于生物进化的速率差别很大，进化的时间尺度也相差悬殊，因此生物界没有一个统一的分子钟。即使同一种生物，不同基因的分子钟也有快慢之分，因为它们经受的选择压力有差异。例如一些基础代谢基因的突变对生物会造成即刻效应，可能只允许微小的变异发生，因此这类基因的进化速率就极其缓慢。但某些调控因子的突变并不产生严重的异常表型，反而提供了生物适应复杂环境的可能，因而进化速率相对就较快。由于这些因素的产生，在建立系统发生树之前，首要的工作就是确定所建系统发生树的目标。如果要建立涉及远古年代的系统发生树，就应该选择进化速率较慢的基因。相反，如果是确立起源较近的物种，比如灵长类间的进化关系，则要选择进化比较快的基因。

生物之间分子种的差异还取决于各种属完成一个世代周期所需要的时间，因为世代周期短的生物可能会在相同时间内积累更多的复制突变。例如啮齿类的分子钟快于灵长类，因为前者的世代周期比后者短得多。同一生物不同序列的分子钟可能还有如下变化：同义取代的速率快于非同义突变，这是因为非同义突变会造成蛋白质中氨基酸顺序的改变，可能对生物产生不利影响，而自然选择会减缓其替代速率；一般而言，线粒体基因的分子钟要比细胞核基因更快，因为线粒体缺少DNA修复系统，更易积累变异。

二、分子系统发生学与生物进化

随着人类基因组计划的实施和完成，基因组测序提供了大量有关种间或种内DNA序列变异的资料，使我们有可能获得许多从古生物学无法探知的生命起源与进化的信息与线索。

(一)生命的起源

地球形成距今已有数十亿年，在35亿年前地质年代的岩石中鉴定出了生命微化石，表明大约35亿年前就出现了细胞形态的生命(图5-3)。已有证据表明，这些微化石与现在的原核生物蓝细菌的残留物相似，后者广泛分布在一些湖泊边缘。

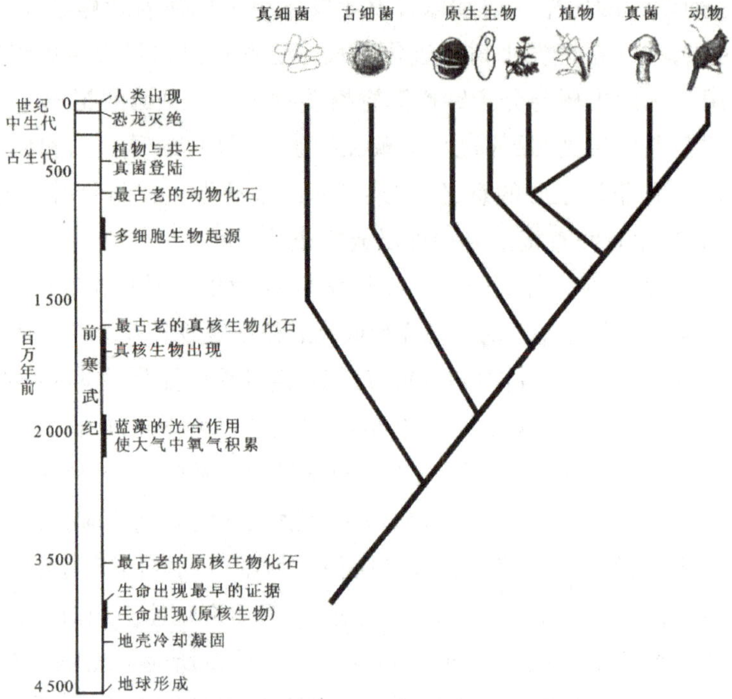

图5-3　生命的进化图

假如与现代蓝细菌类似的细胞于35亿年前出现，那么我们可以推测细菌的进化必定早于当时已有的细胞。特别是在生命进化树中最早的一个重要分支，即细菌已从远古祖先细胞种系中分离出来，独立于古细菌和真核生物。这一事件应在35亿年前发生，至少该分支的产生不会晚于35亿年前，那么是否可用分子钟验证这一推测呢？

采用分子系统发生学确定真细菌与古细菌/真核生物分开的时间，结果与35亿年前蓝细菌微化石证据相差很远。由分子钟推算的最古老的种系为chordate和echinoderm，它们分别是脊椎动物和海胆的祖先，出现于5.5亿年前，这是分子钟分析所能到达的上限。已有的资料证实古细菌与真核生物分开的时间在18.7亿年前，真细菌与古细菌和真核生物分开的时间在21.6亿年前，而蓝细菌在地球上却出现于35亿年前。为何分子系统发生学对远古时代生物进化的分析会得出如此难以置信的结论，其问题主要在于遗传系统的差异。如前所述，DNA在复制时会发生不可避免的差错，这些差错主要依赖于生物体内修复系统进行校正。我们从大肠杆菌的修复系统中发现，它们并非十全十美，例如SOS修复系统即执行倾向差错复制。可以想象，在生命诞生的初期，整个遗传系统尚不健全，正处于逐步完善的过程之中，DNA修复系统的效率也较现存的生物要低得多。遗传系统尚未健全的远古生物分子钟较地质年代相对较晚的生物分子钟速率不同，如用现有生物分子钟来估算远古生物的进化年代，必然会得出偏离实际的一些结论，另一个可能的原因是，由于许多中间环节证据的缺失，取代事件频率的低估，也会得出起源时间推迟的结论。

（二）人类的起源

达尔文是第一个猜测人类与其他灵长类进化关系的生物学家。他认为人类是黑猩猩、大猩猩和猩猩的近亲。早在20世纪60年代前，古生物学家就已从化石研究中得出结论，黑猩猩和大猩猩是较接近人类的灵长类。虽然人类的进化历史仍存在许多争论，但一般认为灵长类中与我们亲缘关系最近的还是黑猩猩。人类的远祖谱系有两个属——南方古猿（*Australopithecus*）和人猿（*Homo*），其中并非所有的种都与智人（*Homo sapiens*）处在同一直系进化链上（图5-4）。初步估计，人类与黑猩猩最近的共同祖先生活在距今500万～460万年前。

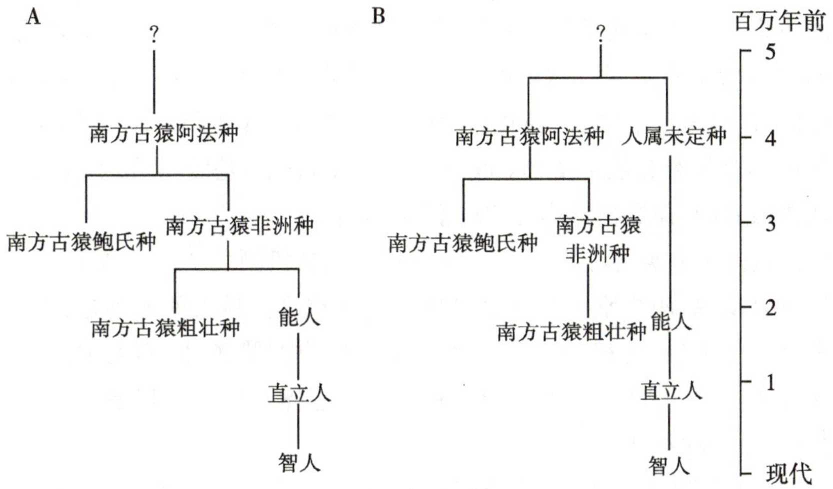

图5-4　推测的现代人进化路线图

（1）人类和其他灵长类的进化关系。从分子水平提供的资料证实，人类、黑猩猩和大猩猩的确同属一个进化分支（clade）。分子钟表明，它们的分离大约发生在500万年前。随着分子资料的逐步积累，有关人类、黑猩猩和大猩猩进化关系的问题日益增多。这3个物种的线粒体基因组限制性片段比较结果表明，黑猩猩与大猩猩之间的亲缘关系比它们与人类的关系更近，而DNA－DNA杂交结果却显示，人类与大猩猩的关系比人类与黑猩猩的关系更为疏远。这种互相矛盾的原因在于，这3个物种间DNA序列相似性太高，在基因组中最具多样性的区域其差异也少于3%，很难准确无误地区分其真实差异。直到1997年，已获得14组不同的分子数据，包括假基因和非编码序列。研究结果给出了较为令人信服的结论，即黑猩猩与人类的关系更近，其分开事件大约发生在500万～460万年前，估计人类与大猩猩共同的祖先群体生活在900万～500万年前。而大猩猩与人类关系更远，它们大约在距今700万～500万年前与人类和黑猩猩的祖先分开。

线粒体和染色体Xql 3.3位点多样性研究揭示,与黑猩猩、大猩猩和长臂巨猿相比,它们的多样性高于人类2~3.5倍,人类是高级灵长类中多样性最低的物种。那么我们与黑猩猩的差别究竟有多大呢?

(2)现代人与黑猩猩基因组的差异。这两个亲缘关系最近的高级灵长类分开的时间大约为500万年前,这对漫长的生物进化岁月而言仅仅是一个瞬间,尚不足以积累大量的突变。现代人与黑猩猩在蛋白质水平的差异低于1%,而最近的基因组序列比较研究发现,现代人与黑猩猩DNA水平的平均差异为2.4%。其中,在编码区,人类与黑猩猩的差异低于1.5%,有许多基因在这两个基因组中完全一致。在非编码区,差别的比例也不多于3%。在整个基因组范围内,大约有5%的区域存在广泛的缺失和插入变异。这些DNA水平上的差异反映了一般基因组进化的特点,但它们对人类和黑猩猩表型变异的贡献及其具体的生物学含义还不清楚。

①有些基因出现加倍,产生专属人类或专属黑猩猩的基因成员,它们只特异性地存在于两个基因组之一。但这些新加倍基因的生物学重要性并不明显,其原因可能在于它们尚无足够的时间来积累突变以达到可以表现出特别功能的程度。如专属人类的*SMNl*基因产生于加倍,在黑猩猩中也有其同源序列。从效果看,这些差别基因只不过是原先基因的第二个拷贝。灵长类有嗅觉受体(olfactory receptor,OR)基因拷贝约1 000个,在人类中已有70%成为假基因,而黑猩猩尚有50%保留功能。

②染色体重排是人类与黑猩猩基因组进化的重要机制之一。比较人类与黑猩猩染色体分带模型可以发现,两个基因组均已经历了一些重排。最大的差别是,人类2号染色体在黑猩猩中已一分为二,使得黑猩猩及其他猿类有24对染色体,而人类只有23对。人类23对染色体中有18对染色体与黑猩猩中相应的染色体带型非常相似,另外5对染色体在两者之间有可见的带型差异。

人类远祖与黑猩猩分开之后,基因组区段重复的速率大约为每百万年4 000~5 000 kb,这种大范围的基因组重排促使基因表达模式发生了重大改变。区段重复对整个基因组结构的影响远高于碱基代换比率的影响。人类基因组一致性为94%的重复区段中,大约有33%未能在黑猩猩中发现。在祖先重复区段发生缺失后,再次出现的重复对种间差异的影响更大。物种形成后的基因转换(gene conversion),即等位基因在子代的分离比偏离孟德尔比例的现象,在最近的区段重复中占到了10%。黑猩猩中某些高度扩张的DNA区段(大于100个拷贝)可能是造成两个物种在基因组范围所体现的结构和数量变化的重要因素。两个物种基因组之间几乎所有的重大差异,都可能涉及染色体的结构变化,包括重复与倒位。Marques-Bonet等认为,染色体重排虽然并不引起基因突变,但有可能对人类和黑猩猩的基因表达模式产生重要影响。基因表达模式的改变又是表型变异的分子生物学基础,所以基因重排现象在生物进化中仍然具有重要的生物学意义。

③根据DNA水平的资料,人们推测在基因组中广泛存在的重组热点在人类和黑猩猩中的分布很可能也是保守的。但Winkler和Ptak等于2005年发表的研究结果表明:在一个

14 Mb的同源区域，人类和黑猩猩重组热点的重叠率仅为8%～13%，绝大多数的重组热点在两者之间是相对独立的。人类精子基因型(genotype)分型结果表明，重组热点区(1～2 kb)的重组率可高于背景10～1 000倍。由于染色体重组是造成个体之间基因型差异的主要原因，而重组热点的存在又与连锁不平衡的分布特点密切相关，因此，基因组重组热点的进化则可能是人类和黑猩猩分开的重要因素。

④人类和黑猩猩基因组之间单核苷酸的平均代换率为1.23%，其中约1.06%属于种间差异。单核苷酸代换所发生的区域在这两个物种间是基本保守的，但在人类中亚端粒区比例更高。代换的单核苷酸中位于CpG双碱基位的数目约占四分之一。插入和缺失的数量比单核苷酸代换要少，但在人类常染色质区比例为1.5%，表现为种属的专一性。转座子插入比例的差别较大，人类中SINEs转座子更为活跃，而黑猩猩中则出现了两个新的逆转录病毒因子家族。

⑤人类和黑猩猩直系蛋白质成员极其相似，其中29%完全一致，典型的直系蛋白质差异也只有两个氨基酸。人类蛋白质更换的氨基酸在群体中均一化速率虽然比黑猩猩略高，但接近一般人类的多态性，可能同人类进化中的正选择相关。

⑥大脑体积的增大是人类区别其他高级灵长类的主要特征之一。人科大脑体积有一个急速扩大期，大约在直立人出现的300万～200万年前。一项研究发现，大约240万年前人类祖先的颌肌肌球蛋白*MYHl6*基因发生突变，在编码区缺失两个关键的碱基对。颌肌肌球蛋白基因的突变导致蛋白质羧基端产生移码(图5-5)，产生残缺的蛋白质，使颌肌生长放慢，对颅骨的抑制减弱，大脑的发育空间则相对扩大。

```
                10        20        30        40        50        60        70        80
非  猩猩   GAGCAGCTGAACAAGCTGATGACCACCCTCCATAGCACCGCACCCCATTTTGTCCGCTGTATTATCCCCCAATGAGTTTAAGCAATCGG
人  大猩猩 GAGCAGCTGAACAAGCTGATGACCACCCTCCATAGCACCGCACCCCATTTTGTCCGCTGTATTATCCCCCAATGAGTTTAAGCAATCGG
类  黑猩猩 GAGCAGCTGAACAAGCTGATGACCACCCTCCATAGCACCGCACCCCATTTTGTCCGCTGTATTATCCCCCAATGAGTTTAAGCAATCGG
       aa   E  Q  L  N  K  L  M  T  T  L  H  S  T  A  P  H  F  V  R  C  I  I  P  N  E  F  K  Q  S

    非洲人   GAGCAGCTGAACAAGCTGATGACCACCCTCCATAGC-  -CGCACCCCATTTTGTCCGCTGTATTATCCCCCAATGAGTTTAAGCAATCGG
人  西班牙人 GAGCAGCTGAACAAGCTGATGACCACCCTCCATAGC-  -CGCACCCCATTTTGTCCGCTGTATTATCCCCCAATGAGTTTAAGCAATCGG
类  日本人   GAGCAGCTGAACAAGCTGATGACCACCCTCCATAGC-  -CGCACCCCATTTTGTCCGCTGTATTATCCCCCAATGAGTTTAAGCAATCGG
    南美洲人 GAGCAGCTGAACAAGCTGATGACCACCCTCCATAGC-  -CGCACCCCATTTTGTCCGCTGTATTATCCCCCAATGAGTTTAAGCAATCGG
       aa  E  Q  L  N  K  L  M  T  T  L  H  S  R  T  P  F  C  P  L  Y  Y  P  Q  *  V  *  A  I
──────────────────────────────外显子18──────────────────────────────
```

图5-5　非人类灵长类与人类颌肌肌球蛋白基因外显子18的缺失突变

注：虚线为缺失的两个碱基，·为终止密码，aa为氨基酸顺序。

Pollard等报道，一个叫作*HAR1*(human accelerated regions 1)的非编码RNA基因在人类大脑皮层的发育中起着极其重要的作用。*HAR1*基因在妊娠后约7～19周表达，这一时期正是人类胚胎大脑发育的关键时期。*HAR1*基因在人类和黑猩猩之间有18处不同，而在黑猩猩和鸡之间该基因仅有2处差别，其进化速度比其他部分快约70倍。

一项报道说，黑猩猩不会说话的原因在于基因问题。科学家证明，一个基因(*FOXP2*)发生的突变似乎帮助人类逐渐形成了语言。也就是说，人能够说话，而黑猩猩不能说话，就是由于一个基因发生了突变，即一个基因产生了差异。

以上这些差别虽然在许多方面提供了研究和探讨人类与黑猩猩表型差异的重要线索，就基因组进化而言也有重要意义，但从决定人类之所以为人类的遗传学基础而言，这些数据仅仅提供了非常初步的信息。我们并不知道造成人类与其他灵长类表型差异的基因究竟位于何处？哪些基因的差别在种属特征的形成中才真正具有特殊意义？其分子机制是什么？例如涉及发育过程以及神经系统的一些基因，两者的表达模式只有细微的改变，很难判断这些细微的差别是否与特定的表型有关。黑猩猩基因组与人类基因组DNA序列的比较揭示，这两个物种的基因组约有3 500万个SNP，有500万个插入或缺失的区别，还有很多染色体区段的重排。如何将这些差异与千差万别的表型联系，是值得我们深入研究的问题。是什么造就了人类，恐怕不只是基因组本身的结构问题，还有基因组如何发挥整体功能以及基因组在发挥功能的过程中受到其他因素影响的问题。

(3)人科与人属。国际人类学界认为，人类的进化发展大致经历了5个阶段，即腊玛古猿、南方古猿、直立人、早期智人和晚期智人，而两足直立行走的古猿在分类上应属于人的范畴。通常将能直立行走但不能制造工具的人类称为前人，既能直立行走又能制造工具的人类称为真人，两者合称为人科。能制造工具的真人在分类上归于人属，人属至少又可分为3个人种：能人、直立人、智人，现代人则属于智人。

①南方古猿——汤恩小孩。1924年年底，南非威特沃特斯兰德大学年轻的解剖学教授达特，在南非中北部沙漠边缘汤恩村石灰矿的化石中，发现了后来震惊世界考古学界的一件古猿化石——处于类人猿和人类之间的原始人类头骨，达特称它为“汤恩小孩”(Taung)。汤恩小孩生存的年代约为250万～200万年前，一般认为是连接人类与类人猿的重要环节。随后在同一地区又发现另一个似猿物种，即南方古猿粗壮种(*Australopithecus robustus*)，而汤恩小孩则称为南方古猿纤细种(即南方古猿非洲种)。南方古猿纤细种已能制作简单的石器工具用以获取肉类食物，是古猿向人类进化的极其重要的一个环节。

②能人(*Homo habilis*)。1960年乔纳森·利基在奥杜韦峡谷发现了一种类似人类的骨骸，其骨骼比南方古猿轻巧，但不少特征又与南方古猿相似。这些猿人生活在距今大约300万～150万年前，脑量明显比南方古猿大，并能制造石器，它代表了最终将产生现代人的那一支早期人类类型。因而，乔纳森·利基的父亲路易斯·利基把这个新类型命名为“能人”。作为人属的第一个早期成员，能人是南方古猿向直立人进化的中间环节。

③直立人(*Homo erectus*)。直立人出现在距今大约200万年前的非洲。而在120万～80万年前，由于气候变化等原因非洲直立人大量迁徙进入欧洲、亚洲，最终扩散到整个旧大陆的各个角落。非洲肯尼亚的KNM-ER 3733号人、图尔卡纳男孩、坦桑尼亚奥杜瓦伊峡谷的OH9号人、阿尔及利亚和摩洛哥的毛里坦人，印度尼西亚的爪哇人，中国的北京猿人、蓝田人、元谋人等都是所谓的直立人。

④远古智人——尼安德特人。1856年在德国的尼安德特河谷还发现了一具古人类骨骸，称之为“尼安德特人”，他们应该是早期智人的代表。尼安德特人生活在30万～3万年前的欧洲，但现已灭绝。

⑤晚期智人——克罗马农人。1868年在法国多尔多涅区埃济附近的克罗马农岩窟中发现了古代的人类骨骸，称之为“克罗马农人”。克罗马农人生活在距今3.5万～1.0万年前，应该是旧石器时代晚期智人的代表。克罗马农人具有非凡的智慧，拥有先进的文化，后来发现克罗马农人的体格与现代西欧和中欧的人种非常相似。

（三）现代人的起源

（1）现代人起源的两种假说

直立人在世界各地扩散之后和现代人的关系备受争议，从而产生了两种假说：

①有些古生物学家认为，直立人群体在旧大陆的不同地区定居后逐渐演变为现代人群体，并将这一过程称为多区域进化（multiregional evolution）（图5-6A）。

②另一种假说则认为，大约在15万年前有一支古人类群体走出非洲进入欧亚大陆，随后迁徙到世界各地，并取代了居住在当地的直立人，他们是现代人的直系祖先。这一假说称为诺亚方舟假说、伊甸园假说或走出非洲假说（out of Africa）（图5-6B）。

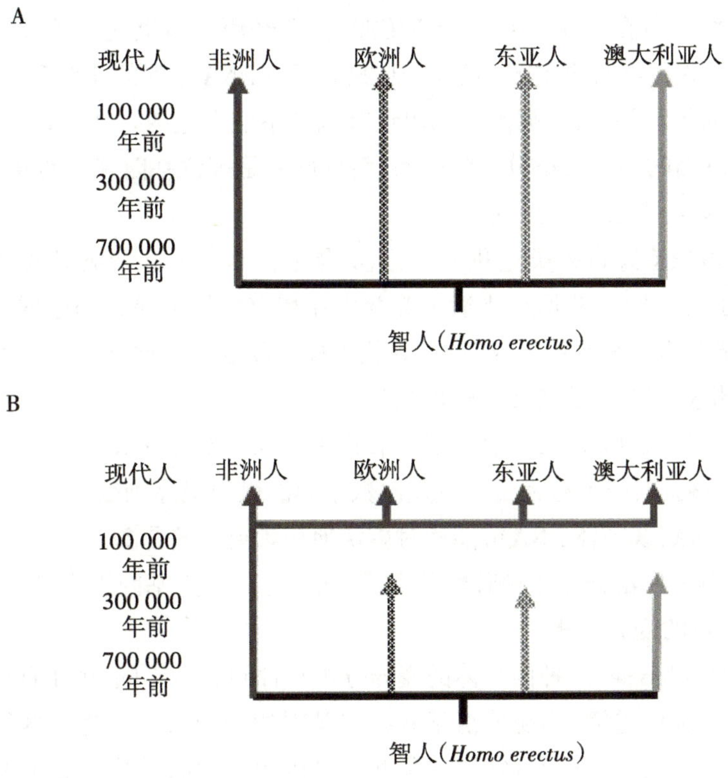

图5-6　关于现代人类起源的两种假说

注：A.多区域假说认为，智人（*Homo erectus*）在100万年前离开非洲，然后在旧世界各地进化为现代人。B.走出非洲假说认为，旧世界的智人群体最终被走出非洲的现代人祖先新群体所取代。

考古学和古生物学的证据都表明，现代人的远祖是生活在非洲的古人类，但并未指明南方古猿的后裔中，究竟哪些分支或哪一个分支属于现代人的直系祖先。另外，虽然不同人种在进化过程中出现了许多解剖学上的差异，但这些差异与现代人起源的关系可作出多种解释，很难得出非常准确的结论。

(2)新的方法与理论

分子遗传学和基因组学的发展为现代人的起源研究提供了新的研究思路和分析方法。任何一种生物都有储存遗传信息的DNA，在漫长的进化岁月中，DNA会积累并保留部分突变。起源同一祖先的物种，其亲缘关系越近，保留的突变模式越相似。我们可以借助某些数学工具，通过突变模式的分析比较即可进行共同祖先分析，这一程序称之为聚类(coalescent)，并产生了寻找共同祖先的聚类理论(coalescent theory)。

所谓聚类理论就是根据基因拷贝在连续世代中的传递概率及其分布规律来追踪共同祖先的一种数学计算模式。通过时间的回溯来寻找不同系谱在进化中的分支点，确定共同祖先与群体大小的关系、最近共同祖先(the most recent common ancestor，MRCA)距今的年代，以及其他有关群体遗传学的参数。聚类理论是基于中性突变假说建立的，其依据是群体中同一等位基因的不同成员具有共同的祖先，虽然有的等位基因发生了突变，但因无选择压力而持续保留在群体中。由于遗传漂变，在经历许多世代后等位基因的不同成员会以不同的频率保留在现今的不同群体中，我们通过DNA序列的比对和计算，就可以追踪等位基因之间的传承关系，并据此绘制出该基因的系统发生树。在系统发生树中，分支的节点就是等位基因的不同成员分开的时间，而根部就是等位基因家系的共同祖先。

(3)人类基因组多态性位点选择

采用聚类理论追踪古人类进化的足迹，必须研究居住在世界各地现代人不同群体的基因组DNA的序列变异，获取由于遗传漂变而在特定群体中保存的序列差异。对于种内变异研究，由于个体之间遗传差异较少，寻找多样性就成为关键问题。人类基因组中以下遗传成分可提供更多有关遗传多样性的信息：

①多等位基因，如*HLA*基因家族成员，有许多不同的变异形式。

②微卫星序列，人群中有大量的重复次数不等的微卫星序列变异。

③线粒体DNA，线粒体DNA可能相对更快地积累突变核苷酸。

④SNP，人群中广泛分布单核苷酸位点多态性，这是人类基因组中最丰富的变异成分。

(4)种内个体的变异分析

①单倍型(haplotype)。种内个体的变异分析与种间有所不同，由于种内个体之间经常发生基因交流及位点重组，不易分清某些特定基因的变异关系。为了尽量减少因重组带来的干扰，种内个体变异分析常常挑选那些在基因组中仅有单拷贝或不发生交换与重组的遗传成分，将之称为单倍型(图5-7)。

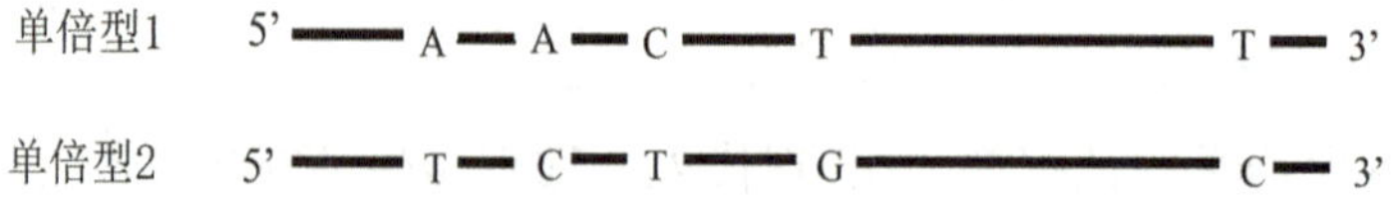

图5-7 单倍型

注：单倍型1和单倍型2各含有一组不同的SNP，它们在基因组中占据同一座位，但彼此间不发生交换与重组。

单倍型不同于等位基因。经典遗传学中的等位基因(allele)是指同一基因的不同变异形式,它在二倍体细胞中有两份拷贝。如果一个群体中存在多于两个不同等位基因的变异成员时,这类等位基因就称为复等位基因(multiple allele)。而单倍型则指基因组DNA序列中紧密连锁的一组不同等位形式的集合体,它们组成一个完整的遗传单位,不会因重组事件而彼此分离。大多数真核生物的二倍体个体中所含有的线粒体的基因型都是单倍体,在任何细胞周期都不会发生交换与重组。人类Y染色体的雄性专一性区域(male-specific region,MSR)也是典型的单倍型,它们不与X染色体配对,因而不发生任何交换与重组。因为单倍型保留和记录了从祖先到现代出现过的各种变异,故是一份可以用来追踪生物起源与进化的珍贵历史档案。

②单倍群(haplogroup)。指根据最近共同祖先聚类的一组相关单倍型,具有地理分布的特征。在系统发生树上单倍群形成主要的分支,如现代人的欧洲群体和东南亚群体可归在两个不同的单倍群M和N内(图5-8)。图中的M、N和R分别代表不同的单倍群,每个单倍群下面又衍生出许多分支。从理论上来说,每出现一个新的等位基因型突变(分支点),在其后代都有可能产生一个亚单倍群(sub-haplogroup)。

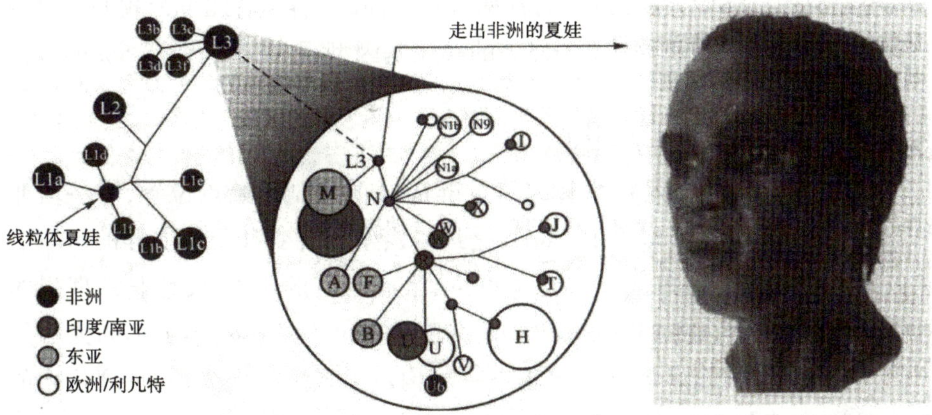

图5-8　走出非洲假说

注:由世界各地现代人不同群体线粒体单倍型构建的进化树表明,现代人的祖先来源于15万年前走出非洲的古人类。线粒体DNA聚类分析证实,现代人的祖先来自非洲古人类中属于基因型L3的一支,他们走出非洲后扩散到世界各地。图左为现代人不同群体线粒体单倍型和单倍群聚类分析获得的进化树,圆圈为独立的单倍型或单倍群,字母为它们的命名。图右为想象的现代人先祖——走出非洲的夏娃。

③连锁不平衡(linkage disequilibrium)是指不同座位上某两个等位基因出现在同一条单元型上的频率与预期的随机频率之间存在明显差异的现象。位于连锁不平衡区域的等位基因之间由于物理距离非常靠近或其他未知的原因很难发生交换,常常作为一个单元传递给下一代。如前所述,连锁不平衡和单倍型不是同一个概念,但是当连锁不平衡区域的等位基因之间重组率在群体中趋于无穷小时,则可被视为单倍型结构。国际人类基因组单倍型计划(HapMap)的目的就是希望绘制出世界各地不同人种(race)基因组的单倍型

组成结构图。人们普遍认为,这些单倍型可能与不同人种的各种表型特征甚至药物敏感性有关。人类基因组单倍型计划寻找的单倍型从本质上看,其实就是连锁不平衡的区段,这些单倍型的产生可能涉及遗传漂变(random genetic drift)和自然选择的压力,它们以不同的等位基因形式保留在因地理隔离而形成的现代人不同群体中。在许多已测序的动植物基因组中发现了大量的连锁不平衡和单倍型结构,而且它们与种内不同生态型密切相关。

生物种系细胞中出现的突变会在群体中成为新的等位基因和单倍型,因此许多基因在整个群体中表现出多态性(polymorphic),有两个或多个等位基因存在,每个等位基因在群体中有自己的分布频率。由于自然选择(natural selection)和遗传漂变,群体中等位基因的频率可能会随时间而变化,不利于生物存活与繁殖的等位基因在群体中可能会逐渐减少,而有利的等位基因频率则会不断上升。中性突变因免受自然选择的压力,而大量保留在延续的群体中。由于出生、死亡以及生殖力等强制性的因素不可避免地导致遗传随机漂变,等位基因的频率也会随群体的消长而不断变化。

研究发现,种群内系统发生的位点不论其变异类型如何,都可能有潜在的利用价值。整个群体中不同等位基因或单倍型都有一定程度的多态性,不同的个体有不同的变异组合。在两个隔离的群体中,变异组合的频率有特征性的差异,由此可为我们提供群体之间亲缘关系的信息。一般将群体中低于5%的等位基因型视为突变,高于5%的等位基因型则视为多态性。

(5)线粒体夏娃——走出非洲假说

有研究认为,哺乳动物线粒体基因组重链DNA的复制起始点位置,有一段非编码的序列称为D环(displacement loop,D loop),是最易发生点突变和积累变异的区段。人类线粒体基因组D环为A-T富集区,长约1 600 bp,且有丰富的SNP,故是非常理想的研究人类不同群体进化关系的DNA序列。Wilson实验室从世界各地收集了不同人群的线粒体DNA样品,通过DNA之间多态性的比较进一步构建了系统进化树,发现现代人的祖先是生活在非洲的15万年前的古人类。再将线粒体分子应用到进化树时,发现所有现代人的线粒体都来自一个祖先的线粒体,它存在于29万～14万年前。因为这个祖先的基因组可能来自非洲,因此就有学者将提供这个线粒体的先祖称为线粒体夏娃(线粒体是母性遗传)。

线粒体夏娃的发现改变了有关现代人起源的看法。与多区域所主张的全世界人类平行进化的观点不同,走出非洲假说主张智人起源于非洲,其成员迁徙进入旧世界,并最终取代了他们所遇到的直立人。

(6)Y染色体追踪——父系的起源

人类Y染色体多态性数据也支持线粒体夏娃的假说。与线粒体DNA一样,Y染色体的非重组区也是典型的单倍型,其中所含有的SNP就可能隐藏着大量有关人类进化的线索。

①Y染色体非重组区在二倍体细胞中不存在同源拷贝，故不发生交换重组事件。

②由于避免了重组事件的干扰，位于Y染色体非重组区的SNP可能集中了曾经发生过的所有变异。

③因SNP突变率较低，就能真实地记录进化事件。

④Y染色体以单倍体的形式存在，其有效群体远小于二倍体形式的常染色体，比较容易产生人群特异性单倍型。

Underhill等于1997年采用变性高效液相层析（DHPLC）的方法，分析了Y染色体上的160个双等位位点（即同一核苷酸位置只有2种不同碱基的等位形式）和1个三等位位点（即同一核苷酸位置含有3种不同碱基的等位形式）SNP构成的116个单倍型，对全球1 062个代表性的个体样本进行检测。并根据在人群中几个重要位点是否存在突变，将116个单倍型分成10组，其中第1组全部为当前的非洲少数民族，由来自苏丹人、埃塞俄比亚人和科伊桑人的样本组成。研究发现，第1组中有3个位点除了一个苏丹人外，所有的非洲人和大多数的非洲男性均携带其衍生的等位位点，表明现代人的Y染色体可追溯到非洲的祖先类型，从而再次证实了“走出非洲”假说。

（7）现代人的迁徙路线——北向还是南进?

虽然根据线粒体DNA和Y染色体多态性的分析已经基本确认，现代人起源于非洲中部的史前人类，但对他们如何走出非洲以及走出非洲后的迁徙路线还存在不少争论。一种观点认为，非洲中部的史前人类经历过多次走出非洲，其中较早的迁徙是在8万到6万年前，先由阿拉伯半岛的南部进入亚洲，并沿印度洋海岸线到达澳大利亚。而较晚的迁徙发生在大约4万到2万年前，越过苏伊士和Levant（地中海东部诸国家和岛屿）北向进入欧洲，再进一步扩散到亚洲大陆，这是主要的迁徙路线。另一种观点认为，史前人类有两次走出非洲。一次发生在12万年前，先由苏伊士和Levant北向进入西奈半岛和以色列，随后因气候和沙漠等隔绝滞留在西奈半岛和以色列，在大约9万年前灭绝。另一次发生在大约8.5万年前，由于冰川期海平面下降，早期的现代人祖先得以跨过红海南端的吉布提海峡而进入也门的亚丁湾海滩，并由此沿印度洋海岸到达马来西亚和印度尼西亚，最后进入澳大利亚。这一支移民随后向北扩散到了整个欧亚大陆，并于2.5万年到2.2万年前穿越白令海峡进入北美洲。Oppenheimer认为，除非洲以外的所有现代人都是8.5万年前由吉布提海峡进入也门的史前人类的后代，这一支幸运的远征群体约有500～2000人，而除非洲人外所有现代人线粒体DNA的单倍型可能都源于这一群体。

上述南进路线的假说，排除了现代人祖先多次走出非洲并在世界各大洲定居的可能。其依据是多方面的，包括分子遗传学、古人类学、古地理学和古气候学的资料。现有的证据似乎也倾向于南进路线，当然也还存在一些不同的看法。

①在埃及东北部（西奈半岛）和以色列发现的距今9万年的人类骨骸，并未在欧亚大陆其他地区找到。从古气候学来看，此时的欧亚大陆气候极度寒冷，周围又有沙漠隔绝，无法迁徙。因此，9万年前北进的一支古人类可能并未进一步向欧亚大陆其他地区扩散。

②在南非的布隆博斯海岸洞穴中发现了12万到9万年前史前人类生活的遗迹，其中既有制作精美的贝壳装饰物及灵巧的石器刮削器，还有用于绘画的颜料。这些先民已经从事海洋捕食，并有文明的萌芽。由此推断，以前有关人类艺术绘画的起源只出现在欧洲(克罗马农人)的观点是不确切的。

③在非洲既存的12个线粒体单倍型(L1a，L1b，L1c，L1d，L1e，L1，L2，L3，L3b，L3e，L3d，L3f)当中，只有一个单倍型L3与非洲之外的线粒体单倍型具有直接的聚类关系。L3单倍型衍生了两个分支，即M和N，说明非洲之外的所有现代人都是M和N的后裔(图5-8)。

④在马来西亚发现了与非洲南部布隆博斯史前人类制作模式相同的石器工具，年代大约在6万年前，表明马来西亚的先民与8万年前走出非洲的现代人祖先应属同一个分支。

⑤欧亚大陆和大洋洲的奠基型单倍群(founder haplogroup)——线粒体M、N和R以及Y染色体C、D——在南亚均存在，但在欧洲现代人群体中只有线粒体DNA单倍群N的一个分支U6以及Y染色体单倍群D的分支H，这是人类沿印度洋海岸南向迁徙的关键性遗传学证据。

⑥古地理学、古地质学和古气象学资料表明，8万到6万年前地球上出现过间断的冰川期，海平面下降了150～300 m，古人类可以通过暴露的陆桥迁徙到南亚的岛屿和陆地。从澳大利亚土著人中，已经检测到6万年前走出非洲的古老的线粒体DNA单倍型。

我们从图5-8中可以发现，欧洲现代人最古老的线粒体单倍型U源自5万年前印度附近的单倍型R，而R又是N的一个分支。如果欧洲的先民来自北非，那么在现存的线粒体DNA中一定能找到直接与L3或L1相关的单倍型，遗憾的是目前还没有这方面的证据。

(8)尼安德特人DNA(Neadestal DNA)

根据走出非洲假说，当现代人祖先于5万年前到达欧洲时就逐渐取代了当地的尼安德特人。走出非洲假说预期，生活在欧洲的尼安德特人和现代人之间没有遗传上的联系。那么有什么方法来检验这一假说呢?古DNA(ancient DNA)可提供答案。多年前人们就已经知道，DNA分子在死去生物的骨骼或其他残骸中能保存几个世纪甚至上千年。当然这些样品十分稀少，骨骼中DNA数量可能只有几个基因组，但对现代科学家来说这并非难题，因为用现代分子生物学PCR方法从极微量的DNA即可扩增到足够的数量供实验分析。

选用的尼安德特人样品的时间大约为10万至3万年前，PCR放大的主要靶标是针对尼安德特人线粒体基因组最大变异的区段。从尼安德特人骨骼以及6个现代人线粒体单倍型样品获得的序列重建的系统发生树来看，尼安德特人的序列定位在与树根相连的独立的一个分支上，不与任何现代人序列连接。尼安德特人与现代人线粒体DNA序列差异，平均为27.2±2.2个核苷酸。而来自世界各地现代人(包括欧洲人)之间的序列差异平均为8.3±3.1个，两者之间的差异很大。这足以证明现代欧洲人并不是尼安德特人的后代，走出非洲的假说应该是正确的。人们将现代人和尼安德特人的DNA进行了对比,想找出他们之间的差异。结果是两者大概相差60万年,即他们分开的时间距今已60万年或更早一些,说明尼安德特人确实是早期迁出非洲的直立人的后代,但是尼安德特人的基因在现代人当中却没有看到。

不同的观点仍然存在,因为初期对尼安德特人的研究仅基于一个样品,这不足以代表整个尼安德特人种的遗传特性。后来,在北高加索和克罗地亚的山洞中发现了更多的尼安德特人遗骨,科学家从中提取了线粒体DNA,并将其与同一时期的人类以及黑猩猩和大猩猩的遗骨线粒体DNA序列进行了比较。研究发现,尼安德特人可分为两个类群:尼安德特人和Vindiia人,但这两个类群均不被认为是现代人的直接祖先。在比较线粒体DNA多样性时,3个不同来源的尼安德特人样品的线粒体多样性3.73%与现代人样品的线粒体多样性3.43%±1.22%相似,而相比之下,黑猩猩的线粒体多样性为14.82%±5.70%,大猩猩的为18.57%±5.26%,之间存在较大差异。尼安德特人线粒体DNA多样性与人类的近似性,表明尼安德特人可能也经历了一个从较小的祖先群体扩张的过程。然而,这些研究结果并不能排除尼安德特人与当时的现代人祖先之间发生过血缘交流的可能性,因为线粒体DNA的变异并不完全代表核基因组的变异。未来,随着细胞核DNA技术的不断发展,或许能够解答这一难题。

(9)现代欧洲人的祖先

许多证据亦已表明,现代欧洲人的祖先是旧石器时代当地的先民以及新石器时代农业出现之后由近东(near east)迁入欧洲的农夫。线粒体DNA的研究证实,旧石器时代当地的先民对现代欧洲人基因库的贡献为80%,而新石器时代的祖先基因的贡献为20%。Semino(2000)采用22个人体Y染色体单倍型标记,分析来自欧洲和中东25个现代人群体的1 007条Y染色体,结果表明,95%的样品可归类于10个分支(图5-9)。

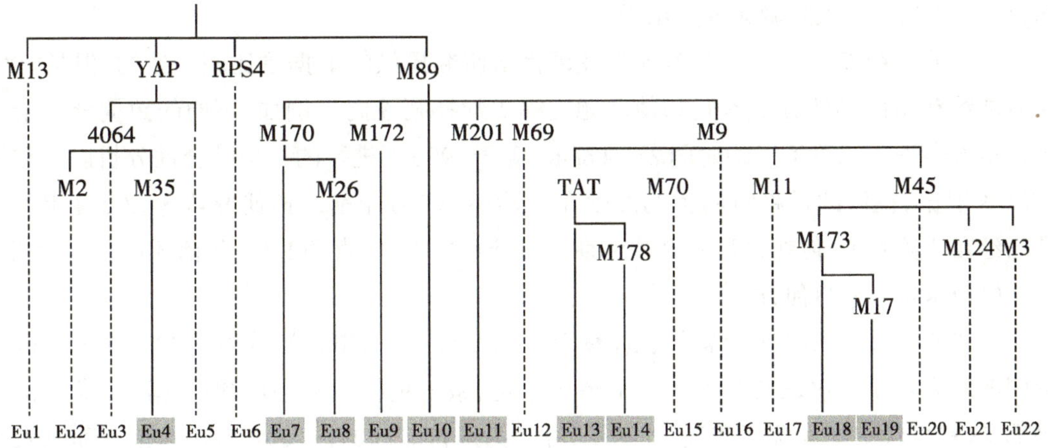

图5-9 现代欧洲人的起源

注:由欧洲人和其他地区人群中发现的22个NRY(nonrecombinating Y chromosome)双等位(binary)标记构建的最大简约性系统发生树。在1 007个被调查的欧洲人Y染色体中有95%以上的来源可追溯到10个古老的父系。

根据起源最古老的一个标记M173的分析，欧洲最早的祖先在4.0万至3.5万年前已经来到当地，随后再由东向西迁移。Y染色体单倍型的分析基本上支持线粒体DNA研究所获得的结论，但也有某些不同。例如，线粒体DNA中U5单倍型来自4.5万年前中东的祖先，而Y染色体单倍型中却缺少这类含义的标记。此外，大多数欧洲人线粒体DNA单倍型可以覆盖60%～70%欧洲人的遗传变异，它们来源于2.5万年前旧石器时代从中东进入欧洲的祖先。但Y染色体单倍型中，相对于这一部分的变异却仅占20%。Y染色体变异中有50%的成分涉及M173标记，它们所代表的基因池(gene pool)主要来自3.0万年前的中亚人，而这部分的变异在线粒体DNA的分析中却仅占7%。根据Y染色体双等位突变分析，所有欧洲人Y染色体来自10个家系，或者说拥有最初的10个父系。根据线粒体DNA聚类分析，4.5万年前到达中东的祖先可能来自6.0万年前印度的现代人祖先。

(10)史前人类何时到达北美洲？

这一问题涉及人类何时首次跨入新世界，即现在的美洲。跨入的方式又如何呢？迄今尚无证据说明直立人到过美洲，因此在现代智人(*Homo sapiens*)尚未完全进化并迁移到亚洲之前，人类未曾踏入美洲。

分子系统发生学为上述研究提供了证据。第一项与此有关的研究完成于20世纪80年代后期，主要采用DNA的限制性片段长度多态性(restriction fragment length polymorphism，RFLP)分析。结果表明，美洲土著人的祖先来自亚洲。因为亚洲与北美之间的白令海峡非常狭窄，当冰河期海平面下降50 m时，人类完全可以通过陆桥从亚洲进入北美洲。从语言学研究来看，美洲的土语可分为3个不同的类群，他们各有不同的语言。从分子数据得到的结果，获得了4种不同的线粒体单倍型，可分为4个不同的祖先群体，这与语言学研究的结果比较相符。1991年得到第一份有关线粒体DNA序列的数据，采用更为严格的分子钟推算人类向北美的迁移时间——大约为1.5万至0.8万年前。考古学的证据也表明，1.5万年前美洲大陆确无人类出现。

较早的系统发生学分析与考古学及语言学研究提供的证据是比较一致的，但从1992年后陆续获得的其他分子资料却使问题变得更加扑朔迷离。例如，不同的数据分析给出了许多人类进入北美不同的时间表。Forster等于1996年进行的一项综合性分析以线粒体DNA为依据，提供的迁移时间大约发生在2.5万～2.0万年前。该研究认为，2.0万年前人类已经在北美立足，但在最后一个冰河期人口却急剧下降，直到1.2万年前才恢复了生机。

(11)东亚人来自何方？

1998年Chu等利用30个常染色体微卫星位点(mirosatellites)，分析了28个东亚人群和中国南北人群中的汉族与少数民族的遗传结构，微卫星标记多态性和进化树聚类分析结果都支持“现代中国人源于非洲”的结论，并认为来自非洲的古人类，经由东南亚而进入中国大陆。近年来人们发现，在人的21号染色体靠近*MX1*(编码干扰素诱导蛋白)基因的区域，有一段565个碱基序列，序列间密集排列着9个单核苷酸多态性位点，该染色体区段没有发现重组和回复突变。又在对包括东亚地区在内的354个样本的研究中，发现非洲的样本具有所有MX1单倍型种类，多态性最高。同时最古老的单倍型(Htl)在非洲群体中也达到最大分布频率，而在包括东亚地区在内的世界其他地区很少分布甚至没有，这一结果与走出非洲的假说也相一致。

为了避免常染色体位点多态性带来的某些不确定性，Jin等于2000年选用位于人类Y染色体上的19个SNP组成的一套Y染色体单倍型，研究包括中国在内的东亚人群的起源和迁徙。该项研究共收集了925份样品，涉及21个中国少数民族，22个汉族个体，另外还包括3个东北亚群体，5个东南亚群体和来自非洲、美洲及大洋洲的12个非亚洲人群体。其研究结果显示，在由H1—H17组成的单倍型多态性分布模式中，H6—H13单倍型仅出现在东亚地区，H1和H2两种单倍型在非洲和非洲以外的群体中存在，代表了走出非洲以前的基因型；H5是区域性特征分布的(H6—H14和H17)祖先单倍型，可能发生在走出非洲之后；H15单倍型为美洲印第安人所特有，H17单倍型属于大洋洲人，而H14在欧洲人中有较高的比例(图5-10)。

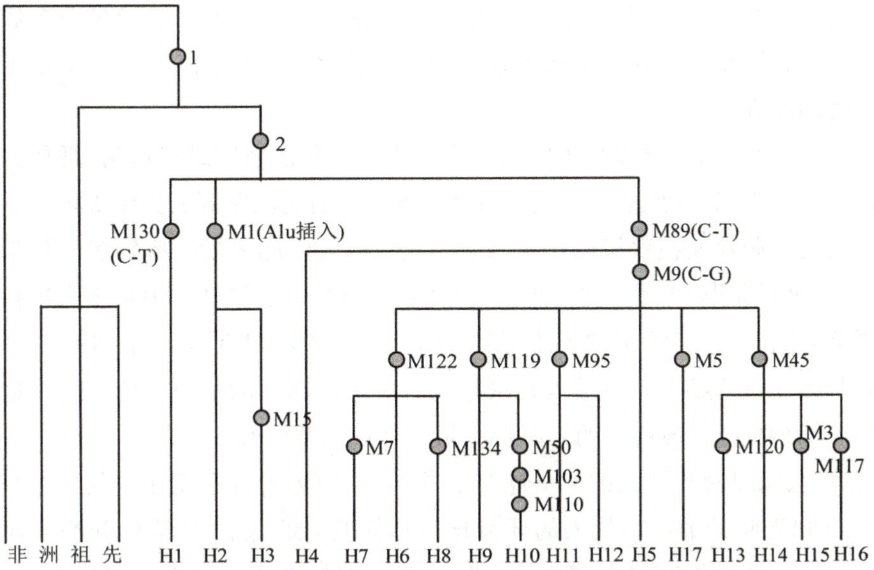

图5-10 东亚人群Y染色体单倍型系统进化树

以上结果说明，东亚人群可能共同拥有一个祖先，而南方人群的多态性高于北方。凡是北方群体的单倍型均可在南方中发现，而南方群体的一些多态性在北方中却缺少。综合基因组考古学的发现，我们大致可以勾画出东亚人起源与迁徙的轮廓，即：在最后一次冰川期消退时，由非洲起源的古人类经中亚到达东南亚，然后再分为两支向外扩散。一支进入中国南方并逐渐向北迁移，直达西伯利亚；另一支向南迁徙，远达太平洋群岛和波利尼西亚(Polynesia)。这一结论获得了地质学和古人类学资料的支持。因为在地球第四纪冰川期即10万～5万年前，东亚大陆出现过大量的物种灭绝事件，冰川期前的古人类也可能在其中，人类化石的断层也正好发生在这一时期。

(12)尚未结束的故事

2001年Alan Thorne等人分析澳大利亚东南部新南威尔士州Mungo湖附近的距今约6万年前的人类遗骸线粒体DNA(Mungo湖人)时发现,它与世界上其他地区被认为是源自非洲的线粒体DNA之间没有联系。这一最新结果表明,澳大利亚出现的早期现代人的起源路线,可能是独立于非洲古人类(线粒体夏娃)的。他们的解释是,起源于非洲的直立人在过去150万年间可能不断地迁徙到非洲以外的地区而形成不同的分支,这些分支再通过混血繁衍,在15万~10万年前分别在非洲、欧洲、东亚和西亚等地进化成为现代人。

最近的考古研究认为,原始人两次走出非洲。直立人可能是在欧亚大陆上(格鲁吉亚)由更原始的德马尼西人演化而来,然后迁移回非洲并最终进化成智人和现代人。即我们遥远的古代祖先离开非洲的时间比以前认为的要早得多,并在欧亚大陆上度过了一段较长的进化期。

又有研究者认为,"走出非洲"的人类祖先中男多于女。美国哈佛大学医学院的科学家凯内领导一个四人小组研究认为,人类在大约6万年前"走出非洲"时,迁徙队伍中男性数量大大超过女性。非洲是人类进化的摇篮。有研究显示,今天散居在各大陆的不同种族都起源于一群数量相对较少的智人,这群智人大约在7万年至5万年前从近东地区进入欧洲和更远的地方。

2011年1月27日,英国和德国的研究人员根据最新的研究结果认为,现代人类可能在10万年前走出非洲,这比此前被认为是在大约6万年前走出非洲的推测提前了很多。

非洲人的发源地又在哪里呢?美国宾夕法尼亚大学的科学家率领多国科学家组成的研究小组,通过对非洲121个人群(非洲共有约2 000个人群)中的3 000多人进行的一项基因分析研究表明,人类起源于纳米比亚和安哥拉沿海边境附近多沙的荒凉地区(今天的桑人居住区),因此认为纳米比亚桑人是最早的人类。非洲人的基因比地球上其他地区的人更具多样性(假说:因为最古老的人群拥有最多样性的基因)。

但据英国《每日邮报》2010年12月27日报道,以色列考古学家在以色列一个洞穴中发现了距今约40万年的数颗现代人的牙齿化石和其他遗址,把现代人的起源年代往前推了15万到20万年,这可能彻底推翻现代人起源于非洲的进化史理论,证明现代人的祖先可能起源于中东地区,这对人类史和考古学都可能产生重大的影响。

由日本等国家的科学家组成的亚洲国际研究小组,对1 900人的基因个体差异进行解析,认为亚洲各民族很可能是在数万年前从印度经泰国附近北上到达中国、韩国和日本,或往东到达印度尼西亚的,即日本人祖先来自印度。

三、基因组与生物多样性

生命进化是一个最有魅力而又最具争议的领域,其中有关生物新特征(novelities)的产生又是争论的焦点。它主要涉及两个方面:①新特征产生的结构基础,即基因组的变异;

②新特征形成的生化基础(或功能基础),即基因表达调控的机制,涉及发育的进化。达尔文在描述生物新特征或新物种的诞生原因时,就认为这是一个长期的微小变异积累的过程。在古生物学研究中,由于物种进化的链条常常出现断层,许多学者据此就对达尔文的渐变论质疑。特别是复杂性状的出现往往依赖大量基因的有机组合,我们就必须回答基因组是如何通过微小变异最后巧合组成诸如眼睛这样的复杂结构的。在突变的随机性与进化的方向性之间仍存在一道尚未明了的鸿沟,一直困扰着几代生物进化学者。当我们在个体水平观测不同生物时,常常为它们的千姿百态而惊叹,但当我们在组织或细胞水平比较不同生物,特别是同一分类阶梯的生物时,就会发现宏观水平所观测到的巨大反差在这里却逐渐减少甚至消失。在细胞或基因水平,人们看到的不再是明显的差别而是太多的相似性。比如在蝴蝶与大象之间,基础代谢的组成几乎雷同。诺贝尔奖获得者Jacob(1977)曾对此提出一种解释,将它比喻为生物的进化主要是原材料的不同组合。Duboule等(1998)则在此基础上进一步归纳为组合转换进化(evolution of "bricolage")。

(一)生物多样性的遗传基础

单细胞与多细胞生物基因组的测序揭示,高等生物中大多数的基因成员均可在低等生物甚至单细胞生物中找到它的同源基因。将大量功能各异的蛋白质结构域(domain)进行分类,发现它们仅由数目有限的种类组成。不同的蛋白质可共享相同的结构域,而结构域的重新组合又可以产生全新功能的蛋白质。现存动物的祖先最早可能出现于5.4亿年前的寒武纪初期,构成动物复杂结构的大多数基本遗传成分在那时就已具备。从基因水平看,多样性产生的机制可能在于以下几个方面:①通过结构域洗牌产生新的基因;②基因重复产生功能类似的基因家族,略有差别的家族成员在不同的生物类型或不同的细胞中仍然执行相似的功能;③多细胞生物中相同的基因产物在不同的发育阶段和场所多次利用;④特定组织细胞可启动不同基因群的表达;⑤生物的复杂性进化在很大程度上依赖于基因生物学功能的扩展,从而提供更多的细胞活性。

基因功能的扩展一方面增加了生物多样性的潜力,另一方面也加剧了基因之间彼此依赖的程度。每个基因都处在复杂的网络调控系统中,因此基因发生可接受的突变范围越来越狭小。其特点是,由于单个基因功能范围的扩大,复杂系统就具有更强的缓冲能力或生物学惯性(inertia)。生物复杂性的增加,给有利突变设置了许多限制,任何一种突变都必须与整个系统协调,以维持功能的平衡。因此复杂系统只接受这类突变,它们可使系统整体地被改变以达到新的平衡,只有这种突变才具有进化的潜力。根据这些分析与推测,Duboule等认为,复杂系统的进化是一步到位的,而不依赖于渐进的微小突变的积累。

(二)生物多样性的分子机制

探讨某种生命现象的内在机制及其形成的过程,属于近因研究。追溯一种生命现象存在的原因及其进化的历史,属于远因探究。只有从近因和远因两个方面入手,才有可能揭示生物多样性的本质。

（1）生物大分子的多样性

生物大分子都是有机分子，以碳元素为骨架。因碳原子是4价原子，可在4个方向共价连接不同的原子和基团，这就为有机分子多样性奠定了化学基础。即使是六碳糖，由于同一位置碳原子连接的原子和基团的差别，就有葡萄糖、果糖、半乳糖和阿拉伯糖等之别。当葡萄糖以α-1，4-糖苷键连接时就产生支链淀粉；如果葡萄糖以β-1，4-糖苷键连接则形成多聚分子，也就是纤维。在纤维分子中葡萄糖单体的第2位碳原子上连接一个乙酰基团，纤维分子就变成了几丁质。同样，蛋白质、DNA、RNA等重要的生命分子都由不同的单体分子连接组成，其排列组合的方式多种多样，从而具有众多的分子类型。

生物多样性的物质基础就是生物大分子具有无穷无尽的多样性，活的生命个体可以将大分子的多样性忠实传递，同时又能不断地修改和产生新的变异，使生物多样性更加丰富多彩。

（2）蛋白质编码序列中简单串联重复序列的扩张与快速的形态变异有关

在人工驯化和选育的动植物中常常会发现许多性状的形态变异非常快，达尔文在关于鸟类的生态型变异中也有这方面的大量描述。有关基因的突变，我们通常都是以百万年来计算蛋白质的进化速率，但家养动植物的变异速率却远远超出人们的想象。Fondon等于2004年对这一现象在基因结构水平进行分析研究时发现，哺乳动物的许多形态快速变异同等位基因简单串联重复序列的频繁扩张与收缩有关。他们选择了92种人工繁育狗的品系，检测了与发育有关的几个基因——*Alx-4*、*Runx-2*、*Twist*和*Dlx-2*的序列组成。结果表明，这些同四肢和骨骼发育相关的等位基因成员中，简单串联重复序列的数量变异是非常丰富的。

（三）基因调控的进化与生物多样性

DNA序列分析表明，几乎所有基因的上游区都有可与多种转录调控因子结合的序列，它们在基因的表达调控中扮演了非常重要的角色。这些序列一般都由保守的序列组成，是构成启动子与增强子的基本元件。在复杂的基因作用网络中，调控元件是基因互作的连接点。有关调控序列在生物新特征形成中所起的作用已经引起人们高度重视，越来越多的人相信，调控机制的进化是生物进化的主要驱动力（Doeble，1998；Tautz，2000）。

（1）增强子的保守性与多样性

亲缘关系较近的物种之间，增强子表现出很强的功能保守性。Mitsialis等（1985）将家蚕卵壳蛋白基因的调控序列与标记基因连接，然后转化到果蝇。经检测这些标记基因只在滤泡细胞（follicle cell）中表达，与果蝇卵壳蛋白基因的表达场所是一致的。一项实验也证实，*pax6/eyeless*基因的调控模式，在果蝇和老鼠这两个亲缘关系极远的物种中也显示出同样的保守性（Xu，1999），这表明尽管果蝇与老鼠的进化路线不相同，但与眼睛形态发生的调控网络仍然相似。有趣的是，与增强子功能保守性相比，增强子元件的序列保守性并不高。例如，果蝇配对基因*eve*在胚胎节段定型期的第2节段表达，在黑腹果蝇*Drosophila* *melanogaster* 和拟暗果蝇 *D.pseudoobscura* 两个种的 *eve* 基因增强子序列有相当的差异，但在增强子功能检测实验中发现，*D.pseudoobscura* 的增强子在 *D.melanogaster* 中启动 *eve* 基因表达的方式却相同（Ludwig，2000）。用上述两个不同增强子的序列组建一个嵌合增强子再转化果蝇，结果发现标记基因的表达模式与对照相比发生了显著改变（图 5-11）。从而证明增强子序列不能简单地互补，它们是作为整体来进化的。

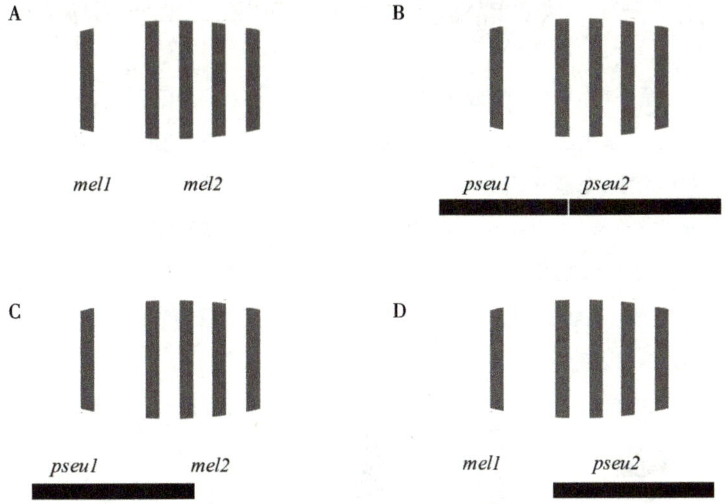

图 5-11　嵌合启动子导致基因表达模式的改变

注：果蝇两个种 *D.melanogaster*（*mel*）和 *D.pseudoobscura*（*pseu*）的成对基因 *eve* 均在胚胎发育体节定形期表达，可形成特征性的蛋白质条纹。灰色条纹表示内源 eve 蛋白质，深色条纹显示内源启动子控制的标记基因 *lacZ* 的表达。*D.melanogaster* 野生型启动子（A）和 *D.pseudoobscura* 野生型启动子（B）表达模式相似。当两个嵌合的启动子分别在 *D.melanogaster* 和 *D.pseudoobscura* 中驱动基因 *eve* 表达时，*pseu1/mel2* 产生的条纹比正常的更宽（C），而 *pseu1/mel2* 的表达模式除使条纹更宽外，并使条纹移后（D）。这一实验表明，两个种的启动子不能简单互补，启动子的更改可造成表型变异。

该项实验对了解生物新特征的进化是很有启发的，说明调控序列的微小差异就可造成宏观表型的改变，可见调控序列在生物的表现及生物的进化上是非常重要的。植物中也有类似的现象，Chen 等（1997）报道，如果将烟草中一个含有调控序列的代谢酶基因插入到同源异型框（homeobox）基因 *Let6* 的上游，就可使 *Let6* 基因过量表达，结果转化的烟草植株长出反常的羽状复叶。另一显著例子是玉米的分枝特性，这是野生玉米特有的表型，由基因 *tb1* 控制，与顶端生长优势有关。经人工选择的栽培玉米失去了分枝特性，就是因为 *tb1* 基因的调控序列发生突变，而编码序列未发生改变（White SE，1999）。

（2）转录因子的进化

决定形态发生与细胞分化的因子是转录调控因子，在确定果蝇的体节分化（图 5-12）和植物的花器官属性（图 5-13）中，同源异型框基因起着关键作用，显然物种的进化与转录因子的进化息息相关。大多数转录因子都参与一个以上基因的调控，因此要确定转录因子调控特性的进化是很困难的。

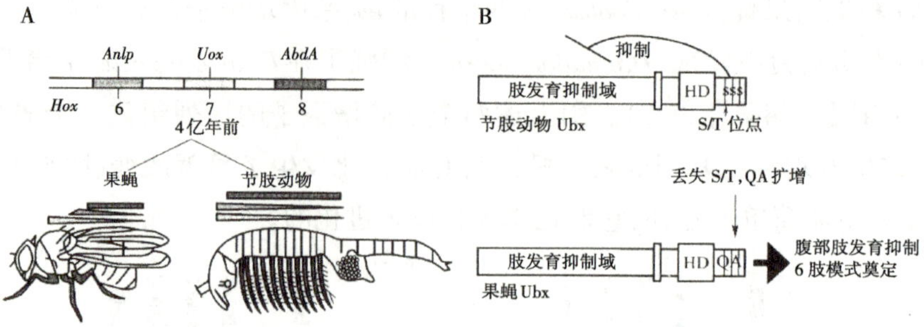

图5-12　果蝇与节肢动物*Hox*基因的功能进化(引自杨金水,2007)

注:A.果蝇与节肢动物的分离发生在约4亿年前,它们之间的躯体规划也各不相同。果蝇(昆虫)的肢体发育为胸节6肢模式,腹部无肢;节肢动物为多肢模式,腹部有肢。B.决定腹部是否有肢与*Ubx*基因有关。节肢动物Ubx蛋白的N端有一个抑制腹部肢发育的结构域。C端有一个影响腹部肢发育抑制域的多肽,含多个S/T磷酸化位点,可抑制腹部肢发育抑制域的功能。果蝇的Ubx蛋白仍然保留着腹部肢发育抑制域,但其C端的S/T位点已丢失,由许多GA氨基酸替换。果蝇Ubx蛋白的进化确定了胸节6肢发育模式。左图果蝇和节肢动物图像上的条带表示同源异型框基因*Antp*、*Ubx*和*AbdA*在体节发育时的表达部位。

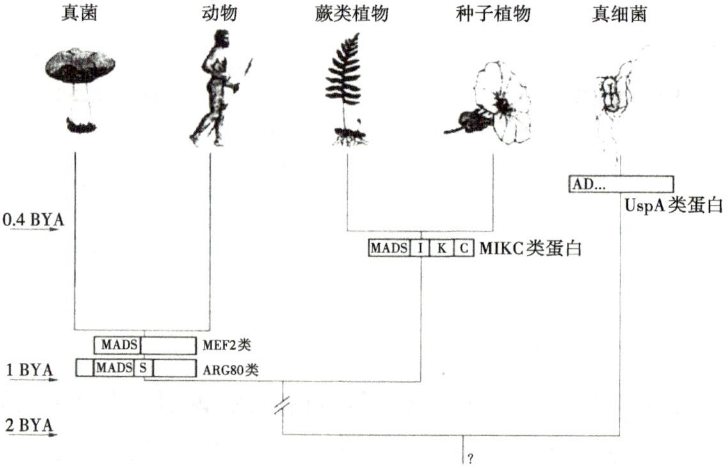

图5-13　生物进化中转录因子MADS框基因的主要分支(引自杨金水,2007)

注:图中显示生物进化的几个主要进化分支系统发生树,时间以十亿年前(billion years ago,BYA)表示,中间分支点列出了3个MADS框基因亚家族,分别为MEF2类蛋白、ARG80类蛋白和MIKC类蛋白。另一个亲缘关系较远的分支为UspA类蛋白,主要出现在真细菌中。MADS、I、K和C表示不同的功能域,其中I、K和C为植物专有。S为SAM结构域,存在于SRF、ARG80和MCM1分支中。AD代表UspA分支中与MADS框类似的结构域。

(3)形态发生与同源异型框基因的进化

在脊索动物中*Hox*基因非常保守,故认为该基因已从昆虫中丢失。但经仔细检查后发现,在果蝇染色体原*Hox*基因所在的位置,有一个已经高度变异的同源异型框基因*zerkniillt*(*zen*),其功能与胚胎外组织有关。在另一种节肢动物蜘蛛中还找到一个特有的*Hox3*基因,其序列与典型的*Hox3*相似而与*zen*不同。这说明*Hox3*基因在阶梯较低的节肢动物中仍保留原有功能,但在向昆虫过渡时却已发生序列与功能的转变。

另一个关于转录因子进化与生物演变关系的例子来自对MADS框基因(一类植物发育转录因子的DNA结构域)系统发生树的分析。MADS框基因是一大类与高等植物花器发育有关的调控基因,具有同源异型框基因的功能。MADS的命名比较复杂,系由4个基因的第1个字母组合而成,即酵母的*MCMI*、拟南芥(*Arabidopsis thaliana*)的*AG*、金鱼草的*DEFA*和动物血清应激因子(*SRF*),它们都编码转录调控蛋白,在结构上具有同源性。MADS框基因的起源可追溯到生物进化的初期,在4亿年前蕨类植物与种子植物分开之后,MADS框基因在高等植物中的进化非常迅速,特别在植物专一性的IKC功能域。MADS框基因控制花器官的发育,该器官是植物多样性较为丰富的部位之一。MADS框基因的进化说明,形态发生转录因子的变异在塑造生物新特征中起着非常重要的作用。

(4)种属专一性转录因子的进化

物种的进化伴随着转录因子的扩张,这种扩张在物种之间具有明显的特征:

①转录因子在不同物种中扩张的比例有很大差异,总体上看植物中转录因子家族的扩张比例高于动物,可能与植物面对的环境变化压力远高于动物有关,促使大量转录因子家族迅速扩张。

②不同的转录因子表现出种属专一性的扩张。图5-14中列出了5个转录因子家族,即C端双组分响应调控因子(C terminal the bipartite response regulator)、Zn_2 / Cys_6 DNA结合蛋白(Zn_2 / Cys_6 DNA-binding protein)、类糖皮质激素受体蛋白(glucocorticoid receptor like protein)、C_2H_2和C_2HC锌指蛋白(C_2H_2 and C_2HC zinc finger protein)以及类SRF蛋白家族。它们在大肠杆菌、酵母、线虫、人类和拟南芥中具有种属专一性的分布或扩张。如锌指蛋白基因家族在人类基因中有1 033个成员,类SRF基因家族与MADS框基因具有同源性,它们在植物基因组中的成员数远远高于动物。

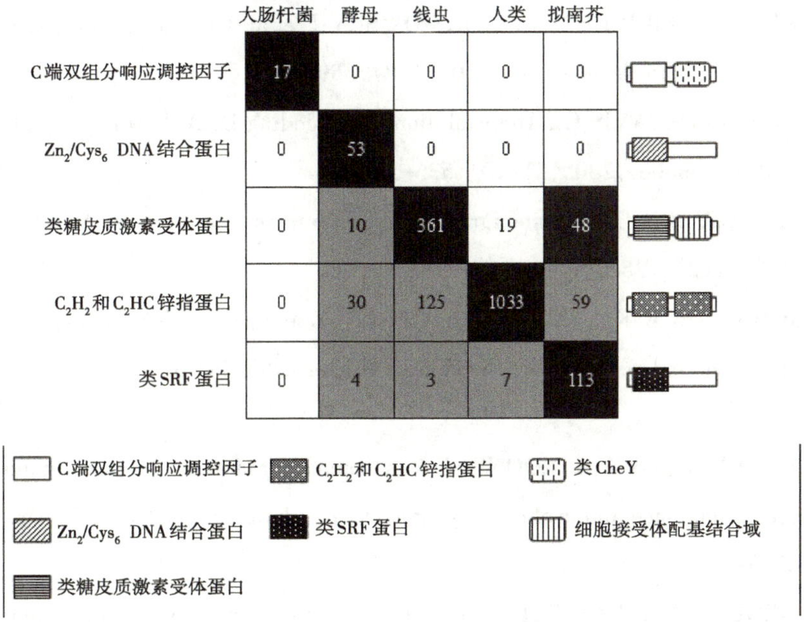

图5-14　几种生物中代表性转录因子家族的分布状况

科学家在恐龙化石中发现了蛋白质，这是一种8 000万年前的胶原蛋白。美国考古人员意外地从加拿大短冠龙化石的软组织和血管中分离出了原始氨基酸。通过比较蛋白质氨基酸序列，从生物学角度（分子进化学）证实了恐龙与鸟类之间的关系，即它们与鸡和鸵鸟一样同属鸟类。

思考题

1. 简述基因组进化的分子基础。
2. 简述基因组的起源。
3. 基因组主要通过哪些方式增加基因数目？
4. 简述产生新基因的方式。
5. 简述非编码序列的功能。
6. 简述生物多样性的分子机制。
7. 简述分子系统学的概念。
8. SNP在基因组中的分布有何特点？
9. 哪些证据说明现代人起源于非洲古人类？

参考文献

[1]杨金水.基因组学.2版.北京：高等教育出版社，2007.

[2]宋方洲.基因组学.北京：军事医学科学出版社，2011

[3]ALEXANDER R P, FANG G, ROZOWSKY J, et al.Annotating non-coding regions of the genome.Nature reviews genetics, 2010, 11(8):559-571.

[4]CASTILLO-DAVIS C I.The evolution of noncoding DNA: how much junk, how much func? Trends in genetics, 2005, 21(10):533-536.

[5]JIN L, SU B.Natives or immigrants: modern human origin in east Asia.Nature reviews genetics, 2000, 1(2):126-133.

[6]JOHNSTON W K, UNRAU P J, LAWRENCE M S, et al.RNA-catalyzed RNA polymerization: accurate and general RNA-templated primer extension.Science, 2001, 292(5520): 1319-1325.

[7]KONDRASHOV F A, KOONIN E V.A common framework for understanding the origin of genetic dominance and evolutionary fates of gene duplications.Trends in genetics, 2004, 20(7):287-290.

[8]ORGEL L E, CRICK F H.Anticipating an RNA world some past speculations on the

origin of life: where are they today? The FASEB Journal, 1993, 7(1): 238-239.

[9] ORGEL L E. Prebiotic chemistry and the origin of the RNA world. Critical reviews in biochemistry and molecular biology, 2004, 39(2): 99-123.

[10] PRESGRAVES D C. Evolutionary genomics: new genes for new jobs. Current Biology, 2005, 15(2): R52-R53.

[11] STRINGER C. Modern human origins: progress and prospects. Philosophical transactions of the royal society B: biological sciences, 2002, 357(1420): 563-579.

[12] The International HapMap Consortium. A haplotype map of the human genome. Nature, 2005, 437(7063): 1299-1320.

[13] ZHOU Q, WANG W. On the origin and evolution of new genes—a genomic and experimental perspective. Journal of genetics and genomics, 2008, 35(11): 639-648.

（唐永曜　宋方洲　白　鑫　冉　娅）

第六章　重组DNA技术及其应用

各种生物体均可通过调控基因的特异性表达来完成其生命活动，即基因是生物体实现自身全部生命活动的“蓝本”。这种定向改造生物的技术就是基因工程技术，重组DNA技术是其核心内容。

进入分子医学时代后，在医学研究工作和疾病的预防、诊断及治疗中，常需要大量的特定基因拷贝和表达产物。聚合酶链反应、重组DNA技术和人工合成等可以帮助我们实现特定基因的大量扩增，而特定基因的蛋白或多肽产物的高效获取目前只能通过重组DNA技术实现。

本章将重点介绍重组DNA技术的定义、步骤及在医学领域的运用。

第一节　重组DNA技术

一、重组DNA技术概述

（一）重组DNA技术相关概念

（1）克隆（clone）：来自同一祖先的相同副本或拷贝的集合。

（2）DNA克隆：是指应用酶学的方法，在体外将各种来源的遗传物质（同源的或异源的、原核的或真核的、天然的或人工合成的DNA）与载体DNA结合成具有自我复制能力的DNA分子——复制子，继而通过转化或转染宿主细胞，筛选出含有目的基因的转化子细胞，再进行提取和扩增，获得大量同一DNA分子。

（3）克隆化（cloning）：通过无性繁殖获取大量相同复制品或拷贝的过程，其产物包括完全相同的基因、基因型以及完全相同的细胞和生物个体。

（4）重组DNA技术（recombinant DNA technology）：实现分子克隆所采用的方法及相关的工作统称为重组DNA技术或重组DNA工艺，又称基因工程。采用类似于工程建设的方式，按照预先设计的蓝图，将一种或多种生物体（供体）的基因与载体在体外进行拼接重组，构建成杂种DNA分子，然后转入另一种生物体（受体）内，以改变受体原有的遗传特性并表达出新的性状，获得新品种，从而生产新产品，或是研究基因的结构和功能。重组DNA技术是遗传工程中最常用的一种技术，其本质是利用载体系统对有机体的遗传组成实施人工修饰或改造(见图6-1)。该技术可把一个基因转移到与之毫无关系的受体细胞中，并使之表达，意味着可任意改变生物的遗传特性或创造出生物的新性状。它的特点是在分子水平上操作，细胞水平上表达。

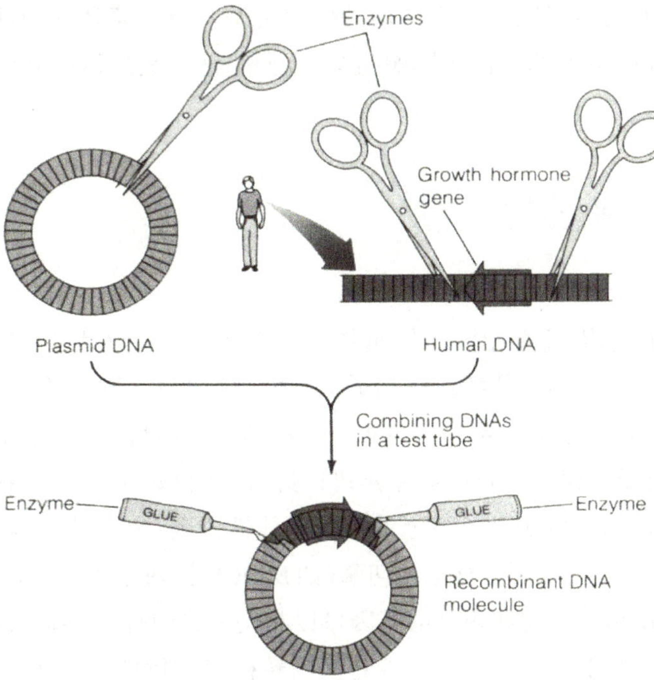

图6-1　重组DNA技术示意图

(5)重组DNA分子：不同来源的DNA分子以共价键(3′,5′-磷酸二酯键)连接形成的杂合DNA分子。一般是指外源DNA分子与载体分子结合所形成的杂合分子。

(二)重组DNA技术的开拓者

首先提出该技术构想的是斯坦福大学生物化学系的一个研究生Peter Lobban，而Paul Berg是第一次实现不同来源DNA分子重组的科学家。

1972年，美国斯坦福大学的化学家Paul Berg及其同事用*Eco*R I切割SV40的DNA和λ phage的DNA后将它们连接，从而获得了世界上第一个重组DNA分子。但是，该工作只是在化学水平上实现了基因的重组，他们没有继续证明该重组的DNA分子是否具有生物学意义上的可遗传性和可增殖性。Paul Berg的工作拉开了重组DNA技术的序幕，为此，他于1980年获得了诺贝尔化学奖。

1973年，斯坦福大学的Stanley Cohen和加州大学旧金山分校的Herbert Boyer等首次将重组质粒成功转入大肠杆菌，使体外构建的细菌质粒能够在细胞中进行表达，从而完善了Paul Berg开创的重组DNA技术。

(三)重组DNA技术的意义

重组DNA技术的问世促进了现代生物技术的产生(之前的生物技术被称为“传统的生物技术”),以及许多高技术产业在生命科学领域的产生。它有助于深入研究基因的结构和功能,为获得大量的目的基因拷贝、重组蛋白药物和疫苗等提供了可能。重组技术的诞生,标志着自然界不同物种间在亿万年中形成的天然屏障被打破,人们可以根据自己的意愿定向改造生物的遗传特性,甚至创造新的生命类型。有专家认为,基因工程对生物、医药和农业等领域都产生了革命性的影响,它对人们生活影响的深度和广度早已超出人们的想象。

二、重组DNA技术的理论基础

(一)基因的特点

(1)不同来源的基因具有相同的物质基础。地球上的一切生物,无论高等或低等生物,其基因都是具有遗传功能的特定DNA片段,由不同数目和顺序的A、T、G、C组合形成。因此,原则上,所有生物的DNA都是可以重组互换的。有些病毒的基因定位在RNA上,但这些RNA可以通过反转录产生cDNA,依然可以进行不同基因的重组互换。

(2)基因可被切割。位于染色体上的基因呈线性排列,大多数基因之间存在着间隔,少数呈重叠排列。可以用限制性核酸内切酶(如*Eco*R Ⅰ等)对基因进行切割。

(3)基因可以转移。生物体内有的基因可以在同一染色体上移动,也可在不同的染色体间跳跃,还可插入到靶DNA分子中。通过基因转移、基因间的重组得以实现。

(4)基因与氨基酸之间存在对应关系,并且遗传密码在各种生物之间通用。一系列的三联密码子编码各自对应的氨基酸,这是生命的语言,并在所有生物中通用。每种多肽有与之对应的基因。例如,正常HbA有四条多肽链,包括两条α链和两条β链。Vernon Ingram证明,镰刀型细胞贫血病中,HbA中β链第六位氨基酸由谷氨酸变为缬氨酸,其根源是编码该氨基酸的密码子中的A变成了T,这是基因与氨基酸之间存在直接对应关系的第一个证据。因此,基因是否转移或重组也可以根据其表达产物多肽的性质来检测和判断。

(5)基因可以通过复制把遗传信息传递给下一代。一般来说,重组分子中的插入基因(即目的基因或外源基因)是能传代的,因此可以获得相对稳定的转基因生物。

(二)基因剪接的理论基础

(1)20世纪50年代,Crick和Watson两位科学家对DNA晶体的X射线衍射图进行综合分析,最终提出“DNA双螺旋结构模型”。随后,DNA的半保留复制和半不连续复制机理也被阐明。上述研究结果为基因工程技术的问世奠定了良好的理论基础。

(2)中心法则和操纵子学说的提出及遗传密码的成功破译阐明了信息的流向和表达问题。DNA是遗传信息的载体,它如何传递遗传信息,遗传信息又如何控制生物表型?以

Nireberg等为代表的科学家通过艰苦卓绝的工作，最后确定了遗传信息以密码方式传递，每三个核苷酸组成一个密码子，代表一个氨基酸。直到1966年，64个密码子被全部破译，遗传信息传递的"中心法则"诞生。法国科学家Monod和Jacob于1961年发表题为《蛋白质合成中的遗传调节机制》的文章，其中提出"操纵子学说"。他们开创了关于基因表达调控的研究，并因此于1965年荣获诺贝尔生理学或医学奖。

上述工作，为重组DNA技术的诞生提供了理论基础。

（三）基因剪切、连接和重组的技术准备

（1）限制性内切酶和DNA连接酶的发现和使用。DNA连接酶于1967年在多个实验室被同时发现。1970年，Smith和Wilcox在流感嗜血杆菌中分离纯化了*Hind* Ⅱ，为基因重组、基因操作等分子生物学技术奠定了最为有力和主要的技术基础。

（2）外源基因的运载者即载体（vector）的应用。有了切割与缝合DNA分子的工具，还需要一个载体，以便将重组DNA分子运送到犹如生产车间的宿主细胞（host cell，也称受体细胞）中去。否则，将无法实现特定基因的高效扩增或特定基因产物的高效制备。Lederberg等从1946年开始研究细菌性因子，即F因子。20世纪五六十年代相继发现R因子（抗药性因子）、COE（大肠杆菌因子）等质粒。直到1973年，Cohen等才将质粒作为基因工程载体使用，这是基因工程的第二个技术准备。

（3）逆转录酶的发现。Baltimore和Temin等同时于1970年发现逆转录酶，打破并完善了遗传学的中心法则，使真核基因的制备成为可能。

有了上述理论和技术的准备，再加上Berg和Chen两位科学"助产士"的努力，分子生物学最核心的技术——重组DNA技术于20世纪70年代初诞生了，从此分子生物学迎来了飞速发展的春天。

第二节　重组DNA技术的基本步骤

简单说来，重组DNA技术的基本步骤分为以下六步：

（1）分（离）/合（成）：通过分离或合成的方法，制备外源DNA（目的基因、目的DNA片段）。

（2）切：用限制性内切酶分别酶切目的DNA分子和载体DNA分子。

（3）接：用DNA连接酶催化酶切后的目的基因和载体之间的连接，以形成重组的DNA分子。

（4）转：将连接产生的重组DNA分子转移到宿主细胞，并随之一同增殖，建立无性繁殖系。

（5）筛：从大量的细胞繁殖体中，筛选出含有重组分子的受体细胞克隆，即含有重组子的阳性菌落。

（6）鉴：从重组子阳性菌落中提取目的基因，进一步鉴定其序列的正确性。

一、目的基因的获取

目的基因是准备要分离、改造、扩增或表达的基因，也就是研究或应用所需要的基因。例如：基因工程的主要目的是使优良性状相关的基因聚集在同一生物体中，创造出具有高度应用价值的新物种。为此必须从现有生物群中，根据需要分离出用于克隆的此类基因。该步骤是重组DNA技术的第一步，也是十分困难的一步。

其获取的方法较多，根据人们对目的基因序列的了解程度，可采用不同的策略。目前主要有以下两类：

①已知基因的获取：PCR扩增法和化学合成法等。

②未知基因的获取：直接分离法和基因文库分离法等。

（一）通过PCR法获取

如果知道目的基因的全部序列或两端的序列，则可通过合成一对与之互补的引物有效扩增出所需的目的基因。模板既可以是基因组DNA，也可以是该基因的mRNA，还可以是已克隆到某一载体上的该基因片段。一般而言，利用常规的PCR获得的片段在1 kb以内，该法是实际工作中常用的方法。与直接分离法相比，采用PCR分离目的基因既省时又省力，但其前提是至少要已知DNA片段两端长约20 bp的序列，以便设计出特异引物。其不足是可能会因为错配导致目的基因序列的改变（第35轮复制后的错误概率达0.25%）。所以，重组过程完成后，要经过测序验证其序列的正确性。

（二）化学合成法

1957年，美籍印度学者科拉纳（H. G. Khorana）完成了DNA的体外人工合成；1970年他首次合成了酵母丙氨酸tRNA基因；1976年他又合成了大肠杆菌酪氨酸tRNA基因。化学合成法主要适用于已知核苷酸序列的、分子量较小的目的基因的制备。全自动合成仪化学合成DNA时采用的是效率极高的固相亚磷酸三酯法。化学合成法准确性高，合成速度快，但造价高，所以很少用来合成大片段基因。

（三）直接分离法

包括限制性内切酶法、随机片段化法和物理化学法。

（1）限制性内切酶法：用限制性内切酶把基因组DNA切成不同大小的片段。该法适合于从简单的基因组中分离目的基因，如质粒或病毒的基因组只有几千个碱基，最多不超过几十万个，编码基因少，相对而言较容易获取。

①对序列已知的基因，只需要用特定的限制性内切酶进行一次或几次切割，通过分离纯化就可得到所需要的DNA片段。

②对已知定位的目的基因，则只要根据目的基因两侧的已知的限制性内切酶的识别位点，选用相应的内切酶，一次酶切即可获得。

③即使目的基因的DNA分子序列未知，甚至未定位，也可通过酶切后构建其基因文库，从中再调取出所需目的基因。

（2）随机片段化法

①用限制性内切酶进行不完全酶切。通过控制内切酶的用量和消化时间，使基因组中相应的酶切位点只有一部分被随机切开，从而产生大小不一的片段。

②用物理方法机械切割。例如用超声波处理DNA，可使其断裂成约300 bp的随机片段；通过高速地搅拌，如1 500 r/min搅拌30 min，可得到约8 kb的随机片段。

（3）物理化学法：基本原理是DNA分子的两条链存在着G≡C、A＝T碱基配对，其中GC间存在3个氢键、AT间存在2个氢键，如果不同基因之间的碱基组成差异较大，其理化性质，如浮力密度和解链温度等也明显不同，采用相应的方法即可从生物基因组中分离出目的基因。

①通过密度梯度离心获取：由于富含碱基GC的双链DNA片段浮力密度较大，利用精密的密度梯度超速离心技术可使切割成适当片段的不同DNA按密度大小分离开。然后通过与带标记的分子（探针）进行杂交，从而分离出相应的基因。非洲爪蟾5S DNA和海胆组蛋白基因就是通过该方法分离得到的。

②通过单链酶解法获取：DNA分子中若某基因片段GC碱基含量高，则其热稳定性高，即其解链温度（T_m）就高。据此，可以通过控制解链温度使富A＝T区变性解链，而富G≡C区的DNA片段不解链。海胆rDNA分子内GC含量可高达63%，通过热变性和S1酶解处理能得到提纯50倍的rDNA。

③通过分子杂交法获取：单链DNA与其互补的序列总有“配对成双”的倾向，这是分子杂交的原理。1969年，美国哈佛大学Beckwith等应用DNA-DNA分子杂交方法分离获得了β-半乳糖苷酶的基因。

（四）从各种基因文库中筛选目的基因

（1）基因组文库（genomic DNA library；gene library）：是指某一生物类型全部基因的集合。这种集合是以重组体形式出现的。某生物DNA片段群体中的每个DNA片段（个体）分别与载体分子重组，重组子再转化宿主细胞，转化细胞在选择培养基上生长出的单个菌落（或噬菌斑）即为一个DNA片段的克隆。全部DNA片段克隆的集合体即为该生物的基因组文库。构建基因组文库的意义是使生物的遗传信息以稳定的重组体形式贮存起来，它是分离和克隆目的基因的主要途径，是复杂基因组作图的重要依据。

（2）cDNA文库（cDNA library）：利用某种生物的总mRNA逆转录合成cDNA，再将这些

cDNA分别与载体连接,转入细菌细胞中进行保存和扩增。它是含全部表达基因的集合体,特征如下:

①具有时空特异性。

②无真核基因的间隔序列和调控区(因其信息来源是mRNA),比如内含子。

③可以在细菌中直接表达。

④包含了当时全部表达的蛋白质的编码基因。

⑤小于基因组文库,易于构建和应用。

(3)从文库中筛选目的基因的方法:核酸杂交筛选法、PCR筛选法等。

所用的特异探针和引物的设计依据:该基因的部分序列、蛋白质产物的氨基酸序列、与该基因紧密连锁的一些分子标记等。

二、目的基因和载体的限制性酶切

(一)限制性核酸内切酶

(1)定义:是一类由细菌产生,能够识别双链DNA分子中特定核苷酸序列,并在该处水解磷酸二酯键、切割DNA双链结构的核苷酸内切酶。它是重组DNA技术中重要的工具酶。

(2)分类

Ⅰ型酶:这类酶有特异的识别位点,但无特异的切割位点,并且切割是随机的,因此酶切后不产生特异性DNA片段。Ⅲ型酶:这类酶有特异的识别位点,但是其切割点在识别序列以外24~26 bp处,切割后也不产生特异性DNA片段。因此,Ⅰ和Ⅲ型酶在重组DNA技术中几乎没有应用价值。Ⅱ型酶:1970年从流感嗜血Rd株中分离出来的一种多肽,分子质量较小(10^5 Da),以同源二聚体的形式存在;反应只需Mg^{2+}的存在,具有特异的识别和切割位点(通常是一段回文序列),并且切割位点也在该序列中,从而能产生特异性的DNA片段。这一特性使它成为基因操作时的重要工具酶,所以目前说的"限制酶"其实就是指Ⅱ型限制酶。

(3)Ⅱ型限制酶识别及切割位点

①回文序列:限制酶所识别的序列,无论由几个碱基组成,都可以找到一条中心轴线,其两侧的双链DNA上的碱基是反向对称重复排列的。DNA序列中含有的两条结构相同、方向相反的序列,或者说其碱基序列是正读和反读的意义相同的序列,称为回文序列,也称为反向重复序列。

例如:…GTT AAC…

　　　…CAA TTG…

②酶的特性:识别的靶序列与DNA的来源无关;特异识别、切割4~8 bp长的回文序列;酶切产物的5′端是P,3′端是OH;切割方式可分为平切和错位切。平切是指在两条链

的相同部位切割，产物末端是平齐的，成平端或钝端（blunt end），两条链上的断裂位置处在回文序列的对称轴上（见图6-2）。错位切是在两条链的不同部位切割，中间相隔几个核苷酸，产生5′-黏性末端（单链凸起末端在5′端）或3′-黏性末端（单链凸起末端在3′端）。

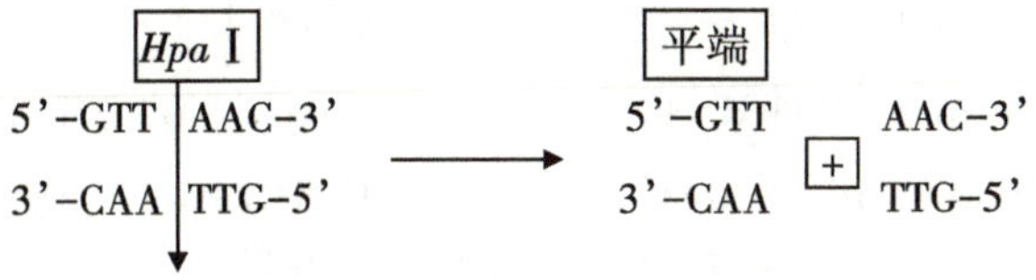

图6-2　平切产生平末端的示意图

③黏性末端（sticky end，cohesive end）：指双链DNA分子经限制性内切酶特异的错位切割后产生的单链凸起末端结构，包括5′或3′黏性末端（见图6-3）。黏性是指它与任何来源的、具有匹配序列的单链末端可以按碱基配对原则结合为双链的性能。

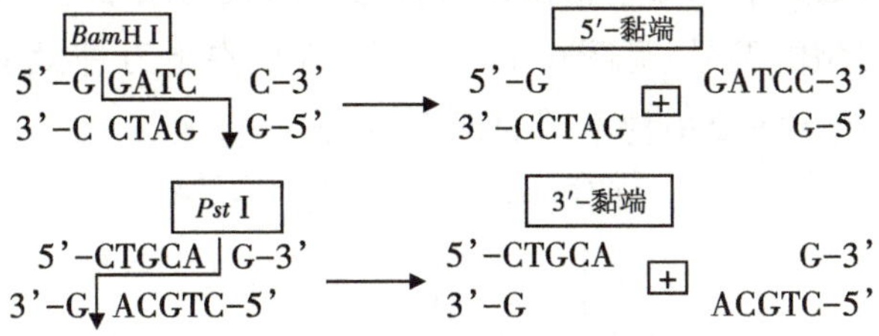

图6-3　错位切产生5′和3′黏性末端的示意图

（4）其他特殊性质的Ⅱ型限制酶

①同裂酶：指来源不同但识别序列相同的酶。它们切割DNA的位点和方式可以相同，也可不同。

a. 同识同切（又叫异源同工酶）：来源不同、识别序列相同、产生的末端相同（见图6-4）。

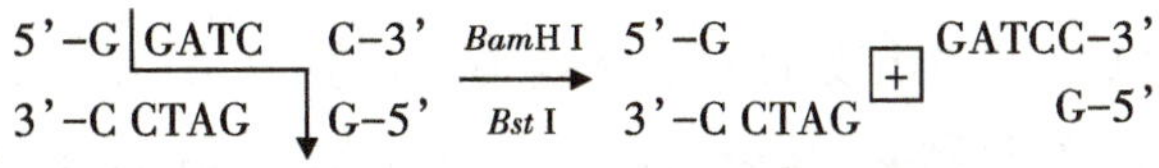

图6-4　异源同工酶的同识同切示意图

b. 同识异切：来源不同、识别序列相同、切割位点和方式不同、产生不同末端（见图6-5）。

图6-5　异源同工酶的同识异切示意图

②同尾酶：指来源不同，但识别和切割序列有一定的相关性，并且切割后产生相同末端的一类酶。同尾酶的存在使酶切时的选择余地更大（见图6-6）。

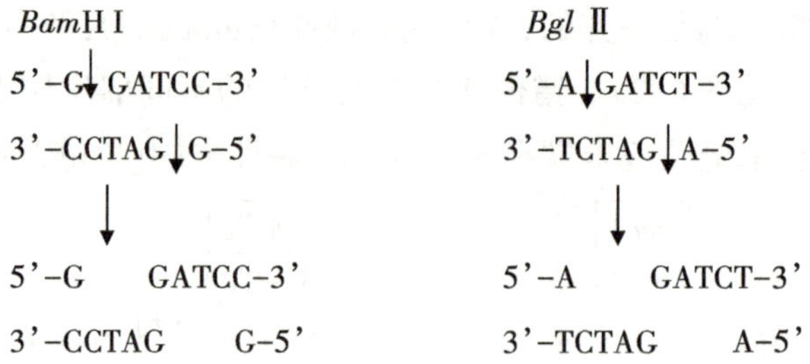

图6-6　同尾酶酶切示意图

(5)限制性核酸内切酶的命名原则

1973年制定的限制性核酸内切酶的命名原则如下。第1个字母是其来源微生物属名的首字母,以斜体、大写表示。第2、3个字母是其来源微生物种名的前2个字母,以斜体、小写表示。其他字母是其来源微生物菌株号,以正体、大写或小写表示。罗马数字表示在该菌株中发现的限制酶的编号(见图6-7)。至今,人们在上万种微生物中筛选限制酶,已发现3 000多种,它们大约有230种不同的识别序列。

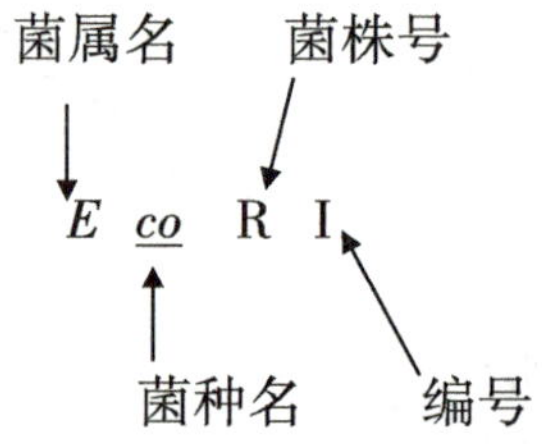

图6-7　限制性内切酶命名原则示意图

注:*Eco*R I是自大肠杆菌*Escherichia coli*的RY13菌株分离得到的第一个限制酶。

(6)限制酶的切割频率

指预测的某限制性内切酶在特定目的DNA分子中的酶切位点数。一般情况下,识别序列越长,在同一DNA分子中出现的频率就越小。计算方法:$1/4^n$(n表示限制性酶识别的碱基数)。如:识别4 bp的限制酶,其切割频率应为$1/4^4=1/256$,即每256个碱基中有一个识别序列和切点;识别6 bp的酶的切割频率为$1/4^6=1/4\ 096$。如果是一段约8 400 bp的分子,其中识别序列为6 bp的内切酶的酶切位点数可能是2个;而识别序列为4 bp的内切酶的识别位点数可能是32个。

(二)目的基因的转运工具——载体

(1)载体定义

载体是一种在相应宿主细胞中能够自主复制的、由DNA分子构成的遗传成分,又叫复制子。它能够携带外源DNA片段(目的基因)进入指定的受体细胞,并在其中复制、扩增、转录或表达。载体的功能有:运送外源基因高效进入受体细胞;为外源基因提供复制能力或整合能力;为外源基因的扩增或表达提供必要条件。

(2)载体的基本特性

①能独立复制,拷贝数高,以保证扩增效率。②具备多克隆位点(multiple cloning site, MCS),以便在不影响载体本身的前提下插入外源基因。MCS是一段含有多种限制酶的单一切点的DNA序列,有利于外源基因插入该区。③有选择性遗传标记(抗药基因等),以便筛选。④具有较高的装载外源DNA的能力(足够的容量)。⑤与受体细胞有亲缘性(可转移性),易于进出细胞。⑥对受体细胞无害。⑦使用安全(对使用者和环境)。⑧表达型载体还应具备与受体细胞相适应的启动子、前导序列、增强子等调控元件。

(3)载体种类

按功能或目的产物分为:①克隆载体,其目的产物是目的基因的大量拷贝。②转录载体,其目的产物是目的基因的大量RNA。③表达载体,其目的产物是大量目的基因编码的蛋白质。除具有克隆载体的基本元件,还要具有转录和翻译所必需的DNA调控序列(见图6-8)。

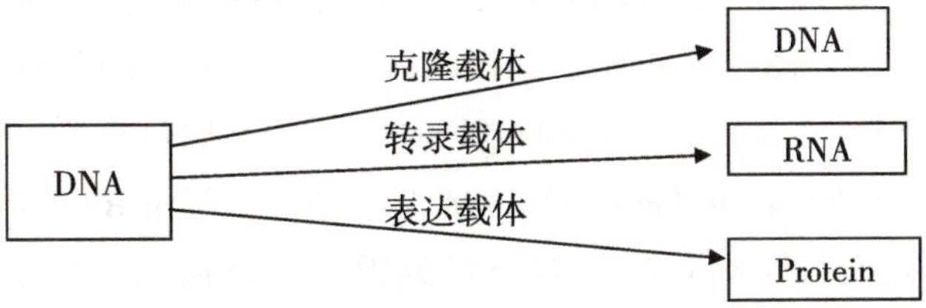

图6-8　按目的产物分类的载体

按受体细胞类型分为:①原核载体,以原核细胞(主要是大肠杆菌)为受体细胞的载体。②真核载体,以真核细胞(酵母细胞、哺乳动物细胞等)为受体细胞的载体。③穿梭载体(shuttle vector),能够在原核和真核细胞中存在和复制,因而可以运载目的基因穿梭往返于两种细胞之间。它之所以能够如此"自由穿梭"于两类宿主细胞,是因为同时含原核生物和真核生物的复制子。

按载体本身的特性分为:原核载体,如质粒(plasmid)、λ噬菌体(bacteriophage λ)、黏性质粒、黏粒(cosmid)和M13噬菌体(phage M13)等;真核载体,如酵母人工染色体(yeast artificial chromosome, YAC)和病毒载体(viral vector)等。

按克隆片段大小(克隆能力)分为:

①<1 kb------------------M13噬菌体。

②<10 kb------------------质粒。

③<22 kb------------------λ噬菌体。

④<50 kb------------------黏粒。

⑤0.1~0.4 Mb-------------细菌人工染色体(bacterial artificial chromosome, BAC)。

⑥0.5~2.0 Mb-------------酵母人工染色体。

(4)常用的载体举例

质粒:存在于细菌染色体外且能自主复制的小分子、双链、环状DNA(见图6-9)。最广泛应用的质粒是pBR322、pUC系列等。

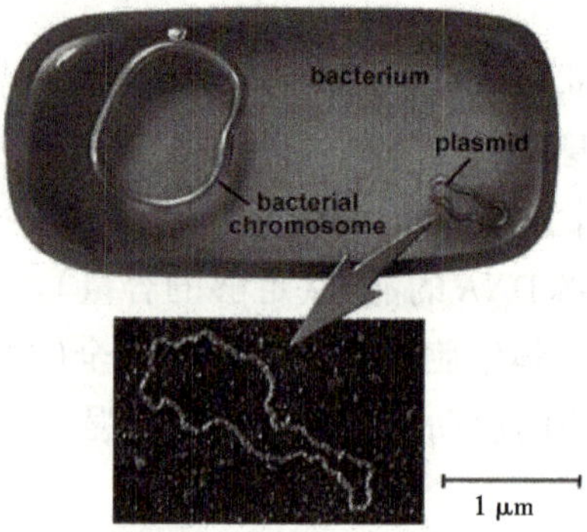

图6-9 细菌中的质粒示意图

pBR322质粒(见图6-10)的特点是:①自身分子量小(4.36 kb),利于自身DNA纯化,可容纳较大的外源DNA片段,并且转化率高。但为避免在DNA纯化过程中发生链的断裂,克隆载体长度最好不超过10 kb。②两种抗菌素抗性基因均可作为选择标记,一种是抗氨苄青霉素标记(Amp^r),一种是抗四环素标记(Tet^r)。Amp^r和Tet^r基因内各存在一些限制酶的酶切位点,可供外源基因插入。当外源基因插入抗药基因位点后,相应抗生素抗性便消失,细胞便对该抗生素敏感,即Amp^r→Amp^s或Tet^r→Tet^s。③pBR322质粒载体本身具有较高拷贝数(50~100拷贝/细胞),扩增时经过氯霉素处理后,每个细胞中可积累1 000~3 000个拷贝,为重组DNA分子的高效制备提供极大便利。机理是氯霉素可阻止蛋白质合成,使质粒能够更有效地利用原料,复制出更多拷贝。④用于目的基因的克隆。⑤受体细胞包括JM107、JM109、HB101、LE392等。

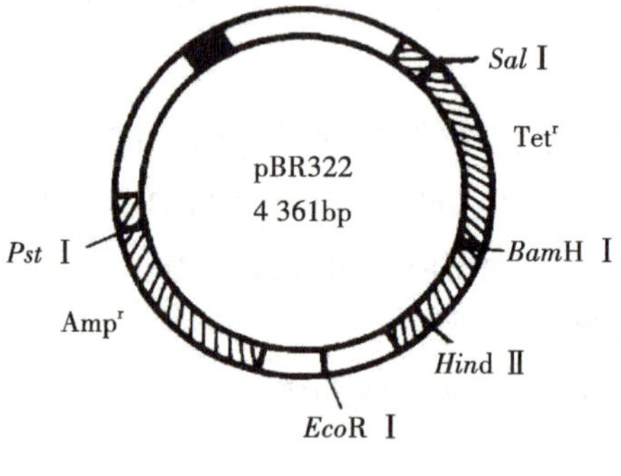

图6-10 pBR322质粒结构示意图

pUC系列质粒(见图6-11)是由pBR322和M13噬菌体构建而成的双链质粒载体。其结构特征如下:①全长2.69 kp,拷贝数2 000~3 000个/细胞。②有Amp^r。③有MCS,便于克隆、测序等。④引入*LacZ*操纵子的DNA片段作为选择标记,因此筛选时可通过观察菌落颜色(白色或蓝色,故名蓝-白斑筛选)判断哪些是含重组分子的菌落。⑤用于基因克隆和测序。⑥其受体细胞包括JM101、JM105、JM107、JM109等。

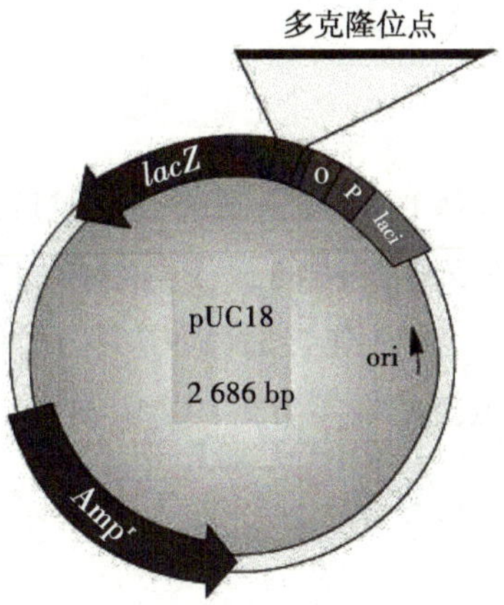

图6-11　pUC系列质粒中pUC18结构示意图

(5)其他常用载体

①λ噬菌体:可插入5～23 kb的外源DNA。

②黏粒:克隆极限达45 kb,多用于克隆大片段和构建基因组文库。

③M13单链噬菌体载体:可插入300～400 bp的外源DNA,可从细菌培养液中大量抽取单链DNA,可用来作为DNA测序的模板,也可用来产生单链的DNA探针。

④穿梭质粒载体:如大肠杆菌-酿酒酵母穿梭质粒载体。

⑤体外转录的质粒载体:pGEM-3Z/4Z,其产物是RNA。

⑥可接受更大外源DNA片段的克隆载体:细菌人工染色体(约300 kb容量)、酵母人工染色体(0.2～2.0 Mb容量)等。

(三)目的DNA和载体的酶切

(1)选择限制酶时要考虑的关键因素:

①重组后,对转录和翻译过程中的碱基密码阅读无干扰,不导致移码突变。

②酶切后的载体与目的DNA之间的连接效率高。

③连接形成的“接点”序列应该能被特定的限制酶重新切割,以便插入的外源DNA片段的回收。

(2)酶的应用:多数酶的反应条件相似。

(3)多酶联合应用时:

①对盐浓度要求相同的酶,可以同时酶切。

②对盐浓度要求不同的酶,则可以有如下选择:选用较贵的酶的盐浓度,加大便宜酶的用量,同时酶切;低盐酶先切,然后加大盐浓度,高盐酶再切;一种酶先切,更换缓冲液,另外的酶再切。

(4)1 U的内切酶活性:在最佳反应条件下反应1个小时,完全水解1 μg的标准DNA所需的酶量。

三、目的DNA与载体DNA的连接

（一）定义

指连接目的DNA和线性载体DNA成为新的杂合或重组DNA分子（重组子）并把它们封闭起来的过程。其实质是在双链DNA的5′-P与相邻的3′-OH之间形成新的共价键，即3′,5′-磷酸二酯键。本步骤是由DNA连接酶（DNA ligase）催化的体外反应过程，是重组技术的核心步骤，而连接酶是重组技术必不可少的工具酶。

（二）重组技术中的DNA连接酶

（1）DNA连接酶的作用

催化两个DNA片段末端的3′-OH与5′-P形成磷酸二酯键，从而使两段DNA连接成一条杂合的DNA长链。包括：①把两个双链DNA片段连接起来。②修补带有缺口的双链DNA分子。

DNA连接酶与细胞内的能源分子形成复合物，将5′-P末端送到3′-OH末端上，促使两者之间形成磷酸二酯键，实现两个DNA分子的连接。生物体内的烟酰胺腺嘌呤二核苷酸（NAD^+）和腺苷三磷酸（ATP）这两种化合物带有生物能量，是细胞内的主要能源分子。磷酸二酯键是一种稳定的共价结合键，因此DNA的这种连接方式属于共价连接。羟基和磷酸基结合形成磷酸二酯键是一种吸收能量的反应，需要能源分子NAD^+或者ATP提供能量。

（2）连接酶分类

①大肠杆菌DNA连接酶：是染色体基因组中的*lig*基因编码的产物，已经克隆并在*Escherichia*中大量表达；用NAD^+分子作为能源辅助因子，催化黏端连接的效率高，而催化平端连接的效率极低。

②大肠杆菌T4 DNA连接酶：是一种单链多肽酶，由大肠杆菌T4噬菌体*DNA30*基因编码。该基因已经克隆并在大肠杆菌中大量表达，应用广泛。用ATP作为能源辅助因子，催化效率高，既可催化黏端的连接，也可催化平端的连接，但对黏端催化活性要大于平端（所用酶量之比为1∶100）。

（三）连接方式

（1）匹配的黏性末端DNA片段的连接：具有黏性末端的DNA分子可以形成一种暂时的非共价结合，再在连接酶的作用下，很容易形成共价结合键（磷酸二酯键）。

①全匹配黏性末端的直接连接（单酶切，插入式）。全匹配黏性末端的来源：多数是用同一种限制酶切割的结果；用识别相同靶序列的不同限制酶（异源同工酶）切割；用识别不同靶序列但可产生一致的黏性末端的限制酶（同尾酶）酶切。在退火连接时，序列完全匹配的黏性末端能够互补结合，并在DNA连接酶作用下，实现目的基因与载体的重组。

全匹配黏端连接的优点：全匹配，连接效率高，易重组；同时，重组分子上保留了原限制酶的切点，故有利于酶切鉴定和质粒扩增后目的基因的回收。全匹配黏端连接的不足：目的DNA和载体DNA都可以自身环化，尤其后者，因而减少了目的DNA插入机会；同时，还存在双向插入和多拷贝插入的问题，增加了筛选难度。

克服不足的对策：建立连接体系时，将目的DNA与载体的摩尔比控制在2∶1至3∶1，可有效减少多拷贝插入。载体去磷酸化连接前，将载体DNA用碱性磷酸酶进行去磷酸化处理，使其5′-P变成5′-OH，因此其自身的5′端和3′端无法形成磷酸二酯键，故可有效避免自身环化；而带5′-P的外源DNA分子则可有效地与去磷酸化的载体分子连接，产生带2个缺口的开环重组分子，在转入宿主细胞后的扩增过程中，这2个缺口自动修复。因为外源DNA分子的末端是全匹配的，所以正向插入、反向插入都能够与载体连接上，但是反向插入后的编码序列则与正向插入的大相径庭。解决办法是用双酶切，实现定向克隆，即让目的DNA分子只能按照设计的唯一方向插入载体。

②定向克隆（双酶切，置换式）：使目的DNA按既定方向插入载体的克隆方案。最常用的方法就是双酶切法，即在载体和目的片段的两端产生不同的黏性末端，或一端为平端，另一端为黏端。因此，当再连接时，它们将按唯一的方向进行重组，连接成新的DNA分子，此即"定向克隆"。该方法克服了插入式连接的缺点，包括限制了载体的自身环化，提高了重组效率；实现了定向插入，减少了后续的工作量。

（2）不匹配黏端的连接

当目的基因与载体之间没有合适的限制酶位点时，只能用不同的限制酶酶切，所产生片段的末端序列之间不匹配，因此不能直接连接。对策：将末端变成平端，再连接。不匹配黏端变平端的方法如下：

①5′-黏性末端：可以采用补齐或削平的方法（见图6-12）。可用Klenow酶的5′-3′聚合酶活性补齐或用S1核酸酶切平。S1核酸酶是单链核酸内切酶，降解单链DNA的速度是降解双链的75 000倍，是降解单链RNA的7倍。

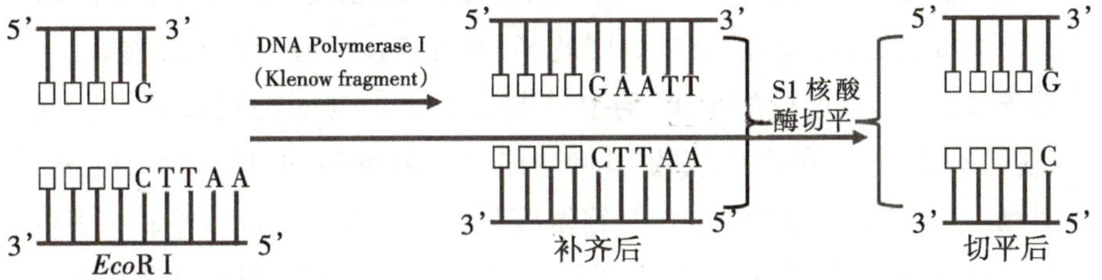

图6-12　5′-黏端的补齐和削平示意图

②3′-黏性末端：变成平端的方法只能是削平，即用T4 DNA聚合酶的3′→5′核酸外切酶活性切平（见图6-13）。不能补齐，因为DNA聚合酶催化的DNA合成是有方向性的。

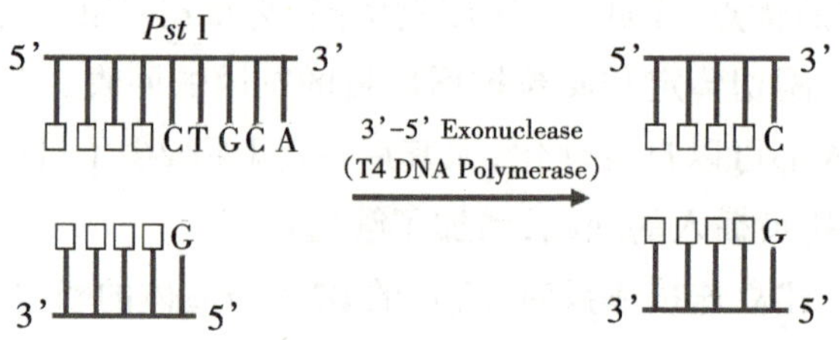

图6-13　3′-黏端的削平示意图

(3)平端连接：

①平端的来源及产生方法：少数限制酶，如*Hae* Ⅱ平切DNA双链产生平端；机械剪切DNA产生平端；逆转录生成的cDNA是平端；不匹配黏端补齐或削平为平端。

②平端连接的基本方法：用T4 DNA连接酶直接连接(见图6-14)。

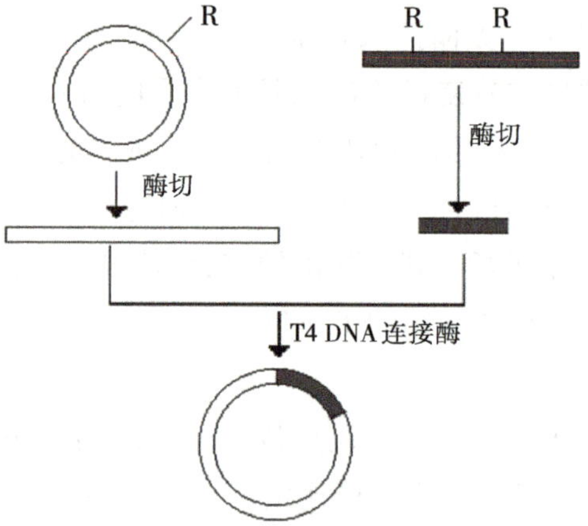

图6-14　平端之间的直接连接

③平端连接的特点：因为平末端相互之间没有可以自然配对的碱基，所以即使随机碰到一起也会很快分开，不像具有黏性末端的DNA分子那样可以形成一种暂时的结合，以便共价键的形成。从分子动力学角度看，两个匹配黏端之间的连接犹如分子内的连接，而两个平端之间的连接就是分子间的连接。因此，后者的连接反应速度要慢很多。

④平端连接的不足：连接效率低，存在多拷贝插入。应对的对策是：加大连接酶底物的量；加大连接酶的量(为黏端连接的10倍)；加10%凝聚剂(如PEG等)，促进大分子之间的有效作用；加入单价阳离子(如NaCl)，终浓度为150～200 mmol/L；控制两者的摩尔比。

⑤平端连接的新方法：平端连接效率低，但是具有普适性，即能够适用于任何DNA片段间的连接，是非常有用的克隆策略。下面列出几种新的可用于提高平端连接效率的策略。

a.同聚物加尾法：先将平端变为互补黏端，再连接(见图6-15)。即用末端转移酶催化一种dNTP添加到DNA的3′-端，人工形成互补的多聚核苷酸黏性末端。如：在目的基因的3′-端加上多聚G，载体DNA的3′-端加poly C，退火时即可按碱基互补配对原则相结合，从而实现两个分子间的高效连接，poly A与poly T互补。但是，该法连接后，其接头处不能用原来的限制酶来特异性切割，所以不便回收插入片段。

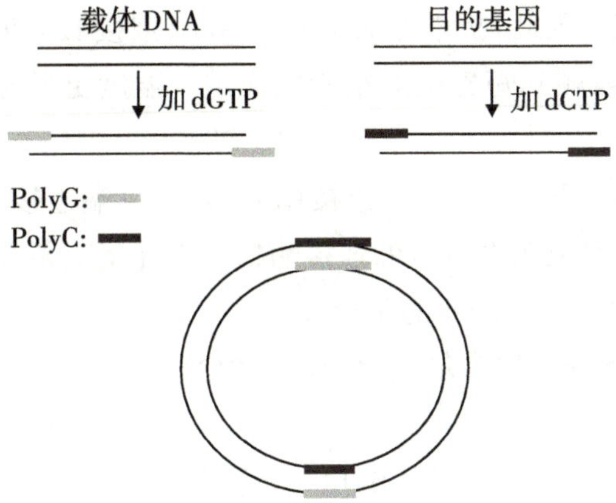

图6-15　同聚物加尾法示意图

b. 连接子法：在目的基因两端加上含限制酶识别位点的一段序列即连接子，使之在酶切后能形成与酶切后的载体末端相匹配的黏性末端。

连接子：人工合成的10～12 bp的双链寡核苷酸片段，平端，内含一个或多个限制酶识别位点。使用时，先将之引入目的基因两端，再酶切产生黏性末端，最后与载体分子的相匹配的黏性末端连接。

双连接子：在目的基因两端引入带不同酶切位点的连接子，酶切后产生不匹配黏端，从而实现定向克隆和防自身环化，同时也有利于插入的目的片段的回收（见图6-16）。

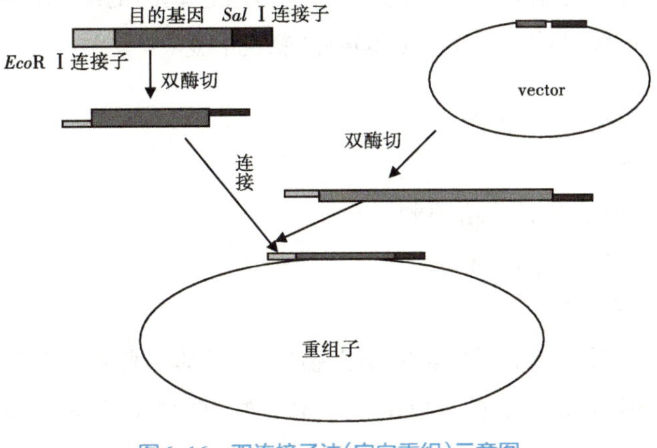

图6-16　双连接子法（定向重组）示意图

c. adaptor（普适子，套头，适应子，衔接体）是人工合成的，至少一端为黏性末端的、短的双链DNA分子。这个末端是某一种限制酶酶切后产生的黏性末端，并以此黏端与载体分子的相应的黏性末端相连接，而与目的基因连接的一端则可以是平端，也可以是黏端。

与linker的不同之处：①它与目的基因连接后、与载体连接前不需要酶切，即直接可与具有匹配黏端的载体相连。②被改造的目的基因末端除是平端外，还可以是黏端。

(四)连接的条件

(1)连接反应的温度和时间:在37℃下有利于连接酶的活性,但是在这个温度下,黏性末端的氢键结合不稳定。因此,折中办法是12~16℃,连接12~16 h,这样既可最大限度地发挥连接酶的活性,又兼顾到短暂配对结构的稳定。温度更低时,时间应该延长。如4℃下,需要连接24~48 h。

(2)连接酶的浓度:一般而言,平端连接用1~2 U,黏端连接用0.1 U,即可达到最佳转化效率。实际应用时参照说明书,1 U的连接酶指在最佳反应条件下,15℃反应1 h,完全连接1 μg λ DNA(*Hind* Ⅲ片段)所需要的酶量。

(3)插入片段与载体分子的摩尔比为:2∶1至3∶1。

四、重组DNA分子导入受体细胞

(一)导入目的

(1)基因扩增:重组DNA分子(rDNA)导入宿主细胞,利用宿主的生理条件,随着载体(如质粒)一起扩增,以获得大量rDNA拷贝。

(2)基因表达:利用宿主的生理条件,生产基因表达产物。

(二)受体细胞

接受rDNA的细胞,称受体细胞或宿主细胞,包括:

(1)原核细胞:既可复制和扩增目的基因,也可表达基因的编码产物。

(2)真核细胞:一般只用于目的基因编码产物的表达。

(三)受体细胞的基本特性

(1)易接纳rDNA。

(2)对载体复制和扩增无严格限制。

(3)不降解、不修饰外源DNA分子。

(4)符合生物安全标准。

重组DNA技术中最常用的受体细胞是大肠杆菌,其遗传背景清楚、生长迅速、培养简单、重组子稳定,适用于外源DNA的扩增和克隆、原核生物基因的高效表达、基因文库的构建等。

(四)导入方法

(1)相关概念

转化(transformation):rDNA导入原核细胞的过程,即感受态的大肠杆菌细胞捕获并表达质粒载体DNA分子的过程。

转染(transfection):rDNA导入真核细胞的过程,有时也指感受态的大肠杆菌细胞捕获和表达噬菌体DNA分子的生命过程。

感染(infection):以病毒为载体,通过病毒颗粒感染受体细胞,从而把外源DNA转移到受体细胞的过程。

感受态细胞(competent cell):用特殊方法处理后,具备良好的接受外源DNA分子能力的受体细胞。

(2)转化规律

①载体分子越小,转化率越高。

②环状DNA分子比线性分子转化率高1 000倍。

③制备的新鲜感受态细胞易转化成功。

(3)氯化钙转化法

氯化钙转化法是最经典、应用最广泛的一种转化方法。原理:在0℃、二价阳离子的低渗溶液中,细菌膨胀成球形,处于感受态;在42℃的热冲击下外源遗传物质进入细胞。在培养基上生长数小时后,球形细胞恢复原状并繁殖(见图6-17)。经过转化获得外源遗传物质的细胞称为转化子。该方法的转化率为10^5 ~ 10^6转化子每微克DNA。常用的大肠杆菌菌株为DH5α、DH10B等。

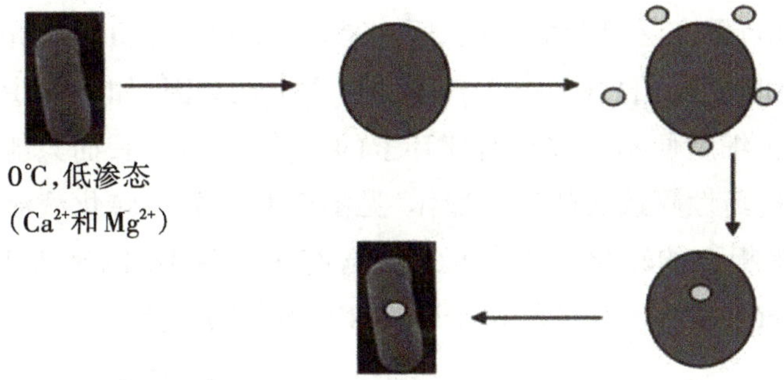

图6-17 氯化钙转化法示意图

(4)电穿孔法

设备:电穿孔仪。

原理:细胞膜随着外加电场电压的升高被压缩变薄,当膜电压升到一定数值时,膜可被击穿,形成微孔,外源基因便由此而进入细胞质。切断电场后,被电击形成的膜上的微孔可自行复原。

操作参数:电压为300 ~ 600 V;维持时间为20 ~ 100 ms;冰上操作。

优点:转化率高达10^8 ~ 10^9转化子每微克DNA;原核和真核细胞均可转化。

不足:如果电压过大,会导致不可逆的膜损伤,即膜上的微孔不能自行修复,从而导致细胞成活率降低。

(五)重组体导入真核细胞的方法

$CaCl_2$转化、电击法(基因枪)、磷酸钙-DNA共沉淀法、DEAE-葡聚糖介导转染、阳离子脂质体法、病毒感染(如腺病毒)、显微注射法。

五、重组DNA分子的筛选与鉴定

(一)筛选与鉴定的目的

(1)重组率和转化率不可能达到理想极限。

(2)凡是有载体成分转入的细胞都获得了相应的抗生素抗性,因此都可以在平板上生长出菌落,其中就包括了转入空载体(没有目的基因的转化子)的菌落或目的基因反向插入(不能正确表达的转化子)的杂合分子的菌落,也包括了转入正确目的基因的重组分子的菌落。因此,需要鉴定。

(3)如果是通过PCR方法制备的插入片段,还需要鉴定序列的正确性。

因此,重组体的筛选和鉴定乃重组DNA技术的重要步骤。

(二)筛选和鉴定方法

包括插入失活筛选、蓝-白斑筛选、限制酶切图谱筛选、原位杂交技术、免疫学方法、PCR筛选重组体和核苷酸序列测定等。

(1)插入失活筛选(抗生素抗性基因插入失活法)

该方法是最早、最广泛使用的方法,原理是插入缺失。pBR322质粒上就带有Amp^r和Tet^r。在体外重组时,把目的基因插入其中的一个抗性基因(如Tet^r)中,使它失活,这样的重组子转化的宿主细胞便不能在含有四环素的培养基上存活,而只能在含氨苄青霉素的培养基上生存。抗药性筛选法的基本操作(见图6-18):先将转化液涂布到含有Amp的平板上,再将Amp平板上的转化子影印至同时含有Amp和Tet的平板上,在Amp平板上生长,但在Amp和Tet平板上不长的转化子即为含重组子的菌落。

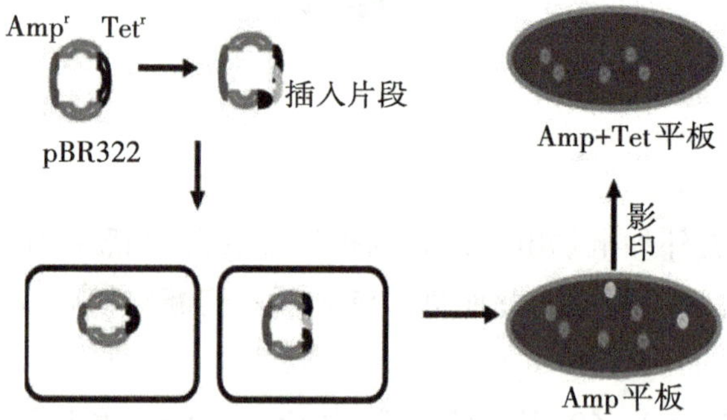

图6-18　抗生素抗性基因插入失活法

(2)α-互补筛选(蓝-白斑筛选)

原理:载体(如pUC、pGEM系列载体等)带有一个来自大肠杆菌DNA的短序列,其中含有编码β-半乳糖苷酶(β-galactosidase)基因(*LacZ*基因)的调控序列(Lac启动子,Plac)和N端146个氨基酸(也称α-多肽)的编码序列。在编码序列中插入了一个多克隆位点,但不破坏阅读框架,不影响其功能。其中的Plac可以启动*LacZ*基因的转录和表达,但处于抑制状态,而异丙基硫代β-半乳糖苷(IPTG)能够去抑制。当这种载体转入含有β-半乳糖苷酶

C端编码序列的宿主细胞，如受体菌JM103时，此酶的N端序列和C端序列可以互补，称为α-互补，产生具有酶活性的蛋白质，即β-半乳糖苷酶，后者可以使其底物X-gal分解成蓝色的5-溴-4-氯-3-吲哚-β-D-半乳糖苷，因此菌落呈现蓝色。当多克隆位点中有外源DNA片段插入时将破坏此酶的N端阅读框架，该基因便不能正常表达，不能与受体菌实现α-互补作用。因此，含重组子，即带有外源DNA片段的细菌在含有IPTG/X-gal的培养基上呈白色（见图6-19）。

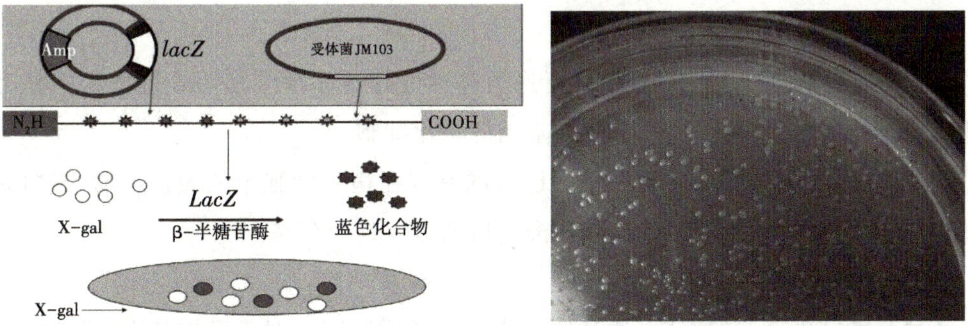

图6-19　蓝-白斑筛选原理示意图和筛选结果图

（3）限制性酶切图谱法

本法包括单酶单切点法和双酶切法。前者是比较酶切片段大小，没有插入片段的空载体小于重组分子；后者是既要看酶切片段数目，也要看酶切片段的大小（见图6-20）。

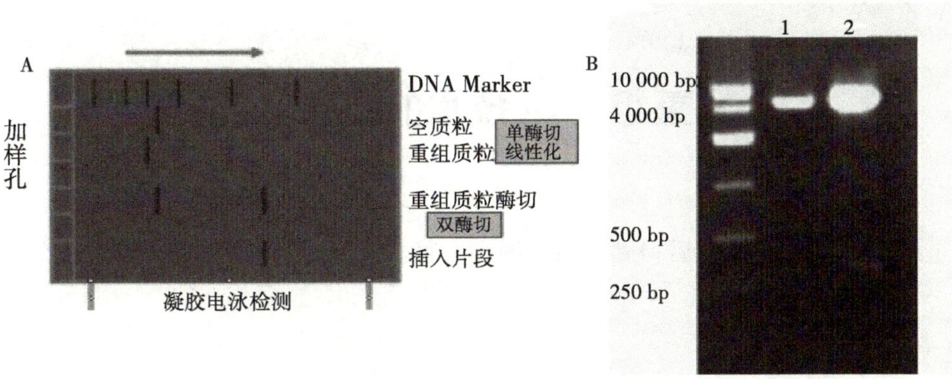

图6-20　限制性酶切图谱鉴定

注：A.示意图，B.重组质粒双酶切图（1.空载体。2.重组分子：双酶切后的两个片段，一个大小与载体分子相同，另外一个大小与插入片段相同）

（4）核酸杂交法

原理：利用标记（如^{32}P）的DNA或RNA探针与转化细胞的DNA进行核酸杂交，根据同源DNA配对的原理，筛选含有目的基因的重组子。该方法的关键步骤是探针的制备，探针长度一般在100～1 000 bp之间。标记物：放射性同位素、生物素等。方法：Southern blot或菌落原位杂交。

(5)PCR筛选

①抽提少量质粒DNA并作为模板进行PCR扩增,再电泳鉴定或序列分析是否有目的基因的存在。

②菌落PCR(colony PCR):直接以菌体热解后暴露的DNA为模板进行PCR扩增,省时省力。建议使用针对载体序列的通用引物,PCR产物大小是载体通用引物之间的插入片段大小。

(6)免疫反应筛选

此方法不能直接筛选目的基因,而是通过标记的抗体检测基因表达产物中是否有目的基因编码的蛋白,以此筛选含有目的基因的转化细胞。

原理:抗原–抗体反应的特异性。以目的基因在宿主细胞中的表达产物(蛋白质或多肽)作为抗原,与相应的抗体反应,以此推断目的基因是否存在。

(7)核苷酸序列测定

经过上述方法筛选的克隆,通过这一步进行最后鉴定。对于已知基因,可以明确本次克隆是否准确无误,尤其当插入片段来自PCR时;对于未知基因,可明确其结构,以推测其功能。

第三节 重组DNA技术的发展

重组DNA技术自问世后得到不断发展和完善。以下是几个应用例子。

一、提高连接速度

NEB公司生产的快速连接试剂盒,其T4连接酶浓度高达2 000 U/μL,是其他同类产品的400倍。因此连接效率大幅提升,由原来的过夜连接,无论黏端还是平端的连接时间均缩短到5 min。

二、T-A克隆

T-A克隆是用于直接克隆PCR产物的简便方法。其原理是经*Taq* DNA聚合酶扩增后的PCR产物不依赖模板,而在两端各加上1个A。pGEM-T质粒经*Eco*R V酶切成平端后,在开口端加上一个T,变成T载体。T载体与带A末端的PCR产物连接,避免了自身环化的发生。另外，由于T-A互补，又提高了T载体与PCR产物之间的连接效率。由于T-A克隆只需纯化PCR产物，因而操作较为简便，已经广泛应用，并已经有商品化的载体，如pGEM-T。

三、TOPO克隆

TOPO克隆是不需要单独的DNA连接酶就可以将PCR产物重组或克隆到特异载体的分子生物学技术。其关键在于DNA拓扑异构酶I(DNA topoisomerase I)的应用。它既具有限制性内切酶的功能，又具有DNA连接酶的活性，所以不需要加单独的DNA连接酶。其中，牛痘病毒的DNA拓扑异构酶I(vaccinia virus topoisomerase I)特异地识别序列5′-(C/T)CCTT-3′。

TOPO载体具有如下特点：(1)已被DNA拓扑异构酶I线性化。(2)两个线性末端都携带5′-(C/T)CCTT-3′序列。(3)每个3′-T的磷酸上都共价结合着牛痘病毒的拓扑异构酶I。当它与插入片段混合后，载体与匹配的插入片段的末端能够迅速进行T-A互补配对，并由拓扑异构酶I催化连接，整个反应十分迅速，室温下5 min即可完成。

(一)TOPO的TA克隆方法

原理：与TA克隆的区别是该法使用DNA拓扑异构酶I，而TA克隆使用T4连接酶把PCR片段连接到T载体上。

TOPO TA克隆试剂盒包括以下成分：

(1)Topoisomerase I载体：已经被线性化，并在每个3′-T的P基团上连接了牛痘病毒的拓扑异构酶I，以确保载体与插入片段的互补末端迅速连接，整个反应只需5 min，一般的T4 DNA连接酶则需过夜连接。

(2)感受态细胞。

(3)SOC培养基等。

(二)TOPO平端克隆方法

通过*Pfu*、*Vent*等DNA聚合酶催化获得的PCR产物是平端，它重组和转化的效率低，筛选难度大。

TOPO平端克隆法：通过改良载体，把*ccdB*(control of cell death B)基因并入到MCS中。当无DNA片段插入时，载体自身环化，*ccdB*基因表达的蛋白产物可破坏细菌DNA促旋酶，致细菌染色体降解、细菌死亡。如果有插入片段，则*ccdB*基因表达受到阻碍，细菌可生长。此方法可使非特异性菌落明显减少，从而节省筛选时间。该法与TOPO TA方法一样，操作简单快速。

(三)定向克隆法

TA克隆简单快速,但无法定出方向,重组子中正反方向的连接约各占一半,进行基因表达必须筛选出正确的插入方向。定向克隆技术(D-TOPO)可让克隆载体的一端为平端,另外一端为GTGG,同时在正向引物的5′端添加CACC。这样通过碱基互补,就确定了PCR产物插入载体的方向,克隆效率也在90%以上了。

第四节 重组DNA技术在医学领域的应用

自问世以来,重组DNA技术发展迅速,是21世纪发展最快的技术之一,并且对生命科学的许多领域产生了革命性的影响。其中,受重组DNA技术影响最大的是生物技术。现代生物技术随着重组DNA技术的发展而"诞生",从此完成了生物技术从"传统"走向"现代"的飞跃,重组DNA技术也是现代生物技术的核心。

一、在基础医学研究中的应用

(1)获得大量基因拷贝和表达产物。

例如20世纪80年代,NEB公司开始克隆并表达限制性内切酶。克隆技术由于将限制性内切酶的表达与原有细胞环境分离开来,避免了原细胞中其他内切酶的污染,从而提高了酶的纯度。此外,克隆技术提高了限制性内切酶的产量,简化了纯化过程,使得生产成本显著降低。

(2)鉴定和研究新的疾病相关基因。

例如已经发现的癌基因、抑癌基因、高血压相关基因等。

(3)构建基因组DNA文库和cDNA文库。

(4)制备转基因动物,构建人类疾病的动物模型。

例如制备导入各种癌基因、致瘤病毒基因或其调控序列等的转基因动物(transgenic animals),使这些基因能够稳定整合在动物的基因组内,并能遗传给该动物的后代,可观察肿瘤发生和发展的全过程及其影响因素。

1982年,Palmiter等人应用显微注射方法将大鼠的生长激素基因导入小鼠基因组中,由此获得了世界上第一只体重为正常小鼠两倍多的"超级鼠";1985年第一批转基因家畜(兔、猪和羊)问世;中国水生动物研究所也成功制备了转基因鱼。

二、在疾病治疗中的应用

(一)通过重组DNA技术生产重组蛋白质或多肽类药物

1977年,利用重组DNA技术Boyer实验室生产出人生长激素释放抑制因子(somatostatin)。以下是利用重组DNA技术生产的一些药物:

(1)人胰岛素:用于糖尿病的治疗。

(2)人生长激素:治疗侏儒症,加速创口愈合。

(3)α干扰素:治疗癌症和病毒感染。

(4)β干扰素:治疗带状疱疹和眼结膜炎、角膜炎。

(5)γ干扰素:治疗癌症和病毒感染。

(6)人组织纤溶酶原激活因子(tPA):溶解血栓,治疗急性心肌梗死等。

(7)红细胞生成素(EPO):通过促进红细胞增生而治疗肾性贫血。

(8)超氧化物歧化酶:清除超氧化物,用于治疗关节炎和缓解心肌坏死。

(9)凝血因子Ⅷ:治疗甲型血友病。

(10)乙型肝炎疫苗:防治乙型肝炎。

(11)神经生长因子:维持神经元细胞存活、生长和分化。

(12)脑啡肽:用于镇痛。

(13)降钙素:应用于骨质疏松症的治疗。

这些蛋白质或多肽在组织细胞内的表达量极低,所以采用常规方法很难获得足够的量以满足临床需要。而现在利用重组DNA技术和生物反应器(大肠杆菌、酵母菌、转基因动物和植物)可以大量生产,既降低了成本,又提高了药效和降低了毒副作用,已经在临床广泛应用。例如,制备10 g胰岛素,曾经需要1 000磅(1磅≈0.453 6 kg)牛胰,现在只需要200 L发酵液;制备5 mg生长激素释放抑制因子,曾经需要50万只绵羊脑,现在只需要9 L发酵液;1 200 L人血中提取的干扰素可以从1 L发酵液中获得,从而使治疗费用由每位患者2万～3万美元降低到200～300美元。

目前上述重组药物研发重点从寻找蛋白类药物转移到更小分子的多肽药物。因为蛋白质分子一般都比较大,不容易穿过细胞膜和血脑屏障等,所以会影响其药理作用的发挥,而小分子药物在这方面具有明显的优越性。另外,生物反应器研究的重点也从原核、真核细胞转向转基因动植物。因为前者生产的产品需要复杂的纯化工艺,成本高;而转基因农产品和乳制品则可直接作为商品使用,不仅简便,而且成本低。例如,奶牛每年能够产出1 000多升牛奶,每升牛奶中含蛋白质35 g,而转基因奶牛可以高效生产医用蛋白质,并且药物存于奶中,省去了提取纯化的步骤和成本,同时使用也更方便。

目前国内外已有上百种药用蛋白或多肽在植物和动物中表达。例如,利用转基因动物生产重组的药物包括:

(1)转基因山羊生产长效tPA(溶栓剂)。

(2)转基因鼠生产人生长激素。

(3)转基因绵羊生产α1抗胰蛋白酶。

(4)转基因奶牛生产人的促红素。

(5)转基因绵羊的乳液中得到有生物活性的抗凝血酶Ⅲ。

(6)转基因羊生产血清白蛋白。

(二)生产基因工程抗体药物

基因工程抗体是指根据研究者的意图,采用重组DNA技术,在基因水平对免疫球蛋白基因进行切割、拼接或修饰后,再导入受体细胞进行表达,产生的新型抗体——含鼠源性成分尽可能少。

目前的基因工程抗体药物主要包括嵌合抗体、单链抗体、人源化抗体(改型抗体)、双价抗体和双特异性抗体。至2000年底,在美国药品市场上生物技术药物有76种,其中抗体药物有15种,占其中的1/5,到2007年上升为1/3。抗体药物的全球年销售额从1997年的3.1亿美元,涨到2003年的52亿美元,再涨到2007年的258亿美元。其中美国在全球抗体药物市场上是"一枝独秀",约占90%。在美国食品药品监督管理局(FDA)批准的26种抗体药物中,利妥昔单抗(rituximab)、英夫利昔单抗(infliximab)、赫赛汀(herceptin)和阿瓦斯汀(avastin)在治疗淋巴瘤、乳腺癌、结肠癌等恶性肿瘤及自身免疫病中取得了良好的临床疗效。例如,在晚期结肠癌患者的治疗中,针对血管表皮生长因子(VEGF)的抗体阿瓦斯汀,使患者生存期平均延长了5个月,FDA认为它几乎对所有的晚期结肠癌患者都有帮助,因此被批准为晚期结肠癌治疗的一线药物。

目前FDA批准的治疗性抗体药物的主要靶点有:CD3、CD11a、CD20、CD25、CD33、CD52、GpⅡb/Ⅲa、呼吸道合胞体病毒F蛋白、人表皮生长因子受体2(HER2)、肿瘤坏死因子α(TNF-α)、血管内皮生长因子(VEGF)及表皮生长因子受体(EGFR)等。中国国家食品药品监督管理总局(CFDA)批准的抗体上市药物主要靶点有:HAb18G/CD147(利卡汀)、IL-8(恩博克)和EGFR(h-R3)等。

在中国上市的抗体药物有:

(1)抗CD20单抗:①美罗华(利妥昔单抗,rituximab),抗CD20的人鼠嵌合型单克隆抗体,它可以识别B淋巴细胞的表面标志(CD20)并与之特异结合,从而实现杀伤淋巴瘤细胞的目的。(2)Zevalin,是由德国先灵公司开发的一种治疗中低恶性B细胞淋巴瘤的新药,其本质是90Y标记的抗CD20的抗体(放射免疫交联物),它能有效杀死肿瘤细胞,副作用较小。因为它既有美罗华特异性结合B细胞淋巴瘤的标志物(CD20),又携带同位素90Y,后者也能够发挥较好的电离杀伤肿瘤细胞的效应。

(2)抗HER2单抗:HER2是原癌基因或*C-erbB2*编码的、分子质量为185 kDa的受体跨膜蛋白,原发性乳腺癌患者中约有25%～30%呈HER2过度表达。赫赛汀(herceptin)是一种人源化单克隆抗体，选择性地作用于人HER2的胞外部位。它是第一个在乳腺癌中确认并显示有较好疗效的抗体药物。

(3)抗VEGF单抗：例如，美国遗传技术研究公司开发和生产的抗癌新药Avastin是一种基因工程单抗药物，主要作用于血管表皮生长因子，阻断新生血管增生，使肿瘤组织无法获得所需营养而“饿死”，最终实现其抗癌作用。

(4)抗表皮生长因子受体的单抗(Cetuximab，C-225，西妥昔)：能与EGFR高度特异结合，从而阻断表皮生长因子(EGF)、转化生长因子-α(TGF-α)与EGFR结合，抑制后续的细胞增殖效应。临床试验已证实，西妥昔单药及联合化疗或联合放疗均能够取得较好的成效。北京百泰生物药业有限公司研发的重组抗EGFR人源化单抗(商品名：泰欣生)也已获得国家生物制品一类新药证书。

(三)转基因动物和转基因克隆动物有望成为人体器官工厂

异种器官移植是解决器官短缺的有效途径之一。猪作为人类器官移植供体动物的优势是孕期短、产仔多、生长快，更重要的是其不同发育时期的器官(如心脏、肾等)与不同年龄的人的器官在大小上比较接近，可代替患者的相应器官。然而，未经过人源化的动物器官移植到人体内时会产生排斥反应，导致器官移植失败。

解决这一问题的关键是通过转基因方法将猪体内排斥基因去除，培育转基因猪(单个生产)和转基因克隆猪(批量生产)，使移植的器官不被患者的免疫系统识别和排斥。

2007年5月24日，国内首批体细胞克隆医用小型猪在天津宝迪公司祖代种猪场出生，并有两头成功存活。克隆试验的成功打破了欧美长期的技术和资源封锁，为我国开展异种器官移植研究、建立新药筛选模型及参与相关国际竞争打下坚实基础。

(四)基因治疗

重组DNA技术用于疾病治疗的思路已经从单纯的应用重组蛋白(多肽)类药物发展到应用基因本身作为治疗手段，即通过重组DNA技术构建具有特定功能的基因重组体，以补偿失去功能的基因的作用，或是增加某种功能，以便对异常细胞进行矫正或消灭，此即基因治疗。

遗传病是基因治疗的主要对象，首先是单基因遗传病，其次是肿瘤。目前，已发现的遗传病有7 000多种，其中由单基因缺陷引起的就有3 000多种。第一例基因治疗于1990年在美国进行。当时，两个年龄分别为4岁和9岁的小女孩由于体内腺苷脱氨酶(ADA)的缺乏而患有严重的联合免疫缺陷病(SCID)，科学家对她们进行基因治疗并取得成功。这一开创性的工作标志着基因治疗已经从实验研究阶段过渡到临床试验阶段。其步骤是：将正常的*ADA*基因通过重组DNA技术与质粒进行重组，再让该重组体与有遗传缺陷的逆转录病毒整合；分离患者的T细胞，再让携带正常人*ADA*基因的逆转录病毒感染这些细胞；回输这些携带正常*ADA*基因的T细胞到患者体内；随着正常*ADA*基因的表达，患者腺苷脱氨酶的缺乏即可被纠正。次年,中国复旦大学薛京伦教授主持的实验室与上海医院合作,开展了首例乙型血友病的基因治疗临床试验,也获得了成功。

基因治疗的临床试验在美国已进行多年,其中关于*p53*基因治疗药物的研究最为广泛。1995年,重组腺病毒*p53*制品被批准进入临床试验阶段。随后,美国、日本、加拿大和欧洲各国的科学家通过肿瘤局部注射、静脉注射、介入给药、胸腹腔灌注等多种方式,开展了用重组腺病毒*p53*制品对头颈部鳞癌、乳腺癌、食管癌等数十种肿瘤的基因治疗研究。在国内,深圳市赛百诺基因技术有限公司研发的世界第一个基因治疗药物"重组人*p53*腺病毒注射液"于2003年10月获得了国家食品药品监督管理总局颁发的新药证书,并以"今又生"为商品名上市。近年来,"今又生"在临床应用中的表现和进一步研究的不断推进,为基因治疗领域的发展提供了新的动力和希望。然而,基因治疗作为前沿医疗技术,其安全性和有效性仍需经过更多临床试验和长期随访的验证。基因治疗失去光环的一瞬:1999年9月,利用正常基因治疗遗传缺陷的希望遭到了沉重的打击。年仅18岁的Jesse Gelsinger在宾夕法尼亚大学接受一次基因治疗临床试验时,因为多器官衰竭而不幸离世。这一次令人遗憾的临床试验很快颠覆了人们对基因治疗的美好展望,基因治疗也因此陷入泥沼。

同时,当用基因疗法治疗X连锁的SCID时,在恢复婴儿免疫系统的同时会导致白血病。严重联合免疫缺陷病的孩子(常染色体隐性或X连锁性遗传病)的免疫系统功能严重缺失,无法抵抗传染病,即便对普通人而言并不严重的感染,对患有此病的人来说也可能是致命的,因此他们只能生活在无菌环境里(其造型像气泡,故称"气泡男孩")。据统计,在5万~10万个新生儿中,至少有一个婴儿患此病。从1999年到2002年,巴黎内克尔(Necker)儿童医院接收了10名这样的患者。尽管骨髓移植可以治疗这种疾病,但是很多患儿都找不到匹配的骨髓。于是,Fisher医师等使用经过基因修饰的病毒,将患儿所缺乏的基因拷贝导入其体内,试图修复有缺陷的免疫系统。最后,法国医生宣布,在这些接受治疗的儿童中,一名儿童死亡,其余男孩的淋巴细胞水平都达到了正常水平,体重和身高并没有停止增长,甚至可以像其他正常的孩子一样去上学。不过,这种疗法的最大副作用就是可能导致白血病,幸存者中有3人患有白血病。通过相应的分子实验,研究小组发现经过基因工程修饰的病毒随机插入到了细胞中不适当的位点,使导入的治疗性基因紧靠控制细胞分裂和繁殖的基因,并干扰其功能,从而使细胞开始不受控制地分裂。

为此,基因治疗饱受争议,相关研究人员成为被攻击的目标。基因治疗经历了夸大的宣传、令人痛心的死亡以及肥皂泡的破灭,这让许多从事基因治疗的研究人员开始对它持谨慎态度。美国康奈尔大学威尔医学院的遗传学会主席罗纳德·克里斯特尔说:"每个人都知道基因治疗是个好主意,可是实施起来并不容易。"也有人认为,目前无论哪一种基因治疗都处于初期的临床试验阶段,均没有稳定的疗效和绝对的安全性。可以说,在没有完全解释人类基因组的运转机制以及充分了解基因调控机制和疾病的分子机理之前进行基因治疗是相当危险的。

但是，Fisher说：就总体而言，这种基因治疗的利大于弊。除基因治疗之外，治疗SCID的另一种治疗方法是近亲的骨髓移植。除非骨髓移植非常匹配，否则手术的失败率可达25%。若公众期望的一种新的治疗手段是绝对安全的，那么未来将没有任何新的医疗手段。如果这些事件阻碍了基因治疗的研究和应用进程，那才是最大的悲剧。

2009年，基因疗法领域传来了多个令人振奋的消息，重新点燃了人们对这一治疗技术的希望。这些成功案例包括：

(1)2009年1月，意大利研究人员公布了他们对常染色体隐性严重型联合免疫缺陷病儿童8年试验的最新结果。10名患者中有8名患者不再需要酶替代疗法，过上了正常人的生活，而且他们中没有发现基因疗法的严重副作用。

(2)2009年8月13日出版的《新英格兰医学杂志》刊文称，美国科学家使用基因疗法治疗了由*RPE65*基因（编码一种制造感光色素所必需的酶）变异引起的常染色体隐性遗传病——先天性失明（先天性黑蒙症）。他们将正常的*RPE65*基因导入病人的视网膜，使患有该病的5名孩子和7名成人得以重见光明。这12名部分失明患者的感光能力都有所改善，其中4个孩子重获视力，能进行体育运动，在学校也不再需要学习辅助器材。另一个研究小组用类似的方法使先天红绿色盲的松树猴恢复了全色视觉。

(3)2009年，法国研究人员利用基因疗法治疗了患帕金森综合征的短尾猴，改善了短尾猴的运动能力，且疗效维持了44个月之久。初步结果显示，这种基因疗法在动物身上是安全的，短尾猴未出现常规疗法所引起的副作用。同时，6名帕金森综合征患者已接受这种基因治疗，效果非常令人鼓舞。

(4)美国《科学》杂志于2009年11月5日报道：X连锁肾上腺脑白质营养不良（ALD）是一种罕见的致命性脑部疾病，通常会导致男童在青春期前死亡。此种疾病是由于编码维持神经髓鞘的蛋白质的基因有缺陷所致。法国的研究团队利用基因治疗技术，使用携带一个纠正基因对人体无害的艾滋病病毒，让它感染患者的血细胞，后者中的一部分开始制造原本缺失的正常蛋白质，并转运到患者的大脑。2年后，ALD典型的渐进性脑损伤停止，从而缓解了2名患ALD的7岁男孩的症状。领导该研究的法国国家健康和医学研究院的帕特里克•奥伯格表示，这是首次成功利用基因治疗技术治疗脑部疾病。这次试验也是第一次用失活的HIV病毒把基因带入细胞，该病毒导致癌症的可能性比过去用的载体更小。

因此，意大利米兰的圣拉斐尔生命健康大学基因治疗研究所的路易吉•耐尔蒂尼称："我们摩拳擦掌，准备新一轮的研究"；时任美国基因和细胞治疗协会主席、美国印第安纳大学的基因治疗专家凯尼斯•科内塔说："这些进步令人惊异，基因治疗正在慢慢前行"。正如基因治疗的奠基者们当初所预言的那样，基因治疗这一新技术的出现将推动医学的革命性变化。

作为一项新技术，基因治疗虽已取得了不少成果（至今国际上已有100多个基因治疗方案正处于临床试验阶段），但在理论和技术上仍有一些关键问题亟待解决，因此离临床应用仍有一段距离。不论是实施基因诊断和基因治疗，还是研究疾病发生机理，其先决条件是要了解特定疾病的相关基因。随着“人类基因组计划”的完成，科学家们对人体全部基因获得了全面的了解，这就为运用基因重组技术造福于人类健康事业创造了条件。

三、在疾病预防中的应用

疫苗（vaccine）作为一种生物制剂，它伴随着生物技术的不断进步而发展。

（一）疫苗生产的历史

（1）1881年，第1个用于防治炭疽病的疫苗问世。

（2）20世纪40年代以前，由受染动物组织制备的病毒疫苗为第一代产品，如狂犬病疫苗等。

（3）20世纪40—60年代，由受染组织培养细胞制备的病毒疫苗为第二代产品，如脊髓灰质炎、麻疹、风疹和腮腺炎疫苗等。

（4）20世纪70年代以来，用基因工程技术生产的病毒疫苗为第三代产品。

（二）基因工程重组亚单位疫苗

传统疫苗：是减毒活疫苗和死疫苗。

重组疫苗：只含有病原体的一种或几种抗原，而不含有病原体的其他遗传信息。它既保留了生物性疫苗的有效成分，又不含有感染性组分，因而无须灭活，也无致病性，能够使注射者获得抗性。优点：安全，成本低廉，已广泛应用。例如：最初的乙肝疫苗是血源性乙肝疫苗，从乙肝患者血液中分离提取乙肝表面抗原制成，造价高（纯化），乙肝血液来源受限，存在潜在感染危险等；在20世纪80年代初将乙型肝炎病毒（HBV）基因的一个835 bp的片段克隆在表达载体上，在酵母中表达出了HBsAg蛋白，使之成为第一种利用真核表达系统生产的基因工程疫苗。酵母表达系统现在已经大规模生产并供给人类第一代重组肝炎疫苗。

2009年科技部宣布：第三军医大学邹全明教授领衔的科研团队与重庆一家生物科技公司共同研制的“口服重组幽门螺杆菌疫苗”获国家食品药品监督管理总局批准颁发的国家一类新药证书。整个科研项目历时15年。

2009年9月2日，国家食品药品监督管理总局批准了北京科兴甲型H1N1流感疫苗注册申请。但它不是重组疫苗，而是流感裂解疫苗。

（三）疫苗研发方向

（1）可食转基因动物或转基因植物疫苗

一类新型的基因工程疫苗，其优势主要体现在可食用性。将病原微生物的抗原基因导入动物或植物，并在其中表达出具有生物活性的蛋白；通过直接食用转基因动物和转基因植物产品，诱导人或动物体内产生免疫应答。优点：安全、方便、成本低（不需要纯化）等。目前已有一些编码细菌和病毒抗原的基因在动物和植物中成功表达，并且通过口服试验证明了其有效性。2002年，表达乙肝表面抗原（HBsAg）的转基因西红柿植株产量达9 μg每100 g成熟果实；2003年，将大肠杆菌的肠毒素*LT-B*基因在黄色玉米的玉米粒中定位表达，使表达的LT-B抗原蛋白在玉米粒中堆积，玉米粒成为包裹LT-B抗原蛋白的"胶囊"，免疫效果因此成倍提升；2008年改造西红柿基因制成阿尔茨海默病（alzheimer disease，AD）的疫苗。

（2）基因工程活体重组疫苗（live recombinant vaccine）

利用基因工程方法对细菌和病毒进行改造，使之成为活体重组疫苗。它可以是：

①非致病微生物通过基因重组使之携带特定抗原基因。

②致病微生物通过基因重组修饰或去掉毒性基因，仍旧保持免疫原性。因为其抗原的构象与天然抗原极为相似或相同，所以免疫效力很高。

（3）DNA疫苗（核酸疫苗）

把目的抗原的基因插入表达载体，再将重组子导入人体，使之在活体细胞内持续表达出天然的抗原（目的蛋白），后者诱导机体产生特异性应答，赋予人体免疫力。传统疫苗是抗原本身，而该疫苗则是编码抗原的基因DNA，在它诱导免疫反应前，尚需要在体内先表达出抗原。目前，DNA疫苗多在临床试用阶段。优点：安全，无感染危险；制备简单（无须表达和纯化）；免疫应答持久（外源基因持续表达）；抗原在体内自然表达，因此可以诱导类似自然抗原产生的免疫应答；核酸分子室温下保存，无须冷藏，方便运输，可提高接种效率。

（四）我国疫苗研究和应用现状

中国是世界疫苗产品的最大生产国和使用国。随着新发传染病的不断出现和严重传染性疾病的死灰复燃，人类防病意识也逐渐增强。人们期待着有更多高质量的新型疫苗问世，并希望进一步提升现有疫苗的质量，提高其安全性和有效性。疫苗研究是《国家中长期科学和技术发展规划纲要（2006—2020年）》确定的四个科技发展战略重点之一，是现代生物技术产业的重要组成部分，也是应对突发公共卫生事件的重要手段之一。

四、在临床诊断上的应用

重组DNA技术在临床诊断方面的应用包括：

（1）制备核酸探针等用于疾病的基因诊断。

（2）制备重组抗原，以生产相应抗体，用于分子诊断。

（3）制备重组抗原，检测受试者是否存在其抗体。

（4）基因工程抗体制备简单、成本低，应用方式多样，如：小分子的单链抗体带上同位素或荧光标记后用于肿瘤的体内定位显像诊断等。

关于重组DNA技术的担忧：科学技术是双刃剑。重组DNA技术，与其他的高科技技术一样，它给人类带来众多好处，同时一旦运用不当，就可能给人类带来危害。让人担忧的问题大致如下：

(1)基因工程微生物的逃逸：可能会产生某种带有特殊致病基因的微生物，如果它们从实验室逸出并且扩散，有可能造成类似鼠疫的可怕疾病的流行。

(2)转基因作物和食品的生产和销售，可能对人类和环境造成长期的影响，擅自改变植物基因可能引发一些难以预料的危险。

(3)分子克隆技术在人类身上的应用可能造成巨大的社会问题，并对人类自身的进化产生影响，而应用在其他生物上同样具有危险性，因为所创造出的新物种有可能具有极强的破坏力而引发一场浩劫。

(4)生物武器的研制：使笼罩在人类头上的生存阴影越来越大。

(5)转基因克隆动物技术的建立：如果被某些人用来制造克隆人、超人，将可能破坏整个人类社会的和平。

人类想要更好地利用它，就必须重视科技伦理，把科技伦理所蕴含的精神贯穿于科技活动的全过程，通过科技伦理精神确立正确的科技观，使人与自然、人与社会和人与人之间和睦共存。

思考题

1. 什么叫重组DNA技术？
2. 重组DNA技术在提高人类生存质量和维护生态环境方面的潜在价值？
3. 如何进行重组DNA技术的操作？
4. 重组DNA技术已经有哪些用途？
5. 如何避免重组DNA技术可能带来的对人类和环境不利的影响？

参考文献

[1]中华人民共和国科学技术部农村与社会发展司，中国生物技术发展中心．中国生物技术发展报告.2002.北京：中国农业出版社，2003.

[2]萨姆布鲁克，拉塞尔．分子克隆实验指南(上、下册)．黄培堂，等译.3版．北京：科学出版社，2002.

[3]孙明．基因工程．北京：高等教育出版社，2006.

(周兰 武向梅 宋方洲 李照东)

第七章　分子杂交与印迹技术

分子杂交与印迹技术是目前生物医学研究中最为常用的基本分子生物学技术之一，由于该检测技术具有高度特异性和灵敏性，在生物医学基础研究以及临床诊断应用等方面被广泛应用，譬如用于基因克隆的筛选、酶切图谱的制作、基因的定量和定性分析及基因突变的检测等。

第一节　分子杂交与印迹技术简介

在分子生物学操作上，分子杂交与印迹技术实质上是两个不同的技术，下面首先进行单独介绍，然后阐述其关联和区分。

一、分子杂交技术

（一）分子杂交的概念

分子杂交在分子生物学上一般是指核酸分子杂交，即指核酸分子在变性后再复性的过程中，来源不同但互补配对的DNA或RNA单链（包括DNA和DNA、DNA和RNA、RNA和RNA）相互结合形成杂合双链的特性或现象。

而依据此特性建立的一种对目的核酸分子进行定性和定量分析的技术则称为分子杂交技术，通常是将一种核酸单链用同位素或非同位素标记（探针），再与另一种核酸单链进行分子杂交，通过对探针的检测实现对未知核酸分子的检测和分析。

（二）分子杂交技术的发展与基本分类

分子杂交技术最早始于Hall等于1961年的探索，他将探针与靶序列在溶液中杂交，通过平衡密度梯度离心来分离杂交体，这实际为液相杂交，过程繁琐、费力且不精确，但它开拓了核酸杂交技术的研究。随后，Bolton等于1962年设计了一种简单的固相杂交方法，他将变性DNA固定在琼脂中，DNA不能复性，但能与其他互补核酸序列杂交。这些早期的开拓性工作对于分子杂交技术的建立起到了非常重要的作用，但在早期仍不是一个常用的分子生物学技术。直到20世纪70年代，随着限制性内切酶、印迹技术、核酸自动合成技术的发展和应用，一系列成熟的分子杂交技术才得以建立完善和广泛应用。

分子杂交技术可按作用环境大致分为液相杂交和固相杂交两种类型。

液相杂交所参加反应的核酸和探针都游离在溶液中，是最早建立的分子杂交类型，其主要缺点是杂交后过量的未杂交探针在溶液中除去较为困难，同时误差较大且操作繁琐复杂，因此其应用较少。

固相杂交是将参加反应的核酸等分子首先固定在硝酸纤维素滤膜、尼龙膜、乳胶颗粒、磁珠和微孔板等固体支持物上，然后再进行杂交反应。其中以硝酸纤维素滤膜和尼龙膜最为常用，特称为滤膜杂交或膜上印迹杂交。固相杂交后，未杂交的游离探针片段可容易地漂洗除去，同时还具有操作简便、重复性好等优点，故该法最为常用。

固相杂交技术按照操作方法不同可分为：原位杂交、印迹杂交、斑点杂交和反向杂交等。原位杂交是用标记探针与细胞或组织切片中的核酸进行杂交，包括菌落原位杂交和组织原位杂交等方法。现在常用的基因芯片技术，在本质上也属于原位杂交。印迹杂交则包括Southern印迹杂交、Northern印迹杂交等方法。

二、印迹技术

（一）基本概念

印迹或转印（blotting）技术是指将核酸或蛋白质等生物大分子通过一定方式转移并固定至尼龙膜等支持载体上的一种方法，该技术类似于用吸墨纸吸收纸张上的墨迹，故称为印迹技术。在实际研究操作中，通常需要首先将待转印的生物分子或样品进行电泳分离，再从胶上转移至印迹膜上，转印完成之后，还要通过多种方法将被转印的物质进行显色以进行各种检测，这些显色检测方法包括染料直接染色、通过和一些标记的抗体或寡核苷酸探针结合而显色等。

如果被转印的物质是DNA或RNA，一般使用核酸分子杂交技术进行检测。

如果被转印的物质是蛋白质，一般通过与标记的特异性抗体的抗原—抗体结合反应而间接显色，故也称为免疫印迹技术（immuno-blotting）。

（二）常用的转印支持介质

印迹技术中常用的固相支持载体多为滤膜类支持载体，有尼龙膜（nylon membrane）、硝酸纤维素膜（nitrocellulose membrane）、PVDF膜（polyvinylidene fluoride membrane）和滤纸等，实际操作时可根据不同需要选择不同的固相支持物。

尼龙膜具有很强的核酸结合能力，可达480～600 μg/cm²，且可结合短至10 bp的核酸片段，多用于核酸分子的转印。经烘烤或紫外线照射后，核酸中的部分嘧啶碱基可与膜上的正电荷结合，与膜结合的探针杂交后还可经碱变性洗脱下来。尼龙膜韧性较好，具有很好的机械强度，可耐受多次重复杂交试验。

硝酸纤维素膜和PVDF膜与核酸的结合能力低于尼龙膜。硝酸纤维素膜的韧性较差，较脆，易破碎，不能重复使用，但其优点是无须活化处理，在核酸或蛋白质分子的转印中均有使用。PVDF膜具有很强的蛋白质结合能力，且韧性好，可以重复使用，尤其适用于蛋白质分子的转印。但PVDF膜在使用时需要甲醇浸泡处理来活化其表面的正电荷，以便和带负电荷的蛋白质结合。

（三）转印方法及其分类

转印通常是将电泳分离后的样品从凝胶转印至合适的支持介质上，按照操作方式或原理不同，常用转印方法主要有：毛细管虹吸转印法、电转印法和真空转印法。

毛细管虹吸转印法利用毛细管虹吸作用原理，使容器中的转移缓冲液通过上层吸水纸的毛细管虹吸作用向上运动，带动凝胶中的生物大分子垂直向上转移到固相支持物上。毛细管虹吸转印法示意图见图7-1。

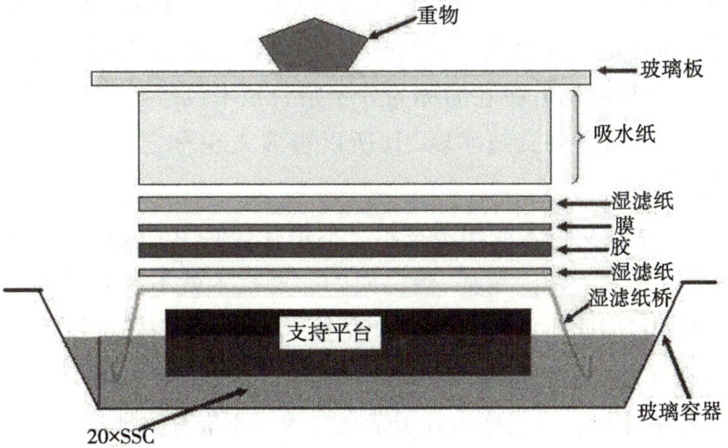

图7-1 毛细管虹吸转印法示意图

电转印法利用电泳原理，以有孔的海绵和有机玻璃板将凝胶和固化膜夹成“三明治”形状，浸入盛有电泳缓冲液的转移槽中，利用两个平行电极进行电泳，使凝胶中的核酸或蛋白质沿与凝胶平面垂直的方向泳动并从凝胶中移出，结合到膜上，形成印迹。这是一种快速、简单、高效的转印法，特别适合用毛细管虹吸转印法不理想的大片段分子的转移。常用的电转印法有湿转和半干转两种方法，两者的原理相同，只是用于固定胶/膜叠层和施加电场的机械装置不同，湿转是将胶/膜叠层浸入缓冲液槽然后加电压，半干转是用浸透缓冲液的多层滤纸代替缓冲液槽，转移时间较湿转快（只需15～45 min）。

真空转印法以滤膜在下、凝胶在上的方式，利用真空泵将转移缓冲液从上层容器中通过凝胶抽到下层真空室中，同时带动核酸分子转移到凝胶下面的滤膜上，整个过程只需1 h左右。

一般而言，核酸样品多用毛细管虹吸转印法，这是最经典的印迹方式，也可采用真空转印方法，蛋白质样品多采用电转印方式进行印迹。

另外，按照转印的分子种类不同，印迹技术可分为用于DNA的Southern印迹技术、用于RNA的Northern印迹技术和用于蛋白质的Western印迹技术。

Edwen Southern于1975年最早提出并建立了印迹技术，当时是以DNA为样品建立的，故后人以其姓氏将DNA的印迹技术命名为Southern印迹（Southern blot）技术。后来建立的RNA和蛋白质的印迹技术则分别被有趣地称为Northern印迹（Northern blot）技术和Western印迹（Western blot）技术，印迹技术还包括后来建立的进行翻译后修饰检测的Eastern印迹（Eastern blot）技术。

三、分子杂交技术与印迹技术的关系

综上所述，可以看出分子杂交与印迹技术实质上是两个完全不同的技术，但在实际研究工作中，由于两者密切相关，通常联合使用，所以也很容易混淆，有必要予以区分。

在很多时候，尤其是研究核酸分子的时候，两者往往联合使用。此时为简便起见，通常根据研究者个人习惯或偏好将它简称为分子杂交技术或印迹技术。譬如，因为DNA的印迹技术往往和核酸分子杂交技术联用，所以很多人也称之为DNA印迹、DNA杂交或DNA印迹杂交技术。

但有些时候，分子杂交技术或印迹技术又不是联合使用的，这个时候就需要注意术语的正确使用，不能乱用和混淆。譬如，蛋白质的印迹技术就不和分子杂交技术联用，而是和免疫酶法检测联用，因此不能称为分子杂交技术，只能称为印迹技术，一般称为蛋白质印迹、Western印迹或免疫印迹技术。与此不同，对于分子杂交中的原位杂交技术而言，它又不和印迹技术联用，因此，只能称为分子杂交技术而不能称为印迹技术。

第二节 探针的种类及其制备

在核酸分子杂交技术中，探针是一个必不可少的工具。探针（probe）就是一种用同位素或非同位素标记的核酸单链，通常是人工合成的寡核苷酸片段。探针具有两方面的作用：首先，探针的标记方便了后续的检测；其次，探针往往需要事先设计且其序列已知，可以通过碱基互补配对原则与待检核酸的特定区域结合。因此，可以通过对探针的检测而获取或判断待检核酸样品的相关信息。

一、探针的种类

核酸探针可以是人工合成的寡核苷酸片段，可以是克隆的基因组DNA、cDNA全长或部分片段，也可以是RNA。近年来，随着DNA合成仪的问世及其使用的逐步推广，越来越多的研究者更热衷于采用人工合成的寡聚核苷酸片段作为分子杂交的探针，其优点是可根据需要随心所欲地合成相应的序列，避免了天然核酸探针中存在的高度重复序列带来的不利影响。

按照标记物的类型，可分为放射性同位素标记探针和非放射性同位素标记探针。

（一）放射性同位素标记探针

放射性同位素标记探针是目前应用最多的一类探针。由于放射性同位素与相应的元素之间具有完全相同的化学性质，因此不影响碱基配对的特异性和稳定性。其灵敏度极高，在最适条件下，可以检测出样品中少于1 000个分子的核酸。此外，放射性同位素的检测具有极高的特异性，假阳性率较低。其主要缺点是存在放射性污染，而且半衰期短，探针必须随用随标记，不能长期存放。目前用于核酸标记的放射性同位素主要有^{32}P、^{3}H和^{35}S等，其中^{32}P在核酸分子杂交中应用最多。商品化的^{32}P主要是以标记的各种核糖核苷酸[^{32}P]NTP和脱氧核糖核苷酸[^{32}P]dNTP的形式提供，在制备探针时，将[^{32}P]NTP或[^{32}P]dNTP加到反应液中，就可以获得标记探针。

（二）非放射性同位素标记探针

多年来，科学家们一直在寻找安全可靠、灵敏度高的标记物以替代放射性同位素用于核酸探针的标记。非放射性同位素标记探针的优点是无放射性污染，稳定性好，标记探针可以保存较长时间，处理方便；主要缺点是灵敏度及特异性有时还不太理想。

应用于核酸分子杂交的非放射性标记物主要有：

（1）生物素：是最先被用于核酸探针标记的非放射性标记物。

（2）地高辛：是应用比较广泛的另一种非放射性核酸标记物。

（3）荧光素：如FITC和罗丹明等。

二、探针的制备

探针的制备大致分为合成、标记和纯化三个步骤。探针的合成与标记可以是先合成再标记，但在不少方法中合成与标记是同时进行的，即边合成边标记。DNA探针标记结束后，反应体系中依然存在未掺入到探针中去的dNTP（标记的与未标记的）等小分子，如果不将它们去除，可能会干扰随后的杂交反应。因此还要借助多种DNA纯化技术，将标记的探针进行纯化后，方可使用。

探针的标记方法大致可以分为化学法和酶法两类方法。

(一)化学法

化学法是利用标记物分子上的活性基因与探针分子上的基因(如磷酸基因)发生的化学反应,将标记物直接结合到探针分子上。不同标记物有各自不同的标记方法,最常用的是^{125}I标记和生物素标记。采用此种标记方法的探针多为寡核苷酸探针,一般是首先合成寡核苷酸,然后再进行标记,即合成与标记是分开进行的。该类方法一般是研究者直接委托试剂公司进行的。

(二)酶法

也叫酶促标记法,将标记物预先标记到核苷酸(NTP或dNTP)分子上,然后利用酶促反应将标记的核苷酸分子掺入到探针分子中去。常见的该类标记方法有缺口平移法、随机引物法及末端标记法等,其中除了末端标记法属于先合成再标记之外,其他方法一般都是边合成边标记。该类标记方法一般都有商品试剂盒可供使用,非常方便。

1.缺口平移法

它利用大肠杆菌DNA聚合酶I的多种酶促活性将标记的dNTP掺入到新形成的DNA链中去,从而合成高比活的均匀标记的DNA探针。此标记反应体系的主要成分有DNA酶I、大肠杆菌DNA聚合酶、3种三磷酸脱氧核糖核苷酸(dATP、dTTP、dGTP)、一种核素标记的核苷酸^{32}P-dCTP、待标记DNA片段。在极微量DNA聚合酶的作用下,在双链DNA分子的一条链上随机切开若干个缺口而不是切断DNA或将它降解,然后大肠杆菌DNA聚合酶I在切口的3′-OH端逐个加入新的核苷酸,同时由于该酶具有5′→3′外切酶的活性,它能切除5′-端游离的核苷酸,3′-端核苷酸的加入和5′-端核苷酸的切除同时进行导致切口沿着DNA链移动。新链核苷酸的合成是以另一互补链为模板,按碱基互补的原则合成的,所以新旧链的核苷酸序列完全相同。由于反应体系中含有一种或两种核素标记的单核苷酸,使新合成的链带有核素标记,所以缺口平移实际上是核素标记的核苷酸取代了原DNA链中不带核素的同种核苷酸。DNase I是在两条链的不同部位随机打开缺口,促进新链核苷酸的合成,从而使两条链都被核素均匀地标记,使得标记的DNA具有较高的放射比活性。

缺口平移法示意图如图7-2所示。

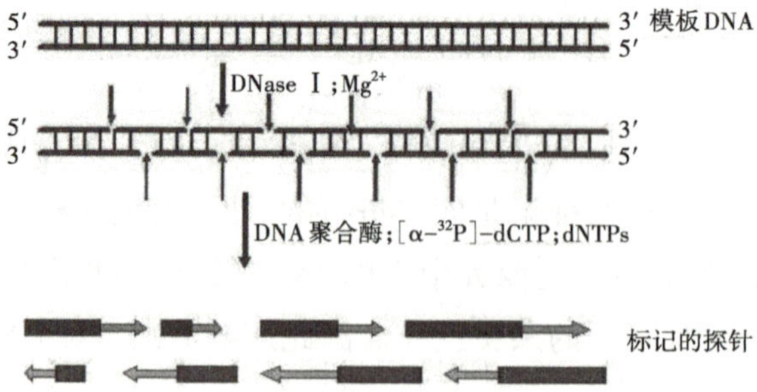

图7-2 缺口平移法示意图

2. 随机引物法

随机引物是人工合成的长度为6个核苷酸残基的寡聚核苷酸片段的混合物。对于任意一个用作探针的DNA片段，随机引物混合物中都会有一些片段能与之配对结合，起到DNA合成引物的作用。将这些随机引物与变性后的DNA单链结合，然后以此结合的随机引物为引物，以变性后的DNA单链为模板，在Klenow酶的催化下，以4种dNTP(其中一种为标记的dNTP)为底物，合成与模板DNA互补且带有标记物的DNA链。

随机引物法示意图如图7-3所示。

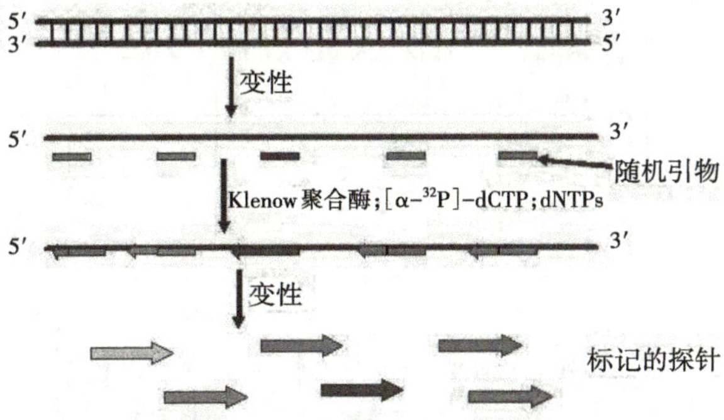

图7-3　随机引物法示意图

3. 末端标记法

末端标记法是将标记物导入线性DNA或RNA的3′-末端或5′-末端的一类标记法，可分为3′-末端标记法、5′-末端标记法和T4聚合酶替代法。末端标记法主要用于寡核苷酸探针和短的DNA或RNA探针的标记，用该法标记的探针携带的标记分子较少。

5′-末端标记法需要T4多聚核苷酸激酶，最常用的标记物是[γ^{32}P]ATP，T4多聚核苷酸激酶能特异地将[γ^{32}P]ATP中的^{32}P转移到DNA或RNA的5′-OH末端，因此被标记的探针必须有一个5′-OH端。而大多数DNA或RNA的5′-端都因磷酸化而含有磷酸基团，因此标记前要用碱性磷酸酶去掉磷酸基团。

3′-末端标记法是指通过末端脱氧核糖核苷酸转移酶(terminal deoxynucleotidyl transferase，TdT)的作用，将标记的dNTP加到单链或双链DNA的3′-末端上。

T4聚合酶替代法是指根据T4 DNA聚合酶具有5′→3′聚合酶和3′→5′核酸外切酶的活性，以及在4种三磷酸核苷存在时，3′→5′核酸外切酶活性被抑制的特性，首先在缺乏核苷酸的情况下，利用DNA聚合酶从3′→5′端对双链DNA进行水解，产生带凹缺的3′端DNA分子，然后加入4种三磷酸核苷，抑制DNA聚合酶的3′→5′外切酶活性，在5′→3′聚合酶活性的作用下，DNA分子开始修复，带有标记的核苷就掺入到修复的3′-端片段中。

4.PCR标记法

在PCR反应底物中，将一种dNTP换成标记的dNTP，这样标记的dNTP就可在PCR反应的同时掺入到新合成的DNA链上。

第三节 常用分子杂交与印迹技术简介

如前所述，分子杂交与印迹技术的种类多种多样，此处限于篇幅，仅选择常用的几种分子杂交与印迹技术予以介绍，其中重点介绍分别用于DNA、RNA和蛋白质分子检测的Southern印迹杂交、Northern印迹杂交和Western印迹技术，原位杂交也予以适当介绍。分子杂交与印迹技术示意图如图7-4所示。

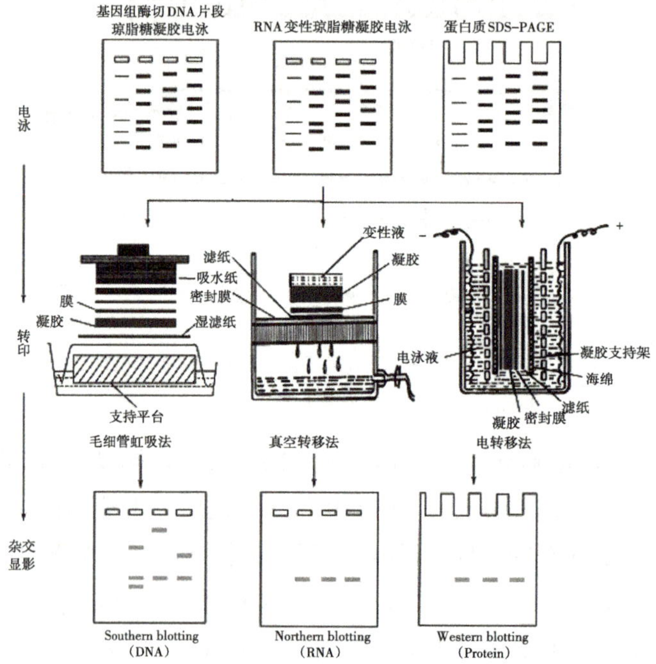

图7-4 常用的三种分子杂交与印迹技术示意图

一、Southern印迹杂交

（一）基本原理与步骤

Southern印迹杂交，通常也简称为Southern印迹或Southern杂交，是由Southern于1975年建立的用于基因组DNA样品检测的技术。早期的Southern印迹是指将凝胶中的DNA变性后，经毛细管的虹吸作用，转移到硝酸纤维素膜上。近年来，其印迹方法和固定支持的滤膜均有了很大的改进。

一般来讲，Southern印迹杂交技术包括以下几个主要过程：(1)将待测定的核酸样品通过合适的方法转移并结合到某种固相支持物（如硝酸纤维素膜或尼龙膜）上，即印迹（blotting）；(2)探针的标记与制备；(3)固定于固相支持物上的核酸样品与标记的探针在一定的温度和离子强度下退火，即分子杂交过程；(4)杂交信号检测。

以哺乳动物基因组DNA的检测为例，Southern印迹杂交的基本流程包括：

1.待测核酸样品的制备

首先采用合适的方法从相应的组织或细胞样本中提取并制备基因组DNA，然后用DNA限制性内切酶消化大分子基因组DNA，以将它切割成大小不同的片段。消化基因组DNA后，加热灭活（限制性内切酶），样品即可进行电泳分离，必要时可进行乙醇沉淀，浓缩DNA样品后再进行电泳分离。

消化基因组DNA时，一般选择一种限制性内切酶来切割DNA分子，但有时为了某些特殊的目的，分别用不同的限制性内切酶消化基因组DNA。消化基因组DNA的条件可根据不同的目的设定，有时可采用部分和充分消化相结合的方法获得一些具有交叉顺序的DNA片段。

2.DNA样品的凝胶分离

主要采用琼脂糖凝胶电泳对经过限制性内切酶消化获得的长短不一的基因组DNA片段按照分子量大小进行分离。通常是在恒定电压下，将DNA样品放在0.8%～1.0%的琼脂糖凝胶中进行电泳。标准的琼脂糖凝胶电泳可分辨70～80 000 bp的DNA片段，故可对DNA片段进行分离，但需要不同的胶浓度来达到此目的。原则是分辨大片段的DNA需要用浓度较低的胶，分辨小片段DNA则需要浓度较高的胶。

另外，为了便于测定待测DNA分子量的大小，往往同时在样品邻近的泳道中加入已知分子量的DNA样品，即标准DNA（DNA marker）进行电泳。标准分子量DNA可以用放射性同位素等进行标记，这样杂交后的标准DNA也能显影出条带。

3.凝胶中核酸的变性

对凝胶中的DNA进行碱变性，使它形成较短的单链片段。DNA样品在制备和电泳过程中始终保持双链结构。为了有效地实现Southern印迹的转印，非常有必要对电泳凝胶进行预处理。分子量超过10 kb的大分子DNA片段与较短的小分子DNA片段相比，需要更长的转印时间。所以，为了使DNA片段在合理的时间内从凝胶中转印出来，必须将最长的DNA片段控制在2 kb以下。DNA的大片段必须被打成缺口以缩短其长度。为此，通常是将电泳凝胶浸泡在0.25 mol/L的HCl溶液进行短暂的脱嘌呤处理后，再移至碱性溶液中浸泡，使DNA变形并断裂形成较短的单链DNA片段，再用中性pH的缓冲液中和凝胶中的碱性溶液。这样，DNA片段经过碱变性作用，可保持单链状态而易于同探针分子发生杂交作用。

4.转印

将凝胶中的单链DNA片段转移至固相支持物上。此过程最重要的是保持各DNA片段的相对位置不变。DNA是沿与凝胶垂直的方向移出并转移至膜上的，因此虽然凝胶中的DNA片段在碱变性过程已经变性成单链并已断裂，转移后各个DNA片段在膜上的相对位置与在凝胶中的相对位置仍然一样。

用于转膜的固相支持物有多种，包括硝酸纤维素膜、尼龙膜和滤纸等，可根据不同需要选择不同的固相支持物用于杂交，其中最常用的是硝酸纤维素膜和尼龙膜。常用的转膜方法包括毛细管虹吸法、电转移法和真空转移法，可根据实际情况选用。

5.探针的标记与制备

用于Southern印迹杂交的探针可以是纯化的DNA片段或寡核苷酸片段。探针可以用放射性同位素标记或用地高辛标记。标记探针的方法有随机引物法、切口平移法和末端标记法，具体参见探针的种类及其制备一节的内容。

6.预杂交

将固定于膜上的DNA片段与探针进行杂交之前，必须先进行一个预杂交的过程。因为能结合DNA片段的膜同样能够结合探针DNA，故在进行杂交前，必须将膜上所有能与DNA结合的位点全部封闭，这就是预杂交的目的。预杂交就是将转印后的膜置于一个浸泡在水浴摇床的封闭塑料袋中，袋中装有预杂交液，使预杂交液在膜上不断流动。预杂交液中主要含有鲑鱼精子DNA（该DNA与哺乳动物DNA的同源性极低，不会与探针的DNA杂交）、牛血清等，这些大分子可以封闭膜上所有非特异性吸附位点。

7.杂交

转印后的膜在预杂交液中温育4～6 h，即可加入标记的探针DNA（探针DNA预先经过热变性成为单链DNA分子），进行杂交反应。杂交是在相对高离子强度的缓冲盐溶液中进行的。过夜杂交后，在较高温度下用盐溶液洗膜。

离子强度越低，温度越高，杂交的严格程度越高。也就是说，只有探针和待测序列之间有非常高的同源性时，才能在低温高盐的杂交条件下结合。

8.洗膜

采用同位素标记的探针或发光剂标记的探针进行杂交时，还需注意的关键一步就是洗膜。在洗膜过程中，要不断振荡，不断用放射性检测仪探测膜上的放射强度。当放射强度指示数值比环境背景高1～2倍时，即可停止洗膜进入下一步。

9.显影与结果分析

根据探针的标记方法选择合适的显影方法，然后根据杂交信号的相对位置和强弱来判断目标DNA的分子量大小和拷贝数多少，同时还要结合前述使用的限制性内切酶对结果进行解释。因为Southern印迹杂交用途较多，故通常都需要结合实际情况对其结果进行合理解释和判读。

（二）应用

作为分子生物学经典的实验方法，Southern印迹杂交已经被广泛应用于生物医学基础研究、遗传病检测、DNA指纹分析等临床诊断工作中。它主要用于基因组DNA的分析，可以检测基因组中某一特定基因的大小、拷贝数、酶切图谱（反映位点的异同）和它在染色体中的位置。如果一个基因出现丢失或扩增，则相应条带的信号就会减少或增加；如果基因中有突变，则可能会有不同于正常的条带出现。

二、Northern印迹杂交

（一）基本原理与步骤

继分析DNA的Southern印迹杂交方法出现后，1977年Alwine等人提出一种与此相类似的、用于分析细胞RNA样品中特定mRNA分子大小和丰度的印迹杂交技术。为了与Southern印迹杂交相对应，科学家们则将这种RNA的印迹杂交方法趣称为Northern印迹杂交。

与Southern印迹杂交技术非常相似，Northern印迹杂交也是首先采用琼脂糖凝胶电泳对RNA样品进行分离，以将样品中分子量大小不同的RNA分离开来，随后将它原位转移至尼龙膜等固相支持物上，再用放射性（或非放射性）标记的探针与固定于膜上的RNA进行杂交，然后进行放射自显影（或化学显影），最后将阳性杂交信号的位置和强弱与标准的分子量标志物进行比较。根据阳性杂交信号的位置可判断待测RNA的相对分子量大小，而根据杂交信号的强弱则可判断待测RNA在所测样品中的相对含量（即待测RNA的丰度）。

但与Southern印迹杂交不同的是，RNA由于分子小，所以不需要事先进行限制性内切酶处理，可直接应用于电泳。此外，由于碱性溶液可使RNA水解，因此不采用碱变性，而是采用甲醛琼脂糖凝胶电泳等进行变性。

Northern印迹杂交的基本步骤如下。

1.RNA的提取

通常采用Trizol试剂或各种试剂盒进行提取。要检测高丰度mRNA（占mRNA总量的0.1%以上），一般提取总RNA即可。如果mRNA含量较少，可在总RNA的基础上提纯mRNA。

2.RNA的分离

主要采用含有甲醛的琼脂糖凝胶电泳对RNA按照分子量大小进行分离。

3.转印

将凝胶上已经分离的RNA原位转移至固相支持物上，固相支持物可以使用不带电荷的尼龙膜或醋酸纤维素膜。醋酸纤维素膜结合核酸的能力较低，约50～100 μg/cm^2，其结合能力与RNA的大小有关，并且其结合为非共价结合，易于在高温杂交的冲洗过程中从固相支持物上洗掉。在高温烘烤的过程中醋酸纤维素膜容易变脆，而不能经受高温杂交和冲洗；尼龙膜可以和核酸不可逆地共价结合，且比醋酸纤维素膜经久耐用，损坏后还可以修补，也可以采用电转移的方法进行转移。

4. 杂交

将转印至膜上的RNA与标记的探针分子杂交,并去除非特异性结合的探针分子。在杂交之前,通常还需向杂交袋中加入预杂交液,并放于68℃恒温水浴中进行预杂交,其目的是用非特异性的DNA分子及其他高分子化合物封闭待测核酸分子中的非特异性的结合位点,以减少杂交时的非特异性反应。

5. 显影与结果分析

根据探针的标记方法选择合适的显影方法,然后根据杂交信号的相对位置和强弱来判断待测mRNA的分子量大小和丰度。

(二)应用

Northern印迹杂交技术自出现以来,已得到广泛应用,成为分析真核生物mRNA最为常用的经典方法。和定量PCR技术相比,由于Northern印迹杂交使用了电泳,因此不仅可以检测目的基因的mRNA表达水平,而且还可以推测mRNA分子量大小以及是否有不同剪接体等。

三、Western印迹技术

(一)基本原理与步骤

印迹技术不仅可用于核酸分子的检测,也可以用于蛋白质的检测。蛋白质在电泳分离之后也可以转移并固定于膜上,相对应于DNA的Southern印迹和RNA的Northern印迹,该印迹方法则被称为Western印迹。

蛋白质印迹技术的过程与DNA和RNA的印迹技术基本类似,但也有很多不同之处,譬如Western印迹采用变性聚丙烯酰胺凝胶电泳进行蛋白质分离,利用免疫学的抗原–抗体反应来检测被转印的蛋白质,被检测物是蛋白质,"探针"是抗体,"显色"用标记的二抗。因为蛋白质印迹技术涉及利用免疫学的抗原–抗体反应来检测被转印的蛋白质,故也被称为免疫印迹技术(immuno-blotting)。

Western印迹的基本步骤如下。

1. 蛋白质样品的制备

该步骤中,应根据样品的组织来源、细胞类型和待测蛋白质的性质来选择合适的蛋白质样品制备方法。不同来源的组织、细胞、目标蛋白,蛋白质样品的制备方法也不相同。譬如细菌、酵母、组织培养的哺乳动物细胞和组织的蛋白质样品的制备方法明显不同,膜蛋白、核蛋白和可溶性蛋白的制备方法也明显不同。蛋白质样品制备好后可用Bradford比色法、Lowry法、二喹啉甲酸(BCA)比色法等来测定蛋白质浓度,其中以Bradford比色法最为常用。

2. 蛋白质样品的分离

主要采用不连续SDS-聚丙烯酰胺凝胶(PAGE)电泳对蛋白质样品按照分子质量大小进行分离。通常同时使用强阴离子去污剂SDS与某一还原剂(如巯基乙醇),并通过加热使蛋白质变性解离成单个的亚基后,再加样于电泳凝胶上。

3. 转印

将经过电泳分离的蛋白质样品转移到固相膜载体(多用硝酸纤维素膜或PVDF膜)上,固相载体以非共价键形式吸附蛋白质,且能保持电泳分离的多肽类型及其生物学活性不变。

转印方法采用电转印法,主要有水浴式电转印(湿转)和半干式电转印两种方式,参见图7-5。

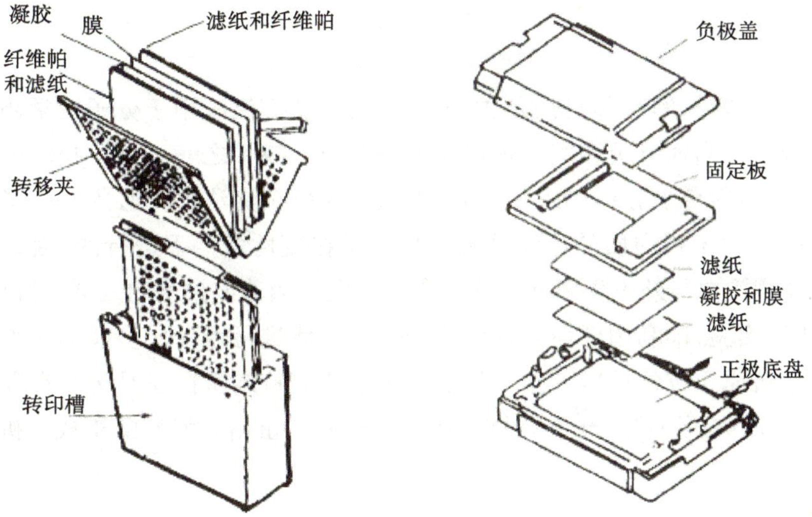

图7-5 水浴式(左)和半干式(右)电转印装置示意图

选择转印缓冲液时,应注意考虑离子强度及缓冲液的pH值。对于相对分子质量较大的蛋白质进行转印时,应适当降低转印缓冲液的离子强度。当某种蛋白质的等电点恰好等于转印缓冲液的pH值时,相关的蛋白区带不能从凝胶转印至固相支持物,故需改变转印缓冲液的pH值。此外还应根据凝胶电泳分离系统和被转印的目标蛋白的特性,在转印缓冲液中加入某种试剂以利于蛋白质的转印。通常在对SDS-PAGE后相对分子质量较小的蛋白质进行转印时,需在缓冲液中加入适量的甲醇;但对于相对分子质量较大的蛋白质和碱性蛋白质来说,则不宜加入甲醇。

4. 检测与结果分析

需要注意的是,在进行抗原—抗体反应之前,一般需用去脂奶粉等作为封闭剂对固相膜载体和一些无关蛋白质的潜在结合位点进行封闭处理,以减少背景信号和非特异性结合。

然后,以固相载体上的蛋白质或多肽作为抗原,与对应的抗体发生免疫反应,再与辣根过氧化物酶或同位素标记的第二抗体发生反应,最后通过底物显色、化学发光或放射自显影来检测目的蛋白的有无和所在位置及分子质量大小。

另外，还需要特别注意的是，应该针对待检测的目标蛋白选择合适的抗体用于检测。一般来讲，一种免疫球蛋白可优先识别其靶表位的某一特定构象（例如变性构象或天然构象），因此并非所有单克隆抗体都适用于Western印迹中对已经经过变性处理的靶蛋白进行检测（一些构象在变形处理时可能被破坏）。另一方面，多克隆抗血清则是由单一免疫球蛋白组成的不确定混合物，通常对其特异性、亲和力以及浓度均不清楚，因此也无法预测用特定多克隆抗血清来测定经过变性处理的靶蛋白上的不同抗原表位的效果。为此，在将未经验证的新抗体用于Western印迹实验中特定靶蛋白的检测时，需要注意设定相应的对照以确定该抗体用于靶蛋白检测的特异性，这些对照包括：不与靶蛋白反应的抗体（即免疫前血清或非相关单克隆抗体）和样品对照（即含有已知量靶抗原或完全不含有靶抗原的制品）。

（二）应用

作为分子生物学的经典实验方法，该技术已经被广泛应用于分子医学领域中蛋白水平的表达检测，是当代分析和鉴定蛋白质的最有效的技术之一。这一技术的灵敏度能达到标准的固相放射免疫分析的水平，而又无须像免疫沉淀法那样必须对靶蛋白进行放射性标记。此外，由于蛋白质的电泳分离几乎总是在变性条件下进行的，因此也不存在溶解、聚集以及靶蛋白与外来蛋白共沉淀等诸多问题。随着该技术的发展，其已经扩展为所谓的配体印迹实验，即利用任何与蛋白质结合的配体进行蛋白质多肽的检测和配体的检测，而不限于抗原–抗体反应。除了传统的用于测定特定蛋白质是否存在以及含量高低之外，Western印迹还可应用于结构域分析、抗体纯化、蛋白质氨基酸组成分析以及序列分析等方面。

四、斑点印迹

斑点印迹（dot blotting），也称斑点杂交，是先将被测的DNA或RNA变性后固定在滤膜上，然后加入过量标记好的DNA或RNA探针进行杂交。该法的特点是耗时短，操作简单，事先不用限制性内切酶消化或凝胶电泳分离核酸样品，可做半定量分析，可在同一张膜上同时进行多个样品的检测。根据斑点杂交的结果，可以推算出杂交阳性的拷贝数。该法的缺点是不能鉴定所测基因的相对分子量，而且特异性较差，有一定比例的假阳性。

五、反向杂交

与常规的分子杂交技术不同，反向杂交（reverse hybridization）则是用标记的样品核酸与未标记的固化探针DNA杂交，故称为“反向杂交”。这种杂交方法的优点是在一次杂交反应中，可同时检测样品中几种核酸。这种杂交方式主要用于进行核酸转录试验和多种病原微生物的检测。

六、原位杂交

原位杂交(in situ hybridization)是用特异性探针与细菌、细胞或组织切片中的核酸进行杂交,并进行检测的一种方法。在杂交过程中不需要改变核酸所在的位置。主要包括用于基因克隆筛选的菌落原位杂交、研究基因在细胞内的表达与定位以及基因在染色体上定位的组织或细胞原位杂交等方法。

(一)菌落原位杂交

菌落原位杂交技术于1975年由Grunstein和Hogness建立,主要用于基因克隆中阳性重组子以及基因文库的筛选,以期从大量的细菌克隆中鉴定含有目的基因片段的阳性克隆。其基本过程是:首先将细菌菌落从琼脂培养板上转印到硝酸纤维素膜上,然后将膜上的菌落裂菌以释出DNA并将释放出来的DNA烘干固定于膜上,再与放射性标记的探针杂交,放射自显影检测菌落杂交信号,并与平板上的菌落对位,通过对杂交结果的分析确定含有目的基因片段的阳性克隆。

(二)真核细胞或组织的原位杂交

该技术最早应用于20世纪60年代末期,依据检测物的不同分为细胞内原位杂交和组织切片内原位杂交两种,但不论哪种杂交,都必须经过组织细胞的固定、预杂交、杂交和冲洗等一系列步骤及放射自显影或免疫酶法显色,以显示杂交结果。

在进行真核细胞或组织的原位杂交时,细胞需经适当处理以使其通透性增加,让探针进入细胞内与DNA或RNA杂交,因此真核细胞或组织的原位杂交可以确定探针的互补序列在胞内的空间位置,这一点具有重要的生物学和病理学意义。例如,对致密染色体DNA的原位杂交可用于显示特定序列的位置;对分裂期间核DNA的杂交可确定特定核酸序列在染色体上的精确定位;与细胞RNA的杂交可精确分析任何一种RNA在细胞和组织中的分布;还可用特异性的细菌、病毒的核酸作为探针对组织、细胞进行杂交,以确定有无病原体的感染等。此外,由于原位杂交能在成分复杂的组织中进行单一细胞的研究而不受同一组织中其他成分的影响,因此,对于那些细胞数量少且散在其他组织中的细胞内DNA或RNA的研究更为方便。原位杂交也不需要从组织中提取核酸,对组织中含量极低的靶序列有极高的敏感性,并可完整地保持组织和细胞的形态,更能准确地反映出组织与细胞的相互关系及功能状态。荧光原位杂交效果图见图7-6。

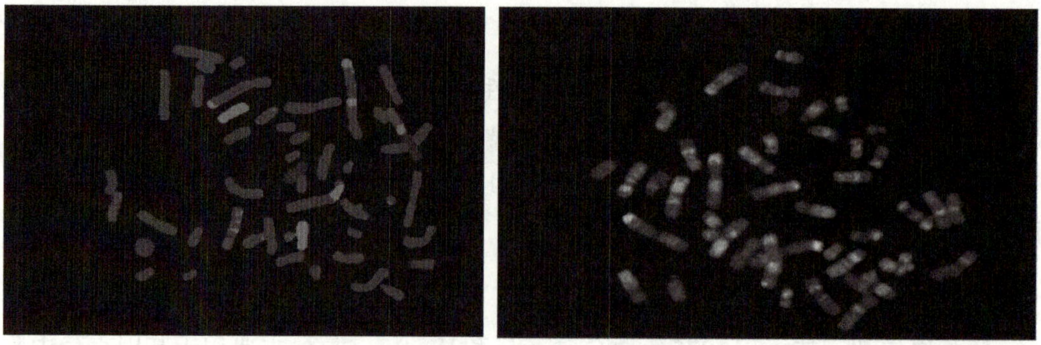

图7-6 荧光原位杂交效果图

总之，该类杂交方法是在组织或细胞内进行DNA或RNA精确定位和定量的特异性方法之一，它对于研究基因表达的规律、基因定位，以及病原微生物的检测均有广泛的应用前景。随着方法学的不断发展与完善，检测的灵敏性、特异性及方法的简捷、快速、无害、稳定使它有更为广泛的应用前景，这必将对医学及生物学的研究产生极大的推动作用。

思考题

1. 简述分子杂交与印迹技术的区别与联系。

2. 请简要比较Southern印迹杂交、Northern印迹杂交与Western印迹技术三种技术的相同点与不同点。

参考文献

[1]王廷华，MERLIO J P. 分子杂交理论与技术. 2版. 北京：科学出版社，2009.
[2]宋方洲，何凤田. 生物化学与分子生物学实验. 北京：科学出版社，2008.

（卜友泉 李海玉 宋方洲）

第八章 PCR技术及其相关技术的发展和应用

聚合酶链反应(polymerase chain reaction,PCR)是一种模拟天然DNA复制过程的核酸体外扩增技术。1985年Kary Mullis最初发明该技术时,其操作繁琐。几年之后,耐热聚合酶的引入使其操作实现了自动化,从此PCR成为快速、灵敏和特异的核酸扩增的代名词,被作为一种基本的分子生物学技术而广泛应用于生命科学的各个领域。根据研究和应用的不同目的,人们在PCR的基本思路上开发出多种衍生技术,其也被广泛应用于相关领域。尤其是在1989年,荧光定量PCR被开发出来,其快速、准确、灵敏等优点使它很快地成为临床试验诊断学的一个技术热点,已被广泛用于临床多种疾病的诊断和治疗监测。本章主要介绍了PCR及其相关技术的原理、技术特点和应用。

第一节 PCR技术简介

PCR反应是指在体外条件下,利用DNA聚合酶通过多次循环的合成反应,催化一段特异DNA片段的合成。通过多次合成反应,目的DNA片段可被大量特异地合成。典型的PCR反应液包含:耐热DNA聚合酶(如*Taq* DNA聚合酶)、特异的寡核苷酸引物(primer)、4种dNTP、DNA模板(DNA template)及含有必需离子的反应缓冲液。PCR的特异性则来源于引物,即一对与待扩增DNA序列两翼互补的寡核苷酸片段,其本质为单链DNA片段,PCR反应根据特异的引物而特异性地扩增出目的片段。

一、PCR的基本步骤

PCR类似于DNA的天然复制过程,其基本步骤为变性(denaturation)、退火(annealing)和延伸(extension)。变性使双链模板DNA在高温下(一般94℃左右)分解为单链分子,以便于引物的结合;退火即降低反应温度(一般50℃左右),从而使引物与模板单链DNA中特异的序列结合,提供DNA复制起始的3′-OH;延伸即在DNA聚合酶适宜的温度下(一般为72℃),根据碱基互补配对原则,催化引物从5′到3′方向进行DNA链的延伸,合成新的DNA

分子。PCR反应将这三个步骤组成一个循环，每经过一个循环，含有目的DNA片段的分子拷贝数可增加一倍，而合成的产物又可作为下一个循环的模板。这样经过n轮循环后，目的DNA片段的分子拷贝数理论上呈2^n增长（如图8-1）。如一个目的DNA片段经过25轮循环后，其拷贝数将达到2^{25}，即原来的33 554 432倍，从而使目的DNA分子数目得到极大的扩增。

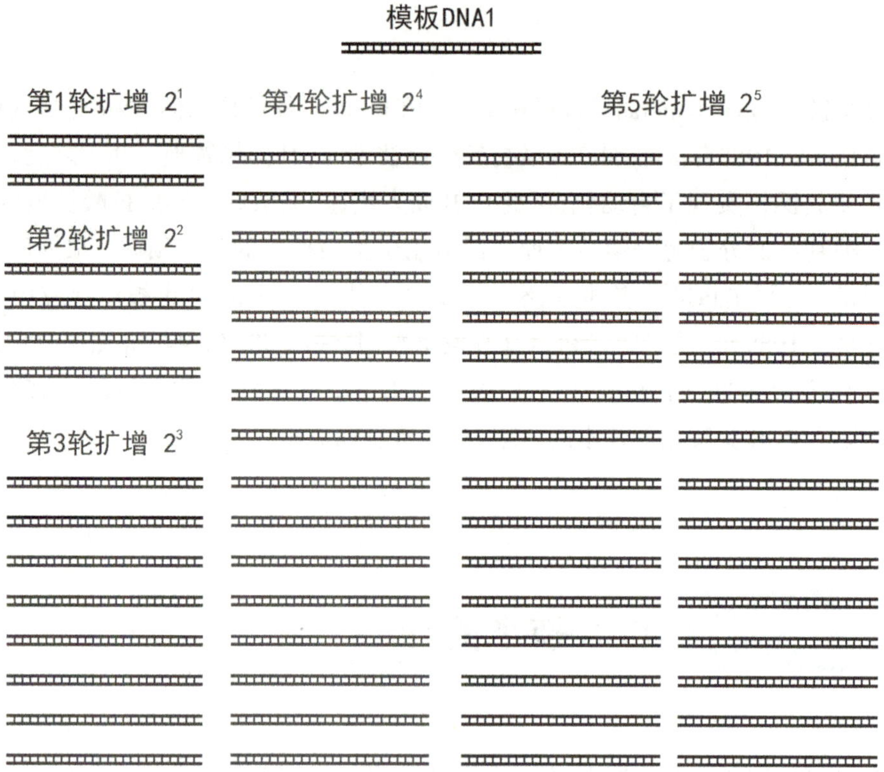

图8-1　PCR扩增产物指数级增加原理图

PCR反应经过一个变性、退火、延伸的循环，含目的DNA片段的分子拷贝数就增加一倍。新合成的产物又作为下一个循环的模板，这样经过n轮循环后，含目的DNA片段的分子拷贝数为原始拷贝数的2^n倍。

二、PCR的影响因素

PCR反应液含有多种成分，各种成分的质量及浓度对PCR反应的成败及好坏都有不同程度的影响。PCR反应循环包括3个不同的温度，其反应的温度和维持时间的长短也是影响PCR反应的主要因素。下面我们逐个讨论一下这些因素对PCR反应的影响。

（一）DNA模板

PCR的模板可以是基因组DNA，或是逆转录于RNA的cDNA。PCR对模板DNA的质量要求不高，只要是含有目的DNA序列的样本，都可以作为PCR的模板。研究实验的模板可以来自培养的细胞或组织块，临床检测的模板可以来自血、羊水等各种体液和手术样本（如肿瘤组织），法医学检测的模板可以来自毛发、血迹和精斑等痕量样本。除了新鲜标本，石蜡包埋的样本，甚至来源于化石的远古生物DNA也可以作为模板。有时样本可以不需要纯化，如煮沸后的细菌混悬液即可作为PCR模板。除了分离提取的DNA片段，通过PCR扩增得到的产物，经过适当处理后，也可以作为模板再扩增。

大多PCR扩增的片段都是较短的DNA分子（200～1 000 bp），因此并不需要高分子量（完整性好）的模板DNA，断裂较厉害的DNA分子（如石蜡组织）也能被有效地扩增。但某些组织处理因素如含有苦味酸的固定剂、组织脱钙处理等可极大地损坏DNA分子，不能用于PCR扩增。另外，蛋白酶、核酸酶、DNA结合蛋白质及DNA聚合酶抑制剂等对PCR反应都有抑制作用。

从理论上讲只要有一个拷贝的目的DNA分子，都能被扩增出来，但普通PCR并没有100%的效率，因此要求模板有一定拷贝数。但模板浓度过高时会导致非特异性产物增加，因此基因组DNA作模板时浓度一般为1 μg/mL左右，质粒DNA作模板时为10 ng/mL左右。

（二）引物

引物，即与待扩增DNA片段两翼互补的一段特异的寡核苷酸片段，是PCR反应中最关键的因素，因此引物序列的设计对于PCR成功是非常重要的。能引导PCR产物高效扩增的引物应当满足3条基本原则：序列高度特异（不易与非目的DNA片段结合，即发生错配）、引物自身或引物之间避免形成稳定的二级结构、能与靶DNA序列非常稳定地结合。引物一般通过软件进行设计，常用软件有Primer Premier、The Primer Generator、Net Primer等，具体设计时应注意如下要点：

（1）引物的长度：一般为18～24 bp，足够的长度是保证其序列独特性的必要条件，但长度大于24 bp的引物并不意味着有更高的特异性，因为较长的序列易含有可与错误序列配对的短片段，从而引起错配。同时较长引物的退火速度比短引物慢，另外引物序列过长可能导致其退火温度很高，甚至高于延伸温度（72℃），不利于*Taq* DNA聚合酶进行反应，从而降低产量。

（2）碱基分布的均衡性：即引物中四种碱基最好是随机分布的，尽量避免出现聚嘌呤或聚嘧啶的现象，同一碱基连续出现不应超过5个。引物的GC含量一般在40%～60%之间，引物GC含量太低会导致其T_m值较低，从而在PCR反应时必须使用较低的退火温度，降低PCR的特异性。一对引物的GC含量和T_m值不能差别太大，T_m值的差异如果超过5℃，则会由于在循环中使用较低的退火温度而增加错误引导，导致非特异扩增。

引物的T_m值可通过公式：$T_m=4(G+C)+2(A+T)$进行大致的估算，该公式适用于18个碱基以下的序列。近邻分析法是确定引物T_m值最可信的方法，目前大部分计算机程序使用的是近邻分析法。引物T_m值并不是固定不变的，它与溶液中的离子强度相关，因此有时会发生软件预测出来的T_m值与引物合成公司所报告的T_m值有差别的情况。

(3)引物的二级结构：理想的引物中最好不要出现二级结构，如果不能避免，一般情况下引物二聚体及发夹结构的能量值不能过高（ΔG的绝对值<4.5 kcal/mol）(1 kcal=4.184 kJ)，否则引物自身或之间易相互结合而产生引物二聚体，降低引物有效浓度，影响DNA聚合酶的延伸，降低PCR效率。

(4)引物的两端：引物的3′端对于PCR成功的影响较大，应避免出现3个以上的连续碱基，如GGG或CCC，否则会导致引物在G+C富集序列区错误引发，产生非特异条带。同时引物3′端应避免形成二级结构，否则会导致PCR失败。5′端序列对PCR影响不太大，因此可在5′端引入非模板依赖性序列，以便于后续实验，常见的引入序列包括：限制性核酸内切酶位点序列、点突变位点、核素或非放射性物质标记等。

(5)引物的特异性：引物序列应当避免存在与模板具有较高相似性的序列，尤其是3′端，否则容易导致错配。其特异性可通过同源性比较分析予以鉴定，这项工作可以通过在线网站进行分析：最常用为BLAST（网址为https://blast.ncbi.nlm.nih.gov/Blast.cgi）、Clustal W（网址为https://www.ebi.ac.uk/Tools/msa/clustalo/；https://www.ebi.ac.uk/clustalw/）。也可以通过下载软件不联网进行操作，如BLAST、OMIGA、Clustal X等软件，这些软件都可以进行两两或多序列之间的比较，选取特异性的序列作为引物。

PCR反应要求适宜的引物浓度。浓度过高会导致非特异性产物增加，且易形成引物二聚体，同时非特异产物和引物二聚体可与模板分子竞争使用聚合酶、dNTP和引物等，导致PCR产量降低。若引物浓度不足，则会由于没有足够的引导链而导致PCR扩增效率大大降低。引物的浓度通常为0.1～1.0 μmol/L。

引物的纯度对于PCR的影响并不太大。目前公司合成引物常见的纯化方式有C18脱盐、OPC（oligonucleotide purification cartridge）纯化、PAGE纯化和HPLC纯化等。对于大多数普通PCR来说，OPC纯化的引物能够有效地引导扩增。对于较长的引物，尤其是大于50个碱基，以及经过修饰或标记的引物，可能需要PAGE纯化或HPLC纯化引物。

（三）耐热DNA聚合酶

目前用于PCR反应的DNA聚合酶都具有良好的耐热性，这是它们能够用于PCR自动化反应的前提。*Taq* DNA聚合酶（*Taq* polymerase）是最早用于PCR的耐热聚合酶，也称为*Taq*聚合酶，因来源于嗜热水生菌（*Thermus aquaticus*）而命名为*Taq* DNA聚合酶。*Taq* DNA聚合酶具有良好的热稳定性，在97.5℃的半衰期超过6 min，因此在PCR循环的高温条件下仍能保持较高的活性。*Taq* DNA聚合酶在95℃的半衰期为40 min，因此一般PCR变性温度最好不要超过这个温度。*Taq* DNA聚合酶是目前发现的耐热DNA聚合酶中酶活性最高的一种，达200 000 U/mg，在催化DNA合成的最适温度（72～80℃）下，每个酶分子每秒可催化合成150个核苷酸。正是由于它的出现，才使得PCR从繁琐的手工操作变成了简便易行的自动化流程。

Taq DNA聚合酶除了具有5′→3′方向的聚合酶活性外，还有5′→3′方向的外切酶活性和逆转录酶活性，这两种酶活性在普通PCR反应中不会影响DNA的聚合。*Taq* DNA聚合酶还具有非模板依赖性活性，可在双链PCR产物每一条链的3′端加上单核苷酸尾，使PCR产物的3′端突出一个单A核苷酸尾，这一特性被应用于PCR产物的T-A克隆。由于缺乏3′→5′外切酶活性的校正功能，*Taq* DNA聚合酶的保真性相对较低，出错率为10^{-5}～$2×10^{-4}$，这是它最大的缺点。

天然*Taq* DNA聚合酶含有832个氨基酸，分子质量为94 kDa。目前市面上的*Taq* DNA聚合酶多为重组蛋白，即大肠杆菌中的表达产物，具有天然蛋白的一切特性。另外还有一种stoffel片段，是由Cetus公司的Stoffel发明的，该酶去除了*Taq* DNA聚合酶的5′→3′外切酶活性片段（N端的289个氨基酸），这一修饰使酶在97.5℃的半衰期提高到20 min。

Taq DNA聚合酶活性受多种因素的影响，其中Mg^{2+}是最重要的一个因素，因为*Taq* DNA聚合酶的酶活性需要游离Mg^{2+}的激活。总dNTP浓度在0.7～0.8 mmol/L，Mg^{2+}浓度为2.0 mmol/L时激活能力最高，超过此浓度即会产生抑制作用。10 mmol/L Mg^{2+}可抑制酶活性达40%～50%。dNTP能与Mg^{2+}结合，因此dNTP浓度增加可降低游离Mg^{2+}浓度。一般来讲总dNTP浓度高至4～6 mmol/L时，*Taq*聚合酶活性可降低约20%～30%，即产生底物抑制作用。K^+也有激活*Taq*聚合酶的作用，最佳浓度为50 mmol/L，超过此浓度则有抑制作用，超过200 mmol/L的KCl可使酶失活。而50 mmol/L NH_4Cl、NH_4Ac和NaCl可产生中度的酶活性抑制作用。

乙醇和尿素这两种有机物对*Taq* DNA聚合酶的活性影响不大，而有些有机物在低浓度时对酶活性的影响不大，但在浓度较高时会不同程度地抑制*Taq*聚合酶的活性，如二甲亚砜（DMSO）、十二烷基硫酸钠（SDS）、二甲基甲酰胺（DMF）和甲酰胺等（见表8-1）。

表8-1 有机溶剂对*Taq*聚合酶活力的抑制作用表

物质	浓度/%	酶活力/%
二甲亚砜	<1	100
	10	53
	20	11
二甲基甲酰胺	<5	100
	10	82
	20	17
甲酰胺	<10	100
	15	86
	20	39
十二烷基硫酸钠	0.001	105
	0.01	10
	0.1	<0.1

注：用鲱鱼精DNA为模板进行DNA合成，计算70℃下，10 min内dNTP的渗入量，标准条件的渗入量定为100%。

PCR反应需要适宜的DNA聚合酶浓度，酶浓度过高会导致反应特异性下降，酶浓度过低则直接影响PCR产量。一般50 μL PCR反应体系中*Taq* DNA聚合酶的用量为0.5～2.5 U，不同体系可根据实际情况进行调整。

除了*Taq* DNA聚合酶，目前还有多种耐热聚合酶被应用于PCR，可根据不同的实验目的进行选择。

1.*Tth* DNA聚合酶

从嗜热栖热菌（*Thermus thermophilus*）HB8中分离而得，该酶在高温和$MnCl_2$存在的条件下，能有效地逆转录RNA。当螯合了Mn^{2+}，加入Mg^{2+}后，该酶的聚合活性大大增加。因此该酶可顺次催化cDNA合成与PCR扩增，实现基因单管单酶的RT-PCR扩增检测。与传统的AMV和MMLV逆转录酶相比，*Tth*酶的逆转录反应是在高温下进行的，能有效解除RNA中的二级结构，更适合于有复杂二级结构DNA片段的扩增。但*Tth*酶扩增长链DNA的能力不及*Taq* DNA聚合酶，而逆转录能力不及AMV和MMLV逆转录酶。

2.*Vent* DNA聚合酶

从栖热球菌（*Thermococcus litoralis*）中分离出的，又称*Tli* DNA聚合酶，它处于100℃高温2 h以上仍有活力。该酶不具有5′→3′外切酶活性，但具有3′→5′外切酶活性，具有校对功能，保真性比*Taq* DNA聚合酶高一倍。另外该酶扩增长片段的功能较强，可扩增大于12 kb的模板DNA。

3.*Pfu* DNA聚合酶

该酶是从*Pyrococus furisus*菌株中纯化而得。它具有3′→5′外切酶活性的校对功能，催化DNA合成的忠实性比*Taq*聚合酶高12倍，是已知DNA聚合酶中，保真性最高的聚合酶。该酶的热稳定性也非常好，97.5℃的半衰期大于3 h。*Pfu* DNA聚合酶主要用于克隆表达基因片段的合成，用于DNA突变实验。*Pfu* DNA聚合酶的不足之处是扩增能力较差，2 kb以上的基因扩增需要优化反应条件。

（四）脱氧核糖三磷酸

脱氧核糖三磷酸（dNTP）为PCR反应的底物，用于常规PCR扩增的dNTP由dATP、dGTP、dCTP和dTTP等组成。如果一个反应体系4种dNTP的摩尔浓度不等，则易诱发聚合酶的错误掺入，降低新链合成速度。dNTP为酸性物质，一般保存于含有NaOH或Tris的缓冲液中（pH为7.0左右），冻于-20℃。dNTP反复冻融易发生降解，因4种dNTP的稳定性不同，发生降解的程度不同，导致4种dNTP的浓度不一致，从而影响PCR效率和正确率。因此dNTP最好小量分装保存，减少反复冻融的次数。

dNTP的终浓度一般在100～200 μmol/L之间，浓度过低会降低反应产量，甚至得不到产物，而高浓度的dNTP不仅易导致错误碱基的掺入，且因可与Mg^{2+}络合而产生底物抑制作用，从而降低聚合酶活性。

含dUTP的核酸可被UNG酶水解，因此在临床检测中，多采用dUTP代替dTTP作为底物进行PCR扩增检测。在进行新的PCR检测前，先用UNG酶处理，可将先前合成的核酸降解掉，从而大大减少由于扩增子污染而导致的假阳性。

（五）Mg^{2+}浓度

Mg^{2+}是*Taq*聚合酶的激活剂，浓度一般采用1.5～2.0 mmol/L。Mg^{2+}浓度过低会使DNA聚合酶活性降低，导致PCR产物量下降；若浓度过高则会使聚合酶的忠实性下降，导致非特异性产物增加，甚至产生弥散背景，即smear现象。另外，Mg^{2+}浓度还影响引物的退火温度、模板与PCR产物的解链温度。由于PCR反应体系中的模板、引物和dNTP及螯合剂（如EDTA）等均可与Mg^{2+}结合，降低Mg^{2+}的实际浓度，因此这些物质的浓度过高时也会导致聚合酶活性降低，使PCR产物量降低。

（六）反应参数

PCR的反应参数包括变性、退火及延伸的时间和温度，以及反应的循环次数，其中最关键的因素是变性与退火的温度。

1. 变性温度和时间

变性的目的是使双链模板DNA解链，为退火反应提供单链DNA模板。PCR反应一般选用的变性温度为90～95℃。若变性温度不够，模板解链不完全，则退火时靶序列会很快复性，不与引物结合，PCR反应将不会被启动。但温度过高又会导致*Taq* DNA聚合酶的活性快速降低，减少PCR产量，因此最高变性温度不宜超过95℃。

DNA变性时间并不需要过长，一般为30～60 s。高温变性的维持时间应尽量缩短，以保持*Taq* DNA聚合酶的活力。由于一般模板DNA链都比较长，因此PCR反应在循环开始之前都有一个时间较长（2～5 min）的预变性过程，以保证模板DNA链完全变性，启动PCR反应。

2. 退火温度与时间

退火温度对PCR反应特异性及产量有决定性的影响。温度越低，引物与靶DNA就越容易结合，但严谨性也较低，因此这时PCR的产量可能较高，但易出现错配，得到非特异性扩增产物。因此对于有错配的引物，一般可以选择较低的退火温度，以保证得到目的片段。温度相对较高时，产物的特异性较高，但引物与靶DNA的结合不太稳定，因此扩增效率降低，PCR产量较低。不同的PCR反应，退火温度因其不同的引物序列特性而不同，需要一系列实验进行摸索。一般有两种方式：一种为由低到高设置一系列的退火温度，从37℃开始，最高可到延伸温度72℃，进行PCR反应，即梯度PCR，通过电泳观察PCR产物，条带单一、片段长度正确、产量较高的条带对应的温度即为最适退火温度；另一种则根据引物的（G+C）含量进行推测，选择比引物T_m值低5℃的温度为实验的起始点进行条件摸索。由于引物很短，因此在常规PCR反应时退火时间不需要很长，一般30 s内即可。

3. 延伸温度与时间

延伸温度的选择取决于 *Taq* DNA 聚合酶的最适温度，一般为72℃。在此温度时聚合酶每分钟可延伸超过1 kb的长度，因此一般小于500 bp的片段延伸时间在30 s以内。对于更小的扩增片段如短于150 bp的片段，则可省略延伸这一步，而变成双温循环，因为 *Taq* DNA聚合酶在退火时足以完成短序列的合成。对于1 kb以上的DNA片段，可根据片段长度选择延伸时间。

4. 循环次数

循环次数与模板的浓度有关，模板浓度较低，则循环次数越多。常规PCR一般选择25～40个周期。循环反应的次数太少，会导致产率偏低，但循环次数并不需要过多，否则会导致非特异性背景严重，复杂度增加。

第二节 基于PCR的相关技术

PCR技术实质就是一种DNA的快速扩增技术，因此被广泛应用于多个领域。在这个过程中，为了满足不同的需要，科研人员对PCR技术进行了多种改进，如普通PCR只能采用DNA为模板，而很多时候我们需要对RNA序列进行分析，因此人们发明了逆转录PCR以扩增RNA序列。随着PCR的广泛应用，基于PCR的相关技术也越来越多，表8-2为目前常用的一些PCR相关技术。本节重点介绍其中应用较多的4种技术：逆转录PCR、反向PCR、突变PCR和原位PCR。

表8-2　常见的基于PCR的相关技术

名称	主要用途
逆转录PCR	扩增mRNA片段
巢式PCR	提高PCR敏感性、特异性，分析突变
多重PCR	同时检测多个突变或病原
反向PCR	扩增已知序列两侧的未知序列，致产物突变
单侧引物PCR	通过已知序列扩增未知cDNA
锚定PCR	分析具备不同末端的序列
固相PCR	有利于产物的分离
突变PCR	DNA突变分析
原位PCR	研究表达基因的细胞比例等
免疫PCR	提高检测的灵敏度

一、逆转录PCR

逆转录PCR(reverse transcription PCR,RT-PCR)是扩增RNA的PCR反应,包括两个步骤:①在单引物的介导下以RNA为模板,利用逆转录酶催化合成RNA的互补链cDNA,即逆转录;②以cDNA为模板,在特异性引物的引导下,扩增合成靶DNA分子,即普通PCR。由于RT-PCR结合了PCR技术,因此该技术较其他RNA分析技术如Northern blot、RNase保护分析、原位杂交等具有更高的灵敏性,且操作简便易行。RT-PCR是进行基因表达分析的一种快速灵敏的方法,可用于对表达信息进行检测或定量,如基因表达的差异比较、RNA病毒的分子诊断等。

(一)RT-PCR的影响因素

RT-PCR包括逆转录和PCR两个过程,其中RNA的逆转录过程是关键步骤,其中最重要的两个影响因素为RNA模板和逆转录酶。

1.模板对RT-PCR的影响

对于真核细胞来讲,逆转录的模板可以为总RNA也可以是带有poly(A)尾的mRNA,而原核细胞由于几乎不存在含poly(A)尾的mRNA,都采用总RNA作为模板。

RT-PCR对RNA制品的纯度和完整性要求都极为严格,首先作为模板的RNA分子必须是完整的,否则很可能导致所需要扩增的目的序列没有被逆转录成cDNA,从而导致PCR结果呈假阳性。并且RNA制品不能含DNA、蛋白质等杂质。未除净的蛋白质将与RNA结合而影响逆转录和PCR;若残存RNase,则RNA极易被降解,导致整个实验失败;DNA污染尤其需要避免,因为DNA可直接作为PCR的模板,因此RNA中即使含有极微量的DNA,也可能由于PCR的灵敏性而导致假阳性结果出现,因此在进行用于RT-PCR的RNA提取时,一定要采用高质量的不含RNase的DNase(如DNase I)进行处理,彻底去除DNA的污染。酸性硫氰酸胍-酚-氯仿法是最常用的提取RNA的方法,商品化试剂"Trizol"的主要成分就是异硫氰酸胍和酚,提取的RNA可满足大多数RT-PCR的要求。

2.逆转录酶对RT-PCR的影响

逆转录反应中使用的逆转录酶主要有两种:①AMV逆转录酶是来源于禽类成髓细胞性白血病病毒(avian myeloblastosis virus,AMV)的逆转录酶;②MLV逆转录酶是来源于莫洛尼鼠类白血病病毒(moloney murine leukemia virus,MO-MLV)的逆转录酶。AMV逆转录酶包括两个具有多种酶活性的亚基、依赖于RNA的DNA聚合酶、依赖于DNA的DNA聚合酶和降解DNA-RNA杂交体的RNA部分的RNase H酶活性。MLV逆转录酶只有单个多肽亚基,具有与AMV逆转录酶一样的多酶活性,但降解DNA-RNA杂交体中的RNA部分的能力较弱。MLV逆转录酶能合成大于2 kb的较长cDNA,但对热的稳定性较AMV逆转录酶差。因此一般情况下多用MLV酶进行逆转录,但模板RNA的二级结构严重影响逆转录时,可提高温度改用AMV酶进行逆转录,因后者最适温度为72℃,较高的反应温度有助于消除RNA的二级结构。

3.逆转录引物对RT-PCR的影响

引导逆转录合成的引物有3种:随机引物、oligo(dT)或基因特异性的引物(GSP)(如图8-2)。随机引物一般为6～10个寡聚核苷酸链,含有4种碱基的任意组合,可在整个RNA链的多个位点进行结合,引导合成长短不一的cDNA,原核生物常用随机引物。oligo(dT)能与真核生物mRNA的poly(A)尾特异性结合,因此真核生物常用12～18 nt的oligo(dT)作为引物,可引导全长mRNA的合成。有时为了提高扩增的特异性,我们可选用GSP,但GSP一次只能针对一个基因,不适合于多基因检测或表达差异比较的研究。

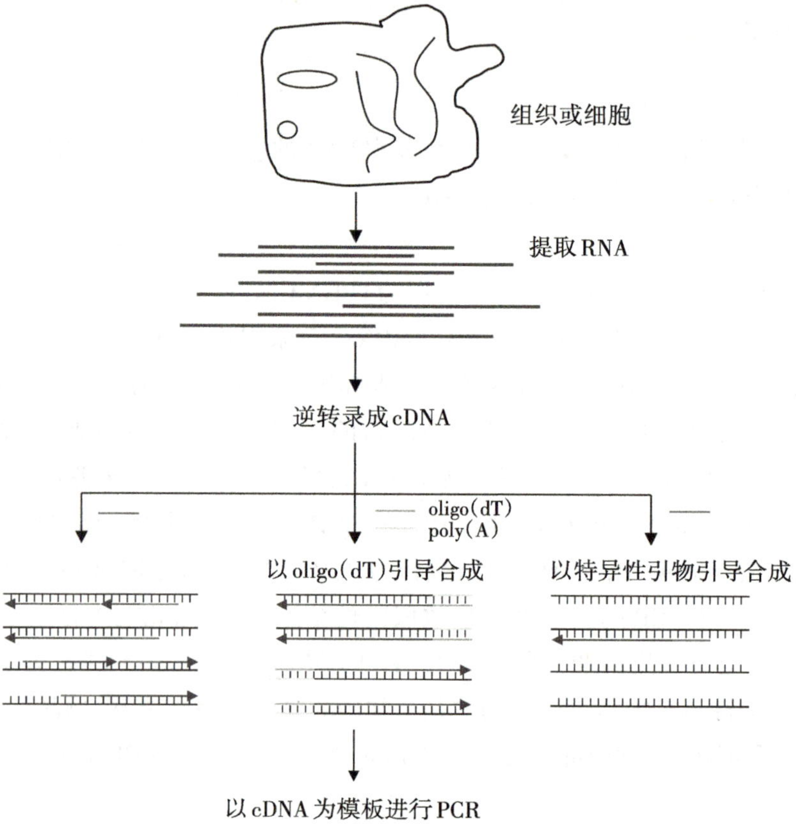

图8-2　RT-PCR流程图

(二)RT-PCR的类型

RT-PCR可以通过一步法或两步法的形式进行。在两步法RT-PCR中,首先在逆转录缓冲液中进行cDNA的合成,然后取出1/10的反应产物进行PCR。由于两步法中逆转录和PCR是分开进行的,二者采用不同的酶催化,可根据具体的情况调整各自反应条件,因此每一步都可在其最优条件下进行。两步法是目前最常用的RT-PCR方法。在一步法RT-PCR中,逆转录和PCR反应在一支管中顺次进行。通常其反应液中包含两种酶:一种为逆转录酶,催化逆转录反应;另一种为耐热DNA聚合酶,其聚合酶活性在逆转录阶段被特异性抗体抑制,当逆转录反应结束进行到PCR反应时,高温使其抗体失活,抑制作用消失,耐热DNA聚合酶被热激活，完成PCR反应。一步法RT-PCR也可只由一种酶进行催化，如Cetus公司推出的*Tth* DNA聚合酶，同时具有逆转录酶和耐热DNA聚合酶的活性，能够分别进行逆转录和PCR反应。一步法操作简单，自动化程度高，且由于步骤的减少而减少了交叉污染的机会，因此非常适合临床样本的检测。

二、反向PCR

许多情况下，我们都希望了解已知序列旁侧的序列信息，如转座子或病毒整合位点的基因组序列、已知基因的上游启动子序列，这是常规PCR无法做到的。反向PCR（inverse PCR，IPCR）可扩增出已知序列旁侧的未知DNA片段，被广泛用于分析邻接已知DNA片段的序列。另外，利用反向PCR还可将仅知部分序列的全长cDNA进行分子克隆，得到全长cDNA探针。

（一）反向PCR的原理

常规PCR扩增的是已知序列的两引物之间的DNA片段。反向PCR（原理见图8-3，彩图见二维码）采用的引物仍与核心DNA区两末端序列互补，但两引物3′端是相互反向的，即反向引物。在进行PCR前，先用已知序列内部没有切点的限制性内切酶对该段DNA进行酶切，然后用连接酶将带有黏性末端的靶序列连接环化，这时反向引物即可引导未知序列相向合成，与常规PCR无异，其扩增产物即为两引物旁的未知序列。

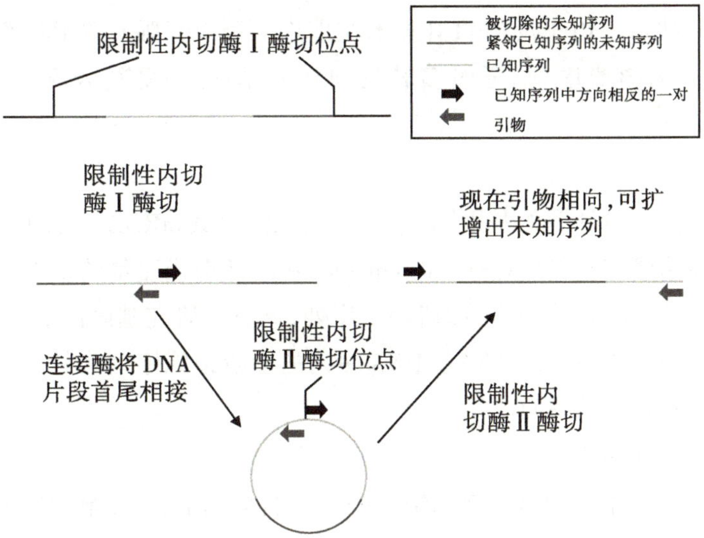

图8-3　反向PCR原理示意图

反向PCR的步骤主要包括：

（1）提取基因组DNA，采用适合的限制性内切酶酶切（如图8-3，红色表示已知序列，彩图见二维码）。

（2）用连接酶连接酶切片段，含有已知序列的未知旁侧序列可以发生自身环化，形成一个环状结构，这样反向的引物在未知序列部分就变成方向相向的状态。

(3)进行常规PCR,未知序列即被扩增出来。

(4)测序,即可得到未知序列的信息。

反向PCR的主要优点是简单快速,但该方法并不适合所有未知序列的分析:①反向PCR需要选择一种限制性内切酶,该酶切位点不存在于已知的核心DNA序列,同时该酶能将核心DNA序列酶切,得到合理大小的DNA片段。环化后一对引物之间的片段适合用于PCR扩增,太短太长都不好,尤其是太长则不可能得到扩增产物。因此有些时候选择不到合适的限制性内切酶,就不能采用该法进行未知序列的分析。②反向PCR常用于染色体步移分析未知染色体序列,然而大多数真核基因组含有大量中度和高度重复序列,通过反向PCR得到的探针若正好包含这类序列,则可能与多个含有这些序列的YAC或cosmid质粒杂交,从而不能得到准确的信息。

(二)反向PCR的应用

人们最早建立反向PCR的主要目的是获得转座子或病毒在基因组中的整合位点及相关序列信息。随着科技的发展,如今反向PCR已被应用到更广阔的领域,包括基因测序时大片段DNA的克隆、获得启动子序列、小质粒的DNA定点突变、鉴定插入失活基因等。下面对其应用进行一个简单的介绍。

1.基因测序时大片段DNA的克隆

鸟枪法测序是目前较为快速有效的基因组测序策略,但鸟枪法测序获得的基因组序列总是存在一些缺口。由于反向PCR技术在理论上可以无限克隆其旁侧的序列,因此以缺口边缘的序列为核心序列,通过多轮反向PCR,即可获得其旁侧的大片段未知序列信息。

2.获得启动子序列

在进行人类基因组计划的基因图谱绘制时,人们对其mRNA产物进行序列分析,因此获得了大量的表达序列标签(expressed sequence tag,EST)或完整的cDNA序列。但这些序列并未包含调控基因的相关序列,如启动子序列,这对于研究基因的表达及功能是极为不利的。利用反向PCR技术,以EST或cDNA序列的上游边缘序列为核心序列,则可方便快速地获得其上游的启动子序列。

3.小质粒的DNA定点突变

由于质粒是一个环状DNA分子,因此设计一对尾尾相对的引物,则可将其全序列扩增出来。那么将引物设计在需要突变的位点,通过突变引物进行PCR扩增,则可得到含突变子的质粒全序列,再将它环化,就可得到定点突变的质粒。如果在引物中设计好限制性酶切位点,则质粒可通过酶切后的黏端而环化。由于PCR扩增长度的限制,这种方法一般用于3.1 kb以下的质粒突变。

4.鉴定插入失活基因

通过转座子随机插入的方法是构建微生物突变体库的一种常用方法,通过这种方法可以得到多种表型的突变体,然而该突变到底是哪个基因被插入失活了呢?这就需要通过反向PCR,以转座子为核心序列,扩增其旁侧的序列,通过测序即可了解整合的位置,也就知道了被插入失活的基因。如果是通过自杀质粒进行的随机突变,则可通过酶切的方式释放质粒,使它自身环化后进行PCR,也可得到失活基因的信息。

三、突变PCR

突变是改变DNA序列最基本的一种方法,用以鉴定一个基因或一段DNA片段的功能,从而研究蛋白结构与功能的关系。突变可以在体内进行(如模式生物、培养的细胞或细菌),也可在体外进行。突变PCR是体外DNA突变最常用的方法,其突变的策略主要有随机突变和定点突变两种。随机突变是在目的基因的任意位点引入点突变,建立突变文库。定点突变是在选定的位点对DNA序列进行修改,主要包括引物点突变、碱基或小片段的插入或删除。

(一)随机突变

我们在进行蛋白质或核酸功能性质的研究时,往往希望构建突变体文库,继而可从中筛选出具有特殊性质的突变个体,然后对这些突变体的结构与性质进行分析,即可了解原始分子中各个位点在蛋白质或核酸中的功能及贡献,对于这类分析,随机突变是比较高效的突变方法。

常规PCR扩增DNA的要求是越忠实越好,保持扩增产物与原始模板的一致性。然而在随机突变中应用PCR,则主要是利用DNA聚合酶掺入错误的正常核苷酸或直接掺入核苷酸类似物,导致目的基因随机突变,产生随机突变的扩增产物,这种策略也被称为易错PCR(error-prone PCR)。它产生突变的方式主要包括以下两个方面:

(1)*Taq* DNA聚合酶等耐热DNA聚合酶不具有3′→5′校对功能的特性,在PCR扩增反应中可能掺入错误的核苷酸,从而产生随机错误的扩增产物。

(2)加入次黄嘌呤核苷酸并限制某一种核苷酸的用量,从而促使DNA聚合酶选择其他3种核苷酸或次黄嘌呤核苷酸,导致扩增产物发生突变。由于次黄嘌呤核苷酸与4种正常的核苷酸都可以发生配对,因此在下一轮的PCR反应中,它对应的碱基在理论上有75%的可能性产生突变。

在所有已知酶中*Taq* DNA聚合酶的掺错率最高,一般在10^{-5} ~ 2×10^{-4},经过20 ~ 30轮PCR循环,每个核苷酸可产生的错误率累积可达10^{-3}。但这对于构建一个突变体文库却是不够的,尤其对于小于1 000 bp的小片段,所获得的突变体量更少。另外,*Taq* DNA聚合酶具有错配倾向性,即A-T变为G-C。因此需要适当调整反应中各组分的浓度来提升突变效率,如提高Mg^{2+}浓度以稳定非错配碱基的氢键连接;加入Mn^{2+}可降低聚合酶对于模板的特异性,增加dCTP、dTTP的掺入;增加聚合酶的浓度可以促进突变碱基之后序列的延伸。通过这些调整可使每个核苷酸的累积突变率提高到约7×10^{-3},且其错误倾向性不强。

(二)定点突变

在进行基因功能分析时我们往往希望知道某一个单独的氨基酸在整个多肽功能中的作用,这有利于评价一些已知疾病中相关基因的错义突变是否与致病相关,或只是评价一下某一特殊氨基酸对其蛋白功能的贡献。

寡核苷酸错配突变(oligonucleotide mismatch mutagenesis)是引入单碱基突变的一个常用方法。即设计一个突变引物,除了需要突变的那个碱基之外,其他序列都要与靶序列完全匹配,突变位点的碱基则与相应突变密码子的碱基互补。这样,突变引物引导合成的新DNA序列就含有预期的突变序列。

除了单碱基突变,也可为小片段突变,如缺失或添加一个三联碱基以使整个多肽缺失一个氨基酸,或多出一个新的氨基酸。在突变引物的核苷酸链足够长的情况下,即使存在一定程度的突变错配,它也会与靶序列特异地结合,从而完成突变反应。具体的实施方式主要有下列2种(如图8-4):

(1)5′端引入突变:通过修饰上游引物的5′端,即可引入标记的碱基、限制性酶切位点、启动子序列(驱动下游基因的表达)等(如图8-4A)。

(2)序列中的单位点突变:实现这种定点突变最常用的方法就是重叠延伸PCR(overlap extension PCR,OEPCR)。即针对目的片段,在需要突变位点的上下游分别设计两对引物1、1M和2M、2,其中含有突变位点的两个引物1M和2M具有互补的末端序列(如图8-4B)。分别采用引物1、1M和2M、2进行PCR反应,得到PCR产物A和B两个片段,二者在突变位点有部分重叠。将这两种产物混合、变性、退火后,可彼此作为引物,引导合成全长片段,这时的全长片段就含有突变后的碱基,再用引物1、2则可以该产物为模板PCR扩出全长的突变片段。

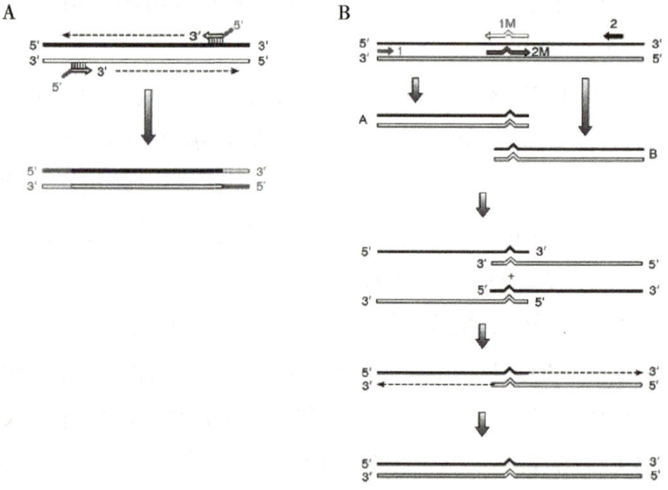

图8-4 利用PCR进行定点突变的两种方法原理

注:A.5′端引入突变,B.序列中的单位点突变。

此技术利用PCR技术在体外进行有效的基因重组,而且不需要内切酶消化和连接酶处理,可利用这一技术很快获得其他依靠限制性内切酶消化的方法难以得到的产物,成功的关键是重叠互补引物的设计。

(三)多位点突变

需要进行多个位点的突变时,先根据预期突变需求,在每个突变位点设计相应的突变引物,相邻引物之间彼此有部分重叠序列,通过多次的重叠延伸PCR,即可得到多位点突变的全长DNA片段。以突变4个位点为例，其主要步骤如下：

(1)设计引物：设计一对扩增全长的总引物，另外在4个突变位点设计4对引物，每对引物方向相反、有部分碱基重叠(至少重叠8 nt)，且重叠部分含有需要突变的碱基。

(2)重叠延伸PCR：如图8-5所示，先利用总引物的上游引物与第一突变位点的反向引物扩增出下游含有突变1碱基的PCR片段(片段A)，同时利用各突变位点的正向引物与总下游引物扩增出上游含有不同突变位点的PCR产物(片段1、2、3、4)。

用片段A和片段1为模板，利用总上游引物和第二突变反向引物，即可扩增得到含2个突变位点的片段B，第二突变位点位于其下游。类似地，以片段B和片段2为模板，利用总上游引物和第三突变反向引物，即可扩增得到含3个突变位点的片段C，第三突变位点位于其下游。然后以片段C和片段3为模板，利用总上游引物和第四突变反向引物，即可扩增得到含4个突变位点的片段D，第四突变位点位于其下游。

最后以片段D和片段4为模板，利用总上下游引物进行PCR扩增，即得到含四个突变位点的全长DNA片段。

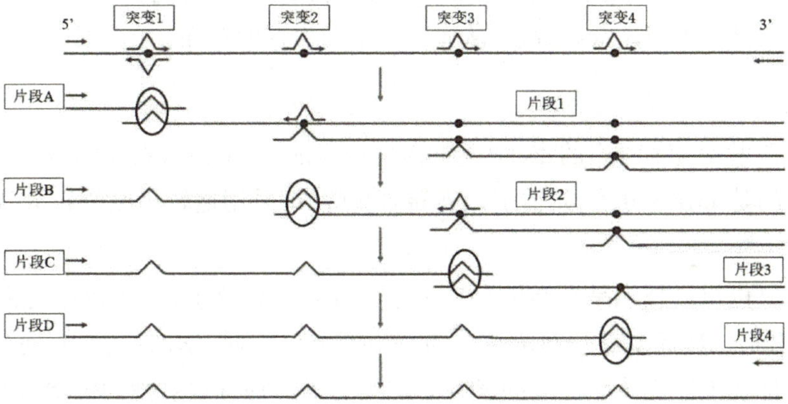

图8-5 重叠延伸PCR进行多点突变示意图

四、原位PCR

普通PCR技术可快速高效地扩增低拷贝(甚至单一拷贝)的核酸片段，以达到常规方法的检测水平。但该方法是在试管里进行，不能进行组织学定位。原位杂交则是组织学定位的经典技术，然而缺乏高效的放大手段，难以检测出低拷贝的核酸存在。Hasse等将PCR的高灵敏性与组织学定位相结合，于1990年发明了原位PCR技术(in situ PCR)。该技术不破坏组织细胞形态结构，以完整的细胞作为一个微反应体系，对细胞内的靶序列进行PCR扩增，使特异性靶序列DNA产量以指数级增加，然后通过直接观察或原位杂交检测靶序列的存在，从而可对组织切片、细胞涂片或培养细胞中的微量核酸进行定位和半定量。其基本步骤包括标本的制备、原位扩增(PCR)和原位检测。

原位PCR技术将PCR技术与细胞定位结合起来，既能灵敏特异地分辨鉴定带有靶序列的细胞，又能显示出靶序列在细胞内的位置，是进行分子和细胞水平上的疾病发病机理研究、临床疾病诊断和病理转归的良好工具。下面对其基本原理、常用类型、主要步骤及相关应用进行简要介绍。

(一)基本原理

原位PCR技术的基本原理与液相PCR扩增原理相同，即在耐热DNA聚合酶的作用下，经过模板的变性、退火和引物延伸3步热循环，在引物引导下特异性地扩增靶序列，得到大量的靶DNA(一般可增加10^6倍)。不同的是，普通PCR技术在扩增前需将细胞破坏，从中提取核酸作为模板，因此不可能用于细胞定位。原位PCR技术则是将待检标本通过化学固定，保持组织细胞的良好形态结构，同时增加细胞膜和核膜的通透性，以使PCR扩增所需的各种成分，如引物、耐热DNA聚合酶、dNTP等进入细胞内或细胞核内，这样便可以通过PCR的热循环对细胞内或细胞核内的RNA或DNA序列进行原位扩增。扩增产物大多可保留于原位，具体原因尚不完全清楚。可能是产物量大且互相交织形成多聚物，因此不易穿过细胞膜或在膜内外弥散。所扩增出的靶序列可在显微镜下直接观察，或用标记探针进行杂交后再用显微镜观察，从而可鉴定靶序列的存在。

(二)常用类型

根据在扩增反应中所用的dNTP或引物是否标记，原位PCR技术可分为直接法和间接法。若分析的是mRNA分子，则需引入逆转录步骤，即采用逆转录原位PCR技术。

1. 直接法原位PCR技术

直接法原位PCR技术是在PCR反应体系中加入标记分子，一般为合成的底物，即标记的dNTP或引物。当标本进行PCR扩增时，标记物掺入到扩增的产物中，通过标记物的检测就能显示标本中特定核酸片段的存在。常用的标记物有放射性同位素、地高辛、生物素和FITC等，可分别采用放射性自显影、免疫组织化学或荧光显微镜等方法进行结果观察。直接法原位PCR技术是通过PCR直接引入标记引物，因此扩增后无须进行原位杂交，其优点是操作简便，流程短。但这种方法的特异性较差，易出现假阳性，扩增效率也较低，尤其是在组织切片上。因为在制片过程中，固定、脱水和包埋都会导致DNA受到损害，由于受损DNA可利用反应体系中的标记dNTP进行修复，从而导致标记物掺入到非靶序列中，产生假阳性。若用标记引物的方法进行直接法原位PCR，不仅扩增的效率低且易发生错配，也会导致假阳性产生。

2. 间接法原位PCR技术

间接法原位PCR技术是先常规扩增细胞内的靶序列，再用标记的探针进行原位杂交，其实质为PCR扩增与原位杂交的结合，因此也被称为PCR原位杂交(PCR in situ hybridization，PISH)。间接法原位PCR技术的PCR扩增没有标记分子渗入，因此克服了由于DNA修复或引物错配引起的非特异性染色问题，同时其扩增效率也较标记引物引导的PCR反应效率高，而后的原位杂交还可进一步提高特异性。因此该法相较于直接法原位PCR技术，其特异性和灵敏度都显著更强，故是目前应用最为广泛的原位PCR方法。其主要的缺点在于须在PCR反应后再进行原位杂交，操作步骤较为繁琐。

3.原位逆转录PCR技术

原位逆转录PCR(in situ reverse transcription PCR，in situ RT-PCR)是将液相的RT-PCR技术应用于组织细胞定位。其主要步骤与原位PCR类似，不同点在于，检测的靶序列不是DNA而是RNA，因此在进行原位PCR之前，需要先进行逆转录反应。由于细胞中染色体或质粒DNA中也存在相应靶序列，因此在进行逆转录反应之前，组织标本要先用DNA酶处理，以破坏组织中的DNA分子，保证PCR扩增的模板是从mRNA逆转录合成的cDNA，而不是细胞中原有的DNA分子。该方法的优点是不需要从标本中提取mRNA，因此不存在由于核酸分离造成的靶序列破坏问题，但仍需防止RNA酶对靶分子的降解。

由于原位逆转录PCR技术在原位PCR之前还需先进行逆转录反应，因此操作较为复杂、费时。若采用*Tth* DNA聚合酶，将逆转录与PCR反应合二为一，则可简化原位逆转录PCR反应过程，缩短操作时间。

（三）主要步骤

1.标本的制备

原位PCR技术可应用于细胞悬液、细胞涂片、冰冻切片以及石蜡切片。对这些标本的处理，既要保持组织、细胞的形态结构，又要在增强细胞膜通透性的同时，充分暴露靶DNA或RNA分子，使引物、探针能顺利进入胞浆中发生有效的PCR反应。一般细胞悬液的原位PCR效果最好，石蜡切片效果最差，其主要步骤如下：

(1)玻片的处理：原位PCR都是在玻片上进行的，但在与标本接触之前，玻片需作防脱片处理，以防止组织细胞在PCR和原位杂交过程中脱落，常用的方法是涂多聚赖氨酸或硅烷化处理。

(2)切片：细胞悬液和涂片不需要这一步，但原理类似，即标本量要较大，以包含较多的靶DNA分子，增强灵敏度。因此，切片宜较厚，可保持较多膜结构，能较好地防止扩增产物的弥散，从而原位PCR的效果较好。但切片过厚，细胞重叠多，形态学观察的效果较差，分辨率较低。

(3)组织细胞的固定：以10%的中性缓冲福尔马林或4%的多聚甲醛固定较好，这两种溶液对样本固定较好，损伤较少。固定一般为4 ℃，4～6 h，可根据组织细胞的多少而调整。固定时间过短易造成标本脱落，若固定时间过长，则需要对组织过度消化以增强细胞的通透性。

(4)蛋白酶的消化作用：组织细胞经蛋白酶消化后，其通透性增强，以利于PCR反应体系中各成分的进入，同时蛋白酶消化可使与核酸结合的蛋白降解，靶序列暴露，以便于PCR扩增。常用的蛋白酶有蛋白酶K、胃蛋白酶、胰蛋白酶、胰蛋白酶原或链霉蛋白酶，其中蛋白酶K最常用。由于蛋白酶也会降解PCR中的DNA聚合酶，因此蛋白酶消化后，必须去除蛋白酶活性，可采用改变pH值或加热的方法使蛋白酶失活，也可通过充分的洗涤将酶完全去除。由于蛋白酶消化处理提高了组织细胞的通透性，从而使得扩增产物的弥散机会增多，导致假阳性或假阴性，因此蛋白酶消化的程度需要根据实际情况进行调整。

2.原位扩增(原位PCR)

原位扩增即在组织细胞标本上进行PCR反应，与液相PCR类似：

(1)引物：原位PCR宜用较短的引物以利于渗入细胞内，对引物的特异性要求较高，否则易出现非特异性扩增。由于切片中的DNA或RNA分子损伤较大，DNA很少超过400 bp，RNA很少超过200 bp，因此所扩增的序列也较短，一般为100 ~ 150 bp。

(2)反应体系：原位PCR的反应体系与液相PCR基本相同，但*Taq* DNA聚合酶以及Mg^{2+}的浓度一般应高于液相PCR反应体系，以获得较高的扩增效率。另外，在反应体系中需加入牛血清白蛋白(BSA)，以减少DNA聚合酶与玻片结合，从而避免扩增效率降低。

(3)热循环：原位PCR的热循环可在一般的PCR热循环仪中进行，也可在专门的原位PCR热循环仪中进行，目前后者使用非常普遍。循环次数一般采用20 ~ 40个循环，可根据标本中的靶序列量选择适宜的次数。反应体系可用清亮的指甲油、矿物油或PAP笔把盖片四周封闭起来，以避免液体在热循环过程丢失过多而导致扩增失败。原位PCR热循环中每一步骤的时间通常比常规PCR稍长，以保证扩增充分。

(4)洗涤：原位扩增结束后，需清洗标本，以除去弥散到细胞外的扩增产物，避免背景过深或假阳性结果的出现。但若洗涤过度，也会造成细胞内扩增的产物被洗脱，导致阳性信号减弱或丢失。有资料显示在扩增后用4%多聚甲醛或2%戊二醛再固定，可增加扩增产物的原位保留。

3.原位检测

原位PCR的扩增产物检测方法，取决于原位PCR的设计方案。直接法需根据标记分子的性质对扩增产物直接进行原位检测，如放射性同位素标记则采用放射自显影的方法检测，荧光标记则可采用荧光显微镜观察，酶标记则采用相应底物处理显影，其方法与免疫组织化学技术或亲和组织化学技术相同。间接法的检测过程则与原位杂交的相同。

(四)原位PCR技术的相关应用

原位PCR技术具有极高的灵敏度，其检测阈值能达pg或fg水平，甚至可检出单拷贝的核酸序列，因此在基因检测中具有显著的优势，在外源性基因和内源性基因检测中都有应用。

(1)外源性基因检测：原位PCR由于灵敏度高，可在病原微生物入侵机体不久后检测出感染，因此常被用于感染性疾病的早期诊断。尤其是目前感染病毒的细胞尚无良好的检测手段，因此原位PCR在这个方面的应用较多。目前常用于检测的病毒有人类免疫缺陷病毒、乙型肝炎病毒、丙型肝炎病毒、人乳头状瘤病毒、疱疹病毒、巨细胞病毒和圆环病毒等，可用于感染潜伏期、早期感染、慢性感染的诊断，这是血清学方法难以实现的检测。

原位PCR在细菌感染的诊断中也有应用，目前主要用于诊断结核分枝杆菌。特别是在结核病变不典型，传统方法难以找到结核分枝杆菌时，原位PCR可检测到其特异的DNA片段，确诊结核分枝杆菌的存在。原位PCR也常用于弓形虫感染的诊断，在无特异性病理组织变化和临床症状的轻度感染期，原位PCR可特异性地检测出其存在。另外，在转基因动物操作、器官移植、基因治疗等过程中，原位PCR可灵敏特异地检测出导入基因及其表达，是重要的检测手段。

（2）内源性基因检测：肿瘤的发生多与基因的突变、重排有关，如恶性淋巴瘤就有免疫球蛋白重链基因的重排、慢性骨髓性白血病往往有*BCR/ABL*基因融合，原位PCR可通过检测其基因突变或重排的方式，辅助诊断肿瘤的类型、发展阶段，预测其转归，在肿瘤的临床诊断和治疗中具有重要意义。另外，由于原位PCR的高灵敏度，它可用于检测细胞内只有单个或几个拷贝的低表达固有基因，也用于全基因组中低拷贝基因的定位，构建基因组序列图谱。

第三节　荧光定量PCR

PCR检测具有灵敏、快速、简便等优点，因此曾广泛应用于临床相关的基因诊断，缺点是不能准确定量和易产生假阳性。荧光定量PCR方法技术不仅能够定量检测，而且较常规PCR特异性强，检测结果的准确性高，目前被广泛应用于临床的基因检测。

一、荧光定量PCR的原理

荧光定量PCR反应中引入了一种荧光化学物质，随着PCR反应的进行，PCR反应产物不断累积，荧光信号强度也成比例增加。每经过一个循环，收集一个荧光强度信号，可得到一条PCR反应的荧光变化曲线图（如图8-6，彩图见二维码），通过监测荧光强度的变化实现对起始模板定量及定性的分析。由于是对PCR扩增反应中每一个循环产物荧光信号进行实时检测，因而也称为实时荧光定量PCR。

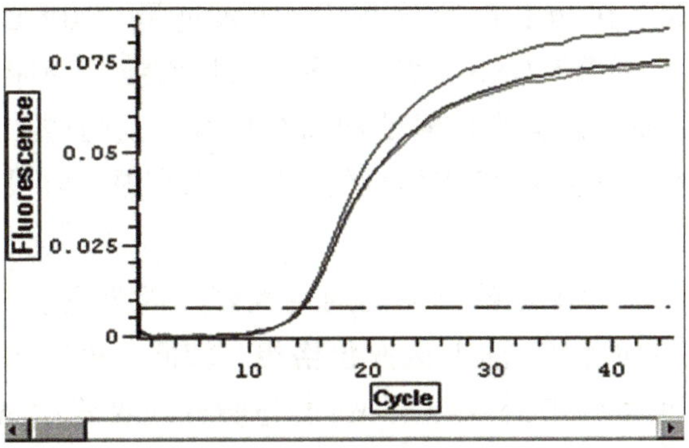

图8-6　实时荧光扩增曲线图

普通PCR由于各种复杂环境因素的影响，即使是各种条件基本一致的重复实验，最后得到的DNA拷贝数差异也可能很大，因而不能准确定量。但重复实验显示，尽管平台期DNA拷贝数波动很大，C(T)值却是相对一致的。所谓C(T)值，即PCR扩增过程中，荧光信号开始由本底进入指数增长阶段的拐点(或到达设定阈值)时所对应的循环次数。研究表明，每个模板的C(T)值与该模板的起始拷贝数的对数存在线性关系，起始拷贝数越多，C(T)值越小，反之亦然。利用已知起始拷贝数的标准品可作出标准曲线(如图8-7，彩图见二维码)，只要获得未知样品的C(T)值，即可从标准曲线上计算出该样品的起始拷贝数。

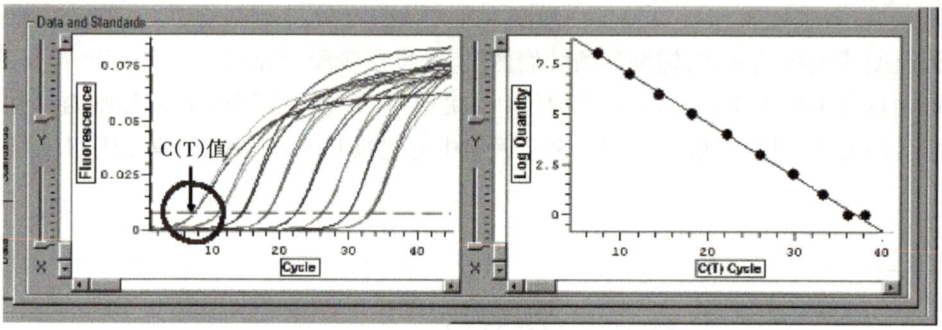

图8-7 荧光定量标准曲线图

注：左图为扩增曲线，右图为扩增的标准曲线。

二、荧光试剂

实时荧光定量PCR所采用的荧光试剂包括荧光染料和荧光探针，各有优缺点，可根据实验的需要和现有的实验条件选择合适的方法。

(一)荧光染料

SYBR Green I是目前荧光定量PCR最为常用的一种荧光染料。

1.原理

SYBR Green I是一种结合于小沟中的双链DNA结合染料。与双链DNA结合后，其荧光大大增强，荧光信号强度与双链DNA分子的数量相关，因此可以根据荧光信号检测出PCR反应体系中双链DNA的分子数量。SYBR Green I的最大吸收波长约为497 nm，最大发射波长约为520 nm。在PCR反应体系中，加入过量SYBR Green I荧光染料，SYBR Green I荧光染料特异性地掺入DNA双链后，荧光信号增强，而不掺入链中的SYBR Green I染料分子荧光不变，从而保证荧光信号的增加与PCR产物的增加完全同步。PCR扩增一般采用94℃—55℃—72℃三步法，荧光信号的检测可以在退火阶段或者延伸阶段。

2.方法学评价

SYBR Green I法的最大优点就是它的通用性好。因为它能与所有的双链DNA相结合，不需要因为模板不同而特别定制，因此价格相对较低。该法尤其适合于大规模高通量的定量PCR检测。但正是由于SYBR Green I能与所有的双链DNA相结合，因此PCR反应中的引物二聚体或非特异性扩增产物也能与之结合发出荧光，所以临床使用时可能有假阳性的发生。若使用熔点曲线分析，即通过检测升高温度后荧光的变化，则可以消除引物二聚体的影响。另外还有一些改进的聚合酶及荧光染料，其特异性都有不同程度的提高，目前已有相关产品出售。

（二）荧光探针

1.*Taq* Man探针

Taq Man技术是基于*Taq*酶的5′→3′外切酶活性而建立的。*Taq* Man探针（见图8-8）是一种寡核苷酸探针，与目标序列上游引物和下游引物之间的一段序列配对。在探针的5′末端连接荧光基团，而在3′末端连接淬灭基团。当探针完整时，荧光基团与淬灭基团接近，此时荧光基团被激发后产生的能量被传递给淬灭基团，这一过程称为荧光能量传递（fluorescence resonance energy transfer，FRET）。由于这种作用，由荧光基团产生的能量以热能的形式释放，即所激发的荧光被淬灭。但在进行延伸反应时，具有5′外切酶活性的*Taq*聚合酶将探针切断，使得荧光基团与淬灭基团分离开，解除了淬灭作用，荧光基团就能发出荧光信号。一分子产物生成就伴随一分子的荧光信号产生，随着扩增循环数的增加，释放出来的荧光基团不断积累，荧光强度与扩增产物的数量成正比关系。这一模式的PCR扩增为94℃—60℃二步法，因此反应更迅速，一般1 h内可完成。

Taq Man探针的优点是灵敏、特异性高。现有学者将淬灭基团从链3′端移至链的中间，其灵敏度可提高30倍以上。由于*Taq* Man探针采用了特异序列，只有特异性产物生成时才会有荧光分子释放，因此进一步提高了定量检测的专一性。另外，采用不同波长的荧光基团标记探针，则可利用该法实现多重PCR检测，这是SYBR Green I等染料所不具备的优点。该技术是目前国内临床分子诊断试剂盒最常用的技术。

该法缺点是探针设计有一定难度，需要验证效果，而且探针的合成和双荧光标记使得该法成本较高。此外，其定量PCR的效果受酶的外切酶活性的影响，因此酶的差异也给定量带来了不确定性。

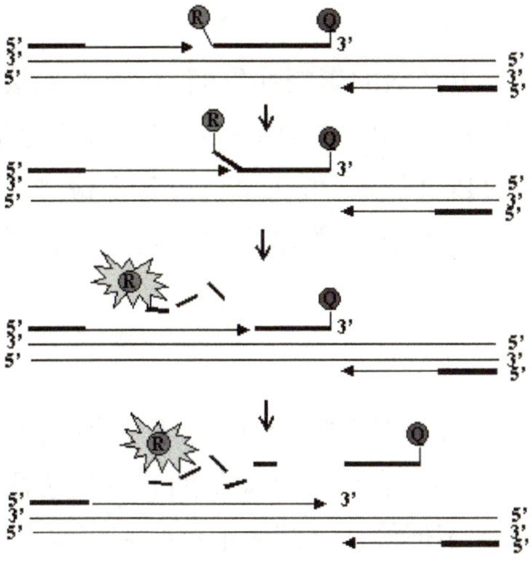

图8-8　*Taq* Man探针工作原理

2. 其他的探针技术

除了 *Taq* Man 探针技术，还有多种探针用于荧光定量 PCR，如分子信标（molecular beacon）、双杂交探针、蝎型探针及自身淬灭荧光探针等，它们各自有不同的优缺点，但分子设计都相对比 *Taq* Man 探针复杂，因此其应用都未能普及。

三、荧光定量 PCR 的临床应用

由于荧光定量 PCR 技术定量准确，灵敏特异，在临床诊断中得到广泛的应用，是目前临床基因诊断的主流技术，其应用主要有以下几个方面。

（一）病原体的检测

荧光定量 PCR 技术应用最多、最有价值的领域就是感染性疾病的诊断。相对于传统的病原体检测方法，即细菌培养及血清学检测，荧光定量 PCR 对病原体的检测更加简便快速，同时克服了血清学检测的“窗口期”问题，可判断疾病的状态、感染的阶段等，还能对治疗和预后监测提供帮助，同时更适用于血源筛查的要求。例如：乙型肝炎病毒、丙型肝炎病毒的数量与某些药物的疗效相关。干扰素治疗对肝炎病毒高拷贝者不敏感，对低拷贝者敏感，而有些药物则具有显著减少病毒高拷贝的作用。对肝炎病毒进行定量检测，不仅为寻找有效的肝炎治疗药物和措施提供了方便，同时又为选择肝炎治疗药物和制定治疗方案提供了科学依据。

某些条件性致病的病毒、细菌普遍存在于人体内，数量要达到一定程度才考虑临床意义，所以对于这些病毒、细菌的检测只有用定量 PCR 检测，其结果才有临床应用价值。目前临床上可采用荧光定量 PCR 检测的常见病原体有乙型肝炎病毒、丙型肝炎病毒、人类免疫缺陷病毒、EB 病毒、结核分枝杆菌、沙眼衣原体、人乳头状瘤病毒、淋病奈瑟菌、化脓性链球菌、弓形虫等，国内外均有商品化试剂盒。

（二）单基因遗传病的检测

单基因遗传病只受一对主基因的影响而发病，可通过直接法检出患者的缺陷基因而诊断。荧光定量 PCR 检测特异、灵敏，它能在单细胞进行特异基因扩增，实现植入前基因诊断。多色荧光标记探针的 PCR 技术，可在单反应管中检测样品是纯合还是杂合基因突变或缺失。因此该技术目前也应用于单基因遗传病的基因诊断、新生儿筛查及产前诊断等。

（三）肿瘤

肿瘤是一类多基因、多阶段、多因素参与的复杂性疾病，其相关基因的遗传学改变的累积，是致癌性转变的根本原因。在许多肿瘤早期和良性阶段就可出现癌基因的表达增加和突变，荧光定量 PCR 技术不但能快速简便地进行基因水平的突变检测，而且能准确检测癌基因、抑癌基因、肿瘤相关基因及肿瘤耐药基因(*MDR-1*)的mRNA转录水平,可据此进行肿瘤早期诊断分型、分期、预后判断和治疗方案制定。

PCR技术除用于上述临床诊断外,还可用于个体识别、亲子鉴定等法医学验证。

第四节 PCR技术的临床应用

人类疾病多数直接或间接与基因有关,传统的实验室诊断技术以疾病的基因表型变化为基础,通过病理学、化学、细胞学或免疫学方法进行检测,但基因表型改变的影响因素较多,其结果在多数情况下特异性并不高,因此难以实现准确定性、定量诊断。随着分子生物学技术的突破性发展,优于传统诊断方法的分子诊断技术应运而生。分子诊断是对疾病相关基因进行直接检测,属于病因学诊断,因此其检测结果较传统方法具有更准确的预测性。其中PCR技术由于操作简便、自动化程度高、检测灵敏特异,在实验室诊断中应用最广,已用于感染性疾病、遗传病和肿瘤、糖尿病、心血管疾病等复杂性疾病的诊断中。

一、PCR技术在诊断感染性疾病中的应用

感染性疾病的病原微生物来源非常广泛,原虫、真菌、细菌和病毒,都能引起侵袭性感染的发生,但它们所产生的临床症状十分相似,这使得感染性疾病的诊断非常复杂。传统的检测方法主要为病原微生物的培养和血清学方法。经典的培养方法费时费力,且阳性率低。血清学方法检测的对象主要是病原微生物的抗原及宿主针对它产生的抗体。抗原检测往往需要较高含量的病原体抗原存在,灵敏度较低;抗体检测存在"窗口期"问题,不能做到早期诊断。PCR方法直接检测病原微生物的基因,不仅可以检测基因是否存在,还可对病原微生物进行定量、分型以及耐药性检测,因此被广泛用于各种感染性疾病的诊断检测中。由于普通PCR的特异性不高,目前多采用荧光定量PCR技术进行临床检测。

目前被FDA批准可采用PCR技术进行检测的病原微生物超过20种,这个数目还在迅速增加。主要为临床常见的致病性真菌如白色念珠菌,细菌如结核分枝杆菌、化脓性链球菌、铜绿假单胞菌、葡萄球菌、淋病奈瑟氏菌等和病毒如乙型肝炎病毒、丙型肝炎病毒、人类免疫缺陷病毒、人乳头状瘤病毒等,以及沙眼衣原体、解脲支原体。其中结核分枝杆菌、乙型肝炎病毒、丙型肝炎病毒和沙眼衣原体是我国国家药品监督管理局(state drug administration,SDA)首批批准的PCR检测项目。

PCR方法检测乙和丙型肝炎病毒可显著缩短其感染"窗口期",在献血员筛选中提高输血安全性,同时其定量及耐药性基因检测结果有利于病情判断和治疗方案的制定。传

统的培养方法检测结核分枝杆菌阳性率很低，PCR方法检测结核分枝杆菌，不仅可提高其检出率，还可将它与其他分枝杆菌区别开，有利于疾病的正确诊断，而耐药基因的检测有利于合理制定用药方案。沙眼衣原体是非淋菌性尿道炎的主要病原微生物之一，为专性细胞寄生性，一般培养不能生长，传统诊断方法的检出率很低，而PCR方法的诊断准确快速，已被国内外一致认为是沙眼衣原体诊断的“金标准”。

二、PCR技术在遗传病诊断中的应用

PCR技术首次临床应用就是从检测遗传病镰状细胞贫血和β-地中海贫血基因开始的，几十年来，该技术在遗传病诊断中得到了长足的发展。目前常用于PCR检测的遗传病主要有血红蛋白病、血友病、肌营养不良症、苯丙酮尿症、囊性纤维化、亨廷顿舞蹈病和脆性X综合征等。通过PCR检测，可直接对其进行诊断，也可用于新生儿筛查和产前诊断，利于优生优育。另外通过PCR对心血管疾病、糖尿病等疾病相关的检测，可提高有价值的易感性分析，以利于疾病的预防。

三、PCR技术在肿瘤检测中的应用

肿瘤发生时，一般表现为原癌基因激活、抑癌基因抑制，DNA稳定性下降，产生的原因主要是基因的点突变、缺失、扩增、DNA重排、非正常基因融合等。PCR技术是检测这些遗传改变最简单和有效的手段。PCR检测不仅可从DNA水平直接发现相关基因突变，也可从mRNA水平检测癌基因、抑癌基因的表达量改变，从而正确判定肿瘤的组织学良、恶性程度以及癌的进展。另外我们还可通过RT-PCR对肿瘤标志物的表达进行检测，提高其检测灵敏度，有利于肿瘤的早期诊断。药物耐受是影响肿瘤化疗的最大障碍，其主要原因是多耐药基因*MDR*的表达升高，用RT-PCR检测*MDR*基因表达水平，是合理选择化疗药物的重要依据。

由于肿瘤的发生、发展是一个复杂的多因子协同的过程，目前只有少数癌基因遗传学变化可确认某些肿瘤，例如某些泌尿系肿瘤几乎100%出现*CD44*基因的异常拼接表达；慢性骨髓性白血病患者几乎都可检测到*BCR/ABL*融合基因形成。因此目前的肿瘤基因以及肿瘤标志物基因变化的检测只是一种临床诊断和预后判定的辅助手段。

PCR技术除用于临床诊断和治疗外，还可用于DNA指纹、个体识别、亲子关系识别、法医物证提供等。

四、PCR技术在新冠核酸检测中的应用

2019年12月，湖北武汉报道了数例以咳嗽、发烧、肺部感染为主要症状的不明原因肺炎，并且存在明显的人传人现象。2020年1月经专家团队分离鉴定，确认导致该病的病原体为新型冠状病毒。2020年2月11日，国际病毒分类学委员会将该病毒正式命名为

SARS-CoV-2（severeacuterespiratory syndrome coronavirus 2），世界卫生组织将其引发的新型冠状病毒病命名为COVID-19（corona virus disease 2019）。之后，新冠疫情在全球范围内暴发。

在急性呼吸道感染中，呼吸道分泌物中的致病病毒通常用RT-PCR技术检测。在新冠疫情暴发之初，德国研究人员Victor M. Corman在缺乏病毒基因组核酸物理来源的情况下用合成核酸技术设计出SARS-CoV-2基因组的可能引物，利用RT-PCR技术从含有不同呼吸道病毒的细胞上清液中准确检测出SARS-CoV-2的存在。所以，自暴发以来，传统的实时荧光聚合酶链式反应的核酸检测（real-time polymerase chain reaction，RT-PCR）一直是诊断新冠病毒感染的"金标准"。主要流程为检测人员将采集的样本（一般为保存在病毒保存液样品管中的鼻咽拭子、口咽拭子、痰液、下呼吸道分泌物、唾液）中的病毒RNA提取出来，逆转录为cDNA；使用特异性引物和探针对目标基因区域（如*N*基因、*E*基因、*S*基因、ORF1ab区域等）进行扩增；通过荧光定量PCR（qPCR）仪器监测扩增反应中的荧光信号，判断样本中是否存在病毒RNA，进而得出分析报告。

RT-PCR在新冠病毒的检测过程中，可以同时做到定性和定量，后者以*Ct*值的方式呈现。在检测过程中，可以同时利用不同的荧光团标记探针来检测SARS-CoV-2的不同靶点或SARS-CoV-2与其他呼吸道病毒的不同靶点，这大大提高了新冠病毒检测的准确性和可靠性。*Ct*值代表了系统能第一次可靠地检测到荧光信号的PCR周期数，即*Ct*值越低，说明样品中病毒RNA含量就越大，这个样本呈SARS-CoV-2核酸阳性的可能性越大。所以*Ct*值可以直观呈现样本中SARS-CoV-2基因组靶点数目。RT-PCR在配备专用设备的实验室和医院中可以轻松实现，但由于不同实验室采用的荧光定量PCR（qPCR）仪器不一定相同，所采用的试剂或者耗材也不一定相同，所以导致检测出的*Ct*值存在差别。世界卫生组织（WHO）和国际标准化研究所（NIBSC）提出了国际SARS-CoV-2 RNA标准（WHO international standard for SARS-CoV-2 RNA）（20/146）用于校准和验证SARS-CoV-2核酸检测方法，以确保不同实验室和检测平台的结果一致性和可比性。通过使用此标准，实验室能够标准化其检测流程，提高结果的可靠性，为公共卫生决策提供有力支持。

相比于新冠病毒抗原检测和血清学检测来说，以RT-PCR技术为主的核酸检测具有高敏感性和特异性，能够在感染早期检测到病毒存在，所以对于疫情防控、公共卫生政策制定、社会恢复和流行病学研究等方面具有重要意义。

思考题

1.PCR技术的核心思想是什么？

2.目前除了PCR技术，还有哪些体外核酸扩增的技术？试比较其与PCR技术的优缺点。

3.荧光定量PCR的定量原理是什么？

4.试列举PCR技术用于临床诊断的注意事项。

参考文献

[1]李伟,黄彬.分子诊断学.4版.北京:中国医药科技出版社,2019.

[2]申子瑜,李金明.临床基因扩增检验技术.北京:人民卫生出版社,2002.

[3]金奇.医学分子病毒学.北京:科学出版社,2001.

[4]CARROLL K C,PFALLER M A.临床微生物学手册:第12版.第一卷.王辉,马筱玲,钱渊,等译.北京:中华医学电子音像出版社,2021.

[5]CARROLL K C,PFALLER M A.临床微生物学手册:第12版.第二卷.王辉,马筱玲,钱渊,等译.北京:中华医学电子音像出版社,2021.

[6]CORMAN V M, LANDT O, KAISER M, et al. Detection of 2019 novel coronavirus (2019-nCoV) by real-time RT-PCR. Eurosurveillance, 2020, 25(3): 2000045.

[7]THEEL E S, KIRBY J E, POLLOCK N R, et al. Testing for SARS-CoV-2: lessons learned and current use cases. Clinical microbiology reviews, 2024, 37(2): e0007223.

(张雪梅　吴晓彬 李海玉)

第九章 转基因动物技术的应用与发展

转基因是指将人工分离和修饰过的基因导入到生物体基因组中，由于导入基因的表达，引起生物体性状的可遗传修饰。也就是指利用分子生物学技术，将某些生物的基因转移到其他物种中，改造生物的遗传物质，使遗传物质得到改造的生物在性状、营养和消费品质等方面向人类需要的目标转变。

第一节 转基因动物概述

转基因动物就是指以实验方法将外源基因导入动物染色体基因组内稳定整合并能遗传给后代的一类动物。

基因敲除动物是用体外合成的无效基因或突变基因取代相应正常基因，再应用转基因方法孵育出转基因动物，即为基因敲除动物。

动物基因工程是利用DNA重组技术对动物进行的工程操作。

从遗传学角度分为：

遗传性动物基因工程：外源基因能够通过配子进行垂直传递并稳定地遗传。

非遗传性动物基因工程：转基因仅在当代表现，不能够遗传给子代。

转基因动物和基因敲除动物的制作是动物基因工程最广泛的、最有价值的应用。

一、转基因动物的发展历史

转基因动物的出现是重组DNA技术和胚胎技术发展的必然结果。重组DNA技术的出现，使人类首次可以分离并扩增足够数量的遗传物质DNA。在这种情况下，人们不仅仅满足于在微生物宿主中表达基因所编码的蛋白，而且要把基因转移到植物和动物中，看一看会发生什么情况，即弄清基因在生物体内的功能。

早期的这些实验，使用的基因结构未曾认真地被设计和构建，实验结果仅仅表明使用DNA显微注射的方法可以将外源基因导入小鼠种系之中。至于被导入的基因有何生理作用，不能够被检测出来，因而在科学界影响不是很大。例如Gordon将SV40的复制原点和启动子与疱疹病毒的*TK*基因插入细菌质粒pBR322，然后将它注入受精小鼠的原核，并将经质粒注射后的胚胎植入假孕母鼠的输卵管。之后对出生的小鼠用Southern印迹杂交法检测其基因组中是否含有注射基因的同源片段。在出生的78只小鼠中，有两只被认为是转基因阳性。由于条件的限制，Gordon当时并未得到活的转基因小鼠，但这一伟大的尝试证明了外源基因可以通过这种方法整合到宿主基因组中，从而为以后的研究工作开辟了一条崭新的途径。

真正发生重大影响的是Brinster和Palmiter合作制作的超级小白鼠。这两位转基因动物研究启蒙者的合作始于1980年。当时，Brinster正在致力于研究转基因方法，苦于没有一种很容易检测的基因结构；而Palmiter正在研究小鼠的*MT*(metallothionein，金属硫蛋白)基因，计划在细胞系中表达这个基因并分析基因的调控序列。当Brinster告知他的问题之后，Palmiter立刻给他构建了一个由基因启动子驱动的*TK*(胸腺嘧啶激酶)基因。当用这个融合基因制作了转基因小鼠之后，在小鼠的肝脏中表达了*TK*基因，其活性是对照小鼠的100倍，这是到1981年底第一个在小鼠中得到了高效表达的外源基因。因此，这两位科学家决定长期合作，并且把用转基因的方法来矫正遗传性疾病作为研究的重要目标之一。

次年，Palmiter在William Held处得知，有一种微型鼠是由于体内缺少生长激素而造成的，注射生长激素后可以矫正这种遗传缺陷。当时Ron Evans克隆了大鼠的生长激素基因序列，Palmiter力邀Evans合作，构建了用MT启动子驱动大鼠*GH*(growth hormone)基因编码序列的基因表达结构，供Brinster进行显微注射实验。将这个融合基因注射到正常小鼠的单细胞胚胎中，实验结果证明，含有外源*GH*基因的小鼠长得比正常小鼠几乎大一倍。

1985年，美国人用转移*GH*基因、*GRF*基因和*IGF-1*基因的方法，分别生产出转基因兔、转基因羊和转基因猪。同年，德国生产出转基因兔和转基因猪，使用的基因是人的*GH*基因。1987年，澳大利亚转移羊自身的*GH*基因，生产出转基因羊，次年，又报道用转移猪的*GH*基因的方法生产出转基因猪。1989年，英国人Polge报道了用注射牛的*GH*基因的方法生产出转基因猪。

我国科学家朱作言等(1985)将人生长激素基因导入多种鱼类的受精卵中，获得了生长速度比对照组快2~6倍的泥鳅、鲤鲫鱼等，从而建立了完整的转基因鱼模型，使转基因动物研究拓展到非哺乳动物领域。

其中最成功的是利用动物乳腺作为生物反应器生产医用蛋白质。1987年，美国的Gordon等人首次报道在小鼠的乳腺组织中表达了人的*tPA*(组织溶纤酶原激活物)基因。在此后的4年中，陆续有数种有商业开发价值的产品在动物乳腺中生产出来。1991年，怀特等人首先将抗胰蛋白酶基因与羊的乳球蛋白启动子重组在一起，然后用显微注射的方法将它导入到绵羊的受精卵里，最终获得了4只雌绵羊和1只雄绵羊。4只雌绵羊产奶期所产的奶中都含有抗胰蛋白酶，含量高达1~35 g/L。同年，德国人Brem在家兔中表达了牛的凝乳酶基因，表达水平达到1~10 g/L。抗胰蛋白酶是治疗遗传性ATT缺乏症和肺气肿的重要药用蛋白质。到目前为止，人们已经将人的凝血酶原激活酶、抗胰蛋白酶、凝血因子IX、生长激素、白细胞介素、尿激酶等很重要的药用蛋白质与多种乳腺特异性启动子重组，在这些乳腺特异性启动子的驱动下，相应的导入的目标基因都得到了表达，合成的药用蛋白质都分泌到了乳汁中。Palmiter等人(1982)在英国的*Nature*杂志上发表他们生产超级小白鼠的研究报告时，在文章的结尾部分预测：向小鼠(从而向其他动物)导入选定的功能基因的成功，已为转基因技术在研究和实现实用目标上的应用，开辟了广阔的前景。

对真核基因的表达调控的研究取得了长足的进展，动物体细胞克隆技术的出现又使家畜的基因敲除和基因置换成为可能，同以往完全不同的一整套更有效和更可靠的基因转移和基因表达技术已经问世。在未来的一段时间内，转基因动物的研究不论在理论还是应用上都将创造新的辉煌。

由于国家的大力支持，我国转基因动物的研究取得了重大技术进步，做出了一系列成绩。1989年，利用转移羊的MT脂*GH*融合基因的方法，获得了快速生长的转基因猪，仅比美国晚两年，比澳大利亚晚一年。1990年，获得了快速生长的转基因兔。1991年，又获得快速生长的转基因羊。由于国家重视，科技人员努力及国家科技部门的支持，目前，转基因动物成为生命科学研究和开发的重要领域，并逐渐成为一类极具发展前景的高新技术产业。

二、为什么研究和应用转基因动物

(一)什么是转基因动物

所谓转基因动物，是指通过实验方法将外源基因导入受体动物染色体基因组内，外源基因稳定整合并能遗传给后代的一类动物，是人类按自己的主观意愿有目的、有计划、有根据、有预见地改变动物遗传组成的结果。

为了正确理解什么是转基因动物，在这里我们只强调所有转基因动物都是由于“外源DNA”(包括同一物种的DNA)导入动物的基因组而产生了可以遗传的改变。这些可以遗传的改变包括：外源DNA片段至少整合到一条染色体的一个位点上；外源DNA的插入使基因组中任何一个基因的结构发生改变。不能列入转基因动物范畴的情况包括：由于化学品的诱变作用导致基因发生改变；由于辐射作用导致基因发生改变；化学品或辐射的作用使染色体发生畸变；通过核移植交换遗传物质；使用基因治疗技术导入DNA；等等。

(二)为什么要研究和应用转基因动物

生产转基因动物的程序很复杂，成本较高，时间也很长。那么，为什么要应用转基因动物来进行生物学研究和作为表达有价值的基因的受体呢?为什么不能用离体培养的动物细胞取代转基因动物呢?要回答以上问题，首先，应当认识动物细胞不等同于自由生活的细菌和酵母菌，它是复杂动物体的基本单元。因此，当动物细胞离体培养时，绝大多数组织特异性表达的基因都会停止活动。其次，有些基因转入动物细胞系中后，与把它们转入转基因动物中的行为有很大差别。最说明问题的例子是有关基因内含子功能的实验。Brinster等人在研究基因表达时发现，当把基因转入细胞系中时，有内含子的基因和去掉内含子的同一基因表达水平相近。但是，相同的基因转入小鼠之后，有内含子的基因表达水平比去掉内含子的基因高几百倍，这说明离体培养的细胞中缺少某些能够通过结合到内含子上而刺激基因表达的组织特异性因子。事实上，多数基因在细胞系中的表达水平与在动物中的表达水平相差很远，在研究报告中两者之间相差万倍的例子屡见不鲜。然后，最为重要的是，利用转基因动物可以研究许多复杂的生物学过程，例如发育、分化、脑的功能、行为学等。

（三）转基因动物的命名

国际上对转基因动物的命名有约定俗成的规则，对于原代转基因动物（founder），即经过向胚胎注射DNA后存活下来的胚胎发育成的转基因动物，统称G_0代转基因动物。由G_0代转基因动物与非转基因动物或别的G_0代转基因动物交配而生下的转基因动物，称为G_1代转基因动物。同理，以后生下的后代，依次称作G_2代、G_3代、G_4代……转基因动物。

自从世界上首例体细胞克隆动物出生后，国际上又出现了拟人化的命名方法。例如：用乳腺细胞克隆出来的一只羊被命名为“多莉”（Dolly），用转人乳铁蛋白基因生产出来的一头牛叫“赫尔曼”（Herman），我国生产的一头转基因牛被命名为“滔滔”等。但是，这种命名的方法不会取代前一种方法，成为给转基因动物定名的正统方法。

（四）关于转基因动物所涉及的伦理学问题

应用重组DNA技术和显微注射DNA等转基因技术，打破了自然界物种之间生殖隔离的障碍，使得动物物种之间、动物与人类之间、动物和植物及微生物之间的遗传物质可以相互转移，这无疑标志着人类在认识自然和改造自然上的巨大进步。但是，转基因动物的技术在短时间内创造出来的东西，可能是人类闻所未闻的全新动物，这不可避免地引起社会上一部分人，特别是宗教界人士、动物保护主义者、环境保护主义者和缺乏科学常识的人的惊恐和反对。这并不能说明转基因动物作为一项技术有什么问题，而是人们对新生事物的认识存在很大差异。其实，自然界遗传物质的流通、转移和组合是普遍存在的，否则世界怎么会从原始的生命分子出发进化出如今主宰地球的人类。

转基因动物引起的伦理学上的争论表现在：人类基因转移到动物，由转基因动物产生的产品作为食品和药品所造成的疑虑，家畜基因相互转移所造成的宗教疑虑以及动物基因转移到植物上对素食者造成的疑虑。

目前，将人类基因转移到作物或动物体内，使它生产人体需要的生物活性物质，特别是使用转基因动物产生人类自身物质是现在争论的话题。

第二节 转基因动物的发展状况与趋势

动物基因工程的实质是改变动物的遗传组成,增加动物的遗传多样性,赋予转基因动物新的表型特征,能够更好地服务于人类社会。

1.从简单的显微注射法向高效率的转基因体细胞核移植方向发展

从转基因的技术手段来看,除DNA显微注射法外,人们先后试过反转录病毒载体介导法、精子介导法、胚胎干细胞介导法和核移植法等多种转基因方法。

转基因细胞的核移植技术已经成为转基因动物生产的主流方法。

2.从外源基因随机插入(或整合)到定点整合的转变

转基因在基因组中的存在方式有两种,即随机整合和定点整合。

为了实现外源基因的高效表达,在转基因结构上增加了含有位点控制区(LCR)、核基质附着区(MAR)等调控元件,可以实现插入位点非依赖性、拷贝数相关的表达模式。LCR和MAR的功能不受种属差异的限制,无论外源基因插入什么位点,都能够维持一个开放的染色体结构,有利于基因的表达。

基因打靶技术的出现与发展,实现了对目的基因的定位操作。

3.从传统转基因到条件控制的转变

从转基因的策略来看,动物转基因技术的发展经历了两个阶段:第一阶段为传统转基因动物阶段,第二阶段为条件性转基因动物阶段。

借助转基因技术可将单一的功能基因和基因簇引入高等动物的基因组,或将目的基因从动物基因组中敲除,实现了种系内和种系间基因转移或修饰,产生新的基因型和表型。

目前转基因动物主要应用在生物学基础研究、医学疾病模型、动物生物反应器、异种器官移植、动物遗传改良等五个方面。

第三节 转基因动物技术

一、动物基因工程载体

作为动物基因工程载体必须具备以下几个功能:一是为外源基因提供进入受体细胞的转移能力;二是为外源基因提供在受体细胞内复制或整合的能力;三是为外源基因提供

在受体细胞内的扩增和表达能力。目前采用的动物基因工程载体可分为三种：质粒型表达载体、病毒载体和定向打靶载体。

（一）质粒型表达载体

表达载体的共同特点是都带有原核复制区和选择性标记基因，保证重组DNA分子能够在大肠杆菌中扩增，同时也必须包括能在真核细胞表达的相关组件。一般包括转录外源DNA序列的启动元件、转录产物有效地加上poly（A）尾巴所必需的信号序列、真核细胞中的选择性标记，另外还增加了一些附加元件，如增强子、内含子、剪接供体与受点，以保证外源基因的高效表达。

（二）病毒载体

作为基因转移的病毒载体须具备以下基本条件：一是携带外源基因并能够包装成病毒颗粒；二是介导外源基因的转移与表达；三是不会导致机体产生疾病。目前采用的有腺病毒（adenovirus）、腺相关病毒（adeno-associated virus，AAV）和反转录病毒。

1.腺病毒

以缺陷型腺病毒DNA为骨架，把目的基因进行克隆、包装、扩增，实现克隆基因、包装稳定、滴度高等效果。在此基础上，还可以进行带报告基因的、带不同标签的腺病毒构建。

腺病毒载体的优点：一是宿主范围广，对人致病性低。腺病毒载体系统可广泛用于人类及非人类蛋白的表达。腺病毒可感染一系列哺乳动物细胞，因此在大多数哺乳动物细胞和组织中均可用来表达重组蛋白。二是在增殖和非增殖细胞中感染和表达基因。比如，逆转录病毒只能感染增殖性细胞，因此DNA转染不能在非增殖细胞中进行，必须使细胞处于持续培养状态。腺病毒则能感染几乎所有的细胞类型，除了一些抗腺病毒感染的淋巴瘤细胞。腺病毒是研究原代非增殖细胞基因表达的最佳系统，它可以使转化细胞和原代细胞中得到的结果直接进行对比。三是能有效进行增殖，产生的病毒滴度高。腺病毒系统可产生1 010到1 011 VP/mL。四是与人类基因同源。腺病毒载体系统一般应用人类病毒作为载体，以人类细胞作为宿主。五是不整合到染色体中，无插入致突变性。逆转录病毒可随机整合到宿主染色体，导致基因失活或激活癌基因。而腺病毒则除了卵细胞以外几乎在所有已知细胞中都不整合到染色体中，因此不会干扰其他的宿主基因。在卵细胞中整合单拷贝病毒则是产生具有特定特征的转基因动物的一个较好的系统。六是能同时表达多个基因。可以在同一细胞株或组织中用来设计表达多个基因的表达系统。

2.腺相关病毒

腺相关病毒是一种天然复制缺陷型非致病性单链DNA病毒，其复制需要有辅助病毒的共转染。无共转染时，野生型AAV优先（70%）整合在人染色体的19q13.3位点处，潜伏存在直至被辅助病毒拯救出来。其整合需要基因组两端的ITR，以及非结构基因编码的蛋白Rep78和Rep68的存在。腺相关病毒具有以下几个方面特点：一是非致病性、无免疫原性和无炎症反应；二是能感染静止期的细胞，如神经元细胞；三是插入的外源基因表达时间长，一般能够达到1年之多；四是宿主范围广；五是热稳定性强，容易通过灭活辅助腺病毒纯化。

3.反转录病毒

反转录病毒是一种整合型单链RNA病毒，感染宿主细胞后，病毒颗粒中的*pol*基因表达出反转录酶，以单链的RNA基因组为模板，立即转录出一份线形双链DNA复本，然后在整合酶(Int)介导下，整合到宿主的基因组内，此时整合的病毒序列被称为前病毒。反转录病毒基因组整合到宿主细胞基因组后，其DNA随宿主DNA的复制而复制，并由5′-LTR中的一个强启动子转录出病毒RNA链，它既是病毒基因组，同时又具有mRNA模板活性，翻译出结构蛋白和反转录酶。在宿主细胞质中，两条相同的RNA链和反转录酶被包装于内壳中，形成的成熟病毒颗粒以芽殖方式分泌至细胞外，但通常不致死宿主细胞。

(三)定向打靶载体

自1980年，Capecchi报道用玻璃针将DNA直接注射入细胞核可以显著提高基因转移的效率，到2007年美国科学家Mario Capecchi和Oliver Smithies、英国科学家Martin Evans因为利用胚胎干细胞对小鼠基因进行定向修饰原理方面的系列发现获得了2007年诺贝尔生理学或医学奖。基因打靶技术已经广泛地应用在现代生物医学研究的各个领域。

基因打靶是通过外源基因与靶细胞染色体上的同源序列间的同源重组，将外源基因定点整合到靶细胞特定位置上，而使某一个特定位点上的基因发生定点突变的技术。

1.基因敲除

敲除型载体由两段与基因组内靶基因座序列同源的DNA片段(又称同源臂)组成，中间为正向选择标记，同源臂外侧为真核细胞中的负选择标记及在原核细胞中进行复制与筛选的载体DNA序列。

定向打靶载体，主要是把已知的基因完整地克隆到载体上，然后将这个基因的关键部位，如第二、三个外显子片段用抗性基因(*Neo*)和报告基因(*LacZ*、*GFP*等)替换，如图9-1所示，再把一个对某种药物敏感的基因连接在尾端。这样的载体就可以与细胞染色体DNA上相同的基因进行同源重组，通过抗性基因和敏感基因的正负筛选，得到重组过的新细胞，从而达到定向敲除已知基因的目的。

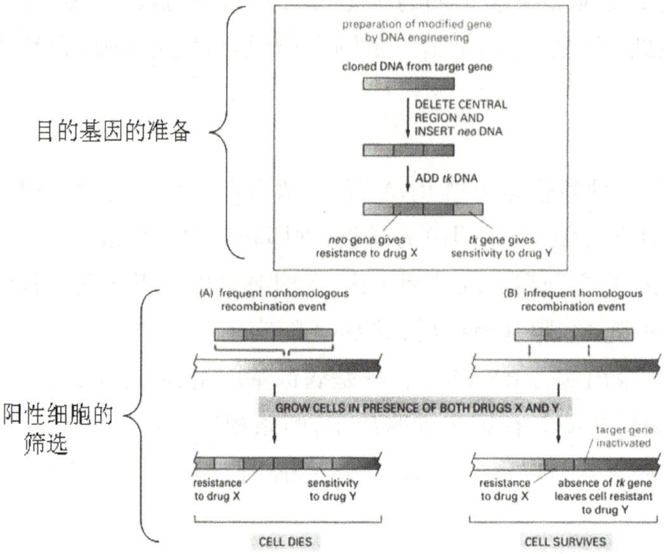

图9-1　定向打靶进行基因敲除的小鼠制作原理示意图

2.基因敲入

基因敲入是利用同源重组原理将外源基因插入到染色体的特定位点上，与基因组中的同源序列进行同源重组，并使该外源基因能随着细胞的繁殖而传代的技术。通过基因敲入用一种基因替换另一种基因以便在体内测定它们是否具有相同功能。也可通过该技术进行靶向基因治疗。基因敲入的转基因结构设计上相似于基因敲除结构，但区别在于：一是用外源基因替换并失活靶基因，使基因复活，从而证明基因的功能。二是可以在不影响靶基因功能的前提下插入新的基因，研究插入的新基因的功能。三是在染色体上特定位点插入新的外源基因，从而实现基因转移，并使得外源基因高效表达。

3.基因下调(knockdown)

RNA干扰(RNA interference，RNAi)又被称为基因下调，通过短干扰RNA(small interfering RNA，siRNA)分子的作用达到转录后基因沉默的效应。

siRNA的制备方法主要包括体外合成siRNA和siRNA表达载体两种。体外合成的siRNA易转染细胞，进入细胞后，可直接发挥作用，一般不存在siRNA表达载体的转录效率低及细胞毒性等问题。但是体外合成的siRNA只能瞬间干扰，不能达到长久抑制基因表达的效果。

siRNA阻断基因表达的机理在于双链RNA进入细胞中在Dicer酶作用下裂解成的siRNA，可以与一些蛋白形成复合物。该复合物可以与siRNA互补的mRNA结合，并使该mRNA分解，达到显著抑制基因表达的作用。

RNAi的优点：

相比用同源重组法操作更加简便，大大缩短了实验周期；对于一些敲除后会导致在胚胎期死亡的基因，可以在体外细胞水平用siRNA来研究该基因的功能。

4.CRISPR-Cas9介导的基因组定点编辑技术

2012年,Jennifer Doudna和Emmanuelle Charpentier两位科学家首次揭示了CRISPR-Cas9系统的分子机制,并展示了它在体外编辑DNA的潜力。这一发现迅速引发了全球科研人员的关注,因为它提供了一种前所未有的精准编辑生物基因组的方法。随后,科学家们成功地将CRISPR-Cas9系统应用于哺乳动物细胞,实现了对特定基因的精确敲除和编辑。

随着技术的不断发展和优化,CRISPR-Cas9编辑的准确性和效率得到了显著提高。研究人员已经开发出多种改进型CRISPR系统,如CRISPRi和CRISPRa,用于调控基因表达和染色质状态。CRISPR-Cas9技术还在疾病治疗、农业生物技术和药物研发等领域展现出广阔的应用前景。

CRISPR-Cas9技术的发现与发展是科学史上的一次重大突破,它不仅为生命科学研究提供了强有力的工具,也为未来的基因疗法和生物科技革新奠定了基础。随着技术的不断完善和应用领域的拓展,CRISPR-Cas9技术将继续在生命科学领域发挥重要作用。

CRISPR-Cas9系统的分子机制:

CRISPR-Cas9系统是一种源自细菌的适应性免疫系统,它提供了一种强大的工具,可以在多种生物体的基因组中进行精确的定点编辑。该系统的分子机制主要基于两个核心组件:CRISPR相关蛋白9(Cas9)和CRISPR RNA(crRNA)。

在自然环境中,CRISPR-Cas9系统的主要功能是保护细菌免受外源DNA(如病毒DNA)的侵害。当外源DNA侵入细菌时,细菌的CRISPR系统会切割这些DNA并将其片段整合到自身的CRISPR数组中。这些片段随后被转录成CRISPR RNA(crRNA),与Cas9蛋白结合形成复合物。当相同的外源DNA再次侵入时,Cas9-crRNA复合物会识别并切割这些DNA,从而阻止其复制和感染。

在基因组编辑中,科学家们利用CRISPR-Cas9系统的这种识别和切割机制,通过设计特定的crRNA来引导Cas9蛋白切割目标DNA序列。这个过程通常需要两个RNA分子的参与:一个是crRNA,它负责识别目标DNA序列;另一个是反式激活CRISPR RNA(tracrRNA),它帮助crRNA与Cas9蛋白结合。然而,为了提高编辑效率,科学家们已经开发出了一种融合RNA(sgRNA),它将crRNA和tracrRNA的功能结合在一起,从而简化了编辑过程。

当Cas9-sgRNA复合物形成后,它会通过碱基互补配对的方式识别目标DNA序列。一旦找到匹配的序列,Cas9蛋白就会在DNA双链上切割出一个双链断裂(DSB)。细胞为了修复这种断裂,会启动两种主要的DNA修复机制:非同源末端连接(NHEJ)和同源重组(HR)。NHEJ修复过程可能导致DNA序列的插入、删除或替换,从而实现基因敲除或基因敲入的效果。而HR修复则可以利用一个外源提供的同源模板来精确修复DSB,从而实现基因的精确编辑。

CRISPR-Cas9系统的分子机制依赖于Cas9蛋白和sgRNA的相互作用，通过识别并切割目标DNA序列来触发细胞的DNA修复机制，从而实现基因组的定点编辑。这种技术为基因治疗和生物医学研究开辟了新的可能性。

5.随机基因敲除-基因捕获技术(gene trapping)

gene trapping提供了一种快捷的方法来研究基因功能。其原理是通过一个含有报告基因的载体随机地插入基因组，由报告基因的表达来反映内在性基因的表达并使该基因变异。通过细胞培养，筛选那些报告基因表达的ES细胞，并把它们植入寄主的胚胎，制出变异鼠。用ES细胞来捕获基因有三大特点，第一，可用简单的染色方法分析未知基因的表达模式；第二，可快速克隆未知基因；第三，可制作变异小鼠系。它比传统的基因变异鼠制作要快得多，因为它不需要分离，克隆靶基因。它还可以产生大量的变异ES细胞，并可以单离，储存建立变异ES细胞库。基因捕获还能简单地通过PCR方法确定被捕获的基因序列，这样可以分离即使在体内表达很低的新基因。

基因捕获原理和实验流程：

基因捕获简单地说就是用一种特殊构建的质粒，通过电击或病毒转染方式进入细胞并随机地整合到细胞的染色体上某个基因中，由于质粒中有报告基因和翻译终止信号，理论上将会抑制该基因的表达，从而达到敲除该基因的效果。

为了分析基因在生物和人类生命活动中的详细功能，实验者一般用ES细胞作材料与质粒进行电击整合，因为ES细胞可以直接导入小鼠体内制成老鼠。也就是说，trapping vector随机地整合到ES细胞的某一基因中，导致该基因的表达障碍，产生该基因变异了的ES细胞，再由这种ES细胞制作的老鼠，就是该基因被抑制了的变异小鼠，通过对其表型及生化分析，就可以知道该基因在生命发育过程中的功能。

整个实验流程如图9-2所示。首先体外培养小鼠TT2 ES细胞和扩增trapping vector，二者混匀装入电击管中进行电击，第二天加入G418进行筛选，被trapping vector整合了的ES细胞就因能抗G418存活而形成一个个的克隆，挑选克隆大量扩增。一部分用来分析是什么基因被捕获，是否只有一个基因被捕获等。另一部分就用来制作老鼠，得到老鼠后，进行基因型和表现型的分析：野生型、杂合子、纯合子的鉴定；纯合子体内该基因是否被抑制；抑制该基因后，纯合子老鼠有什么变化，如胚胎致死，生后致死，生长障碍，结构异常等。

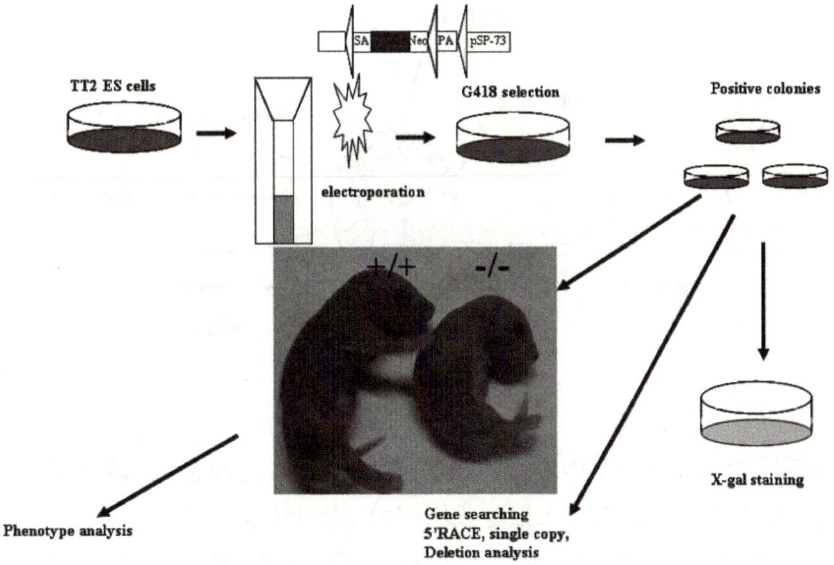

图9-2 基因捕获技术制作基因敲除小鼠的实验流程

二、基因转移技术

基因可以通过以下方法,进入细胞中:物理转染法,化学转染法,病毒感染法。

(一)物理转染法

1. 电击法(electroporation)

基本原理是在外加电场的作用下,细胞膜电位发生改变,细胞质膜瞬间出现可逆性的电穿孔,从而使一定数量的外源DNA从细胞外扩散到细胞质和细胞核内,并进一步整合到宿主DNA上,达到转基因目的。过程示意图如图9-3所示。

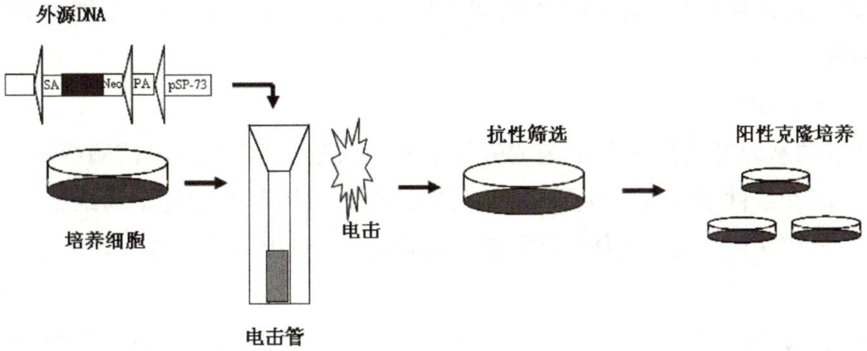

图9-3 电击法示意图

2. 显微注射法

在显微镜操作系统的辅助下,通过玻璃微管直接将外源DNA注入哺乳动物受精卵的原核内,使外源基因整合到基因组上,制备转基因动物。过程示意图如图9-4所示。

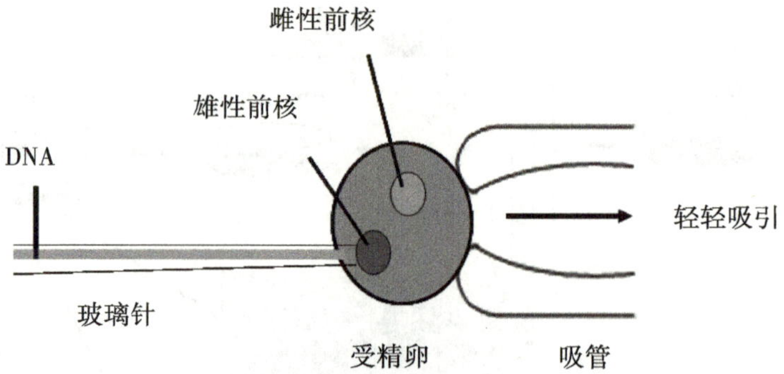

图9-4 显微注射示意图

3. 基因枪法

基本原理是将要转染的DNA吸附到高黏度的金属(钙或金等)颗粒上,在一种加速装置的作用下,将这些粒子高速打入细胞或组织内,达到转基因目的。

基因枪法最早是由美国康奈尔大学的Sanford提出的,通过高速飞行的金属颗粒将包被其外的目的基因直接导入到受体细胞内,从而实现基因转化的方法。1992年,世界首例转基因小鼠就是通过该法获得的。

4. 超声波法(sonoporation)

超声波增强基因转染法的主要机制是声波的空化效应导致细胞的通透性增高,而通过添加超声造影剂能降低空化阈值,增强空化效应,促进外源基因进入细胞,提高基因的转染效果。

(二)化学转染法

1. 磷酸钙法

将待转染的DNA溶解在磷酸缓冲液中,加入$CaCl_2$后,DNA片段与磷酸钙共沉淀并形成大的颗粒;将此颗粒悬浮液加入贴壁培养的细胞中,外源DNA就被靶细胞所吸收,进而实现转基因。

2. 原生质体融合法

含有目的基因的质粒转化细菌或酵母细胞。大量扩增,利用溶菌酶或蜗牛酶去除胞壁部分,在高盐条件下制成原生质体,然后散铺在单层培养的哺乳动物细胞上,在融合剂(如聚乙二醇)作用下,使染色体或质粒转入细胞内,实现转基因目的。

3. 脂质体法

脂质体是磷脂分散在水中时形成的脂质双分子层,与细胞膜的结构相似,能与细胞膜发生融合作用,将脂质体内的外源DNA带入细胞中,因而可用作外源物质进入细胞的载体。

原理是:脂质体表面带正电荷,能与核酸的磷酸根通过静电作用将DNA分子包裹入内,形成DNA-脂复合体,同时也能被表面带负电荷的细胞膜吸附,再通过膜的融合或细胞的内吞作用，偶尔也通过直接渗透作用，将DNA传递进入细胞，形成包涵体或进入溶酶体。其中一小部分DNA能从包涵体内释放，并进入细胞质中，再进一步进入核内转录、表达。这是目前应用最广泛的将外源DNA转入细胞的方法。

（三）病毒感染法

构建含有选择性标记的反转录病毒基因组部分DNA与质粒的杂合型载体分子，在多克隆位点插入外源基因形成重组DNA分子，克隆到大肠杆菌中扩增鉴定；重组DNA分子通过物理或化学方法转入一个特制的病毒包装细胞系。转染入包装细胞系的重组DNA转录出相应的重组RNA分子，包装细胞系分泌出来的重组反转录病毒，便可感染其他类型动物受体细胞，重组RNA分子以DNA形式整合到染色体上，并表达外源基因。

第四节　转基因动物制备

一、转基因动物的制备程序

（一）DNA显微注射法制备转基因小鼠

如图9-5所示，选择8周龄左右的雌鼠与12周龄至1年左右的雄鼠合笼，进行交配，交配后次晨注射前几小时收集受精卵。显微注射的转入基因通常为去除载体序列的线状DNA，转基因所用载体是真核表达载体，含有在哺乳动物细胞内表达的真核启动子。所谓组织特异性表达多是通过组织特异性启动子来实现的。在无菌的条件下，将构建成功的线状DNA进行显微注射。然后把含有转基因的受精卵种植到假孕雌鼠（正常雌鼠与结扎雄鼠交配产生）的输卵管中，20 d左右，新生小鼠就会出生。3周后，剪取所有小鼠的尾巴，提取DNA，进行初筛，转基因的初始筛选通常采用PCR检测技术，该技术操作简便、快速、费用低且有效，适合大量标本的分析。由于该技术特别敏感，可能产生假阳性结果。因此，在操作过程中必须特别小心，阳性结果一定要再用Southern杂交技术进一步证实。得到转基因成功的小鼠，可以大量繁殖，培养成品系，进一步分析转基因的效果。显微注射制作转基因小鼠的优点：（1）外源基因在宿主染色体上的整合率相对较高；（2）此法导入外源基因不需要载体；（3）转基因小鼠得率在60%～80%；（4）导入的外源基因可长达50 kb。其不足之处有：（1）外源基因随机整合；（2）个别原核不清晰，需要进行特殊处理；（3）需要大型精密仪器，费用昂贵；（4）操作周期相对较长。

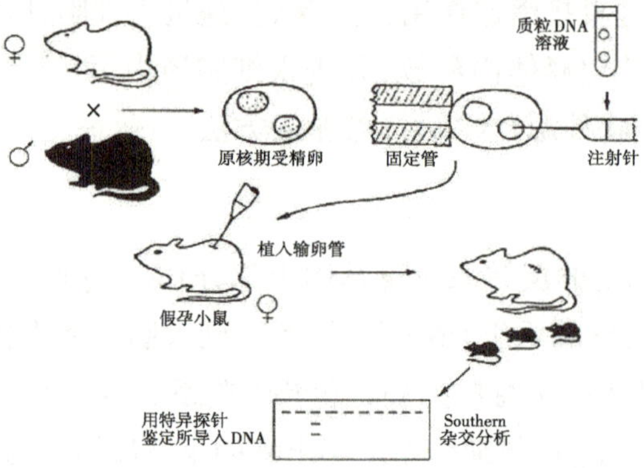

图9-5 转基因小鼠的制备过程示意图

（二）胚胎干细胞法制备转基因小鼠

胚胎干细胞（ES）是早期胚胎经体外分化抑制培养建立的多能性细胞系，体外培养时保持未分化状态，可以传代增殖。ES细胞在发育上类似于早期胚胎的内细胞团细胞，当被注入囊胚腔后可以参与包括生殖腺在内的各种组织嵌合体的形成。ES细胞具有与早期胚胎细胞相似的分化潜能和正常整倍体核型两大特点，是研究哺乳动物个体发育、胚胎分化以及性状遗传机制的理想模型。在转基因领域，ES细胞是公认的研究基因转移、基因定位整合的一类极有前途的实验材料。

其制作转基因小鼠的方法如图9-6所示，首先培养ES细胞，将线状化的DNA通过点击法或其他化学方法转染ES细胞，然后采用线状化的DNA上带有的抗性进行药物筛选，获得阳性单细胞克隆株；再将转基因成功的ES细胞移植到小鼠的囊胚中（不是受精卵），把这样的囊胚再种植在小鼠的子宫中，长成小鼠，第一批小鼠全是嵌合鼠。用转基因嵌合体的小鼠与正常的小鼠交配，对其后代进行检测，如果后代中有转基因个体出现，证明为种系嵌合，然后将转基因杂合子个体进行杂交就会获得转基因纯合子和杂合子个体。如果在后代中没能发现转基因纯合子，应注意是否因为转基因的纯合造成了胚胎的早期死亡，无法得到成活个体所致。后代有转基因小鼠出现，就可以大量繁殖，建立转基因品系。这种方法可对阳性细胞进行选择，可以在体外进行人工培养、长期扩增、冷冻保存，实现外源DNA的定点整合。缺点是第一代是嵌合体，获得转基因动物的周期较长。

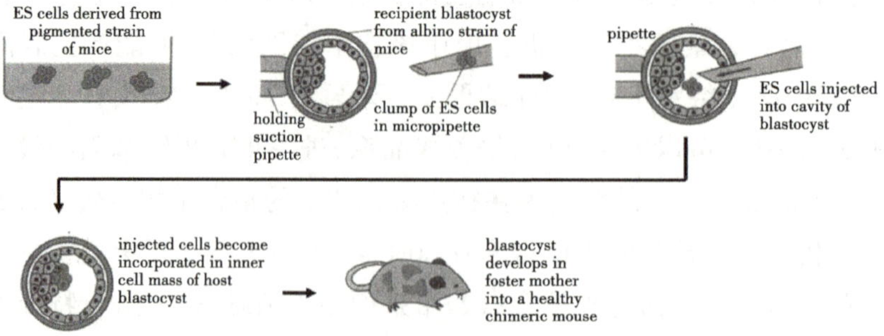

图9-6 胚胎干细胞法制备转基因小鼠过程示意图

二、转基因鉴定

产出的鼠仔中，属转基因小鼠者，只占全部仔小鼠一小部分。因此，对转基因小鼠必须进行鉴定筛选。鉴定转基因小鼠最简单的方法是从小鼠尾尖提取基因组DNA，检测其基因型。检测方法包括PCR和Southern杂交。

（一）PCR扩增

采用转基因DNA上的片段作为引物，检查小鼠尾尖提取的基因组DNA中有无转基因的存在。

（二）Southern杂交

采用转基因DNA上的片段作为探针，检查小鼠尾尖提取的基因组DNA中有无转基因的存在。该技术虽然没有PCR技术那样敏感，且费力费时，但是避免了因污染导致假阳性结果的麻烦，可以得到目的基因整合后的基因组、整合位点数目、转基因拷贝数等的确切信息。

三、表达水平的检测

获得高效表达、具有较强生物学活性的蛋白是转基因的主要目的之一。仅仅用DNA技术证明动物是转基因的，还没达到转基因动物制作的目的，还需要在转基因动物体内进行蛋白水平的鉴定。

从转基因的细胞或动物，获得目的蛋白的方法：第一，表达于细胞内，可通过对组织或细胞裂解获取；第二，分泌到细胞外，可通过酶学或免疫学方法进行测定。检测的方法有以下几种。

（一）通过报告基因的表达来证明转基因的成功

报告基因是编码容易检测的蛋白质的核苷酸序列，一般用于替换难以测定的蛋白质基因，或制备融合蛋白，或利用内部核糖体进入位点（internal ribosome entry site，IRES）与目的蛋白形成一条mRNA序列，分别翻译出两种蛋白，来研究目的蛋白的功能及其表达特性。如果转基因的细胞或动物，能被检测出报告基因所编码的蛋白，可以认定转基因的成功。

（二）Northern杂交

可以检测转基因动物或转染细胞是否转录出目的基因所对应的mRNA，有目的基因的mRNA，证明目的基因在转基因的动物或转染细胞中存在。

（三）反转录PCR（RT-PCR）

是以由mRNA反转录产生的cDNA第一链为模板进行目的基因或片段扩增的PCR反应。利用RT-PCR方法扩增出目的基因的电泳条带，以检测目的基因的表达。

(四)FISH(荧光原位杂交)技术

用荧光色素标记转基因的mRNA片段作为探针,按照碱基互补的原则,与转基因小鼠的各种组织切片中各种细胞的mRNA进行特异性杂交,最后用荧光进行检测。其优点是结果直观、特异性好,能定量和定位分析转基因的表达部位(组织或细胞)。

(五)聚丙烯酰胺凝胶电泳

分析靶组织或转基因细胞的总蛋白,依据相对分子质量标准判定是否有目的蛋白条带出现,进而判定外源基因的表达情况,同时可以初步判定目的蛋白的表达水平。

(六)Western杂交

如有目的基因的抗体,可用来检测转基因动物或细胞的蛋白质样品中是否存在目的蛋白,最小检出量为1 ng。这是最有效的证明方法。如果是基因敲除小鼠,则目的基因的蛋白就没有或表达下降。

(七)目的蛋白的生物活性

应选择相应的生物学测定方法进行测定。当产品生物学活性较天然蛋白活性低时,应当对蛋白质结合的功能分子基团进行研究。

四、转基因动物传代与检测

判断是否生产出转基因动物的重要标准是检查外源基因是否整合到动物的生殖系统中,即是否能够稳定遗传。

转基因动物传代常用常规繁殖方法进行,如有必要,也可采用特殊的方法。一般用转基因检测阳性动物与已知的非转基因动物交配,这样做可以较好地度量被整合的外源基因的传递规律。

五、基因捕获技术制作小鼠的检测

(一)确定哪一基因被捕获

一旦获得阳性ES细胞克隆,就可以提取其RNA,利用5′ RACE(5′ rapid amplification of cDNA ends)方法判明是哪一基因被捕获。

如图9-7所示,假设trapping vector随机地插入到某一基因的内含子中,首先提取RNA并反转录成cDNA,然后把cDNA5′末端加上含有两个已知引物(UAP,AUAP)的序列,利用这两个已知引物和报告基因(*LacZ*)上的已知引物Z1/Z2进行1次PCR和一次Nested PCR,把扩增的PCR产物导入载体中克隆,纯化,测序。把测序结果在EST和Celera等数据库查找,即能知道是什么基因被捕获了。

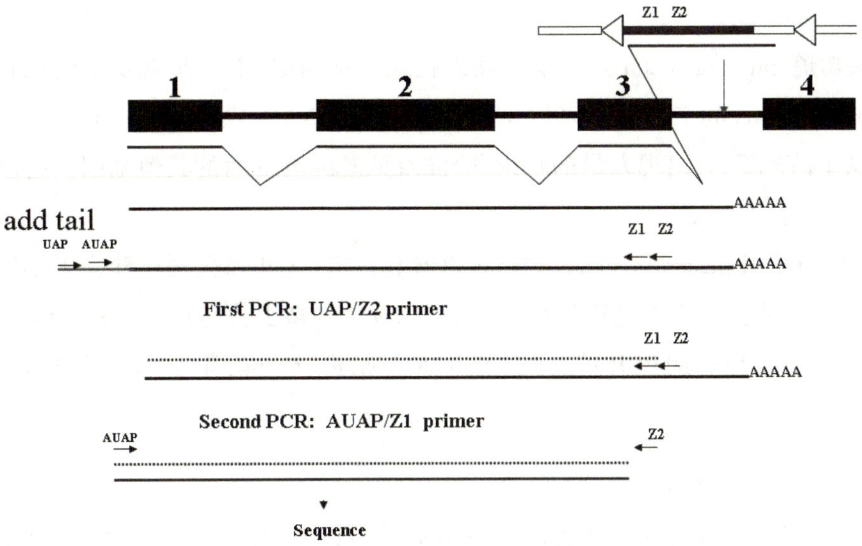

图9-7　确定被捕获的基因的方法

(二)单一插入(single copy)

知道是什么基因被捕获了,还需要证明trapping vector是否只是单一插入在这一基因中,因为也有可能同时插到其他的基因中。如果同时在ES细胞中有两个或多个基因被trapping vector插入,这样的ES细胞克隆就没用,不能用来制作老鼠,因为如果这样的老鼠有变异出现,它是多个基因变异的结果,而不是单一基因变异结果,因而没有意义。

怎么才能知道trapping vector只是单一插入在这一基因中呢?可以用Southern印迹的方法证明。即把阳性ES细胞的DNA用多个常见的限制性内切酶分别降解,然后用trapping vector中的已知的片段作探针,进行杂交,如果每种酶切都只出现一条带,就说明trapping vector只是单一插入在这一基因中,如图9-8所示。

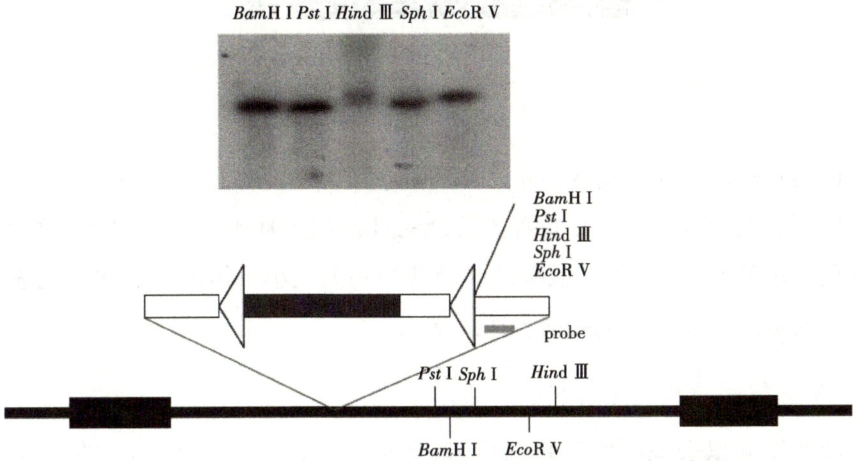

图9-8　单一整合的证明方法

（三）缺损判定

如果知道trapping vector只是单一插入在某一基因中，下一步就要证明trapping vector插入后，trapping vector自身和该基因有没有缺损，即DNA有没有丢失。有时trapping vector插入后，基因的序列会出现大量的缺损，会波及该基因的后面的其他基因。所以判明有无缺损也是很重要的一步。

主要的方法有plasmid rescue，inverse PCR和PCR。Celera公司已建立了小鼠的基因序列库，可以获得有关基因的全部序列，因而可以设计许多引物与trapping vector上的大量引物进行PCR，获得单一的PCR带后，就可以纯化测序，再与正常的基因序列比较就可以知道有无缺损。

（四）小鼠制作和基因型判定

完成以上的工作后，有意义的ES细胞克隆就可以用来制作老鼠。把ES细胞通过显微注射注入囊胚中，获得嵌合鼠，再与正常品系的老鼠杂交，就能得到变异鼠。

变异鼠的基因型鉴定主要方法是PCR。如图9-9所示，在插入位点两侧约100～200 bp设立一组引物（GF4/GR3），trapping vector上设立一组引物（NeoF/NeoR），野生型只有GF4/GR3一条带，纯合子只有NeoF/NeoR一条带，而杂合子就有以上两条带了。

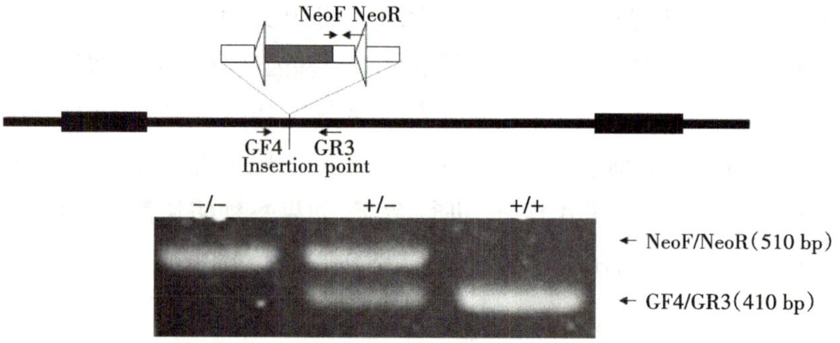

图9-9　PCR鉴定

（五）基因表达分析

由于trapping vector中含有X-gal报告基因序列，被捕获的基因的启动子在启动转录内在性基因同时也能使X-gal报告基因转录，X-gal染色能真实地反映内在性基因的表达情况。所以用简单的X-gal染色就能跟踪被捕获的基因在小鼠体内细胞水平的表达方式，即使捕获的基因是未知基因或是微量表达的基因。

（六）变异鼠表现型观察和病理解析

一般观察变异鼠表现型要在F_3以后，杂合子F_3与F_3交配后，经20 d左右受孕，观察新生小鼠表现型，鉴定基因型，如果没有纯合子存在（至少检查50只），说明纯合子变异鼠在胚胎期死亡，最后收集不同时期的胚胎，查明具体的致死时间和原因，如器官形成障碍，血液细胞、血管发育异常等。如果纯合子能生后存活，就要观察其体色、体重等外形有无异常，记录其生长体重变化曲线，有无生长障碍。对高表达的器官进行切片观察。查阅有关的资料，分析该基因与其他相关基因是怎样的关系，用分子生物学方法证明该基因被抑制后，相关基因及RNA、蛋白质有什么变化，从分子水平证明该基因的作用机理。

第五节 转基因动物的应用与未来

一、转基因动物的应用

自从“863”计划设立以来，转基因动物经历了两个技术发展阶段。在前一个十年中，国际上一直沿用DNA显微注射技术生产转基因动物，效率比较低，而且只能给动物体增加1~2个基因。由于这种技术体系费时、费力和费钱，转基因动物发展速度不够快。1995年之后，国际上在生命科学领域出现两个重大突破：那就是人类基因组计划的进展比预计的快，重要基因的发现以前所未有的速度进行。

（一）基因功能的研究

目前我们所知道的基因的功能，主要是通过研究自然突变得来的。自然突变会造成动物和人体表型的改变，大部分是不利的改变，也有一小部分是有利的改变。通过研究自然突变，人类不但知道了许多基因的功能，而且通过筛选积累有利突变，去掉有害突变。通过小鼠的定位整合技术，能动地发现了许多未知基因的功能和许多已知基因的新功能。用胎儿成纤维细胞进行基因定位整合试验，成功地将标记基因和抗胰蛋白酶基因定向地整合到绵羊的原胶原蛋白基因座上，并用体细胞克隆方法得到了两只绵羊。这一研究结果有十分重大的科学意义，标志着已有一种比制作基因定位整合小鼠更为直接的方法来实现基因定位整合。用同源重组的方法准确地改变某一个内源基因，是研究基因功能的最高水平，尤其是把基因定位整合方法同Cre系统等位点特异性基因重组方法以及常规遗传学方法结合使用时，不仅可以研究基因的功能，还可以用来研究某个代谢通路。总而言之，在未来的时间内，转基因动物的研究不会局限于生产某一种对农业或医学有重大经济价值的动物品系或品种，越来越多的研究将要针对生物学本身，并将得出比小鼠研究更为准确的结果。

(二)在农业上的应用

1.动物遗传资源的保存

保存现有的动物遗传资源是一件十分紧迫的事,也是一件十分困难的事。植物和微生物资源保存虽然也很困难,但情况比动物好得多。一方面因为植物和微生物在自然界的栖身之所比动物宽阔,物种灭绝的速度比动物物种慢得多;另一方面,植物和微生物物种的人工保存比动物要容易一些,一个资源库保存几十万种植物或微生物材料是可能的。

体细胞克隆的成功率与使用的体细胞有很大关系。在众多实验报道中,有的移植成活率只有5%,也有的可以达到60%以上,比试管动物的效率还高。若使总的成功率达到20%左右,就有很大实用意义,将会有效地取代目前的胚胎生产技术(胚胎生产技术的移植成活率是40%~50%)。只有这样,克隆动物可以预先选择性别和材料来自特别优良的个体的两个优点,才会超过普通胚胎移植技术,从而取代现行的胚胎移植技术。

2.动物的基因改良

通过外源基因的导入,改造动物的基因组,可达到使家畜、家禽的生长速度加快,肉、蛋或奶产量及品质提高,饲料利用率提高、抗病力加强的目的。体细胞克隆技术能使优良种畜迅速扩群,可在短时间培育出新品种,对于动物遗传资源保护的意义更加深远,对濒危物种挽救是必不可少的,目前这方面的应用也是转基因动物最具经济开发前景的领域之一。

目前,作为动物基因改良的候选基因还没有很多,相信随着HGP的完成和功能基因组学的进展,将会有越来越多可以作为动物基因改良的候选基因涌现出来。体细胞克隆技术与基因定位整合技术相结合,是一种强大的技术手段,是其他任何遗传改良技术不能相比的。随着研究的深入,动物的基因改良技术主要采取人工设计的方式,常规选种技术将会变成辅助手段。现在有多种转基因动物,如:转基因牛,改变牛奶成分及提高产奶量;转基因羊,改良羊毛生长;转基因鱼,生长速度提高,以及导入抗冻蛋白基因、珠蛋白基因的鱼;转基因鸡,改良现有品种的遗传特性,增强鸡对于感染的抵抗能力,降低对疾病的易感性,还可以将母鸡产生的外源蛋白收集到蛋内,以供医疗和保健之用。

(三)在医学上的应用

1.动物生物反应器(animal bioreactor)

利用转基因动物生产人类药用蛋白等非常规畜牧产品,是目前世界上转基因动物研究的热点之一。其中,通过动物“乳腺生物反应器”生产人类药用蛋白的研究已取得了初步成功。从1987年Gordon等人在转基因小鼠乳汁中得到人组织纤维蛋白溶酶原激活剂(tPA),至今已有数十种人体蛋白在家畜乳腺中表达,这些蛋白可以用于治疗人类相关疾病。一些药物蛋白如从转基因山羊获得的抗凝血酶,从转基因绵羊得到的α1-抗胰蛋白酶,还有来自转基因兔的α-葡萄糖苷酶等已用于临床试验。近年来许多生物技术公司竞相开展转基因动物乳腺生物反应器的研究,并利用转基因动物大量生产人类活性蛋白质,使转基因动物技术由实验研究向产业化发展。

用动物乳腺生产有药用价值的蛋白质，是转基因动物研究的突出成就之一。到目前为止，已有约10种基因在大动物上得到高效表达，表达水平在1 g/L以上，其中有3种产品，即抗胰蛋白酶、凝血酶Ⅲ和葡萄糖苷酶已通过临床试验阶段。

目前已成功生产的药用蛋白有(1)抗凝血酶Ⅲ：转基因羊中得到，产量为7 g/L。(2)β乳球蛋白：转基因小鼠，0.1～2 mg/mL。(3)红细胞生成素(EPO)：转基因小鼠乳汁，0.5 μg/mL。(4)α1抗胰蛋白酶(AAT)：转基因羊，60 mg/mL。(5)因子Ⅸ：转基因羊的乳汁，125 μg/mL的重组蛋白。(6)因子Ⅷ：转基因猪，1～2.7 μg/mL。(7)单克隆抗体：转基因小鼠中得到。(8)C蛋白：转基因猪每小时分泌380 μg/mL。(9)生长激素：转大鼠*GH*基因猪最高，血清中740 ng/mL。

2.人类器官移植用转基因猪的生产

人体移植器官短缺是一个世界性难题，而异源器官移植可能是解决世界范围内普遍存在的器官短缺的有效途径。在人体器官供体培育方面，最早用小鼠进行实验，现在研究较多的是猪，且已经生产出了可为人类提供器官的转基因猪。目前转基因猪的肝脏可用于虚弱的无法接受肝脏移植手术的急性病人进行离体灌注。这些猪经过遗传工程改造，可表达能封闭补体介导的高敏排斥反应的蛋白质，从而减少排异反应。但这样的器官还只能是短期代用，不能永久移植。从长远看，还必须研究出可永久性移植的器官来。

3.异种克隆技术在医学上的应用

美国科学家业已证明，牛的卵母细胞可以使不同物种体细胞的染色质重新编程。这项研究结果可能有重大医学意义。使用异种克隆技术可以很容易地克隆人的体细胞，用来分离胚胎干细胞或其他干细胞。同使用人的卵母细胞相比，使用牛的卵母细胞可以节约成本和避开某些伦理问题。

4.用于各种人类遗传疾病的模型

将产生某些疾病或遗传病的基因作为外源基因，构建出人类疾病和遗传病的转基因动物模型，能帮助人们研究人类疾病的发生机制和发展过程，并为治疗某些遗传性疾病或基因相关疾病提供实验依据。应用致癌病毒和细胞的癌基因培育转基因小鼠，为肿瘤研究提供了新的途径。目前，在培育人类遗传病模型动物方面已经培育出了动脉粥样硬化、镰刀型细胞贫血病、痴呆症、自身免疫病、淋巴系统病、真皮炎及前列腺癌等多种疾病的模型动物，为这类疾病的研究提供了方便。此外，转基因动物还可用于某些病毒性疾病的机理研究。

5.转基因动物模型还可以用于人类病毒病的研究

转基因动物模型可将病毒的基因通过转基因技术转到实验鼠体内进行研究。人们利用转基因小鼠技术培育了引入HIV的tat蛋白的转基因鼠模型。制作了HBV全长的转基因鼠等。

二、转基因动物的生物安全性

转基因制作方法给动物带来的危害：为动物带来人为的突变，外源基因的表达，也给动物带来影响。

外源基因表达给动物带来的影响：抗病性改良型转基因动物抗病性加强实际上为病原提供了更强的选择压力，造成病原微生物在选择压力下进化的问题。病原微生物的进化，不仅对转基因动物带来危害，同时也给非转基因动物带来极大的威胁。

动物转基因与农业动物资源遗传多样性的保护：转基因动物往往具有更强的生存能力，其抵御天敌和获取食物的能力要远远强于非转基因动物，转基因动物一旦释放到环境中，可能将非转基因动物淘汰，成为优势种，破坏生态平衡和生物多样性。

另外，转基因产品也存在生物安全性问题，如产品的毒性问题、过敏性反应问题、抗药性问题、有益成分问题。

三、动物转基因技术存在的主要问题

(1)效率低，成本高。

在家畜转基因研究中，显微注射后的胚胎不足1%能发育为转基因后代，小鼠和大鼠等实验动物的转基因阳性率也只有3%左右，而且转基因阳性动物中仅50%左右能表达外源基因。

(2)外源基因的随机整合和异常表达。

外源目的基因难以插入到理想设计而不破坏本体基因的合适位点上。插入位点的随机性可能引起性状表达变化的随机性，插入位点的非精确性可能导致不可预测的副作用；目的基因的插入还可激活功能基因的启动子，改变整体生物的性状。

(3)外源DNA能否稳定遗传。

(4)外源目的基因有被细胞内DNA酶降解的风险。

四、转基因动物的局限和危险性

(1)理论和技术上的局限：

1)如何获得合适的高表达转基因载体?

2)如何避免转基因动物的致死性?

3)如何克服在实验室笼养小鼠不能观察的性状改变?

(2)生物安全问题：

对实验工作者和环境造成的病原体和感染体危害问题。

(3)转基因动物在自然界的扩散问题。

(4)转基因动物对人类消费者的风险问题。

(5)转基因动物自身的权益保障问题。

(6)转基因动物的专利权问题,包括目的基因、转基因载体和转基因动物的专利问题。

(7)转基因人类问题,如人类细胞的转基因、人类的基因治疗、基因敲除婴儿的产生等问题。

五、动物转基因的未来

动物转基因技术以其巨大的生命力影响着人类生活,并已逐步渗透到人类生活的各个领域。目前世界范围内已经掀起了转基因动物研究热潮。生物工程产品不断推陈出新,大型转基因动物公司相继应运而生,加剧了转基因动物研究与开发的激烈竞争,同时也充分显示了转基因动物的无穷魅力。

思考题

1. 基本概念:转基因、转基因动物、基因敲除动物、基因打靶、基因敲入、knockdown。
2. 动物基因工程载体必须具备哪些功能?
3. 动物基因工程载体的种类及各自特点?
4. 定向打靶进行基因敲除小鼠的制作原理是什么?
5. gene trapping的原理是什么?
6. 转基因动物的制备应包括哪些环节?
7. FISH(荧光原位杂交)技术的原理是什么?
8. 怎样理解转基因动物的局限和危险性?

参考文献

[1]GORDON J W, SCANGOS G A, PLOTKIN D J.Genetic transformation of mouse embryos by microinjection of purified DNA.Proceedings of the National Academy of Sciences of the United States of America, 1980, 77(12):7380-7384.

[2]SEARLE P F, STUART G W, PALMITER R D.Building a metal-responsive promoter with synthetic regulatory elements.Molecular and cellular biology, 1985, 5(6):1480-1489.

[3]Brinster R L, Chen H Y, Trumbauer M, et al.Somatic expression of herpes thymidine kinase in mice following injection of a fusion gene into eggs.Cell, 1981, 27(1):223-231.

[4]Brinster R L, Chen H Y, Warren R, et al.Regulation of metallothionein—thymidine kinase fusion plasmids injected into mouse eggs.Nature, 1982, 296(5852):39-42.

[5]Mayo K E, Vale W, Rivier J, et al.Expression-cloning and sequence of a cDNA encoding human growth hormone-releasing factor.Nature, 1983, 306(5938): 86-88.

[6]HAMMER R E, BRINSTER R L, PALMITER R D.Use of gene transfer to increase animal growth.Cold spring harbor symposium on quantitative biology, 1985, 50: 379-387.

[7]HAMMER R E, PURSEL V G, REXROAD C E, Jr, et al.Production of transgenic rabbits, sheep and pigs by microinjection.Nature, 1985, 315(6021): 680-683.

[8]Vize P D, Michalska A E, Ashman R, et al.Introduction of a porcine growth hormone fusion gene into transgenic pigs promotes growth. Journal of cell science, 1988, 90 (2): 295-300.

[9]ZHU Z, LI G, HE L, et al. Novel gene transfer into the fertilized eggs of gold fish (*Carassius auratus* L.1758).Journal of applied ichthyology, 1985, 1(1): 31-34.

[10]GORDON K, LEE E, VITALE J A, et al.Production of human tissue plasminogen activator in transgenic mouse milk.Nature biotechnology, 1987, 5: 1183-1187.

[11]Wright G, Carver A, Cottom D, et al.High level expression of active human alpha-1-antitrypsin in the milk of transgenic sheep.Nature biotechnology, 1991, 9: 830-834.

[12]Zinovieva N, Lassnig C, Schams D, et al. Stable production of human insulin-like growth factor 1(IGF-1) in the milk of hemi- and homozygous transgenic rabbits over several generations.Transgenic research, 1998, 7(6): 437-447.

[13]Palmiter R D, Brinster R L, Hammer R E, et al.Dramatic growth of mice that develop from eggs microinjected with metallothionein-growth hormone fusion genes.Nature, 1982, 300 (5893): 611-615.

[14]Palmiter R D, Sandgren E P, Koeller D M, et al.Distal regulatory elements from the mouse metallothionein locus stimulate gene expression in transgenic mice.Molecular and cellular biology, 1993, 13(9): 5266-5275.

[15]汤华，唐任宽.利用捕获载体解析小鼠基因在生物发育过程中的功能.生命的化学，2005，25(1): 49-51.

(汤华)

第十章　生物芯片的应用与发展

20世纪80年代，随着人类基因组（测序）计划（human genome project）的逐步实施以及分子生物学相关学科的迅猛发展，越来越多的动植物、微生物基因组序列得以测定，基因序列数据正在以前所未有的速度迅速增长。然而，如何研究如此众多的基因在生命过程中所担负的功能成了全世界生命科学工作者共同的课题。为此，建立新型杂交和测序方法以对大量的遗传信息进行高效、快速的检测、分析就显得格外重要了。

俄罗斯科学院恩格尔哈得分子生物学研究所和美国阿贡国家实验室（ANL）的科学家提出用杂交法测定核酸序列新思路。他们所用的探针是多聚寡核酸。与此同时，英国牛津大学的Sourthern等获得了在载体固定寡核苷酸及杂交法测序的国际专利，成为DNA芯片技术的雏形。在此基础上，美国能源部防御研究计划署、俄罗斯科学院和俄罗斯人类基因组计划于1994年资助1 000多万美元，研制出了一种生物芯片，用于检测地中海贫血病人血样的基因突变，并筛选了一百多个地中海贫血已知的突变基因。这种生物芯片的基因译码速度比传统的Sanger测序法和Maxax Gilbert法快1 000倍，是一种有希望的快速测序方法。

在抢占技术发展制高点，尽快占领市场的竞争中，Affymetrix公司以光导平版印刷技术直接在硅片上合成寡核苷酸点阵的高密度芯片制作技术领先于芯片分析领域，成为基因芯片业的领头羊。该公司与惠普公司合作，研制出专用的基因芯片扫描仪（40万点点阵），又开发出同时可平行通过几块芯片的流路工作站和计算机软件分析系统，形成了一套较完整的芯片制造、杂交、检测扫描和数据处理系统。随后，Genral Scanning Inc与Telechem公司和Cartesian公司研制出300型（两激光）、4000型和5000型（四激光）激光共聚焦扫描仪和相应的分析软件，构成一套用户可任意点样制作芯片的工作系统。因此，在芯片制作领域出现了基于光导平版印刷技术、固相原位合成法和合成后点样法三大技术体系。待检样品分子上连接有一些cy3、cy5等可检测的标记物质。经激光共聚焦荧光显微镜检出杂交或反应信号，通过计算机处理、分析，即可获得所需信息。

欧洲公司也纷纷加入激烈的基因芯片竞争行列，例如Genetic Co.UK研制出Q-Bot点样器和Q-Fill制芯片设备。Sequenom则推出250位点的Spectrochip并采用质谱法测读结果。如今，DNA芯片已经在基因序列分析、基因诊断、基因表达研究、基因组研究、发现新基因及各种病原体的诊断等生物医学领域表现出巨大的应用前景。

第一节 生物芯片的分类

生物芯片(biochip)是一种生物样品微量化高度集成的膜片或玻片,其概念借用了微电子技术的“芯片”一词,生物芯片是分子生物学技术(如核酸序列测定技术、核酸探针技术等)与计算机技术相结合而发展起来的一项分子生物学高新技术。

狭义的生物芯片是将生物分子(寡聚核苷酸、cDNA、基因组DNA、多肽、抗原、抗体等)固定于硅片、玻璃片、塑料片、凝胶、尼龙膜等固相介质上形成的生物分子微点阵(microarray),待分析样品中的生物分子与生物芯片的探针分子发生杂交或相互作用后,利用激光共聚焦显微扫描仪对杂交信号进行检测和分析。

广义的生物芯片是指能对生物成分或生物分子进行快速并行处理和分析的固体薄型器件,其主要种类有微阵列芯片、过滤分离芯片、介电电泳分离芯片、生化反应芯片和毛细管电泳芯片等。生物活性物质相当微小,有的要以纳米计,以点阵的方式排列在硅基上,很像计算机的芯片,所以科学家形象地将它取名为“生物芯片”。

当然,生物芯片的种类也可以按照工作单元分为:基因芯片(DNA芯片)、蛋白质芯片、抗体芯片、细胞芯片、组织芯片和糖芯片等。按照工作方式分:微阵列芯片(microarray)和微流体芯片/芯片实验室(microfluidic chip & lab-on-a-chip)等。

第二节 DNA芯片的概念和基本原理

DNA芯片也叫基因芯片(gene chip),是指在固相载体(玻璃、硅等)上有序地、高密度地(1 cm^2左右,点间距<500 m)排列固定了大量的靶基因或寡核苷酸,也叫探针。这些被固定的分子探针在基质上形成高密度的DNA微阵列,因此,DNA芯片又叫DNA微矩阵(DNA microarray),属于生物芯片(biochip)的范畴。

一、基因芯片技术的基本原理

基因芯片技术是建立在Southern blot基础之上的,可以说它是Southern blot的改进和发展,它的基本原理是:变性DNA加入探针后,在一定温度下退火,同源片段之间通过碱基互补形成双链杂交分子。

基因芯片的测序原理是杂交测序方法,即通过与一组已知序列的核酸探针杂交进行核酸序列测定的方法，在一块基片表面固定了序列已知的八核苷酸的探针（八聚体）。当溶液中带有荧光标记的核酸序列，例如TATGCAATCTAG，与基因芯片上对应位置的核酸探针产生互补匹配时，通过确定荧光强度最强的探针位置，获得一组序列完全互补的探针序列。据此可重组出靶核酸的序列。以此类推，如果一个DNA芯片上的随机八聚体有足够的数量时，理论上便可以测出样品的基因组序列，这是发展基因芯片的初衷。

另外，需要介绍分子生物学中非常著名的4种分子杂交技术，即"东西南北"杂交技术，如果以DNA分子为探针，检测未知的DNA或RNA分子，则称为Southern blot。该技术是由牛津大学的Edwin Mellor Southern于1975年提出，人们便将这一技术称为Southern blot技术。到了1977年斯坦福大学的George Stark及其同事发明了用RNA作探针，检测DNA或RNA的分子杂交技术（即Northern blot）。1979年，他们又发明了以标记蛋白质为探针，检测另一未知蛋白质的蛋白质分子杂交技术（即Western blot）。为了与Southern杂交技术相对应，科学界将George Stark的发明分别命名为Northern blot和Western blot，因此，这些方位词纯属文字游戏，与发明者无关联了。当然，最后得有个Eastern blot把这个故事补全，但对Eastern杂交有多种说法，目前比较统一的看法是该技术是研究蛋白质翻译后修饰（PTM）的杂交技术，如蛋白质的脂质化、糖化和糖类抗原表位检测等。因此，Eastern blot实际是Western blot的特例。

二、基因芯片与传统的Southern blot之比较

基因芯片的基本原理与传统的Southern blot技术一脉相承，点样技术和数据读取与分析技术的发展是基因芯片技术对传统核酸杂交的技术性突破，因此，基因芯片技术是基因功能研究领域的一次革命。通过基因芯片人们可以大规模、高通量（海量）地对成千上万个基因进行同时研究。目前，应用光刻技术和严格的流程控制原位合成高密度芯片，探针已达到约400万个/cm^2，而以后增加密度的空间还很大。如Illumina公司的基因表达谱芯片，则在1 cm^2的玻璃片上镶嵌了400万个连接了大量核苷酸探针的玻璃球，使得其成为目前世界上检测能力最强的基因芯片。

与Southern blot相比较，基因芯片具有高密度、高通量、并行性、微量化、自动化的特点。它将生命科学研究中所涉及的不连续的分析过程（如样品制备、生化反应和分析检测等），转变为通过微电子技术、物理化学技术、计算机技术在固体芯片表面构建的微流体分析单元和系统，使之连续化、集成化和微型化。

目前，人工智能辅助生物基因芯片判读技术已经应用于HPV、地贫、耳聋易感基因、STD检测等基因芯片AI判读。它运用计算机视觉技术和人工智能技术，对生物芯片结果图像进行处理分析，系统地解决架构、算法、参数设定等技术问题，基于训练数据构建AI模型，实现对检测结果的辅助性智能判读、结果判定、检测报告自动生成和发送，可有效减少人力成本，提高效率和准确性，提高社会效益和经济效益。

基因芯片技术与传统的分子杂交技术相比，有下列优点：

(1)自动化的实验操作仪器保证了不断增加数据重复性，减少手工操作时间。同时，有着快速、高通量的扫描平台。这个最经济灵活的系统可以用来进行RNA和DNA多项应用研究。

(2)低样量完成实验。例如，做表达谱芯片检测时，最低只需要10～100 ng的RNA样品。500 ng的RNA可用于全基因组SNP芯片检测。并且，福尔马林或液氮处理的样本也可以检测。

(3)在芯片设计中，对实验各个阶段都设置了合理的对照，方便了实验监控及使其趋于完美。

(4)每个转录本和SNP拥有多个探针芯片设计，为准确的qPCR实验提供了数据基础。

三、基因芯片基本操作流程

基因芯片技术主要包括四个基本要点：芯片方阵的构建、样品的制备、生物分子反应和信号的检测。但对于普通的使用者来说，主要的实验操作流程相对简单，包括：制备总RNA→mRNA经RT-PCR用Cy3(正常对照组)和Cy5(实验组)荧光标记目的基因，得到cDNA探针→混合标记探针→与表达谱芯片上核苷酸片段(或基因)杂交→扫描→分析杂交结果→得出结论(图10-1)。

(一)芯片制备

目前制备芯片主要以玻璃片或硅片为载体，采用原位合成和微矩阵的方法将寡核苷酸片段或cDNA作为探针按顺序排列在载体上。芯片的制备除了用到微加工工艺外，还需要使用机器人技术，以便能快速、准确地将探针放置到芯片上的指定位置。

(二)样品制备

生物样品通常为复杂的生物大分子混合物，除个别特殊样品外，一般不能直接与芯片反应，而且比常规检测方法的样品使用量小得多。所以，必须将样品进行提取、扩增，获取其中的蛋白质或DNA、RNA，然后用荧光标记，以提高检测的灵敏度，并增强对使用者的安全性。

(三)杂交反应

杂交反应是荧光标记的样品与芯片上的探针进行的反应产生一系列信息的过程。选择合适的反应条件能使生物分子间反应处于最佳状况中，降低生物分子之间的错配率。基因芯片的杂交反应一般在特制的设备中进行，对反应条件的控制很精准。

(四)信号检测和结果分析

杂交反应后的芯片上各个反应点的荧光位置、荧光强弱信息经过芯片扫描仪和相关的专业软件采集和分析，然后通过分析图像，将荧光转换成数据，即可以获得有关生物信息。基因芯片技术发展的最终目标是将从样品制备、杂交反应到信号检测的整个分析过程集成化以获得微型全分析系统，也就是现在常说的芯片实验室(laboratory on a chip)。使用芯片实验室，就可以在一个封闭的系统内以很短的时间完成从原始样品到获取所需分析结果的全套操作。

因此，一个完整的基因芯片技术平台，由高密度生物芯片和生物芯片处理分析工具组成，包括标准化的生物芯片、实验试剂、仪器、数据管理和分析工具。

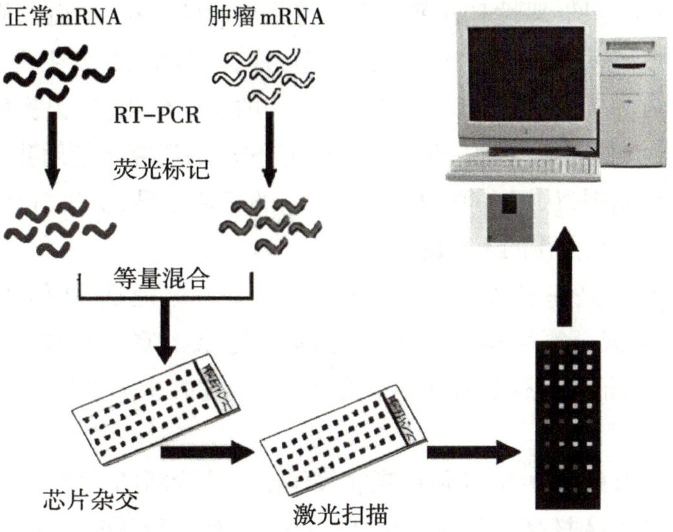

图10-1　基因芯片操作流程图

第三节　DNA芯片的种类

根据芯片上固定的探针数量，基因芯片还可以分为高密度芯片和中低密度芯片两类。

根据芯片的功能和用途，可将其分为基因表达谱芯片、基因多态性分析芯片、DNA测序芯片和基因检测芯片四类。

基因表达谱芯片是将克隆到的成千上万个基因特异的探针或其cDNA片段固定在一块DNA芯片上，对来源于不同的个体(正常人与患者)、组织、细胞周期、发育分化阶段、病变、治疗(包括不同治疗手段)下的细胞内mRNA或反转录后产生的cDNA进行检测，从而对这些基因表达的个体特异性、组织特异性、发育分化阶段特异性、病变特异性、治疗特异性进行综合的分析和判断，迅速将某个或几个基因与疾病联系起来，极大地加快这些基因功能的确定，同时可进一步研究基因与基因间相互作用的关系。

基因多态性分析芯片是检测基因组核苷酸水平上的变异引起的DNA序列多态性的芯

片，包括单个碱基的转换、颠换及缺失和插入。单核苷酸多态性（single nucleotide polymorphism，SNP）是在基因组中，不同个体的DNA序列上的单个碱基的差异，一个人所拥有的一对等位位点的类型被称作基因型（genotype），检定一个人的基因型，被称作基因分型（genotyping）。SNP是迄今为止分布最为广泛、存在数量最多的一种遗传多态性。人类的基因约3万个，却存在超过1 000万个SNP，其中300万个SNP决定了人类的异质性。基因疾病从遗传角度来看可以分为单基因疾病和多基因疾病。单基因疾病是由一个主致病基因引起的，大部分是罕见、恶性且传递符合孟德尔规律的疾病，如血友病、囊性纤维化等。而常见的疾病如心脏病、高血压、糖尿病、肥胖、癌症、哮喘等，其发生受多个易感基因及环境因素的影响，存在基因与基因、基因与环境之间的相互作用，这类疾病称为多基因疾病（polygenic diseases），作为最广泛存在的遗传标记，SNP的研究将帮助我们寻找新的遗传病的致病基因或易感基因，认识人种、人群、个体间的遗传差异，疾病与个体差异的关系，以及个体对药物的耐药性存在的不同的反应能力。

DNA测序芯片则是基于杂交测序发展起来的。其原理是，任何线状的单链DNA或RNA序列均可分解成一系列碱基数固定、错落而重叠的寡核苷酸，又称亚序列（subsequence），假如我们能把原序列所有这些错落重叠的亚序列全部检测出来，就可据此重新组建出原序列。

基因检测芯片则是对肿瘤、遗传性疾病等作出精确诊断的一类芯片。例如，用来自正常人和患者基因组DNA样品与基因芯片上的DNA阵列进行同时杂交，对杂交后的基因表达图谱进行比较分析就可以找出引发病变的基因信号。当然，也可根据应用领域不同而制备专用的芯片，如毒理学芯片（toxchip）、病毒检测芯片（如HBV、HIV检测芯片）、动植物制品检测芯片等。

疾病诊断芯片是专门为临床诊断设计的检测芯片，主要用于医学临床诊断，包括各种遗传病和肿瘤等，以Affymetrix公司生产的商品化诊断芯片为例，分别为*p53*基因突变诊断芯片、艾滋病病毒基因突变诊断芯片和细胞色素P450基因突变诊断芯片。

第四节 数据分析

一、图像分析（image analysis）

基因芯片的图像分析是一门十分复杂的技术，主要涉及信号的采集和图像的识别分析等步骤。信号采集的工具主要是激光共聚焦扫描仪和CCD扫描仪。图像识别和分析的工具主要是图像和数据处理软件，目前常见的这类软件有 GenePix Pro 296、Affymetrix GCOS 系统、Cluster 和 Tree View 程序、Gene Spring 300 等，通过对芯片上杂交信号的划格、分割、信息提取和质量评估，完成图像采集和处理任务。具体过程这里不做详细介绍，如有必要，请参考相关的专业书籍。

二、标准化处理（normalization）

在芯片实验中，各个芯片的绝对光密度值是不一样的，直接比较多个芯片表达的结果显然会得出错误的结论，因此在比较多个芯片实验时，必须减少或消除各个实验之间的差异，即标准化处理或归一化处理。标准化是指以持（管）家基因（housekeeping gene）的表达率为参照，对原始数据进行校正的过程。实际操作中常常剔除 Cy3 和 Cy5 信号强度均小于 400 的基因表达，使数据标准化。

管家基因是指维持细胞最低的功能所不可缺少的基因，它们对所有的细胞都是共有的，与细胞分化关系不大，一般只起协助作用。如与细胞分裂有关的蛋白质，tRNA、rRNA 等的基因都是管家基因。其特点是无论在胚胎期还是成年期都有较为恒定的表达。

三、散点图分析（scatter plot）

散点图（图 10-2）是表示两个变量之间关系的图，又称相关图，用于分析两测定值之间相关关系，它具有直观简便的优点。对于基因芯片的数据分析来说，通过对基因表达差异数值作散布图进行数据的相关性分析，可以对实验结果进行直观的观察，不但可以得到定性的结论，而且可以通过观察剔除异常数据，从而提高数据的可靠性和准确性。

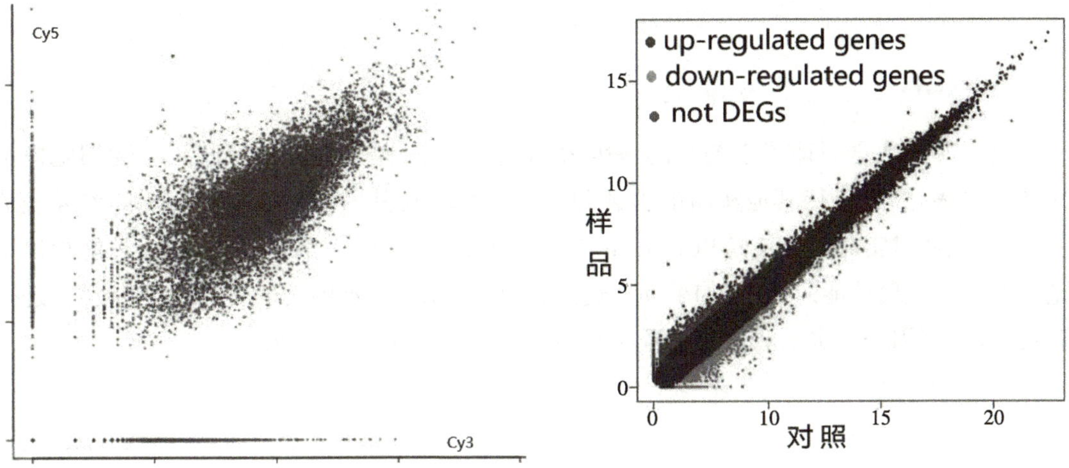

图 10-2　基因芯片扫描结果的散点图分析

注：左边的图像是原始散点图；右边是去除表达谱没有变化的基因后的散点图，斜率线左上方为高表达的基因，右下方为低表达的基因。

四、Ratio 值分析

Ratio=Cy3/Cy5，一般认为Ratio值在0.5～2.0范围内的基因不存在显著表达差异，该范围之外的基因表达认为具有显著差异，由于实验条件不同，该阈值区间会根据可信度有所调整。

五、聚类分析（clustering）

聚类是指依据统计学原理，根据基因芯片的基因表达数据，将基因按照不同的功能，或者相同的表达行为进行归类，聚类的基因表达谱为研究人员提供基因表达差异、启动子分析、表达模式研究等等便利的条件。分层聚类（hierarchical clustering）是最早应用到基因芯片的研究当中的方法。绘制表达谱图时，log值为正，用红色表示，越大红色越亮，表示基因表达的水平越高（图10-3，彩图见二维码）。

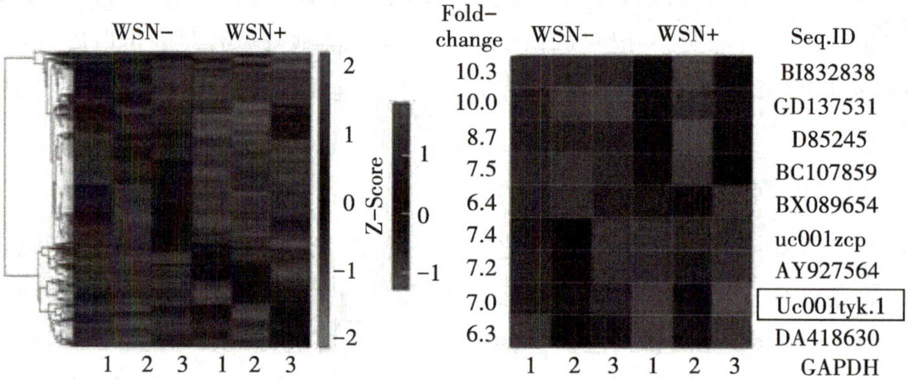

图10-3 聚类示意图

六、对基因芯片结果的验证

基因芯片数据只能代表初步的基因表达变化结果，是否真实地反映了生物细胞内基因的差异表达，还有待其他实验的验证和肯定，因此，对基因芯片实验中发现的差异表达基因，必须通过实时定量荧光PCR（real-time PCR）进行验证，二者的结果一致，才能得出结论。对于有重要功能的基因，如果其表达产物是蛋白质，还要再通过Western blot实验进行验证，观察基因表达水平的变化是否与基因转录水平的变化相一致。

第五节　基因芯片技术在医学领域的应用

一、人类基因组表达谱芯片

通过功能分类基因芯片和siRNA技术结合证明TBL1/TBLR1参与NFκB信号通路的实验是生物学通路研究工具在科研中应用的一个很好的例子。

TBL1/TBLR1作为两种F box/WD-40因子，最初被认为是N-CoR辅抑制物复合体的组成部分。然而，在Perissi和他的同事们发表在*Cell*上的文章中，他们发现核受体介导的转录激活需要这两种因子的参与。在他们的实验中，作者用SuperArray公司的NFκB信号通路基因芯片分析NFκB转录激活中是否需要TBL1/TBLR1的参与。RNA样品取自500个实验细胞，实验显示，当用合成的基因特异性siRNA将TBL1或者TBLR1敲除后，由TNFα刺激导致的所有NFκB靶基因的激活便不再发生(见图10-4)。

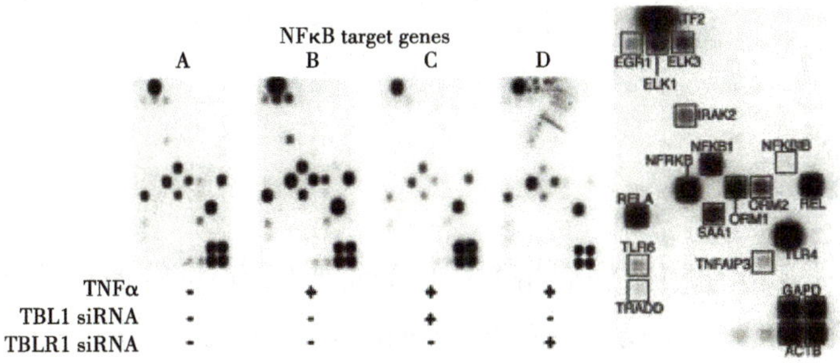

图10-4　小鼠NFκB信号通路基因芯片检测结果图示

注：样品A来自未经处理的HUVEC细胞，样品B来自经TNFα刺激的HUVEC细胞，样品C来自经TNFα刺激又经TBL1 siRNA作用的HUVEC细胞，样品D来自经TNFα刺激又经TBLR1 siRNA作用的HUVEC细胞。

Expressed sequence tag，EST：表达序列标签，为cDNA的部分序列，平均为300～500 bp，它可以确定基因的种类和所代表基因表达的拷贝数。

Sequence tagged site，STS：序列标签位点，是指染色体定位明确，而且可以用PCR扩增的单拷贝序列，一般每隔100 kb距离就有一个标记。

二、检测基因突变

如果基因易发生突变区段的核苷酸序列是已知的，则DNA芯片能很容易地通过再测序鉴别出仅1个碱基的错配。以下面的15 nt的探针为例，每个探针只有中间一个核苷酸不同，以下划线表示。原理见图10-5。

(1)G C T A C T C A T G C G T A C

(2) C T A C T C A T G C G T A C T

(3) T A C T C A T G C G T A C T C

(4) A C T C A T G A G T A C T C C

(5) C T C A T G C G T A C T C C G

(6) T C A T G C G T A C T C C G T

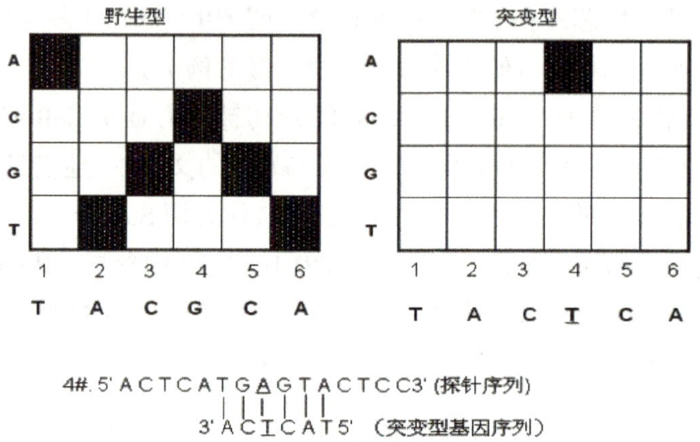

图10-5 用DNA芯片检测已知点突变基因的原理示意图

三、基因表达分析

肺癌被认为是工业化国家癌症相关死亡的主要原因，尽管癌症的诊断和治疗不断发展，但目前的5年生存率14%仅稍高于20世纪60年代的8%，预防和早期诊断无疑很重要。因此，肿瘤发生和转移的靶点成为目前研究的焦点。肿瘤的浸润和转移是决定肿瘤病人预后的一个关键因素。利用基因芯片从分子水平探索肺癌转移相关基因，对防治肺癌的转移具有积极的指导意义。

我国毛裕民等在2000年用自己研制的含4 096条cDNA基因的表达谱芯片研究一组肺癌组织样本的基因表达谱，共筛选出差异表达的基因370条，包含已知基因146条，未知基因224条，其中107条表达增加，263条表达降低。

另据报道，应用基因芯片技术分析人高、低转移肺巨细胞癌细胞株的基因差异表达谱，筛选与肺癌转移相关基因。他们对人高转移肺巨细胞株95D和人低转移肺巨细胞株95C的mRNA分别用Cy5-dUTP和Cy3-dUTP进行标记，制备cDNA探针，并与芯片杂交。经过对扫描图像及杂交信号进行数据分析，筛选出95D和95C细胞表达差异的基因谱。结果显示，在所检测95C和95D细胞中，有466条基因有表达差异，其中上调基因47对，下调基因61对。对其中的*KIAA1108*、*PGR1*、*JWA*、*S182*和*Jab1*等部分差异表达基因，经RT-PCR技术验证，其变化结果与基因芯片基本符合。证明肺癌转移过程与多种基因作用有关，基因芯片技术可为肺癌转移相关基因的筛选，提供有效方法。

四、基因芯片在肿瘤研究中的应用

DNA芯片在癌症研究中的应用主要有两方面：一方面为确定病变组织基因表达的特殊序列模式，探测患病细胞相对正常细胞基因表达水平的差别；另一方面为检出与人类疾病有关或癌症发展过程中受到影响的突变基因或基因突变位点。

（一）寻找肿瘤相关基因

1998年，Welford等结合消减杂交技术，用基因芯片分析了两例具有不同生物学活性的Ewing肉瘤标本，一例为生长迅速的转移灶，另一例为被成功治愈的局限灶。经差异表达后，将消减文库插入质粒，制成cDNA文库，与不同荧光标记的肉瘤组织杂交，共得到173条差异表达的基因，其中有50条为新基因（28.9%）。

（二）肿瘤基因表达谱研究

Kononen等用含有4 000条已知基因和2 000个EST的cDNA芯片对两株分别为激素依赖（CWR22）和非激素依赖（CWR22R）的前列腺癌细胞进行杂交，将其表达谱与269例前列腺癌组织及正常前列腺组织比较，发现在芯片的5 148条基因中，有3条基因在非激素依赖中表达超过2倍，有135条基因下调超过50%。

（三）肿瘤分子生物学研究

基因表达谱芯片的研究对象是细胞中mRNA表达水平总体上的变化。Cho等利用HPV特异性DNA芯片进行了*HPV*基因分型，在含22个特异的寡核苷酸探针的芯片上有15个为高风险型，7个为低风险型。在685个样本中，414例对照中HPV阳性率为31.9%，在271例癌变样本中阳性率为78.6%。而引起宫颈癌的主要是HPV16、18和58亚型。

（四）病理分型与预后

弥漫性大B细胞淋巴瘤（diffuse large B-cell lymphoma，DLBCL）是恶性淋巴瘤中最常见的一种类型，其发病率占所有非霍奇金淋巴瘤的30%～40%。DLBCL患者通常对化疗反应好，完全缓解率达75%～80%，五年生存率约50%。然而，不同患者在肿瘤的临床表现、形态学特点、治疗反应和预后方面存在相当大的差异。毋庸置疑，准确的病理诊断和分型有助于提高DLBCL疗效。

虽然可按IPI临床指标分为低、中、高危，对预后有一定预测作用，但近年的研究发现采用基因芯片检测的方法，可将DLBCL分为不同的基因谱亚型，即gcb、abc和第三型，这种分型可能更能反映不同病例的本质区别，为个体化治疗提供了更可靠的依据。

Alizadeh等用基因芯片对DLBCL进行的病理分型研究发现，依据基因表达差异，将DLBCL分为生发中心来源B细胞（germinal centre B-like DLBCL，gcb）和激活B细胞（activated B-like DLBCL，abc）两个亚组，gcb组患者的5年生存率为76%，而abc组患者的5年生存率为16%。

精确的分型,对DLBCL的治疗和预后有非常重要的指导意义,Lossos等检测了36个候选基因在66例接受含蒽环类方案治疗的DLBCL患者中的表达情况。单变量分析发现其中6个基因最具预测力:*lmo2*、*bcl6*和*fn1*可预测更长的生存期,而*ccnd2*、*scya3*和*bcl2*可预测更短的生存期。基于这一独立于IPI的预测模型,患者可被分为低危、中危和高危三组,其5年生存率分别为65%、49%和15%,平均生存时间分别为8.7年、7.1年和3.8年。上述6个基因的模型可发现约三分之一的5年生存率低于27%的DLBCL患者。这些患者可能将从研究性治疗中获益。

(五)肿瘤诊断

正确的诊断是进行正确治疗的前提,据报道,国外有一个病人临床表现出典型的白血病症状,但形态学检测不典型,根据相关检查,被诊断为AML(acute myeloid leukaemia),然而,治疗几个月却未见好转。后来用DNA芯片与病人骨髓的mRNA杂交,结果显示AML和ALL(acute lymphoblastic leukaemia)基因都表达较低,而在数据分析中发现,编码原肌球蛋白的基因表达极高,从而确诊为肺泡弹状肌肉瘤,改变治疗方案后,病情出现明显的缓解。

五、基因芯片在药物研究中的应用

(一)DNA芯片在药物靶点发现与药物作用机制研究中的应用

药物靶点发现与药物作用机制研究是DNA芯片技术在药物研发中应用最为广泛的一个领域。在药物开发过程中发现和选择合适的药物靶点是药物开发的第一步,也是药物筛选及药物定向合成的关键因素之一。而大多数疾病的发生和发展必然牵涉到诸多基因的变化,例如,心脑血管疾病、恶性肿瘤和一些代谢紊乱疾病都是多因素作用的结果,往往不能归结于单一因素的变化。应用DNA芯片,可以从疾病和药物作用的两个角度对生物体的多个基因同时进行研究以发掘药物靶点并获取大量其他相关信息。因此可以说,在这种情况下,任何一元化的分析方法均不及DNA芯片这种高通量、并行性和自动化的分析手段。通过DNA芯片技术,我们可以做如下工作:①获取组织特异性表达的基因作为药物作用靶点,以减少对其他组织的毒副作用;②研究正常组织与病理组织基因表达差异,发现疾病相关基因作为治疗该病的新药物靶点;③研究药物处理细胞后基因表达变化,揭示药物作用机理,例如,鬼臼亚乙基苷(etoposide)是p53活化拓扑异构酶Ⅱ的抑制剂,在临床上作为一种抗肿瘤药物。有人用鬼臼亚乙基苷作用于人成骨肉瘤细胞系U2-OS后,根据不同的时间间隔分别提取细胞mRNA,用寡核苷酸芯片测定6 591条mRNA表达的变化,发现62条mRNA表达有变化。通过选取其中12条基因做进一步研究,发现有2条是已知的*p53*调控基因(*WAF1/p21*和*PCNA*),有2条是新的*p53*靶基因,其余的与*p53*无关。在实验基础上,他们提出了介导鬼臼亚乙基苷诱导细胞凋亡的信号传导途径,使人们又多获得一种抗肿瘤药物的靶点。

(二)DNA芯片在毒理学研究中的应用

对药物进行毒性评价,是药物筛选过程中十分重要的一个环节。目前,毒理学研究多采用鼠为模型,通过动物实验来确定药物的潜在毒性。这些方法需要使用大剂量的药物,花上几年时间,花费巨大。DNA芯片技术可将药物毒性与基因表达特征联系起来,通过基因表达分析便可确定药物毒性,使得药物毒性或不期望出现的效应在临床试验前得以确认。DNA芯片技术可对单个或多个有害物质进行分析,确定化学物质在低剂量条件下的毒性,分析、推断有毒物质对不同生物的毒性可比性。如果不同类型的有毒物质所对应的基因表达有特征性的规律,那么,通过比较对照样品和有毒物质的基因表达谱,便可对各种不同的有毒物质进行分类,在此基础上通过进一步建立合适的生物模型系统,便可通过基因表达谱变化来反映药物对人体的毒性。

已经有不少研究工作表明,利用DNA芯片预测化合物毒性和对毒性物质进行分类是可行的。Waring等用15种已知的肝毒性化合物处理大鼠。这些毒物将对肝细胞造成多种伤害,如DNA损伤、肝硬化、肝坏死和诱发肝癌等。从大鼠肝脏中提取RNA,用DNA芯片作基因表达分析。通过将基因表达结果与组织病理分析和临床化学分析的结果进行比较,发现两者有很强的相关性。该结果表明,DNA芯片分析是一种可以用来分析药物安全性和对环境毒物进行分类的灵敏度较高的方法。Gerhold等给大鼠服用苯巴比妥和地塞米松等药物,使用寡核苷酸芯片,检测了大鼠肝组织中与药物代谢、毒性和能量代谢相关基因的表达。药物代谢基因,包括CYPs(细胞色素)、环氧化物水解酶(EHs)、UDP-葡萄糖醛基转移酶(UGTs)、谷胱甘肽磺基转移酶(GSTs)、磺基转移酶(STs)、药物转运基因和过氧化物酶体基因等。最后,通过分析基因表达变化的结果就可以推测药物代谢与毒性的情况。寡核苷酸DNA微阵列被用于测量药物代谢基因的全局表达谱。

目前已有多种较为成熟的毒理学DNA芯片问世。美国国立环境卫生研究院(NIEHS)分子致癌机制实验室的Barrett等人研制了一种名为Tox Chip的DNA芯片,可以灵敏地检测有害化学物质对人体基因表达的作用;Gene Logic公司的产品Flow-thru Chip可用以检测药物和毒物对生物体的影响,他们还建立了庞大的基因表达数据库,可以用于药物靶点确认和毒性预测。

(三)DNA芯片在药物基因组学中的应用

药物基因组学是在基因组学的基础上研究不同个体对药物反应的差异以便针对不同的基因型研制特定的药物,从而将药物的药效充分发挥而不良反应减少到最小的学科,从而达到个体化用药的目的。其优点为:①在进入临床试验前,药物基因组学可以通过化合物对基因多态性的影响挑选先导物,从而降低由于药效的不稳定导致的失败概率。②在Ⅰ期临床试验中,个体基因型可以预见基因多态性造成的药物代谢动力学差异。③由于药物作用靶蛋白的差异反映在基因多态性上,因此在Ⅱ期临床试验中,由个体基因型可以预见基因多态性造成的药效差异,由此来指导Ⅲ期临床试验。④一旦发现一种可以导致药物作用差异的蛋白，其他与之相关的蛋白可作为潜在的药物作用靶。

将DNA芯片技术应用于药物基因组学，一方面可以加速药物基因组学的发展，主要是利用DNA芯片进行基因功能及其多态性的研究，以确认与药物效应及药物吸收、代谢、排泄等相关的基因，并查明这些基因的多态性；另一方面DNA芯片利用药物基因组学的研究成果，根据基因型将人分群，以实现药物基因组学研究的目的和价值。

(四)DNA芯片在中医药现代化中的作用

中医药学是祖先留给我们的一个伟大宝库，也是世界医学和世界文化的一个宝库。从历史来看，我国是一个历史悠久、源远流长的文明古国，而中医药学无疑是维系中华民族健康和延续的保障，在数千年与疾病作抗争的过程中，中医药为中华民族的繁衍昌盛做出了重大的贡献。但是，中医现代化却面临巨大的挑战，如何用现代医学和生物学技术的理念让古老的中医药学“与时俱进”，是不容回避的当务之急。在疾病预防方面，我国学者已开发了一次可对13类150种疾病进行风险评估和预测的基因芯片。通过采血进行基因检测，可以对受试者患某种特定疾病的风险给出预测。还可以指导医疗工作者非常精准地去选取药物，使其既能治好这个疾病，又可以避免不良反应乃至死亡的发生，并根据基因检测了解患者的药物代谢快慢，可精准确定用药剂量的多少。

目前，世界植物药市场年贸易额中占95%以上的市场份额被日本和韩国生产的“洋中药”所瓜分，而作为中医药发明者的中国却不能成为中药强国，其原因除了生产工艺落后，质量不标准之外，对中药药理药效与安全性评价的“与国际脱轨”才是症结所在。因此，中医药现代化，实质就是对中药药理药效与安全性评价的“现代化”与“国际化”。进入21世纪，DNA技术已应用到我国道地中药材种质资源保护中，凭借建立起来的中药材基因库，反馈后的测序结果将与种质资源逐一匹配，测序结果就是鉴别中药材种质资源的“身份证”。

中医药体系一直是在“整体观念，辨证施治”理论指导下完善发展而成的。中医的阴阳理论和症候很难用某一个和几个基因来说清楚，同样，中药的四气五味学说和方剂学也很难用某一个或几个化学结构来解释，在“组学”盛行的今天，我们对中医药学的理论有了新的认识工具——“组学”。而要研究“组学”，任何单一的手段都是行不通的，必须要有相对应的手段来解决，基因组学、蛋白质组学等适用于从整体水平研究疾病与药物的技术手段才是打开通往中医药现代化之路的金钥匙。DNA芯片技术无疑也是这一技术体系的组成部分。它和蛋白质组学一样，为中医药的研究提供了平行、快速、高通量、多参数的研究手段和筛选方法。例如，银杏叶提取物作为一种拮抗慢性老年性神经病变的口服制剂，已广泛应用于临床。但其作用机理尚不完全清楚。最近，有学者用高密度的DNA芯片，对服用银杏叶提取物小鼠的皮层及海马组织的基因表达变化进行了研究。结果显示，皮层内多种与脑功能相关的基因表达上调，包括微管相关τ蛋白，钙氯离子通道及催乳素等。海马内则仅有甲状腺素转运蛋白上调，它可能通过对β淀粉样蛋白的清除而发挥神经保护作用。该研究从基因水平提示了银杏叶提取物可能的作用机制，也初步展示了基因芯片在中药研究中的应用前景。

六、基因芯片在微生物菌种鉴定中的应用

（一）菌种鉴定

应用基于16S rDNA的高密度DNA芯片技术，可以对微生物的种类进行鉴定，该方法特别适合复杂微生物菌群的鉴定，例如，有人用16S rDNA芯片对废水处理的膜生物反应器多样性进行研究。结果表明，膜生物反应器具有较高的微生物多样性，microarray共检测到1 019种微生物。Proteobacteria是其中的优势种，共含有657种微生物，占总种群数量的64.5%左右。发现*Clostridia*是系统中的优势微生物种属。证明DNA芯片是一种实时、高效、准确的分子生物学手段。

（二）监测细菌抗药性基因

据报道，英国Surrey兽医实验室的科学家发明了一种能快速廉价检测临床样本中危险的抗药细菌的微芯片。该DNA芯片能精确检测引起腹泻的大肠杆菌的56种毒性基因，以及所有已知革兰氏阴性细菌的54种抗药性基因。如Wilson用DNA芯片检测到肺结核杆菌中脂肪酸合成酶Ⅱ、*fbpC*、*efpA*、*fadE23*、*fadE24*和*ahpC*基因发生改变与耐药性有关。提供了新药物作用的靶目标，并指导抑制这些靶目标试剂和药物的合成。

艾滋病是最容易产生抗药性的病毒，目前全世界上已注册可治疗艾滋病的药共有约20种，选其中3种让病人同时服用，以克服病毒的抗药性，其组合可以是A+B+C，也可以是D+E+F。

而作为有效治疗的前提，就是要对患者体内的艾滋病毒不断进行基因组序列测定，找出对哪种药物有抗药性，从而在施药时，可以避开被抗药物，选用其他有效药。例如，若病人对A药产生抗药性，若继续使用A药，根本无法抑制病毒，只能将A药换为D药。用药的组合也变为B+C+D，如此类推。但要长期进行HIV基因组测序，费用比较昂贵。

目前，已经有针对抗药性突变热点基因的DNA芯片测试问世，利用芯片及DNA序列分析仪器，不但可同时进行多个标本的测试，还可降低检测成本。

七、基因芯片在病原体致病机制中应用

利用DNA芯片技术，可以研究病原体基因组的表达情况，并鉴定致病基因及抗药基因等。例如，Monecke等用含有144个靶基因的DNA芯片分析了128株牛金黄色葡萄球菌的毒力因子，结果显示，82%的分离株中检测到溶血素基因，89%株检测到葡萄球菌激酶基因，53%的株检测到外毒素基因（如中毒性休克综合征毒素、肠毒素N）和杀白细胞素lukF-P83/lukM，此外，还检测到2株耐甲氧西林株（MRSA）。当然，也可以分析在药物作用下病

原体基因表达情况的变化，监测宿主在染病状态下基因表达的变化等，从而发现病原体的致病机制和抗药机制，为临床治疗和新药开发提供理论依据。如，1996年Kozal等首次用基因芯片技术发现HIV-1包膜B蛋白酶极其多变，其中许多氨基酸的改变与抗蛋白酶抑制剂的抗药性有关。

八、基因芯片在军事司法方面的应用

（1）检测生物战病原体，研制生物战保护剂。

（2）DNA指纹鉴定、血型鉴定。

HLA（human leucocyte antigen）即人类白细胞抗原，是由人类6号染色体短臂上200多个基因组成的基因复合体编码的一组能广泛参与人体免疫应答反应的抗原，存在于人体的各种有核细胞表面，在不同种族、不同个体间呈现高度多态性，是人体生物学“身份证”，由父母遗传。供、受者HLA配型相合在血液病等诸多疾病的治疗方面起着重要作用。HLA分型在疾病易感性机理研究、组织器官移植等方面，特别是在骨髓干细胞库的建立方面具有重大应用价值。我国博奥生物有限公司暨生物芯片北京国家工程研究中心开发出晶芯®HLA基因分型芯片检测系统，该产品被认定为国家重点新产品。

HLA基因分型芯片检测系统可应用于骨髓干细胞库入库分型、脐血干细胞库入库分型、司法鉴定、免疫学研究等方面。该系统充分发挥生物芯片高通量的特点，理论样品检测通量近万份，是目前通量最高的分型方法。经过检测验证，该系统分型准确率达99%以上。

（3）DNA芯片在SNPs检测中的应用。

染色体的某个位点上存在单个碱基的变化，如果在人群中的频率超过1%，则认为是单核苷酸多态。虽然人类基因组SNP数量众多，但是染色体上相邻SNP的等位位点倾向于以一个整体遗传给后代，这些位于染色体上某一区域的一组相关联的SNP等位位点被称作单体型（haplotype）。大多数染色体区域只有少数几个常见的单体型（每个具有至少5%的频率），它们代表了一个群体中的大部分多态性。一个染色体区域可以有很多SNP位点，但是少数几个标签SNP（tag SNP）就能够提供该区域内大多数的遗传多态模式。

SNP是第三代遗传标记。另两个是RFLP、MSDNA。SNP分析的前提是所研究基因的DNA序列必须是已知的。其用途：①基因连锁分析，用于基因作图和疾病基因定位；②人群中寻找SNP位点；③检测保守基因中的点突变；④病例与对照间的相关分析等。

SNP的分型检测技术种类繁多，各有利弊。DNA芯片由于其平行性、高通量检测等特点，在SNP分型上有很大的优势。基于DNA芯片的SNP分型技术有两种：一是将寡聚核苷酸固定在基质片上检测靶DNA中多个SNP位点；一是将靶DNA固定在基质片上检测大量样本的某些特定位点。

SNP在制药业和诊断上的非常大的价值，蕴涵着巨大商机。SNP与人类性格、某些疾病、药物安全性与效果变化有关，SNP可为新的诊断方法、治疗方法、预计药物产品提供基础；SNP也是群体遗传学研究中探索及说明新基因功能的一个极其有效的工具，并为个性化药物及健康计划的实现提供了坚实后盾。国内外政府和企业的巨大投入也证明了这一点。

九、基因芯片发展现状

(一)国际生物芯片发展现状

鉴于生物芯片的科学意义和商业价值，不少国家的科学界、政界、企业界都给予高度重视，先后投资参与生物芯片的研究和开发，生物芯片已成为国际高新技术开发的热点，以生物芯片为核心的相关产业正在全球崛起。全球生物芯片的市场已达170亿美元(2001年)，比1998年增长16倍。美国在生物芯片领域抢滩最早，并在全球形成垄断。

美国总统Clinton曾于1998年1月在美国州联邦会议上说："微矩阵分析是一个有力的技术，也是政治技术，它之所以强有力是因为它是许多人所渴望但又尚未控制的技术；基因芯片将为我们一生中的疾病预防指点迷津提供路标图。"1998年6月29日，美国政府联合私人投资20亿美元正式宣布启动"基因芯片计划"。

欧洲和日本的投入力度也越来越大。英国剑桥大学、欧亚公司和德国公司正在从事该领域的研究。德国在政府扶持下投入巨资攻占生物芯片科技高地，在不少方面取得了超过美国的成果。日本东京大学和神奈川科学研究院出巨资组建了一个现代化大型生物芯片研究所，日本日立公司和美国纳米基因公司(Nanogen)也于2000年1月宣布联合生产主动式电子生物芯片及配套系统；日本通产省和厚生省决定加紧研究开发国产化基因芯片生产技术。

世界大型制药公司也都积极建立自己的芯片设备和技术或与专业性生物芯片公司建立了战略同盟，它们对基因芯片在基因多态性、疾病相关性、基因药物开发和药物筛选等领域尤其感兴趣。小小的生物芯片，带动了人类基因功能的自动化分析，各国在生物芯片上的竞争日趋激烈，而这股强劲的科技浪潮必将同IT技术一样，掀起推动整个社会进步的第四次浪潮。据统计美国就有上千家的生物芯片公司存在。

中国生物芯片市场也在持续增长。2020年中国生物芯片市场规模达到57亿元，同比增长26.67%。到2023年底，中国生物芯片市场规模达到90亿元。全球基因芯片市场规模从2014年的39亿美元上涨到2021年的146.7亿美元。预计到2027年，全球生物芯片市场规模将达到280亿美元，复合年增长率为10.2%。

(二)世界著名的芯片制造公司介绍

1. Affymetrix

Affymax是生物芯片革命的领导者，1991年Affymax公司开始了生物芯片的研制，1992年从Affymax派生出来世界上第一家专门生产生物芯片的公司，即位于美国加利福尼亚圣克拉拉硅谷中心地带的Affymetrix（美国NASDAQ上市，现属葛兰素制药公司所有）。Affymetrix创造了生物学和计算机等学科的惊人交叉，是目前世界上最有影响、最具领导力的基因芯片开发制造商，同时在遗传信息获得、分析、管理系统方面，也处于领先地位。

Affymetrix开发了拥有国际专利的寡聚核苷酸原位光刻合成技术，在高密度芯片领域形成了国际垄断，是目前全球拥有成熟的商品化高密度芯片的公司。1998年生产出带有13.5万个DNA探针的芯片，与惠普公司联合研制每张芯片高达40万种探针的高密度芯片。Affymetrix公司的芯片加工工艺易于批量生产，只要知道了一种基因的基本结构，就可以制造出任何基因的DNA探针。目前已有人、小鼠、酵母等多种芯片。

2. Illumina

是生物芯片领域的后起之秀，实力直逼Affymetrix。Illumina，最大的特色就在于它DNA芯片密度之高无人能出其右；究竟密度能有多高？Illumina将DNA片段放在一个个非常细微的小珠上，而芯片上则设计一个个只能放一个小珠的凹槽。靠着制作简单、芯片面积又小的技术，Illumina足以和Affymetrix抗衡。

3. Roche

2003年5月7日，制药和诊断巨头罗氏（Roche）宣布到2004年底前推出6种基因芯片产品，用于病人诊断，检测药物反应，病毒检测，检测肿瘤危险性等。罗氏花费了7 000万美元从Affymetrix手里获得基因芯片技术的18年使用权。

4. Orchidbio

Orchidbio公司研制了一种毛细管微流泵芯片，在边长2英寸（1英寸≈0.025 4 m）的芯片上集成了144个微室，分别由流入孔、反应室、循环管和废液流出孔组成，这种芯片不但可以用于基因诊断和分析，还可用于合成化学，就像一个微小的自动生化分析仪。

5. 蛋白质芯片

在全球范围内，蛋白质芯片生产商主要有英国沃特曼（Whatman）、美国赛默飞世尔（Thermo Fisher）、美国安捷伦（Agilent）、美国昂飞（Affymetrix）、美国西格玛-奥德里奇（Sigma-Aldrich）、美国西格诺（SEQUENOM）等，国内企业有北京华大蛋白质研发中心有限公司、北京博奥生物芯片有限责任公司、广州博翀生物科技有限公司、上海生物芯片有限公司等。

思考题

1. 简述DNA芯片的原理与概念。
2. 简述生物芯片与DNA芯片的关系。
3. 简述DNA芯片在医学领域的应用及其发展前景。
4. DNA芯片数据分析的常用方法有哪些？
5. 谈谈AI技术对生物芯片发展的影响。

参考文献

[1]JUNG A.DNA chip technology.Analytical and bioanalytical chemistry,2002,372(1):41-42.

[2]SOUTHERN E M.Detection of specific sequences among DNA fragments separated by gel electrophoresis.Journal of molecular biology,1975,98(3):503-517.

[3]ALWINE J C,KEMP D J,STARK G R.Method for detection of specific RNAs in agarose gels by transfer to diazobenzyloxymethyl-paper and hybridization with DNA probes.Proceedings of the National Academy of Sciences of the United States of America,1977,74(12):5350-5354.

[4] RENART J, REISER J, STARK G R. Transfer of proteins from gels to diazobenzyloxymethyl-paper and detection with antisera:a method for studying antibody specificity and antigen structure. Proceedings of the National Academy of Sciences of the United States of America,1979,76(7):3116-3120.

[5]PERISSI V,AGGARWAL A,GLASS C K,et al.A corepressor/coactivator exchange complex required for transcriptional activation by nuclear receptors and other regulated transcription factors.Cell,2004,116(4):511-526

[6]黄达蔷,戴建凉,陈菊祥,等.肺癌相关基因的表达谱研究.第二军医大学学报,2000,21(9):827-830.

[7]AN H J,CHO N H,LEE S Y,et al.Correlation of cervical carcinoma and precancerous lesions with human papillomavirus(HPV)genotypes detected with the HPV DNA chip microarray method.Cancer,2003,97(7):1672-1680.

[8]WELFORD S M,GREGG J,CHEN E,et al.Detection of differentially expressed genes in primary tumor tissues using representational differences analysis coupled to microarray hybridization.Nucleic acids research,1998,26(12):3059-3065.

[9]KONONEN J,BUBENDORF L,KALLIONIEMI A,et al.Tissue microarrays for high-throughput molecular profiling of tumor specimens.Nature medicine,1998,4(7):844-847.

[10]GOLUB T R,SLONIM D K,TAMAYO P,et al.Molecular classification of cancer:class discovery and class prediction by gene expression monitoring.Science,1999,286(5439):531-537.

[11]SNIJDERS A M,MEIJER G A,BRAKENHOFF R H,et al.Microarray techniques in pathology:tool or toy? Molecular pathology,2000,53(6):289-294.

[12]ALIZADEH A A,EISEN M B,DAVIS R E,et al.Distinct types of diffuse large B-cell lymphoma identified by gene expression profiling.Nature,2000,403(6769):503-511.

[13]LOSSOS I S, CZERWINSKI D K, ALIZADEH A A, et al.Prediction of survival in diffuse large-B-cell lymphoma based on the expression of six genes.The new England journal of medicine, 2004, 350(18): 1828-1837.

[14]MONECKE S, KUHNERT P, HOTZEL H, et al.Microarray based study on virulence-associated genes and resistance determinants of Staphylococcus aureus isolates from cattle.Veterinary microbiology, 2007, 125(1-2): 128-140.

[15]AKGÖNÜLLÜ S, DENIZLI A.Molecular imprinting-based sensors: Lab-on-chip integration and biomedical applications. Journal of pharmaceutical and biomedical analysis, 2023, 225: 115213.

（马永平）

第十一章　新基因功能研究的策略与方法

人类基因组全序列测序完成后，生物医学进入后基因组学时代，研究重心也由以全基因组测序为目标的结构基因组学转向以基因功能解析为目标的功能基因组学。目前认为，人类基因组编码基因总数约为2万～2.5万个，其中超过一半的基因为生物学功能未知的新基因。因此，人类新基因的鉴定和生物学功能解析将是后基因组学时代很长一段时期内生物医学研究领域的一个主要研究任务。

人类新基因功能的研究不仅有助于在分子水平上阐明生命活动的规律，具有重要的科学理论意义，而且也有助于阐明疾病的发生机制并进而开发新的疾病诊断和防治方法，具有重要的应用价值。因此，研究这些新基因尤其是疾病基因，对其生物学功能进行解析，并进而获取新基因功能的知识产权，已经成为当前国际生物医学研究领域竞争的一个焦点，美国、英国、日本等西方国家的政府以及各大著名研究机构和商业公司纷纷投入巨资进行研究。我国也先后将它列入科技部重大专项和“十一五”优先资助领域。在*Science*杂志列出的2007年度十大科技突破中，人类基因组学研究再度名列榜首（位于干细胞研究之前），其中在基因组水平上对糖尿病、肿瘤等多种疾病进行研究，均发现了多个新的疾病相关基因，但这仍只是功能未知新基因的一小部分，再次显示了新基因研究的重要性和任务的艰巨性。

本章主要结合国内外基因功能研究方法的新进展，对新基因功能研究的基本思路、主要研究策略与方法进行介绍。

第一节　新基因功能研究的基本思路

在实际研究工作中，研究者往往是首先获得一个新的基因序列，通过文献检索发现其功能未知，由此确定该基因为功能未知的新基因，然后设计实验对其功能进行研究。

常规的基本研究思路：首先，对新基因的序列进行生物信息学分析，获取一些重要的有关该新基因功能的提示信息；然后，通过多种方法对新基因的组织和细胞表达谱进行分析，由此初步推测其潜在的生物学功能；进而，分别通过功能获得和功能失活两种主要研究策略对新基因的功能进行分析，新基因的功能主要通过该部分的研究得以阐明和证实；

另外，也可以通过其他研究策略如寻找新基因编码蛋白的相互作用分子、上游调控分子或信号、下游调控分子来分析新基因的功能；最后，对上述全部研究结果进行归纳总结和分析，由此推测新基因的生物学功能及与疾病发生发展的关系。

上述新基因功能研究的基本思路可以总结为下图 11-1。

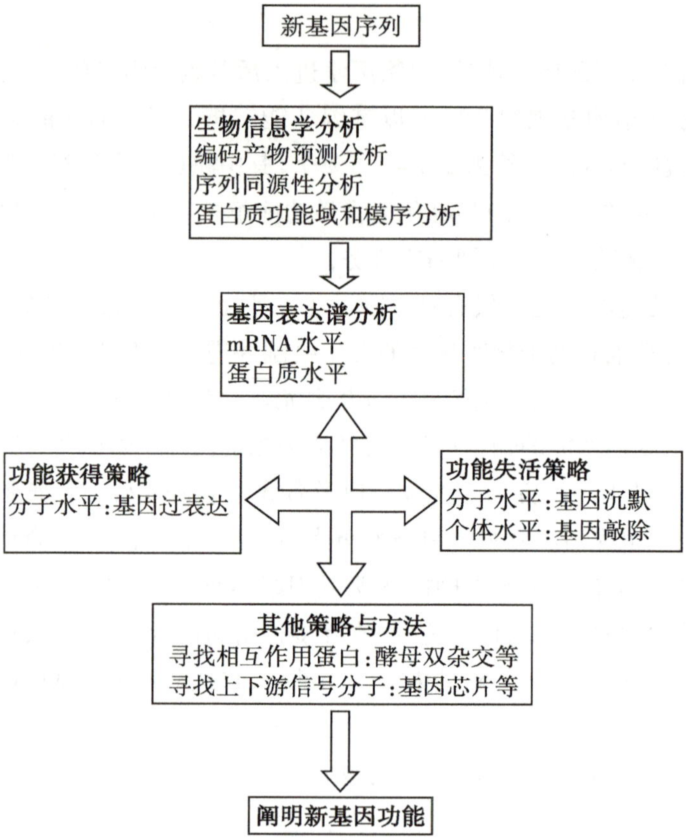

图 11-1　新基因功能研究的基本思路示意图

第二节　新基因功能研究的主要策略与方法

一、新基因的生物信息学分析

目前，生物信息学分析已成为新基因功能研究首选和必用方法，具有方便快捷和经济等优点。研究者往往可以从中得到与新基因功能有关的重要信息，初步推测基因的潜在功能，从而制定出进一步的实验研究方案。

（一）编码产物预测分析

研究者往往最先得到有价值的EST序列，进而通过电子延伸或相关实验方法获取其全长cDNA序列。这种情况下，首先要进行全长cDNA序列的开放阅读框查找，推导编码蛋白质的氨基酸序列。然后进行信号肽序列预测分析，初步判定其亚细胞定位。再进行蛋白质的基本理化性质分析，包括氨基酸组成、分子质量、等电点、亲水性或疏水性等。最后，以已知的氨基酸序列为基础，分析预测其高级结构。

（二）序列同源性分析

序列同源性分析包括核苷酸序列同源性分析和氨基酸序列同源性分析，这也是目前生物信息学技术中应用最为广泛的基本技术之一。主要采用BLAST和FASTA程序进行，即从已知的各种核酸和蛋白质序列数据库中搜索与新基因对应的功能已知的高度同源基因和蛋白质，从这些已知的基因和蛋白质的功能信息中来初步推测和判断新基因的功能。

同时，因为人类全基因组测序已经完成，所以根据新基因的cDNA序列来对基因组数据库进行同源性比对，则可很方便地获得与它完全同源的基因组DNA序列及染色体定位信息，而不需要采用荧光原位杂交等基因染色体定位技术。还可通过分析其内含子、外显子序列及调节位点，推测可能的基因表达调控方式。如Hamano等通过此法确定了富含亮氨酸重复序列蛋白新基因的基因组DNA序列及其染色体定位。

此外，如果从同源性分析中可以初步确定新基因是某一基因家族或超家族的一个新成员，则可进一步分别运用Clustal W和TreeView软件进行多重序列比对和分子进化分析，以获取更多提示信息。

（三）蛋白质功能域和模序分析

蛋白质的功能域和模序分析，主要是通过联网到SMART或PROSITE数据库来进行的。蛋白质是基因功能的体现者和施行者，而蛋白质的结构则是蛋白质执行生物学功能的基础，因此对新基因所编码的蛋白质功能域和模序分析将为推测新基因功能提供极其有价值的信息。目前，已经有大量蕴藏于蛋白质结构中的、与特定生物学活性相关的所谓保守模序（consensus motif）被发现。

目前，每年都有大量的生物信息学分析软件和数据库被开发出来，且大多数均可以通过互联网在线使用。针对每一种分析功能，往往有多个软件，但不同软件采用的算法有所不同，研究者应注意结合自己的需要来选择合适的软件。为方便研究者进一步研究和学习，表11-1列出了一些新基因生物信息学分析常用的在线软件和网址。

表11-1　新基因生物信息学分析常用的在线网址

名称	功能	网址
ORF Finder	开放阅读框查找	http://www.ncbi.nlm.nih.gov/projects/gorf/orfig.cgi
ProtParam	蛋白质理化性质分析	https://web.expasy.org/protparam/
ProtScale	疏水性分析	http://us.expasy.org/cgi-bin/protscale.pl
SignalP 5.0	信号肽序列预测分析	https://services.healthtech.dtu.dk/services/SignalP-5.0/
WoLF PSORT	亚细胞定位	https://www.genscript.com/psort.html
TMHMM 2.0	跨膜区分析	https://services.healthtech.dtu.dk/services/TMHMM-2.0/
PROSITE	模序分析	http://www.expasy.org/prosite/
SMART	结构域分析	http://smart.embl-heidelberg.de/
BLAST	序列同源性比对	https://blast.ncbi.nlm.nih.gov/Blast.cgi
Clustal W	多重序列比对	http://www.clustal.org/clustal2/
NetPhos	磷酸化位点分析	https://services.healthtech.dtu.dk/services/NetPhos-3.1/
PredictProtein	蛋白质二级结构预测	http://www.predictprotein.org/
PHYLIP	进化树构建	https://phylipweb.github.io/phylip/
TreeView	进化树构建	https://www.treeview.co.uk/

二、新基因的体内表达规律分析

要开展新基因功能的研究工作，首要的研究任务就是摸清新基因在体内的表达规律，包括在mRNA和蛋白质两个水平上对其基因表达谱进行分析，看它在各种不同的正常或病态组织细胞中是否表达以及表达水平的高低等。新基因在某一特定的正常组织细胞中的表达水平高，往往提示它在其中发挥着重要作用，而新基因在相应的病态组织中的表达异常，则提示它具有与该病理过程相关的生物学意义。

（一）mRNA水平的表达谱分析

对新基因在mRNA水平上进行表达分析，涉及的技术有半定量RT-PCR、实时定量RT-PCR和Northern blot等。

半定量RT-PCR方法具有简便、快捷和经济等优点，但也存在精确度不高和不能进行绝对定量等缺点，多用于基因表达水平的快速初步分析。实时定量RT-PCR是近年来新发展起来的一种mRNA定量分析技术，因具有特异性强、能有效解决PCR污染和自动化程度高等特点而被广泛应用，但其成本相对较高。Northern blot历来是在mRNA水平上对基因表达进行分析的经典技术，被各实验室广泛采用。该技术不仅可以进行定量分析，而且还能够检测基因转录本的大小及种类，这也是RT-PCR技术所不具备的优势。但Northern blot操作较为繁琐，采用放射性标记时也存在放射性污染的问题。在实际工作中，需要结合这两类方法同时进行，互为补充。另外，必要时也应考虑使用原位杂交技术来对新基因的mRNA在特定组织细胞内的分布进行定位观察。

（二）蛋白质水平的表达分析

确定了新基因在哪些组织细胞被转录后，进一步的工作则是制备相应的抗体来检测其蛋白质终产物的表达情况，如该蛋白质表达的亚细胞定位、分子质量大小、聚体形式等。这种在蛋白质水平上的表达分析涉及的常用技术主要是Western blot和免疫组化等。其中，Western blot与前述的Northern blot类似，不仅可以进行定量分析，而且还能够检测蛋白质的分子质量大小及其聚体形式。而免疫组化技术的优势在于它能够确定蛋白质是在特定组织中的哪些细胞以及在特定细胞的哪个部位中表达。

另外，对于病态组织细胞而言，在mRNA和蛋白质两个水平上的新基因的表达分析，还可以提供其基因表达调控的大致规律，譬如主要是在转录水平还是在翻译水平上被调控的。不少研究表明，细胞内特定基因的mRNA水平变化和蛋白质水平变化的一致性很差。

三、功能获得策略

新基因功能研究的功能获得（gain-of-function）策略是指将新基因直接导入到某一细胞或个体中，通过观察细胞生物学行为或个体表型遗传性状的变化来鉴定基因的功能。该研究策略的建立早于功能失活策略，在早期的新基因功能研究中发挥了重要的作用。但该策略也存在一些明显的缺点，因为该策略往往使用强的外源启动子来驱动目的基因的表达，导致目的基因在特定细胞或个体中呈现过量表达，并没有很好地模拟细胞或个体中基因表达的正常模式或水平，这无疑会产生一些副作用。因此，随着近年来功能失活策略相关技术的不断建立和完善，功能获得策略相关技术的使用也呈现逐渐下降的趋势。

功能获得策略常用的技术有分子水平上的基因过表达技术和个体水平上的转基因技术等。

（一）基因过表达技术

基因过表达技术指通过基因转染，将目的基因转入到某一细胞中，以实现目的基因在特定细胞中的过表达（over-expression），进而通过观察细胞生物学行为的变化来认识基因的功能，是目前应用最多、技术最成熟的基因功能研究方法。如经典*RAS*癌基因的功能是通过转染NIH-3T3细胞才得以鉴定的。目前常用的基因转染系统分为非病毒性表达系统和病毒性表达系统两种。目前主要采用质粒作为非病毒性表达载体,它通过脂质体介导、电穿孔等方法使目的基因被宿主细胞摄取。然而,这类表达系统尽管具有操作简便、经济等优势,但也有不少局限性。主要问题是,不同细胞类型对外源DNA的摄取能力有所不同,尤其在初级未分化的细胞是无效的,而初级细胞对于观察基因的细胞转化活性等恰恰非常有用。然而,病毒性载体,尤其是逆转录病毒类载体的使用却能够很好地解决此问题,这类以病毒为载体介导的基因转移因具有转染效率高、目的基因可稳定表达等优势而被广泛应用。

(二)转基因技术

利用转基因技术,可将外源基因引入动物体内,建立携带并且能够遗传给子代的转基因动物模型,通过对转基因动物的表型分析研究外源基因的功能。目前已经运用转基因技术建立了数千种转基因动物模型,并且还可以通过在携带外源基因的载体上加组织特异性启动子等手段,控制外源基因在特定的时间或特定的组织器官中表达。

利用转基因动物来研究基因功能的优势在于,它是一个在活体水平上的多维研究体系,可以从分子到个体水平进行多层次、多方位的研究。

四、功能失活策略

新基因功能研究的功能失活(loss-of-function)策略是指通过观察某一细胞或个体在新基因的功能被部分或全部失活后的细胞生物学行为或个体表型遗传性状变化来鉴定基因的功能。

功能失活策略常用的技术主要有细胞水平上的基于核酸的基因沉默技术和个体水平上的基因敲除技术等。

(一)基于核酸的基因沉默技术

这类技术中最常用的主要为反义寡核苷酸(antisense oligonucleotide,ASON)、核酶(ribozyme)和RNA干扰(RNA interference,RNAi)技术等。

ASON主要指反义寡核苷酸,长度一般为20 nt左右,与靶mRNA互补结合后通过位阻效应或诱发RNase H降解靶mRNA而抑制靶基因的翻译,也可通过与双链DNA结合形成三股螺旋而抑制转录。ASON技术简便易行,也广泛用于基因功能的研究,效果较好。

核酶是一类具有催化活性的RNA分子,通过碱基配对特异性地水解并灭活靶mRNA。常见的核酶有锤头状、发夹状和斧头状三种,应用最多的是锤头状核酶,其组成包括中间保守的核苷酸序列(活性中心)和两侧的引导序列。核酶具有酶的高效和专一等特性,因此工作效率较高。核酶的切割作用需要Mg^{2+}等二价离子的存在,同时也依赖于靶RNA的结构及可接近性。

RNAi通过人为地引入与靶基因序列同源的dsRNA,诱导内源靶基因的mRNA降解,达到阻止基因表达、导致“功能失活”的目的。但有研究表明，RNAi也可通过染色质修饰而抑制转录。大量研究表明，与反义寡核苷酸技术和核酶技术相比，RNAi具有高度的序列专一性和更高的干扰活力，并且与传统的基因敲除技术相比，具有投入少、周期短、操作简单等优势，因此已作为一个简便和有效的工具被广泛用于目前基因功能的研究。目前，研究者既可以通过将dsRNA导入特定细胞在细胞水平上来研究基因的功能，也可以建立转基因动物模型在整体水平上研究。有研究者将RNAi技术和Cre/loxP重组系统以及tetracycline诱导启动子相结合，建立了一种新的转基因动物模型，该模型不仅具有稳定、可遗传、可诱导和组织特异性的特点，并且建立速度快，不需要使用胚胎干细胞技术和基因打靶技术。

然而，包括这三种技术在内的该类技术均具有诱导干扰素和其他细胞因子表达等的非特异性效应。另外，它们也会因为作用于和靶分子序列相近的分子而产生脱靶（off-targeting）效应。其中，ASON因使用剂量大，所以非特异性效应最大；而RNAi的这两种副效应最小。

（二）基因敲除技术

基因敲除（gene knock-out），或称基因打靶（gene targeting），是建立在胚胎干细胞技术和同源重组技术基础上的一种方法。既可以在细胞水平上进行，从而建立新的细胞系，也可以在整体水平上进行，从而获得基因敲除动物，通过观察个体的表型变化而推测基因在体内可能的功能。利用基因敲除技术获得基因敲除动物已成为目前研究基因功能最直接和最有效的方法之一，尤其是近年来以Cre/loxP系统为代表的条件性基因打靶（conditional gene targeting）系统的建立，使得对基因靶位时间和空间上的操作更加明确，效果更加精确可靠，已经发展到可定时剔除和靶基因调控表达。尽管如此，它具有技术条件严苛、费用较高、仅限于小鼠等缺点，并且在胚胎期减弱了目的基因的功能，可能只反映一部分基因功能，其他则被别的基因代偿。或者某些重要基因被剔除后导致小鼠在胚胎期死亡，无法检测对各发育阶段的影响，使基因敲除技术的应用受到限制。同时，在很多情况下，其结果也是不明朗的，尚无法下肯定的结论。

（三）基因编辑技术

基因编辑（gene editing）技术，是近年来迅猛发展并兴起的一项革命性的生物技术，它允许研究人员对生物体的基因组进行精确修改和编辑，也被比喻成“基因魔剪”和“改写生命密码的工具”。这项技术基于CRISPR-Cas9等先进的酶系统，通过特定的酶和向导RNA，能够精确定位并修改目标DNA序列。基因编辑技术的主要优势在于其高精度和高效率。它不仅可以实现对特定基因的敲除、插入或突变，还能在分子水平上精细调控基因表达，从而改变生物体的遗传特征和表现型。这种能力为基因功能研究、疾病治疗、农业生产及生物制药等领域带来了前所未有的机遇。

在医学领域，基因编辑技术为遗传性疾病的治疗提供了新途径。通过修正致病基因，科学家有望根治囊性纤维化、血友病等单基因遗传病，甚至挑战治疗癌症等复杂疾病。同时，该技术也促进了个性化医疗的发展，使治疗方案更加精准有效。

在农业方面，基因编辑技术有助于改良作物品种，提高其抗病性、产量和品质，从而保障全球粮食安全。此外，该技术还可用于动物模型的构建，为疾病研究提供更为接近人体的实验对象。

然而，基因编辑技术的发展也伴随着伦理和法律问题。尤其是涉及人类胚胎基因编辑的研究，引起了广泛的争议和关注。科学家和社会各界需要共同探讨和制定相关准则，确保技术的合理、安全和道德应用。详细介绍见本书第十三章。

五、其他策略与方法

细胞各种基本功能的完成离不开蛋白质之间的相互作用以及细胞内外信号的逐级转导。因此，确定能够与新基因编码的蛋白质产物相互作用的分子或新基因调控的下游信号分子或靶基因，对于推测新基因的生物学功能和分子作用机制也具有非常重要的指导意义。

（一）寻找新基因编码产物的相互作用蛋白

酵母双杂交系统（yeast two-hybrid system）是一种基于转录水平而建立的研究生物大分子相互作用的简便而有效的研究方法。其最大优势在于它可以用已经克隆的基因从特定细胞的cDNA表达文库中“钓取”与其编码产物相互作用的蛋白质及相应基因序列。它检测的相互作用在体内发生，不需要额外的纯化步骤。但是，酵母双杂交系统也存在不少局限性，如突出的“假阳性”问题以及所分析的蛋白质必须定位于核内才能激活报告基因（不利于核外蛋白间相互作用的研究）等。另外，融合蛋白的构建也很可能会影响到蛋白质的正确折叠。针对这些问题，近年来研究者对它也进行了诸多改进，如采用多个报告基因以减少假阳性，同时也尝试建立了一些不依赖于转录因子活性的新型双杂交系统，如分离的泛素系统和SOS招募系统等。另外，近年来已初步建立了哺乳动物双杂交系统，以更好地模拟细胞内环境，探明蛋白质相互作用的机理。

随着近年来蛋白质组学技术的普及，联合使用蛋白质免疫共沉淀和蛋白质组学技术在寻找和鉴定新基因编码产物的相互作用蛋白方面也发挥了重要的作用。

（二）寻找新基因编码产物的下游信号分子或靶基因

如果研究者能够通过一些初步的实验证明新基因编码产物位于细胞信号传导的上游，那么也可以通过寻找新基因编码产物的下游信号分子或靶基因来推测新基因的功能和分子作用机制。常用的研究思路是将功能获得或功能失活研究技术和基因表达差异分析技术联合使用，即首先采用功能获得或功能失活研究技术使细胞或个体中目的基因过表达或表达被抑制，然后再采用基因表达差异分析技术来筛选和鉴定表达水平或活性改变的下游信号分子或靶基因。

第三节　基因编辑注意问题

前两节主要对新基因功能研究的基本思路、主要研究策略与方法进行了介绍，然而在实际的新基因功能研究工作中，研究者还需要注意以下问题。

一、根据实际情况设计合适的研究方案

需要特别注意的是，新基因功能研究实际上并没有一个完全固定不变的模式，前文所述的内容仅是一些基本策略与方法。在实际工作中，尚需研究者根据具体情况制定某一特定新基因功能的研究方案。譬如，新基因编码的蛋白在细胞内定位不同，如膜蛋白、分泌蛋白或核蛋白等，研究思路和方案也明显不同。而对于新基因编码产物的功能（活性）分析，亦是依据具体的蛋白质功能而确定的，研究者常常需要建立新方法或直接采用他人建立的成熟方法。

另外，研究者在选取研究方法时，也需要根据自己实验室的经费情况和学术优势来选择适合自己实验室的研究方法。

二、多领域合作的重要性

在新基因功能研究中，有两点也需要注意：第一，基因功能的复杂性，即一个基因往往具有多种功能；第二，基因功能的研究往往涉及从分子、细胞到个体水平的多层次研究和多种研究技术的使用。因此，对一个特定新基因功能进行全面和系统的研究往往需要多个领域研究人员的精诚合作，从多个不同的方面对它进行研究。另外，研究者也应该充分认识到新基因功能研究工作的复杂性和艰巨性，要克服浮躁的科研作风，耐得住寂寞，从而做出一些真正的创新性成果。

笔者坚信，随着广大生物医学工作者的不懈努力，越来越多的新基因功能资源将被不断挖掘出来，从而造福于人类。

思考题

1. 请简述新基因功能研究的基本思路。
2. 采用“功能获得策略”进行基因功能研究时，常用的方法有哪些？

3.采用“功能失活策略”进行基因功能研究时，常用的方法有哪些？

4.请结合自己的研究课题或研究方向，设计一个基因功能研究的基本方案。

参考文献

[1]卜友泉，杨正梅，宋方洲.新基因功能研究的策略与方法.生命科学研究，2006，10(2)：95-98.

[2]KAISER J.NIH goes after whole genome in search of disease genes.Science，2006，311(5763)：933.

[3]YOSHIDA T，YOSHIMURA K.Outline of disease gene hunting approaches in the Millennium Genome Project of Japan.Proceedings of the Japan academy series B-physical and biological sciences，2003，79(2)：34-50.

[4]SCHMUTZ J，WHEELER J，GRIMWOOD J，et al.Quality assessment of the human genome sequence.Nature，2004，429(6990)：365-368.

[5]International Human Genome Sequencing Consortium.Finishing the euchromatic sequence of the human genome.Nature，2004，431(7011)：931-945.

[6]COLLINS F S，GREEN E D，GUTTMACHER A E，et al.A vision for the future of genomics research.Nature，2003，422(6934)：835-847.

[7]KIM S S.Introduction of bioinformatic methods for the gene function analysis[J].Korean J Hepatol，2004，10(1)：11-21.

[8]MOUNT D.Bioinformatics：Sequence and Genome Analysis.2nd ed.New York：Cold Spring Harbor Laboratory Press，2004.

[9]SAMBROOK J，RUSSELL D W.Molecular Cloning：A laboratory manual.3rd ed.New York：Cold Spring Harbor Laboratory Press，2001.

[10]SHASHIKANT C S，RUDDLE F H.Impact of transgenic technologies on functional genomics.Current issues in molecular biology，2003，5(3)：75-98.

[11]DORSETT Y，TUSCHL T.siRNAs：applications in functional genomics and potential as therapeutics.Nature reviews drug discovery，2004，3(4)：318-329.

[12]LINDEBERG J.Conditional gene targeting.Upsala journal of medical sciences，2003，108(1)：1-23.

[13]COATES P J，HALL P A.The yeast two-hybrid system for identifying protein-protein interactions.Journal of pathology，2003，199(1)：4-7.

（卜友泉　李海玉　宋方洲）

第十二章 RNAi技术的应用与发展

第一节 RNAi的发现

RNAi是植物、果蝇、线虫和哺乳动物等许多生物抵抗病毒感染和限制转座子运动的一种自然存在的防御机制。科学家们最早在转基因植物(Jorgensen等,1990)中发现了共抑制(co-suppression)现象。他们以矮牵牛花(petunias)为材料,构建了强启动子色素基因(苯基苯乙烯酮合酶)表达载体,并导入牵牛花。目的是得到紫色更深的花,结果花的颜色为杂色。这是因为所转基因(外源)和同源的内源基因的表达都被抑制,这个现象称为共抑制现象(图12-1)。

图12-1 共抑制现象的发现

但关于RNA沉默现象的关键性发现还是由Andrew Fire和Craig Mello首先完成的。1995年康奈尔大学Su Guo等以秀丽隐杆线虫(*Caenorhabditis elegans*)为材料,通过反义RNA特异性地阻断*par-1*基因的表达,并注射正义RNA以期得到基因表达增强的结果。实验目的是消除线虫第一次分裂的不对称性。结果是二者都同样地切断了*par-1*基因的表达途径,这与传统上对反义RNA技术的解释不相符合。该研究小组一直没能给这个意外以合理解释。1998年Andrew Fire和Craig Mello通过注射经过纯化的由T4和T7 RNA聚合酶体外转录得到的反义RNA以及注射经过纯化后的双链RNA来重复Su Guo的实验,结果反义RNA仅发挥微弱的抑制作用，而双链RNA能达到比前者高两个数量级的抑制效果。他们认为这一现象是由于dsRNA触发了高效的基因沉默机制并高效地降低了靶mRNA水平而导致的。Su Guo等遇到的正义RNA抑制基因表达的现象，以及过去的反义RNA技术对基因表达的阻断，都是由于体外转录所得RNA中有微量双链RNA而引起的。该小组将这一现象称为RNA干扰（RNA interference，RNAi）（图12-2）。随着研究的深入，RNAi现象被广泛地发现存在于锥虫（*Trypanosoma*）、拟南芥（*Arabidopsis thaliana*）、水螅（*Hydra*）、涡虫（*Turbellaria*）、真菌（*Fungus*）、斑马鱼（*Danio rerio*）、昆虫、蛙类、鸟类、大鼠、小鼠、猴以及人类等几乎所有真核生物中。后来发现小鼠早期胚胎和大肠杆菌中也存在RNAi现象，这种存在揭示RNAi很可能出现于生命进化的早期阶段。随着研究的不断深入，RNAi的机制正在被逐步阐明，而同时作为功能基因组研究领域中的有力工具，RNAi也越来越为人们所重视。目前，RNAi技术被广泛用于功能基因组学研究、基因表达调控机理研究、基因治疗等领域。

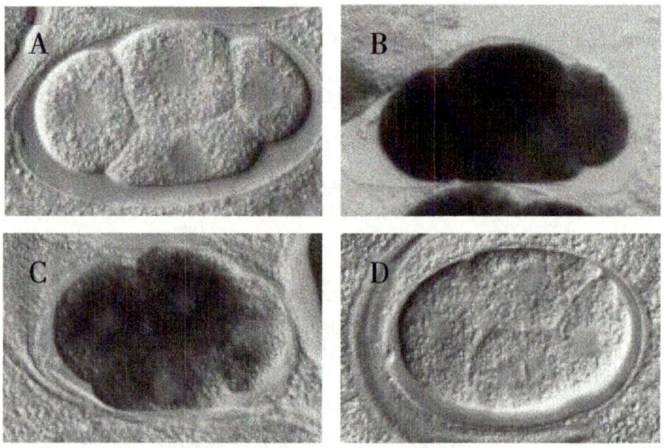

图12-2　RNA干扰的发现

注：A.未经过RNAi处理的细胞，B.经过RNAi处理后的细胞，C.RNAi处理的效果，D.恢复后的细胞。

Hamilton等在发生共抑制的转基因植物中鉴定到约25个碱基且与沉默基因的正义链或反义链互补的小RNA。基于果蝇胚胎提取物建立体外系统，实验证明RNAi是一个依赖ATP的过程。从已经发生RNAi的果蝇S2细胞中，Hammond等人部分纯化了一种能特异切割dsRNA的RNase Ⅲ家族的核酸酶（Dicer），该核酸酶具有序列特异性，它仅降解与引起RNAi的dsRNA具有同源序列的mRNA。双链RNA（外源的或体内产生的）首先被降解为21～23 bp的小分子双链RNA，这种RNA分子称为小干扰RNA（small interfering RNA，siRNA）。siRNA根据碱基互补配对原则识别具有同源序列的mRNA，并介导其降解。RNAi能够在多重水平上发挥作用。在秀丽隐杆线虫和植物中发现，双链RNA所诱导的基因沉默发生在转录后水平。在植物中，dsRNA（double strands RNA）导致基因组中与沉默触发物同源的序列甲基化；如果沉默触发物与启动子序列相同，则引起转录水平的基因沉默。而线虫中，RNAi作为内源性编码的诱导剂在蛋白质合成水平上发挥作用。

第二节 RNAi的发生机制

根据体外实验的结果,人们提出了一种RNAi作用的简单模型(图12-3)。第一步,当dsRNA(双链RNA)导入细胞后,被一种特异的核酸内切酶识别并切割成21～23个核苷酸长的小片段。这些小片段能够识别目标mRNA,并与相关蛋白结合,形成dsRNA-酶复合物。第二步,在识别之后,发生了一个互换过程:dsRNA中的正义链被目标mRNA所替换,从dsRNA-酶复合物中释放出来,而目标mRNA则占据了原先正义链的位置。第三步,核酸酶在相同的位置对目标mRNA进行切割,产生了新的21～23个核苷酸长的dsRNA小片段。这些小片段再次与核酸酶形成复合物,继续对目标mRNA进行切割,从而导致目标基因沉默,出现RNAi(RNA干扰)现象。

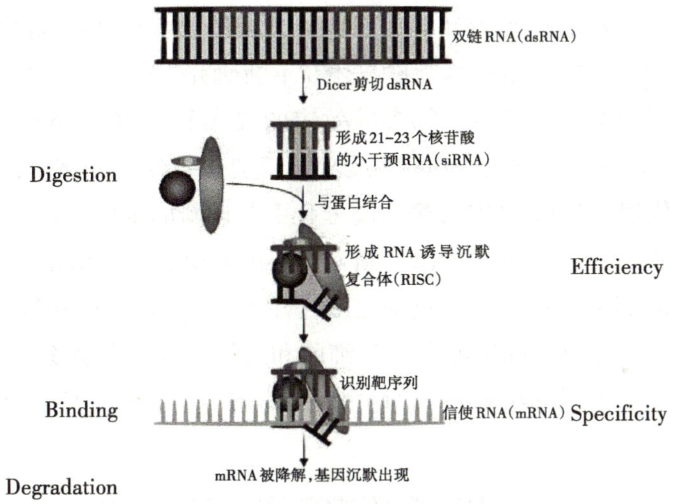

图12-3　RNAi作用的简单模型

RNAi现象的出现机制至少包含三个明确阶段,涉及三个关键过程:(1)首先,Dicer酶作为一种特异的核酸内切酶,将长的dsRNA(双链RNA)分子切割成短的“初级”小干扰RNA(siRNA)片段。这些siRNA片段具有特定的长度,通常为21～23个核苷酸。(2)接着,在相关酶的作用下,这些“初级”siRNA可以多次被利用,提供一种放大效应。它们能够作为模板,参与进一步的RNA干扰过程,从而增强干扰效果。(3)最后,这些小干扰RNA不仅可以直接作为靶mRNA(目标信使RNA)的引物,与靶mRNA结合并导致其降解,还可能产生后代“次级”siRNA。这一过程通过靶序列的直接扩增,启动了一个RNA诱导的RNA聚合反应,进一步放大了RNAi的效果,最终导致目标基因的沉默。

现已初步阐明dsRNA介导的同源性靶mRNA的降解过程(图12-4)主要分为三个步骤:①siRNA的形成。长链dsRNA被Dicer酶切割成21～23 nt含正义和反义序列的片段,即小干扰RNA(small interfering RNA,siRNA)。Dicer酶是RNase Ⅲ家族成员之一,是一种

ATP依赖性核酸内切酶。它具有4个功能结构域:解旋酶(helicase)结构域、dsRNA结合域(DS-RBD)、PAZ(Piwi/Argonaute/Zwille)结构域、RNase Ⅲ催化结构域。dsRNA是与Dicer酶的DS-RBD结合后被切割成siRNA的。Dicer酶在催化过程中以二聚体形式出现,其催化结构域在dsRNA上反向平行排列,形成4个活性位点,但只有两侧的2个位点具有内切核酸酶活性。这2个位点在相隔约22 bp的碱基处切断dsRNA。Dicer酶的结构因物种不同而略有差异,因此形成的siRNA碱基数也存在相应的差别。②siRNA装配成有活性的RISC(RNA-induced silencing complex),介导靶mRNA的降解。含有核糖核蛋白的siRNA双链体复合物称为siRNP。在ATP的参与下,siRNA与多种亚单位结合,形成蛋白质复合物。siRNA展开,蛋白质复合物构型改变,成为具有活性的RNA诱导的沉默复合物。RISC是由siRNA的反义链指导合成的核蛋白体,具有内切核酸酶、外切核酸酶、解旋酶、同源RNA链搜索等活性。活性形式的RISC识别并切割与siRNA引导链互补的靶mRNA。siRNA作为引导序列引导RISC与同源mRNA按照碱基互补配对的方式结合。然后,该mRNA与siRNA的正义链进行置换,并在距siRNA 3′端12个碱基处被降解,形成约10个碱基的寡核苷酸残段。切割的精确机制现在还在不断研究之中。最后可能再被核酸外切酶进一步降解,从而干扰基因表达。③沉默效应的放大和扩散。RNA聚合酶激发另外的dsRNA合成,沉默效应得以放大。siRNA反义链识别并结合靶mRNA后可作为引物,以靶mRNA为模板在依赖于RNA的RNA聚合酶催化下合成新的dsRNA。然后,dsRNA被Dicer酶切割并产生新的siRNA(次级siRNA),新siRNA再去识别新一组mRNA。经过若干次循环后,沉默信号就会不断地被放大,同时也赋予了RNAi的高效性和持久性。许多研究还显示,RNAi信号可以越过胞间屏障向其他细胞和组织扩散。在植物中,RNAi信号可以通过胞间连丝和脉管系统进行传递;在动物中,RNAi信号的扩散需要*sid21*基因编码的跨膜蛋白参与。

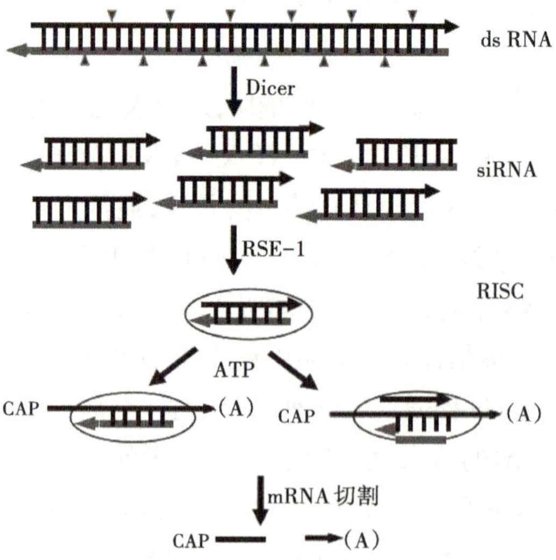

图12-4　RNAi发生机制

第三节 RNAi作用的特点

一、转录后水平的抑制

RNAi作用最显著的特征在于siRNA特异性地作用于成熟mRNA，结合并切割靶mRNA分子，然后进一步被水解。RNAi广泛存在于植物、动物等真核生物中，与基因本身及转录并无任何关系，属于转录后水平的基因沉默机制。生物体可能是在进化过程中形成了RNA干扰等防卫机制来抵御外来遗传物质的插入。植物和动物利用RNA干扰，但用途各不同，比如沉默基因和对抗外来的病毒和核酸以保护宿主。Djikeng与Fjose等研究揭示，无脊椎动物和植物中的RNA干扰具有抑制、减弱和清除侵入宿主体内的病毒和转座子的基因影响的作用。转基因植物中出现的共抑制现象也是宿主细胞通过RNA干扰而实现的自我保护反应。动物基因组对自私DNA元件(selfish DNA)的抑制作用也是通过RNA干扰实现的，例如病毒和转座子(transposon)的插入以及导致的转录异常。在一般情况下生物体内不会产生双链RNA，只有当病毒或转座子等外来遗传物质整合到宿主染色体后，由于它们自身表达的需要，才会产生双链异常RNA，即dsRNA。

二、高效性

已有实验结果表明，即使只有少量的siRNA也可诱导靶基因表达的显著沉默效应。siRNA沉默靶基因的效率比单独运用反义RNA或正义RNA的抑制效率高了几个数量级。RNAi可在低于反义寡核苷酸几个数量级的浓度下，使靶基因表达降到很低水平甚至完全“沉默”，从而产生缺失突变体表型。siRNA的启动子相当活跃，靶基因可以转录，但不能正常积累mRNA。RNAi作用不仅使外源基因在转录后水平上失活，同时诱导与它同源的内源基因沉默。在研究基因功能时，RNAi技术比基因敲除技术更为便捷，也为众多的实验室节省了通过转基因动物来研究的大量科研经费。

三、比较好的特异性

由双链RNA降解成的siRNA，其正义链3′末端的两个碱基在序列识别中不起主要作用，剩余的19个碱基在序列识别中都是必需的。由siRNA中的反义链对细胞中的成熟mRNA进行序列搜索，引导具有活性的RNA诱导的沉默复合物，即活化后的RISC识别并结合特异的靶mRNA。因此，RNAi能特异性降解靶mRNA。如果针对同源基因共有序列设计siRNA序列，RNAi则可使同源基因全部失活。这一过程中，即使siRNA序列中单个碱基发生改变也会导致靶基因的RNAi作用失败。

四、广泛性

RNAi现象广泛存在于生物界中。Jorgensen等最早于1990年在转基因植物矮牵牛花(petunias)中发现了共抑制(co-suppression)现象。华盛顿卡耐基研究院的Andrew Fire和马萨诸塞大学医学院的Craig Mello于1998年首次证实。Su Guo博士发现,正义RNA抑制基因表达及反义RNA技术阻断基因表达,均因体外转录RNA中含微量双链RNA污染所致。他们通过注射纯化后的单链和双链RNA至线虫验证了这一点,并首次将此现象命名为RNA干扰。随后,RNAi现象在几乎所有真核生物中被广泛发现,包括锥虫、拟南芥、水螅、涡虫、真菌、斑马鱼、果蝇、水稻、烟草、昆虫、蛙类、鸟类、大鼠、小鼠、猴及人类。后来,小鼠早期胚胎和大肠杆菌中也发现了RNAi现象。RNAi可抑制单个基因、基因家族甚至整个基因组基因的表达。RNAi能高效且特异地阻断基因的表达,在线虫、果蝇体内,RNAi能达到基因敲除的效果。RNA沉默是存在于生物中的一种古老现象,是生物抵抗异常DNA(病毒、转座因子和某些高重复的基因组序列)的保护机制,同时在生物发育过程中扮演着基因表达调控的角色,它可以通过降解RNA、抑制翻译或修饰染色体等方式发挥作用。马里兰大学生物系统研究中心的研究人员发现真菌也会利用RNA干扰机制来防御病毒的侵袭,这说明RNA干扰在免疫方面作用的广泛性。他们敲除了栗疫病菌(*Cryphonectria parasitica*)的两个直系同源基因:*dcl-1*和*dcl-2*。结果发现突变*C. parasitica*的表型与野生型相似,但是*dcl-2*敲除型变得对低毒病毒(hypovirus,一类寄生在板栗疫病菌上的无衣壳双链RNA病毒)和呼肠孤病毒(reovirus)非常敏感,而且病毒RNA水平和滴度都提高了。重新将野生型*dcl-2*基因导入到这些突变真菌当中,可以逆转真菌对呼肠孤病毒的易感性。而双dicer突变则表现出与*dcl-2*单突变同样的缺陷型。这一研究成果说明RNA干扰在免疫方面作用的广泛性,也为其分子机制的研究提出了新的观点。

五、系统性

系统性是RNAi效应的一个重要特征。RNAi干扰基因表达的效应可以在线虫、原生动物及植物中跨越细胞界限,即RNAi效应可在不同细胞、组织间传递,甚至在生物体内长距离传递和维持,并可传递给子一代。在线虫中,观察到RNAi效应能扩散到未直接导入双链RNA的组织中,且当RNAi作用于某些基因时,可在线虫的第二代或第三代中观察到RNAi效应,这提示线虫中可能形成了可遗传的因子,在后代中仍能触发基因沉默现象。

植物中RNA干扰的一个最显著的特征是沉默效应可通过植物大分子运输系统进行系统扩散,即特定组织或部位的RNAi作用最终可扩散至整个植株,通过胞间连丝进行细胞间运输和通过韧皮部转运系统进行长距离运输。已有实验证明,控制叶片形状的突变体可以通过韧皮部从根茎转移到根部的幼芽,并表现出突变性状,这表明某些突变效应(或相关的RNA分子)确实可以在植物体内进行转移。然而,先前的研究曾认为,参与RNAi的dsRNA不能在动物细胞间进行移动,因此研究人员一度认为果蝇体内没有系统的RNAi作用。果蝇与其他昆虫在免疫应答过程中涉及RNAi过程，主要参与局部的抗病毒防卫。但加利福尼亚大学（简称加州大学）和法国巴斯德研究所的科学家推翻了这一论定。他们用Drosophila virus和Sindbis virus感染突变果蝇，观察果蝇免疫应答过程中发生的RNAi现象，结果发现dsRNA能通过病毒免疫信号传递到不同的细胞中。因此，成虫期果蝇体内RNAi参与的免疫应答形成系统性的免疫应答，而非局部的免疫应答。无脊椎动物与脊椎动物一样，RNAi参与系统性抗病毒免疫反应，这表明RNAi现象比原本认定的要保守得多，且在某些情况下，与RNAi相关的效应（或突变体产生的效应）可以在生物体内进行转移和传递。不过，也应注意到，在动物神经元细胞和植物气孔中，全身性RNAi可能不能到达这些细胞，说明RNAi的传递和效应仍存在一定的组织特异性和局限性。

第四节　RNAi研究的技术方法

由于RNAi现象广泛存在于各物种中，并具有抑制靶基因转录后水平、特异性高、效果显著等特点，RNA干扰技术被广泛应用于基因功能分析、基因治疗、信号转导通路新途径的寻找、新药物的开发与药物靶点的筛选等方面的研究。RNA干扰技术与传统的基因技术相比，具有投入少、周期短、操作简单等优势（图12-5）。

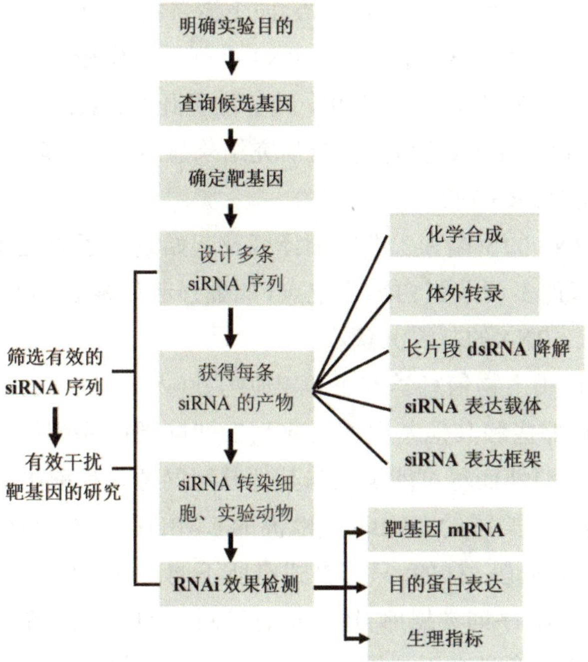

图12-5　RNAi研究技术路线图

一、siRNA序列设计

小干扰RNA(small interfering RNA,siRNA)是指能够以同源互补序列的mRNA为靶目标并将它降解而介导RNA干扰途径的短片段双链RNA分子。

哺乳动物细胞导入30 bp以上的dsRNA往往会诱发非特定的免疫应答反应,所以不能用体外合成的长双链RNA直接导入细胞。通常是先制备21 bp左右的siRNA,然后导入哺乳动物细胞。基因抑制的有效性很大程度取决于目的基因序列的选择。如何设计有效的siRNA序列一直是当前RNAi研究的热点,不同的实验室有不同的结果。虽然siRNA序列设计原则在不断完善,可是并非每条设计出来的siRNA序列一定能有效沉默靶基因的表达。根据每个目标序列设计多对不同的siRNA序列,通过实验确定较有效的siRNA。根据所选用序列的不同,可分为编码区RNAi技术和启动子区RNAi技术。自1998年发现RNAi现象以来,以基因编码区为靶序列的编码区RNAi技术已广泛用于线虫功能基因组的研究,同时应用于其他生物的功能基因研究。由于多基因家族的各成员之间高度同源,因而使用编码区RNAi技术很难对各个成员单独进行研究,而多基因家族内的启动子序列通常比编码区序列差异大,采用启动子区RNAi技术就有可能对多基因家族的各个成员单独进行研究。现已证明,含有启动子区的dsRNA在植物体内同样被切割成21～23个核苷酸长的片段,这种dsRNA可使内源相应的DNA序列甲基化,从而使启动子失去功能,使其下游基因沉默。因此,综合分析编码区RNAi技术和启动子区RNAi技术的实验结果即可更全面地了解多基因家族中各成员的功能。

编码区siRNA序列的设计一般应遵循以下几个原则:

①从靶基因转录本起始密码子AUG开始,向下游寻找AA双核苷酸序列,将此双核苷酸序列和与它下游相邻的19个核苷酸作为siRNA序列设计模板。另一种方法是从靶基因的开放阅读框起始密码ATG下游75至100个碱基位置开始,寻找“AA”双核苷酸序列后的19个碱基序列作为潜在的siRNA靶位点。有研究结果显示GC含量在30%～50%的siRNA要比那些GC含量偏高的siRNA更为有效。

②尽量不要以mRNA的5′端和3′端非翻译区及起始密码子附近序列为设计siRNA的模板,因为这些区域有许多调节蛋白结合位点(如翻译起始复合物),调节蛋白会与RISC竞争结合靶序列,降低siRNA的基因沉默效应。

③将潜在的序列运用生物信息学方法和相应物种(人、小鼠、大鼠等)的基因组数据库进行同源性比较,排除那些和其他基因编码序列/EST同源的序列。要求所设计的siRNA只能与靶基因具高度同源性而尽可能少地与其他基因同源。目前国际上比较重要的核酸(含蛋白质)一级数据库有美国的GenBank、欧洲的EMBL和日本的DDBJ。三个数据库信息共享,每日交换,故资料是一样的,只是格式有所不同。除了涵盖从完整基因组到单个基因各个方面的综合DNA序列数据库,还有更有针对性的基因组资源,或称专用数据库。这种独特数据资源存在的意义在于强调:(a)特定物种的基因组;(b)特殊的测序技术。一

般情况下，它们主要的目的是为某一特定的物种提供一个更为完整的数据库资源，如模式生物酵母（*Saccharomyces cerevisiae*）、线虫（*Caenorhabditis elegans*）、黑腹果蝇（*Drosophila melanogaster*）、拟南芥（*Arabidopsis thaliana*）、幽门螺杆菌（*Helicobacter pylori*）等。对于目前没有完成基因组测序的物种，则在比对时选择亲缘关系最近的物种数据库。

④选出合适的目标序列进行合成。一个基因需要设计3~4条靶序列的siRNA，以找到最有效的siRNA序列。因为针对一个靶基因所设计的siRNA不是每条都会有效，所以常规的做法是制备20个左右的siRNA，经导入细胞后检测，根据实验结果选择干扰目标基因效果最好的siRNA进行下一步研究。但此方法工作量非常繁重，而国内的研究室往往受到研究经费的限制，难以按照这个模式开展工作。所以，一些研究者提出制备几条siRNA的实验方案。因为有人做了统计，通常4个备选的siRNA中就会找到一个有效的siRNA。当然，这个siRNA只是有效的，不一定是最好的。

设立正确的阳性对照和阴性对照实验是RNA干扰实验不可缺少的部分，也有助于实验结果的分析，进一步优化实验条件。

阴性对照：一个完整的siRNA实验方案应该有阴性对照实验，目的是排除转染siRNA本身对基因表达可能造成的任何非特异影响，有学者认为严谨的实验需要设计2个以上不同的阴性对照。作为阴性对照的siRNA序列应该和实验所用的siRNA序列有相同的组成，但是和mRNA没有明显的同源性。通常的做法是将选中的siRNA序列打乱，进行数据库同源比对以保证它和其他基因没有同源性。荧光标记的阴性对照与哺乳动物基因无同源性，可以方便地在荧光显微镜下观察转染情况、优化转染条件和评价转染效率，并具备很好的pH耐受性，在活细胞中更稳定。

阳性对照：为了验证转染条件和本次实验操作条件的可行性，可以选择管家基因或者稳定高表达的基因作为阳性对照。在选择阳性对照时，要考虑实验所用的细胞来源和基因，通常选择已经验证过的干扰效果明显的siRNA序列，其结果可验证实验条件以及实验结果的可靠性，如最为常用的*GAPDH*、*p53*、*Beta-Actin*等基因的siRNA，也有使用其他一些看家基因的siRNA作为阳性对照来摸索转染条件。

非哺乳动物细胞体系的RNAi实验，如果蝇、线虫、拟南芥等低等生物和植物，由于不涉及免疫应答反应，直接用长双链RNA进行RNAi实验，不需要设计siRNA。长双链RNA在生物体内会被Dicer切割为多个siRNA混合物，因而往往比单个siRNA更有效。长双链异常RNA（long double-stranded RNA）的导入方法因细胞种类而异，如细胞转染、饲喂或者显微注射等方法均可，此类dsRNA会导致瞬时基因沉默效应。

NCBI的RefSeq数据库中已有大鼠、小鼠及人类全部基因的siRNA序列。如果以其他生物的基因为研究对象，有很多免费网站可以用来自行进行siRNA的设计。不同的在线工具有不同的设计法则和评分标准，同一序列用不同的在线工具设计得到的结果也可能各不相同。以下为可以用来进行siRNA序列设计的免费网址（工具）：siDirect（http://sidirect2.rnai.jp/)是一个高度有效的在线设计网站，输入NCBI序列号或序列信息后即可获得一系列siRNA设计；DSIR(http://biodev.extra.cea.fr/DSIR/DSIR.html)，用户输入RNA名字和序列后，网站会根据评分高低排序设计的siRNA；invivogen(https://www.invivogen.com/sirnawizard/design.php)网站也提供了siRNA设计向导，输入RNA序列后，不仅可以获得siRNA序列，还可以获得shRNA序列设计。

目前已证实的siRNA可以在下列网页中找到：https://horizondiscovery.com/en/gene-modulation/knockdown/sirna；https://www.thermofisher.cn/order/custom-genomic-products/tools/sirna/；http://web.mit.edu/mmcmanus/www/siRNADB.html；http://web.mit.edu/mmcmanus/www/sirnadb.html。

二、siRNA的制备方法

siRNA序列设计完成后，下一步就是制备相关产物。目前，siRNA主要通过以下几种方法获得：化学合成法、体外转录法、长片段dsRNA酶解法、siRNA表达载体、siRNA表达框架等5种途径。

①化学合成法：许多公司可以根据用户要求提供高质量的siRNA。该法制备的数量范围大，可从微克至数克。siRNA的设计长度灵活，并可插入各种有益的修饰。在3′和5′端标记生物素或荧光，便于监测siRNA对目标基因表达的抑制效果。总费用比较高，但性价比优于其他方法，定制时间短。操作简便，转染效率高，对细胞和组织的培养没有影响，但不能整合到细胞基因组，抑制表达的持续时间短。适用于已经找到最有效的siRNA的情况下，需要大量siRNA进行研究。如果是进行筛选siRNA等长时间的研究，通常不会采用这种方法制备siRNA。

②体外转录法：设计针对靶序列的正义链和反义链，在其上游接上T7启动子，进行体外转录分别获得单链RNA，杂交后形成dsRNA，然后在体外用RNA酶消化，从而获得siRNA。该方法中T7 RNA聚合酶只有在启动子是双链的情况下才可转录模板。模板可以是双链，也可以是单链。体外转录中，两条互补链都可作为模板。由于T7启动子的最后一个碱基成为RNA的第一个碱基，因此所获得的siRNA全都以鸟嘌呤开头。转录本如果用核酸酶处理，则可产生任意长度的siRNA。该法制备的siRNA，成本相对于化学合成法而言比较低，是一种性价比高的筛选siRNA的好方法。得到的siRNA毒性小，稳定性好，转染效率高。虽然一次体外转录能合成提供足够做数百次转染的siRNA，但实验的规模受到反应规模和量的限制。适用于筛选siRNA，可以制备多种siRNA。不适用于需要大量的siRNA、一个特定的siRNA以及进行长期研究的实验。另外，不是所有的序列都能很好地转录，产物中的短RNA容易形成二级结构、终产物必须进行纯化等处理、体外合成产物对细胞有毒性作用等，这些因素都限制了该方法的使用(具体流程见图12-6)。

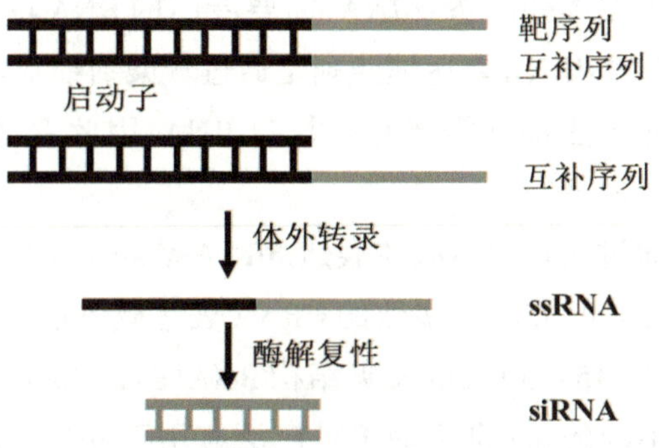

图12-6 体外转录法示意图

③长片段dsRNA酶解法：选择200～1 000个碱基的靶mRNA作为模板，体外转录制备长片段双链RNA，再用RNase Ⅲ或者Dicer进行体外消化，得到多种siRNA文库。除掉没有被消化的双链RNA后，直接转染细胞，方法和单一siRNA转染一样。由于得到的是多种siRNA的混合物，一般能够有效地抑制目的基因的表达。这是一种比较简单粗放、快速、性价比很高的方法。将siRNA导入细胞，并没有表现出比用化学合成法制备的siRNA更高的毒性或者是对基因表达的非特异效应。这种方法的优点在于不需要设计和检测多个siRNA序列来寻找有效的siRNA，操作步骤较少，为研究人员节省了时间和经费。特别是对于只需要运用RNAi技术短时间内获得RNA干扰结果，而不需要详细研究siRNA具体信息的实验设计更是如此。该方法的局限性在于有可能引发非特异性的基因沉默，特别是同源或者与之密切相关的基因。但也有研究结果显示该方法通常不会造成这种影响。Ambion公司曾经用它的Silencer siRNA Cocktail Kit（RNase Ⅲ）试剂盒成功沉默几个基因，包括*c-fos*、*GAPDH*、*La*、*β-actin*和*Ku-70*。长片段dsRNA酶解法不适用于长时间的研究项目，或者需要一个特定的siRNA进行研究的项目，特别是基因治疗（具体流程见图12-7）。

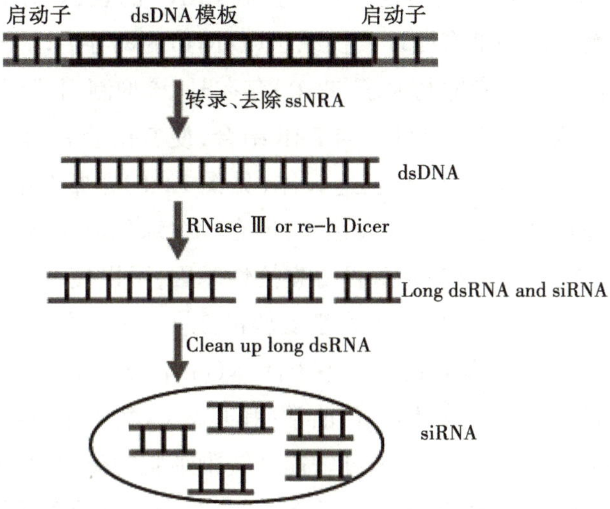

图12-7 长片段dsRNA降解法

上面三种方法主要是在体外制备siRNA，需要专门的RNA转染试剂。而构建siRNA表达载体和基于PCR技术的siRNA表达框架则是通过转染到细胞内的DNA模板上在体内转录得到siRNA。这两种方法都不需要直接操作RNA，因此普通的实验条件就能满足要求。

④siRNA表达载体：通过构建表达载体表达siRNA是siRNA制备的多种方法中唯一有可能进行长期基因沉默研究的方法。多数的siRNA表达载体依赖RNA聚合酶Ⅲ（pol Ⅲ）启动子中的一种，操纵一段45～50 nt的发夹结构RNA（small hairpin RNA，shRNA）在哺乳动物细胞中表达。两种不同的pol Ⅲ启动子被广泛应用于siRNA表达载体中，如人U6和H1启动子。pol Ⅲ启动子按照其组成元件和相对的转录起始位点又分为三种不同的类别。Ⅲ类启动子，如U6和H1，都具有一个紧凑并相对简单的序列位于转录区域的上游。转录的时候以4～6个尿嘧啶终止，并具有固定的3′端突出。载体中所用的人H1启动子和各种U6启动子（U6、U6+1、U6+27）最初都是从HeLa细胞中扩增得到的。在siRNA表达载体中所用的启动子通常是人源和鼠源的U6启动子或者是人H1启动子，在哺乳动物细胞中能够表达大量的小分子RNA，并且通过添加一串（通常是3～6个）尿嘧啶来终止转录。构建siRNA表达载体时，通过在线设计针对靶基因的特异性siRNA，人工合成两条寡核苷酸链，退火形成双链DNA，末端与载体的多克隆位点序列互补。与线性载体连接，构成环状载体，并形成带有强启动子的siRNA表达框。重组载体转染细胞后，每一个载体都能转录出单个同时含有反义链和正义链的发夹序列（shRNA）；siRNA发夹序列形成双链siRNA（两侧末端为突出的UU），并进一步形成siRNA/RISC复合体，最终导致靶基因的mRNA被特异降解。

siRNA表达载体包括质粒表达载体、腺病毒表达载体、逆转录病毒表达载体和慢病毒表达载体等，每种载体均带有一个或几个强启动子。这四种载体又都分为直接表达型和诱导表达型。诱导表达型载体可在特定条件下控制siRNA的表达（开启或抑制），是研究致死基因沉默的理想系统。如带有四环素操纵子（TetO1）的诱导启动子，四环素操纵子本身对表达没有影响。在有四环素抑制因子（TetR）存在时，该抑制因子可以与TetO1结合从而抑制转录。而当四环素存在时，它可以与TetR结合，使TetR蛋白释放出TetO1位点，从而解除转录的抑制，产生siRNA。质粒表达载体（见图12-8）通常含有抗性基因（如新霉素、潮霉素、嘌呤霉素等），可以建立稳定表达系；带有GFP绿色荧光标记基因，可以实时监测载体在细胞中的转染效率；还含有氨苄青霉素抗性基因，可以使质粒被无限扩增。病毒载体（viral vector）是一种经常用于分子生物学实验的工具，可将遗传物质带入细胞，随机或定点整合于宿主染色体中。病毒载体可用于活体（in vivo）实验或是细胞培养（in vitro）实验，大都用作哺乳动物细胞表达载体。目前常用的siRNA病毒表达载体分为腺病毒、逆转录病毒和慢病毒表达载体，其优势在于可以提高转染细胞的效率，从而进行基因沉默的研究。腺病毒是一种线状DNA病毒，基因组含有14个基因。目前关于腺病毒的分子生物学研究已经很深入，对该病毒转染后的免疫应答也很清楚。该载体应用范围广，感染能力依赖于细胞表面的柯萨奇-腺病毒受体(CAR)，所以可以感染多种宿主及大量的细胞株/细胞系，不管是分裂细胞还是静止细胞的转染效率都比较高。但仍有少量细胞因其表面不表达该受体而无法进行有效感染。有文献显示，腺病毒载体不能整合至靶细胞的基因组，只能瞬时表达。如果进行基因治疗研究，还必须考虑到腺病毒的某些抗原表达也很容易引起人体的免疫反应。逆转录病毒载体是常用的病毒载体之一，可以克服重组腺病毒对于一些细胞类型难以转染的缺陷，比如各种类型的原代细胞、体内细胞。同时保持基因永久性表达，即将基因整合入靶细胞的基因组中。该类载体由具有感染性的小鼠白血病病毒改造而来，能将非病毒基因导入细胞体内或体外进行有丝分裂，故能产生病毒基因组的单一拷贝并高效准确地整合到宿主染色体。慢病毒(lentivirus)载体是以HIV-1(人类免疫缺陷I型病毒)为基础发展起来的基因治疗载体。该载体可以将外源基因有效地整合至宿主染色体上，从而实现持久性地表达。慢病毒载体不同于一般的逆转录病毒载体，它对分裂细胞和非分裂细胞均具有感染能力，可有效地感染各种肿瘤细胞和干细胞，以及神经元细胞、肝细胞、心肌细胞、内皮细胞等多种类型的细胞，从而达到良好的基因治疗效果。有关应用慢病毒载体进行基因治疗的研究在美国已经进入了临床阶段，效果非常理想，因此具有广阔的应用前景。

总之，siRNA表达载体最适用于已知一个有效的siRNA序列，且需要维持较长时间的基因沉默，或者需要用抗生素筛选能表达siRNA的细胞。该类载体不适用于进行筛选siRNA序列的研究，因为需要多个克隆和测序等较为费时、繁琐的工作。

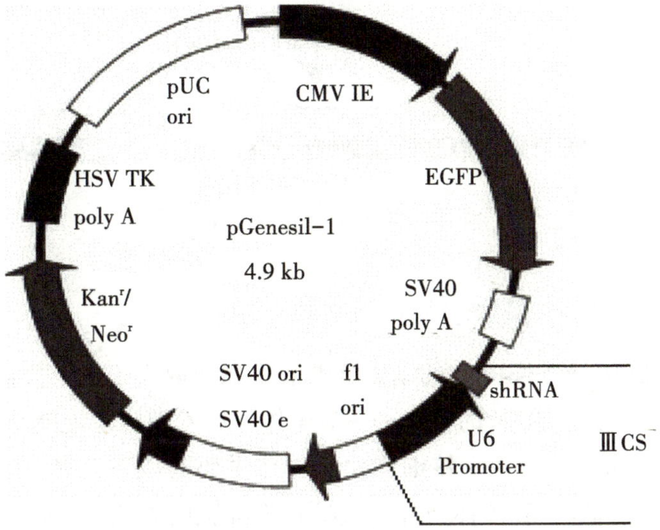

图12-8 siRNA质粒表达载体结构图

⑤siRNA表达框架：siRNA表达框架(siRNA expression cassettes，SECs)是一种由PCR得到的siRNA表达模板，能够直接导入细胞进行表达。包括一个RNA聚合酶Ⅲ启动子、一段发夹结构siRNA和一个RNA聚合酶Ⅲ终止位点。siRNA模板中不应该出现三个以上连

续的T或者A,否则容易被pol Ⅲ当作终止信号,提前停止转录。与前文所介绍的siRNA表达载体不同的是,SECs方法不需要经过载体克隆和测序等步骤,可以直接由PCR得到。如果在PCR引物两端添加酶切位点,那么通过SECs筛选出的最有效的siRNA,可以直接克隆到载体中得到siRNA表达载体。目前,SECs成为筛选siRNA最有效的工具,甚至可以用来筛选在特定的研究体系中启动子和siRNA的最适搭配。其局限性在于转染效率较低,PCR产物可能会有碱基突变。没有克隆到载体中的PCR片段并不适于大规模制备。如果进行特定基因的长期抑制研究,则仍需要用筛选得到的siRNA构建表达载体(具体构建步骤见图12-9)。

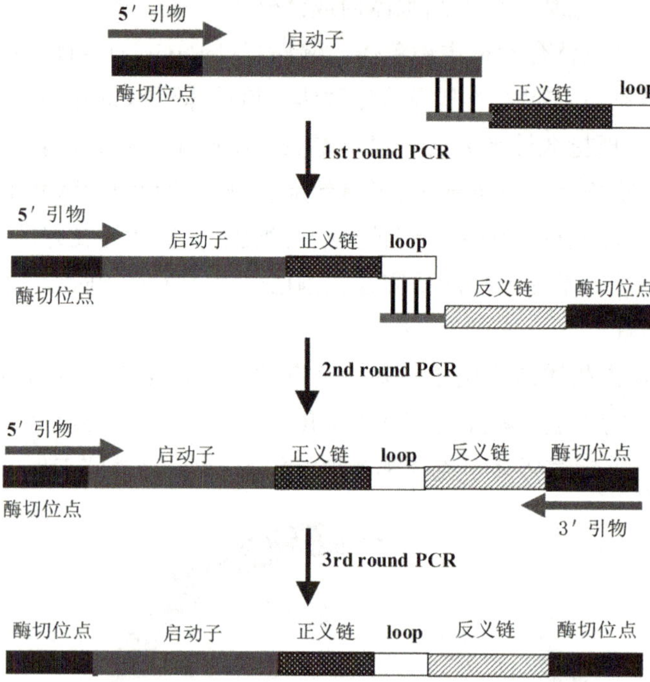

图12-9　siRNA表达框架构建步骤

三、siRNA(siRNA载体)的导入

RNAi实验成功与否、siRNA的基因沉默效率如何取决于两个关键因素:一是siRNA靶点的设计;另一个就是siRNA的导入——对于体外培养细胞来说就是siRNA转染。制备好的siRNA或表达载体转染到真核细胞中的方法主要有以下几种:磷酸钙共沉淀、电穿孔法、葡聚糖转染、机械法、脂质体介导。选择转染细胞的方法时,应该依据实验条件综合考虑以下几个因素:细胞的生长特性、细胞对转入方式的承受能力、细胞对病毒侵染的易感性等。不同的细胞株可能适合不同的转染试剂。悬浮细胞采用电穿孔法效果较好,而贴壁细胞最常用的转染方法是脂质体介导转染技术。实验操作所导致的细胞毒性效应和传统siRNA转染方法所引发的"脱靶效应"(off-target)也是需要考虑的。设置转染试剂对照

组可以检测转染试剂对细胞的毒性、细胞的成活率等细胞转染各个因素的影响。如果是siRNA病毒表达载体，则只需要将包装后的病毒按相应比例加入细胞培养孔中即可。对于RNAi的体内实验，通常采用将siRNA或其表达载体直接注射入动物相应部位的方法，如腹腔、静脉、鼻、肿瘤组织等。

①磷酸钙共沉淀：将氯化钙、RNA（或载体）与磷酸缓冲液混合，沉淀形成包含RNA（或DNA）且极小的不溶的磷酸钙颗粒。磷酸钙—核酸复合物黏附到细胞膜并通过胞饮作用进入细胞质。影响转染效率的关键因素是沉淀物的大小和质量。另一不可忽视的因素是磷酸缓冲液的pH值。转染细胞时，DNA浓度、钙离子浓度、沉淀反应时间、细胞孵育时间甚至各组分加入的先后顺序和混合的方式都可能对转染效率产生影响。该方法容易实现稳定的转染，但重复性不佳，难以转染原代细胞。

②电穿孔法：将细胞暴露在短暂的高场强电脉冲中转导目的分子。该法将细胞悬浮液置于电场中，诱导细胞膜产生电压差异，导致细胞膜暂时穿孔，siRNA或表达载体通过形成的小孔进入细胞内。电穿孔法需要优化电脉冲的时间和电场的强度，过高的场强和过长的电脉冲时间都会不可逆地伤害细胞膜而使细胞裂解，但成功的转染往往都伴随着对细胞膜不可逆的伤害作用。理论上说，电穿孔法可用于各种细胞，而且不需要额外购买其他试剂，但需要购买专门的设备。由于细胞处理后死亡率高，每次转染需要较其他方法更多的细胞和DNA。每种细胞电转的条件都需要进行多次优化。

③葡聚糖转染：带正电的DEAE-葡聚糖与带负电的核酸分子结合，附着在细胞表面，通过二甲亚砜或甘油处理获得细胞渗透休克，也可能是细胞内吞作用，使得DNA复合体进入细胞。该方法仅限于对细胞的瞬时转染，可重复性好，转染时要去掉培养液中的血清。

④机械法：显微注射法是指通过一根细针头将DNA、RNA或蛋白直接转入细胞质或细胞核。这种方法适用的细胞类型相对有限，体外受精细胞是其中较为常见的一种应用对象。基因枪法是将DNA沉淀包被在极为微小的颗粒上，借助高压基因枪将大分子直接“射”入细胞，一旦细胞接受，就会发生瞬时表达。这种方法多用于活体内导入siRNA，也被报道过能用于原代细胞。这两种方法都需要昂贵的设备和相对复杂的技术，普通实验室很难采用。

⑤脂质体介导：脂质体转染方法始于1987年，采用带正电阳离子脂质体介导时，DNA并没有预先包埋在脂质体中。阳离子脂质体试剂加入水中后形成微小的纳米级单层脂质体，带负电的siRNA或表达载体自动结合到带正电的脂质体上，形成DNA-阳离子脂质体复合物，进而吸附到带负电的细胞膜表面，经过内吞作用被导入培养的细胞。中性脂质体则需将核酸预先包埋在脂质体中，借助脂质膜将核酸导入细胞膜内。脂质体介导使得转染效率、转染的稳定性和可重复性大大提高，故广为使用。但阳离子脂质体的细胞毒性相对较高，可能会干扰某些细胞类型的代谢。血清的存在也会影响转染效率，需要优化转染条件。

四、RNA干扰效果的检测

RNAi作用一般在细胞转染后24 h内发生，诱发基因沉默的程度和持续时间的长短依赖于靶基因mRNA的降解率、siRNA在细胞内的寿命以及逐渐被稀释的程度，同时也与靶蛋白质的降解相关。在分裂活跃的细胞中，靶基因的沉默效应可在细胞处理后的24～96 h检测到。

RNAi干扰效果检测主要包括靶基因mRNA水平、靶基因的蛋白质水平。对于mRNA可以采用实时定量PCR、逆转录PCR、Northern blot等方法进行检测，通过信号强弱判断目的基因的沉默效果。蛋白水平可通过Western blot、ELISA、荧光免疫检验法、表型分析、流式细胞术等方法来检测干扰效果。然而，RNAi最大以及最终的效果是细胞的代谢过程、生理生化系数等表型参数发生明显的变化，相应的一些生理生化指标都可作为检测的参数，如细胞存活率、细胞侵袭转移能力、细胞周期变化、细胞凋亡情况、动物模型中肿瘤细胞或组织的相应变化等。

实验中选择的靶基因、细胞系和实验条件的不同都会影响沉默的效果，除了在mRNA和蛋白水平需要检测外，以下几个重要参数也需要进行检测。一是时间。应该通过测试一系列的孵育时间来决定转染后分析干扰效果的最佳时间。大多数细胞在干扰24 h后能检测到微弱的抑制，但最大抑制时间介于48 h到96 h之间，随着所使用的细胞和选择靶基因的不同而不同。二是siRNA或表达载体的转染效率。高转染率是瞬时转染方法取得抑制的基本条件。通常将绿色荧光蛋白基因一起导入细胞作为对照，以确定被转染细胞的百分比。有时也作为辅助转染，通过流式细胞仪检测GFP-阳性细胞的个数。检测了转染效率之后，就可确定被转染细胞中靶基因的抑制水平。三是细胞培养。有效的沉默效果需要细胞必须正在增殖。在确定接种细胞的数量时，应考虑细胞是否继续增殖以及是否需要传代。过度铺满的细胞不能充分分裂，导致抑制效果较低。每一个细胞类型转染时的最佳密度都需确定。标准的转染实验所要求的接种密度一般为50%～70%，有些试剂推荐的转染细胞密度是30%～50%。快速生长的细胞应该以低密度接种（小于30%），需要细胞-细胞相互接触的细胞应以较高的细胞密度（50%）接种。四是充分的对照。阴性对照要用含有非特异性或靶标序列随机组成的DNA盒转染细胞。阳性对照也很重要，如用Western杂交来确定抑制效果，就需要以其他基因作阳性对照。

第五节 RNAi技术的应用

RNAi技术因其操作简单、特异性高、高效沉默靶基因的表达等优点获得了众多研究者的青睐。目前，RNAi技术的应用已从功能基因组学的研究延伸到生命科学的各个领域,研究对象也从线虫、植物、果蝇迅速扩散至哺乳动物、鸟类、病毒、锥虫等物种。RNAi技术在医学上的应用主要分为基因功能研究、基因治疗两个方面。

一、RNAi在哺乳动物基因功能研究中的应用

启动子区RNAi技术能同时封闭多个基因或基因家族,用于研究mRNA差别剪接形成的异构体,甚至在基因组水平上构建针对基因组的RNAi表达载体,用于研究基因之间的相互作用和进行基因功能的高通量筛查。编码区RNAi技术能在哺乳动物系统中灭活特异性基因,产生类似基因“敲除”的效应,被称为靶基因或靶蛋白的“敲低”(knockdown)。与传统的基因技术相比,RNAi技术具有投入少、周期短、操作简单等优势。与经典基因筛选方法相比的主要优点是逆基因分析,即已知特定的基因序列,通过阻抑这一特异基因的表达而出现功能或个体表型的改变,进而得到基因与功能的联系。

肿瘤的发生是一个复杂的过程,涉及多种内外环境因素,其中最受关注的莫过于遗传物质的改变即基因突变。但迄今为止,我们对肿瘤的发生机制仍不太清楚,涉及肿瘤发生的基因也没有完全了解透彻。目前,已知的参与抑制肿瘤的基因有*p53*、*p15*、*p16*、*p21*等。为了筛选抑制肿瘤发生的基因,冷泉港实验室通过国际合作构建了肝癌小鼠模型,并设计了一个shRNA库,用RNAi技术抑制这些靶位基因,以期获得新的抑癌基因资料。通过进一步的研究,该研究小组鉴定出了13个肿瘤抑制基因,其中12个是新发现的抑癌基因。

TonEBP可能是一种重要的局部分化调节剂,可刺激一系列基因的表达,Na等利用RNAi技术使TonEBP表达沉默后,观察到醛糖还原酶(AR)和热休克蛋白70(HSP 70)的mRNA都显著减少。这说明TonEBP-siRNA是研究功能缺失关系的有效工具。马峻等利用RNAi来降低小鼠卵母细胞*basonuclin*基因的表达,这为研究该基因在小鼠卵母细胞发育早期的功能提供了新的手段。Rubinson等构建的慢病毒载体系统把siRNA引入哺乳动物细胞中,通过使特定基因的表达降低来快速有效地分析该基因的功能。Stein等利用转基因RNAi技术在小鼠卵母细胞发育和分化过程中研究特定基因的功能。他们用卵母细胞特异的Zp3启动子针对Mos mRNA的长发夹dsRNA(大约500 bp)来启动转录。根据表型分析,转基因雌鼠中Mos mRNA的量减少了至少90%。该方法是研究卵母细胞发育和早期胚胎发育时细胞中所有基因功能的有力工具。血管内皮生长因子(VEGF)中至少有5种亚型在肿瘤发展中发挥不同功能。最近,Zhang等在RNA聚合酶Ⅲ启动子的下游插入针对鼠VEGF不同亚型的序列,构建了一个DNA载体系统进行RNAi研究。结果显示大分子量的VEGF亚型被特异抑制。另外,他们发现应用基于载体系统的RNAi时,H1启动子可能优于U6启动子。这为研究VEGF不同亚型的功能和癌症中VEGF特殊亚型的治疗提供了新的工具。

二、RNAi与基因治疗

RNAi作为基因下调表达的一种新策略可能在人类疾病治疗上有很大的应用潜力。黄宇琛等用siRNA特异地抑制了哺乳动物中绿色荧光蛋白的基因表达，该研究为将siRNA作为一种治疗手段提供了一定的理论依据。Simeoni等认为对基因治疗来说，目前最重要的是发展非病毒基因传送系统。他们报道了一种以肽为基础的基因转送系统MPG，来源于HIV-1 gp41蛋白中的融合肽结构域和SV40大T抗原的核定位系列（NLS）。MPG与核酸形成稳定的非共价复合物而促进自身的转移。MPG是把siRNA导入哺乳动物细胞中的强有力工具，它能使siRNA迅速释放进细胞质并促进靶mRNA的下调。

1.抗病毒

近年来，受RNAi现象的启发，许多学者进行了抗病毒研究，涉及防止病毒入侵、抑制病毒复制、减少病毒RNA数量、阻断病毒蛋白的表达等，从而发挥防治病毒性疾病的作用，并取得了令人鼓舞的成果。Gitlin等报道将特异性siRNA供给体外培养的人体细胞，发现siRNA能像药物一样进入细胞并有效地抵抗骨髓灰质炎病毒的感染。Novina等将siRNA作用于HIV细胞内受体CD4和病毒结构Gag蛋白，结果显示该siRNA降低了病毒进入细胞的能力，从而有效地抑制了HIV的感染。有文献报道，用siRNA抑制HIV的某些基因，如*p24*、*vif*、*nef*、*tat*或*rev*可阻碍HIV在细胞内复制；抑制HIV的受体CD4和CD8a、辅助受体CXCR4或CCR5、病毒结构Gag蛋白的表达可阻碍HIV感染细胞。Jia等成功地用siRNA抑制了鼠疱疹病毒68的复制。Lee等报道了在人体细胞中表达针对*HIV-1 rev*基因的siRNA可抑制HIV-1的复制。MacAffrey等用可表达HBV mRNAs同源shRNAs的质粒转染HBV阳性小鼠细胞，Northern和Southern检测显示HBV mRNAs和HBV基因组水平大大降低，免疫组化显示HBV核心抗原（HBcAg）降低了99%，小鼠血清中的HBV表面抗原（HBsAg）降低了84.5%。Park等用含有*HIV-1 gag*和*HIV-1 env*基因的dsRNAs转染*HIV-1*阳性的人外周血单核细胞，发现HIV病毒的表达受到了有效的抑制，并且发现针对*HIV-1 env*基因的含有主要CD4结合域的531 bp的E2-dsRNA具有最强的抑制效能。Tilly等利用RNAi技术特异而有效地在感染朊病毒的转基因小鼠中下调了朊病毒蛋白的表达，使之存活下来。Wilson等通过电穿孔法把针对HCV基因组的siRNA导入含有HCV亚基因组复制子的人肝癌细胞系（Huh-7）中，结果显示实验组细胞比阴性对照组细胞中的病毒特异性蛋白的表达和RNA合成的水平下降了90%。他们发现，利用合成的siRNA所介导的RNAi效应可持续超过72 h，但如果使用双顺反子表达载体系统可在体内稳定表达siRNA，使RNAi效应持续3周以上，该结果显示siRNA基因治疗方法最终可应用于治疗HCV。HPV是引起宫颈癌的一种病毒，Hall等在Hela细胞中用针对HPV E7的siRNA成功下调了病毒致癌蛋白E6和E7的表达，并导致Hela细胞衰老，该研究表明RNAi技术可治疗甚至预防HPV引起的相关疾病。

2.抗肿瘤

由于肿瘤是一种多基因遗传病，因此阻断单一癌基因不可能完全抑制或逆转肿瘤的生长，而利用RNAi技术则克服了上述缺点，它可以在机体内同时特异性地阻断多个癌基因，但不会对其他基因产生影响，其应用前景无疑是令人鼓舞的。Matsukura等构建了一种新的四环素诱导的载体系统，可在体内转录shRNA，他们在人类癌细胞中利用该系统敲低DNA甲基转移酶1(DNMT1)，导致癌细胞生长停止，从转染细胞中除去诱导物(多西环素)又可重新表达靶基因。Brummelkamp等构建了一个逆转录病毒载体，通过RNAi来特异和稳定地抑制人类肿瘤细胞中的致癌基因*K-RAS*(V_{12})等位基因的表达。*K-RAS*(V_{12})表达的缺失导致细胞非贴壁依赖性生长和致瘤性丧失。该结果显示siRNA通过病毒载体的传递能逆转癌细胞的致癌表型，所以可用于肿瘤特异性基因治疗。Shen等用含H1-RNA启动子的腺病毒载体有效地将针对*p53*的siRNA传送进哺乳动物细胞中，在乳癌细胞MCF-7和肺癌细胞A549中有效并特异地敲除了*p53*，该实验结果表明RNAi可用于癌基因治疗和病毒抑制。宋尔卫等人通过小鼠实验，发现一种被称为let-7的miRNA在乳腺癌干细胞中的表达很低，于是他们通过病毒载体，把人工合成的蛋白精确导入癌干细胞中，恢复let-7的表达，发现“干细胞特性”被明显抑制，癌干细胞在体外和体内的自我增殖能力、多向分化和成瘤能力均显著下降。因此，他们认为小分子RNA干扰可成为针对乳腺癌干细胞的有效治疗手段。实体瘤对化疗药的低反应与耐药基因*MDR1*的表达水平有关。应用siRNA技术抑制*MDR1*基因表达，结果发现随着*MDR1*和与耐药相关糖蛋白基因被沉默，阿霉素和长春新碱在人类结肠癌细胞320DM蓄积，化疗药的细胞毒性增加。

3.研究信号转导通路的新方法

联合利用传统的缺失突变技术，RNAi技术可以很容易地确定复杂的信号传导途径中不同基因的上下游关系。Clemens等应用RNAi研究了果蝇细胞系中胰岛素信息传导途径，取得了与已知胰岛素信息传导通路完全一致的结果，在此基础上分析了DSH3PX1与DACK之间的关系，证实了DACK是DSH3PX1磷酸化的上游激酶。在整个实验中他们发现RNAi技术比传统的转染实验简单、快速、重复性好，克服了转染实验中重组蛋白非特异性聚集和转染率不高的缺点。因此他们认为RNAi技术将在哺乳动物系统研究信号转导通路中发挥重大作用。

目前RNAi技术在哺乳动物中的应用还处于探索阶段，转染成功率不理想，RNAi衰减现象也是一个不容忽视的问题。逆转录病毒载体系统的安全性问题不明了，且以RNAi为基础的药物开发停滞不前是因为研究机构在RNAi技术上面临了一些无法逾越的困难。其中的一个问题就是RNA过于脆弱，很容易发生降解。此外RNA分子的运输也是一个关键的技术难题，所以确保恰当剂量的RNA到达机体正确部位的正确细胞内是一个非常大的挑战。因此发展丰富多彩的、安全的、可稳定持续表达siRNA的载体系统是进行高等动物及人类细胞实验的当务之急。我们相信，日益成熟的RNAi技术将成为人类基因功能研究、基因治疗和信号转导研究的重要工具。疾病尤其是肿瘤和病毒感染性疾病的RNAi治疗将成为基因治疗的重要组成部分，人工合成的dsRNA寡聚药物的开发将可能成为一项大有前途的新兴产业。

第六节 siRNA与miRNA的比较

microRNA（miRNA）是一种小的内源性非编码RNA分子，大约由21～25个核苷酸组成，典型特征是具有发夹结构。这些小的miRNA通常靶向一个或者多个mRNA，通过翻译水平的抑制或断裂靶mRNA来调节基因的表达。自从lin-4和let-7发现以来，在不同的生物体中，已发现上百种具有发夹结构的非编码RNA，其两侧序列可产生21～23 nt的RNA。这些RNA并非都像lin-4和let-7一样在不同的发育阶段表达，而是在特定的细胞类型中表达，于是统称为miRNA。lin-4和let-7可被称作miRNA，但因它们具有表达的时序性及特殊的功能，也属于stRNA类。microRNA不仅包括stRNA，而且包括所有其他的具有相似特征但是功能未知的小RNA，如srRNA（stess response RNA）、sdRNA（spatal develepment RNA）和ccRNA（cell cycle RNA）等。应用随机克隆和测序、生物信息学预测的方式，又分别在多种生物，如病毒、家蚕和灵长类动物中发现了成千的miRNAs。

miRNA与siRNA在来源、产生、结构和功能方面的区别主要表现在以下几个方面：

①miRNA是单链的，有固定的基因座位，存在于细胞核和细胞质中。siRNA则是双链的，无固定的基因座位，存在于细胞质中。②miRNA为内源性RNA，参与调控正常情况下的生长发育基因，作用方式为miRNA途径。siRNA多为外源性RNA，不参与动物体的正常生长，只有在病毒、转座子或其他dsRNA诱导情况下才产生，作为miRNA的完善和补充，作用方式为RNAi途径。③miRNA在RNA代谢的各个水平进行调控，包括转录后水平和翻译水平。siRNA调控转录后水平的基因表达。miRNA作用的位置主要为靶mRNA的3′非编码区，siRNA可作用于mRNA的任何部分。④Dicer酶对两类RNA的加工过程，miRNA为不对称性，仅来自含茎－环结构RNA前体的一侧臂，剩余部分很快降解，而这种不对称性不存在于siRNA加工过程中。⑤miRNA的主要特点为高度的保守性、组织特异性和发育阶段的特异性。siRNA的主要特征为特异性和高效性。⑥生物学意义上，miRNA主要参与生物调节的各个水平，包括发育、分化、凋亡等。siRNA主要在生物抵御外来核酸入侵时发挥作用，原始作用为抑制转座子活性和病毒感染。

思考题

1.现有文献已揭示的RNAi作用机制是什么?

2.RNAi作用有哪些主要的特点?

3.在哺乳动物细胞中进行RNAi研究的主要技术路线是什么?

4.siRNA表达载体有哪些种类,构建这些载体需要哪些主要步骤,在转染哺乳动物细胞时各自有哪些注意事项?

5.RNAi技术在医学上可以应用于哪些方面?

6.siRNA与microRNA的区别主要是什么?

参考文献

[1]汤华.RNA干扰:原理与应用.北京:科学出版社,2006.

[2]汉农.RNAi——基因沉默指南.陈忠斌,译.北京:化学工业出版社,2004.

[3]格斯特兰德,切赫,阿特金斯.RNA世界.郑晓飞,译.北京:科学出版社,2007.

[4]GUO S,KEMPHUES K J.*par*-1,a gene required for establishing polarity in *C.elegans* embryos,encodes a putative Ser/Thr kinase that is asymmetrically distributed.Cell,1995,81(4):611-620.

[5]FIRE A,XU S Q,MONTGOMERY M K,et al.Potent and specific genetic interference by double-stranded RNA in *Caenorhabditis elegans*.Nature,1998,391(6669):806-811.

[6]NAPOLI C,LEMIEUX C,JORGENSEN R.Introduction of a chimeric chalcone synthase gene into *Petunia* results in reversible co-suppression of homologous genes in trans.The plant cell,1990,2(4):279-289.

[7]BERNSTEIN E,CAUDY A A,HAMMOND S M,et al.Role for a bidentate ribonuclease in the initiation step of RNA interference.Nature,2001,409(6818):363-366.

[8]WIANNY F,ZERNICKA-GOETZ M.Specific interference with gene function by double-stranded RNA in early mouse development.Nature cell biology,2000,2(2):70-75.

[9]HAMMOND S M,BERNSTEIN E,BEACH D,et al.An RNA-directed nuclease mediates post-transcriptional gene silencing in *Drosophila* cells. Nature, 2000, 404 (6775): 293-296.

[10]ALEXANDER W G,RAJU N B,XIAO H,et al.DCL-1 colocalizes with other components of the MSUD machinery and is required for silencing.Fungal genetics and biology,2008,45(5):719-727.

[11] OKAMOTO K, MURAWAKI Y. The Therapeutic potential of RNA interference: novel approaches for cancer treatment. Current pharmaceutical biotechnology, 2012, 13(11): 2235–2247.

[12] MOTEGI Y, KATAYAMA K, SAKURAI F, et al. An effective gene-knockdown using multiple shRNA-expressing adenovirus vectors. Journal of controlled release, 2011, 153(2): 149–153.

[13] WATANABE Y. Overview of plant RNAi. Methods in molecular biology, 2011, 744: 1–11.

[14] ZHOU J H, ROSSI J J. Progress in RNAi-based antiviral therapeutics. Methods in molecular biology, 2011, 721: 67–75.

[15] SIOUD M. Promises and challenges in developing RNAi as a research tool and therapy. Methods in molecular biology, 2011, 703: 173–187.

[16] SEINEN E, BURGERHOF J G M, JANSEN R C, et al. RNAi-induced off-target effects in *Drosophila melanogaster*: frequencies and solutions. Briefings in functional genomics, 2011, 10(4): 206–214.

[17] SENTHIL-KUMAR M, MYSORE K S. Caveat of RNAi in plants: the off-target effect. Methods in molecular biology, 2011, 744: 13–25.

[18] KURRECK J. RNA interference: from basic research to therapeutic applications. Angewandte chemie international edition, 2009, 48(8): 1378–1398.

[19] KIRYU H, TERAI G, IMAMURA O, et al. A detailed investigation of accessibilities around target sites of siRNAs and miRNAs. Bioinformatics, 2011, 27(13): 1788–1797.

[20] ETHERIDGE A, LEE I, HOOD L, et al. Extracellular microRNA: a new source of biomarkers. Mutation research/fundamental and molecular mechanisms of mutagenesis, 2011, 717(1–2): 85–90.

[21] ICHIMURA A, RUIKE Y, TERASAWA K, et al. miRNAs and regulation of cell signaling. FEBS journal, 2011, 278(10): 1610–1618.

（易发平　李海玉　左的于）

第十三章　基因编辑技术的应用与发展

第一节　基因编辑的发展历程

基因编辑(gene editing)是指通过特定的技术手段,对生物体基因组中的特定目标序列进行插入、缺失、修改或替换的过程。这种技术可以精确地定位到基因组的某一位点上,实现遗传信息的定向改变,目前已迅速成为生命科学最热门的技术,并展现出巨大的发展和应用潜力。

基因编辑技术的发展历程充满了艰辛的探索与智慧的创新,从最初的设想到如今在科研与临床的广泛应用,经历了数十年的不断突破与完善。

一、基因编辑的萌芽阶段

20世纪50年代,随着DNA双螺旋结构的揭示,科学家们开始认识到基因在生命过程中的核心作用,并设想能否直接对基因进行"编辑"。然而,由于当时的技术手段有限,这一设想并未实现。尽管如此,这一时期的科学家们已经开始了对基因结构与功能的深入研究,为后续的基因编辑技术奠定了理论基础。

20世纪80年代,随着分子生物学技术的快速发展,科学家们开始尝试使用限制性内切酶等工具对DNA进行切割,这标志着基因编辑技术进入初步探索阶段。然而,这些技术操作复杂且效率低下,只能实现简单的基因切割和重组,无法实现对特定基因序列的精确修改。

二、基因编辑的初步发展阶段

21世纪初,基因编辑技术迎来了重要的突破。锌指核酸酶(ZFNs)和转录激活样效应核酸酶(TALENs)技术的出现,使得科学家们首次实现了对特定DNA序列的定点修饰。这些技术通过设计特定的蛋白质来识别并结合到目标DNA序列上,然后利用核酸酶切割DNA,实现对基因的精确修改。相较于传统的基因编辑方法,ZFNs和TALENs技术具有更高的精确性和效率，这为基因编辑技术的发展开辟了新的道路。

然而，ZFNs和TALENs技术仍然存在一些局限性。首先，这些技术的操作相对复杂，需要较高的实验技能和经验。其次，构建特定的蛋白质来识别目标DNA序列耗时且成本高，限制了ZFNs和TALENs技术的广泛应用。

三、基因编辑的飞跃阶段

2012年，CRISPR-Cas9系统的出现彻底改变了基因编辑的格局。这一技术因高效、简便、成本低廉的特点迅速成为基因编辑领域的主流工具，并开启了基因编辑技术的新纪元。

CRISPR-Cas9技术（见图13-1）源于细菌和古菌中的一种天然免疫机制，这种机制可以利用一段特定的RNA序列来引导Cas9酶切割目标DNA。通过设计不同的RNA序列，科学家们可以实现对不同基因序列的精确切割和修改。这一技术的发明不仅极大地促进了基因功能的研究，也为遗传性疾病的治疗提供了前所未有的可能性。

CRISPR-Cas9技术的出现使得基因编辑变得更加高效和简便。相较于ZFNs和TALENs技术，CRISPR-Cas9技术不需要构建特定的蛋白质来识别目标DNA序列，而是直接利用RNA序列进行引导。这使得CRISPR-Cas9技术的操作更加简单快捷，且成本更低廉。因此，这一技术迅速在科研和临床领域得到了广泛应用。

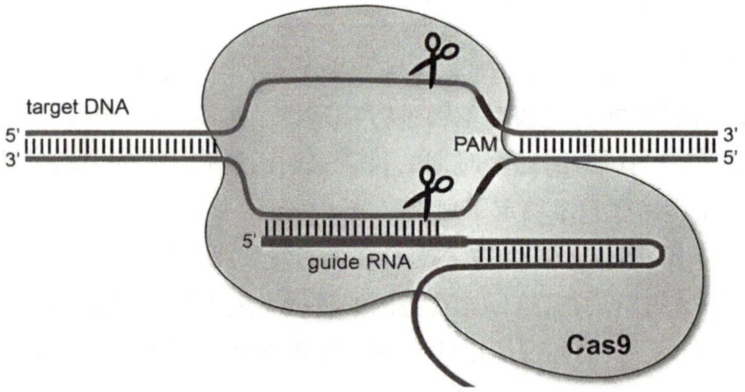

图13-1 用CRISPR-Cas9技术进行基因编辑的示意图

四、基因编辑的广泛应用与未来展望

随着CRISPR-Cas9技术的不断发展和完善，基因编辑技术已经在科研和临床领域得到了广泛应用。在科研领域，基因编辑技术被广泛应用于基因功能的研究、疾病模型的建立以及新药的开发等方面。在临床领域，基因编辑技术为遗传性疾病的治疗提供了新的思路和方法。例如，通过修正致病基因来治疗癌症、遗传性心脏病等疾病已经成为可能。

展望未来，基因编辑技术将继续引领生物科技的新一轮革命。随着技术的不断进步和应用领域的拓展，基因编辑技术有望在更多领域发挥重要作用。例如，在农业生产中，基因编辑技术可以用于改良作物品种、提高产量和增强抗逆性；在环境保护方面，基因编辑技术可以用于治理环境污染、恢复生态系统等。

总之，基因编辑技术的发展历程充满了探索与创新。从最初的设想到如今广泛应用于科研与临床领域中，每一次技术的突破都凝聚了科学家的智慧与努力。随着技术的不断进步和应用领域的拓展，基因编辑技术将继续为人类健康、农业生产、环境保护等多个领域带来前所未有的变革和发展机遇。

第二节 基因编辑技术的原理

基因编辑技术的核心在于对生物体基因组中的特定序列进行精确修改。这通常涉及一种或多种核酸酶的使用，这些核酸酶能够识别并结合到目标DNA序列上，进而切割DNA双链。一旦DNA被切割，细胞就会启动DNA损伤修复机制，以修复断裂的DNA链。在这个过程中，科学家们可以引入外源的DNA模板，通过同源重组等方式实现特定基因的添加、删除或替换。

目前，基因编辑技术主要分为两大类：基于同源重组的技术和基于核酸酶的技术。下面将分别介绍这两大类技术及其主要的工作原理。

一、基于同源重组的技术

同源重组是自然界中普遍存在的一种DNA修复机制。当细胞内的DNA发生断裂时，细胞会寻找与断裂端具有相同序列的DNA片段，并通过同源重组的方式将它整合到基因组中，从而修复断裂的DNA链。基于这一原理，科学家们开发了同源重组技术，用于实现基因的敲除和敲入。

同源重组技术的主要步骤包括：首先，科学家们需要构建一个含有目标基因敲除或敲入序列的DNA载体；然后，将这个载体导入到目标细胞中；最后，在细胞内，载体上的DNA序列会与基因组中的目标序列发生同源重组，从而实现基因的敲除或敲入。这种技术的优点是操作相对简单，但效率较低，且主要应用于酵母等内源重组效率高的单细胞生物。

Cre-LoxP系统是一种位点特异性重组酶系统，由Cre重组酶和LoxP位点两部分组成。该系统能够介导两个LoxP位点之间的DNA序列发生重组，从而实现基因的精确编辑。Cre-LoxP系统自发现以来，已被广泛应用于基因敲除、基因激活、基因倒位等领域。

Cre重组酶是由P1噬菌体编码的一种单体蛋白，由343个氨基酸组成，分子质量约为38 kDa。它具有催化活性，能够识别并结合LoxP位点，进而介导两个LoxP位点之间的DNA重组。

LoxP位点（见图13-2）是位于P1噬菌体中的一段34 bp的特殊序列，由两个13 bp的反向重复序列和一个8 bp的间隔序列组成。反向重复序列是Cre重组酶的特异识别位点，而间隔序列决定了LoxP位点的方向。

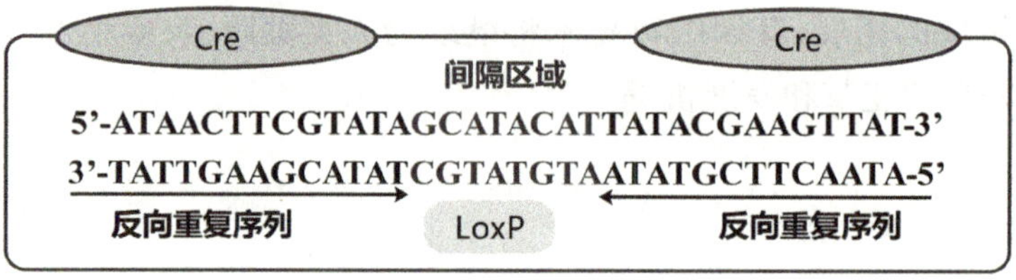

图13-2　LoxP位点序列示意图

当细胞中存在两个LoxP位点时，Cre重组酶会与这两个位点结合并形成二聚体。随后，这些二聚体进一步结合形成四聚体结构，介导两个LoxP位点之间的DNA序列发生重组。重组的结果取决于LoxP位点的方向及位置，主要存在以下几种情况：

当两个LoxP位点位于同一条DNA链上且方向相同时，Cre重组酶能够敲除两个LoxP位点之间的DNA片段。当两个LoxP位点位于同一条DNA链上但方向相反时，Cre重组酶能够反转两个LoxP位点之间的DNA片段。当两个LoxP位点位于不同的DNA链或染色体上时，Cre重组酶能够介导两条DNA链的交换或染色体易位（见图13-3）。

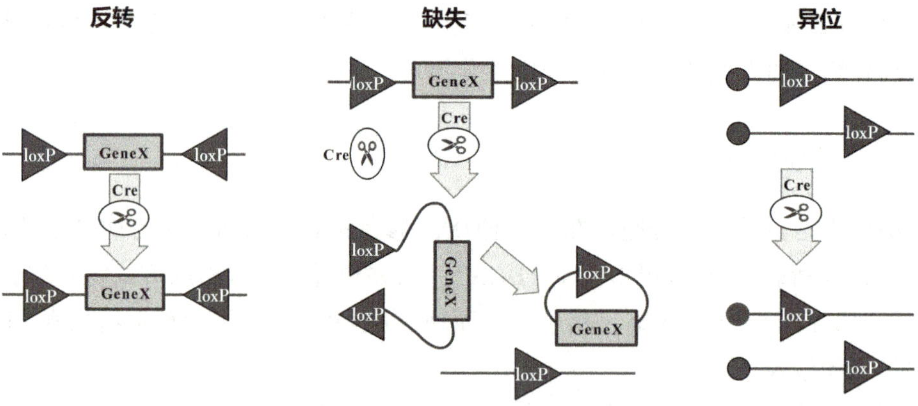

图13-3　Cre重组酶作用示意图

通过在特定基因两侧插入LoxP位点（称为*floxed*基因），并与表达Cre重组酶的转基因动物（如Cre小鼠）杂交，可以在特定组织或细胞中敲除靶基因。这种方法避免了完全敲除基因可能导致的胚胎致死效应。在两个同向的LoxP位点之间插入终止信号和靶基因，当Cre重组酶存在时，可以切除终止信号并激活靶基因的表达。利用Cre-LoxP系统还可以实现基因的倒位和染色体易位等操作，这对于研究基因功能和染色体结构具有重要意义。

二、基于核酸酶的技术

基于核酸酶的技术是目前应用最广泛的基因编辑技术。这类技术利用特定的核酸酶来识别并结合到目标DNA序列上，进而切割DNA双链。目前，主要的基于核酸酶的基因编辑技术包括锌指核酸酶(ZFNs)技术、转录激活样效应核酸酶(TALENs)技术和CRISPR-Cas9技术。

1. 锌指核酸酶(ZFNs)技术

ZFNs技术是一种基于锌指蛋白的DNA结合特性和核酸内切酶切割活性的基因编辑技术。锌指蛋白是一类能够识别并结合特定DNA序列的蛋白质。科学家们通过将锌指蛋白与核酸内切酶融合，构建了具有DNA识别和切割功能的ZFNs。

ZFNs由一个DNA识别域以及一个DNA剪切域组成，DNA识别域是由3～6个Cys2-His2锌指蛋白(ZFP)串联而成的。每个锌指蛋白约含30个氨基酸，被1个锌离子固定，可识别并结合1个特异的三联体碱基。这些锌指蛋白通过串联，能够识别并结合一段特定的DNA序列。锌指蛋白的二级结构为α-β-β二级结构，其中α-螺旋的-1、-6氨基酸残基决定锌指的DNA结合特异性，通过改变这些氨基酸序列，可以获得新的DNA结合特异性。

DNA剪切域由非特异性核酸内切酶Fok I羧基端的96个氨基酸残基组成。Fok I是来自海床黄杆菌的一种限制性内切酶，它只在二聚体状态时才有酶切活性。每个Fok I单体与一个锌指蛋白组相连，构成一个ZFN分子。

ZFNs的DNA识别域通过串联的锌指蛋白识别并结合目标DNA序列中的特定三联体碱基。多个锌指蛋白串联起来可以形成一个锌指蛋白组，识别一段较长的特异碱基序列，从而赋予ZFNs高度的特异性。当两个ZFN分子分别识别并结合目标DNA序列上的两个特定位点时，如果这两个位点相距恰当的距离(通常为6～8 bp)，两个Fok I单体将相互作用并产生酶切功能，形成DNA双链断裂(DSB)。DSB的形成是基因编辑的关键步骤，它可以激活细胞内的DNA修复机制，包括同源重组和非同源末端连接(NHEJ)。通过利用这些修复机制，可以实现基因的精确编辑，如插入、删除或替换特定DNA序列。

2. 转录激活样效应核酸酶(TALENs)技术

TALENs技术与ZFNs技术类似，也是利用特定的DNA结合蛋白来识别目标DNA序列，并利用核酸内切酶切割DNA。不同的是，TALENs技术使用的是转录激活样效应(TALE)蛋白作为DNA结合蛋白。

TALE蛋白是一类由植物病原体黄单胞菌分泌的蛋白质，它们能够识别并结合特定的DNA序列。科学家们通过将TALE蛋白与核酸内切酶融合，构建了具有DNA识别和切割功能的TALENs。TALENs的工作原理与ZFNs类似，也是通过识别并结合目标DNA序列、切割DNA双链并启动DNA损伤修复机制来实现基因的敲除或敲入。

3.CRISPR-Cas9技术

CRISPR-Cas9是一种源自细菌的适应性免疫系统，用于防御病毒和其他外来遗传物质的入侵。CRISPR代表“clustered regularly interspaced short palindromic repeats”，而Cas9是一种核酸酶，能够切割DNA。CRISPR-Cas9系统可以被重新编程，以识别和切割任何特定的DNA序列。CRISPR-Cas9技术是目前应用最广泛的基因编辑技术之一，它在原核生物中的作用机制见图13-4。

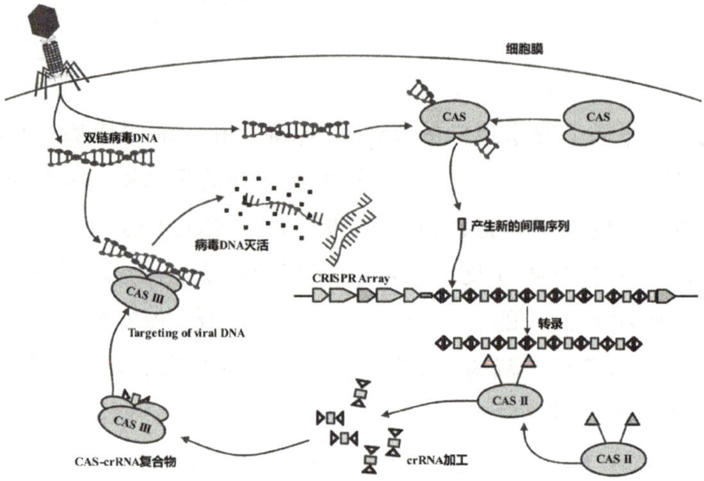

图13-4　CRISPR-Cas9在原核生物中的作用机制示意图

CRISPR序列最初在1987年被发现，但直到2012年法国的埃玛纽埃勒·沙尔庞捷(Emmanuelle Charpentier)和美国的珍妮弗·道德纳(Jennifer Doudna)才发表了关于CRISPR-Cas9的研究。该研究指出通过RNA向导，可以将Cas9酶带到特定的位置，实现对病毒DNA的切割。这一发现使得CRISPR-Cas9技术成为生物医学史上第一种能够高效、精确地修改细胞基因组，包括人类基因组的工具，她们的发现极大地推动了生命科学领域的变革。她们因CRISPR-Cas9技术在基因编辑领域的革命性贡献而荣获2020年诺贝尔化学奖。同时，张锋教授是CRISPR-Cas9基因编辑技术的关键贡献者之一，尽管他并未获得2020年诺贝尔化学奖，但他在这一领域的工作是不可忽视的。张锋教授在2013年首次将CRISPR-Cas9技术应用于哺乳动物和人类细胞的基因编辑，这是该技术发展史上的一个里程碑。

CRISPR-Cas9系统的工作原理是：首先，根据目标DNA序列设计并构建出特定的CRISPR序列；然后，将CRISPR序列与Cas9核酸酶一起导入到目标细胞中，在细胞内，CRISPR序列会识别并结合到目标DNA序列上，并引导Cas9核酸酶切割DNA双链；最后，细胞会启动DNA损伤修复机制，修复断裂的DNA链，并在修复过程中实现基因的敲除或敲入。

CRISPR-Cas9技术的优点是操作简便、效率高且成本低廉。此外，由于CRISPR序列的易设计性和灵活性，这项技术可以应用于多种生物体和多种基因编辑任务中。因此，CRISPR-Cas9技术已经成为基因编辑领域的主流工具，并在医学研究、农业生产、生态保护等多个领域发挥了重要作用。

第三节　基因编辑技术的应用

基因编辑技术，尤其是CRISPR-Cas9系统，自问世以来就在生物医学领域引起了巨大的关注。这种技术允许科学家们以前所未有的精确度对生物体的遗传信息进行修改，从而为疾病治疗、农业生物技术、生物医学研究等多个领域开辟了新的可能性。以下将详细介绍基因编辑技术在不同领域的应用。

一、基因编辑与基因治疗

基因治疗是指将外源正常基因导入靶细胞，以纠正或补偿异常基因引起的疾病，从而达到治疗目的。基因编辑技术为基因治疗提供了新的手段，特别是在单基因遗传病的治疗上。

1. 遗传性疾病的纠正

许多遗传性疾病，如囊性纤维化、血友病、镰状细胞贫血、杜氏肌营养不良症（DMD）等，都是由单一的基因突变引起的。这些疾病往往会导致患者的生活质量严重下降，甚至危及生命。基因编辑技术可以精确地找到并修改这些致病突变，从而恢复基因的正常功能。

以CRISPR-Cas9系统为例，科学家们已经成功地在细胞模型或动物模型中纠正了多种遗传性疾病的致病突变。通过设计特定的gRNA（引导RNA）来识别并定位到突变位点，然后利用Cas9蛋白对DNA进行切割和修复，从而实现对突变基因的精确纠正。例如，利用CRISPR-Cas9系统，科学家们已经成功地在细胞模型中纠正了镰状细胞贫血的致病突变。

2. 癌症治疗

基因编辑技术也被广泛应用于癌症的基因治疗中。癌症通常是由于基因突变导致细胞增殖失控而引起的。通过基因编辑技术，科学家们可以精确地修改癌症细胞的基因，以阻止其增殖或诱导其凋亡。

此外，基因编辑技术还可以用于增强免疫细胞的抗癌能力。例如，通过编辑T细胞的基因，可以使它更有效地识别和攻击癌细胞。这种方法被称为CAR-T细胞疗法，已经在某些类型的癌症治疗中取得了显著的成效。CAR-T治疗是一种革命性的癌症治疗手段，它涉及从患者体内提取T细胞，然后通过基因工程技术在体外对T细胞进行改造，使其表面表达特定的嵌合抗原受体（CAR）。这种改造后的T细胞能够特异性地识别并攻击表达相应抗原的癌细胞。例如，诺华的Kymriah和吉利德的Yescarta是两种已经获得批准的CAR-T疗法，它们在治疗某些类型的白血病和淋巴瘤方面取得了突破性进展。

基因编辑技术在CAR-T治疗中发挥着关键作用。通过精确修改T细胞的基因，科学家们能够赋予这些细胞更强的肿瘤识别和杀伤能力。具体来说，基因编辑技术可以用于：

（1）增强CAR的表达：通过基因编辑技术，可以将*CAR*基因精确地插入到T细胞的基因组中，并确保其高效、稳定地表达。这有助于提高CAR-T细胞对肿瘤细胞的识别和杀伤效率。

（2）优化CAR的设计：利用基因编辑技术，科学家们可以对CAR进行精细的改造和优化，以提高其亲和力、特异性和稳定性。这有助于增强CAR-T细胞的治疗效果并降低副作用。

（3）提高T细胞的功能：除了修改*CAR*基因外，基因编辑技术还可以用于增强T细胞本身的功能。例如，可以通过编辑基因来增强T细胞的增殖能力、抗凋亡能力和抗肿瘤活性，从而提高CAR-T治疗的疗效。

（4）降低免疫原性：在某些情况下，CAR-T细胞可能引发免疫反应，导致治疗失败。利用基因编辑技术可以降低CAR的免疫原性，从而减少免疫反应的发生，提高治疗的成功率。

二、基因编辑在生物医学研究中的应用

1.疾病模型的构建

通过基因编辑技术，科学家们可以构建各种疾病模型，用于研究疾病的发病机制、病理过程以及药物筛选等。这些模型不仅可以帮助我们更好地理解疾病的本质，还可以为新药的开发提供有力的支持。

（1）模拟遗传性疾病

许多遗传性疾病是由单个或多个基因的突变引起的。基因编辑技术可以精确地引入这些突变，从而创建出与人类遗传性疾病非常相似的动物或细胞模型。例如，通过CRISPR-Cas9技术，我们可以在小鼠或其他模式生物的基因组中精确地引入与人类相同的基因突变，从而模拟出相应的遗传性疾病。这些模型不仅有助于我们深入了解疾病的发病机制，还可以用于测试潜在的治疗方法。

（2）研究复杂性疾病的多基因交互

许多常见疾病，如心血管疾病、糖尿病和某些类型的癌症，是由多个基因的复杂交互作用以及环境因素共同导致的。基因编辑技术允许我们同时编辑多个基因，以研究这些基因之间的相互作用以及它们如何共同影响疾病的发展。通过这种方法，我们可以更全面地了解复杂性疾病的发病机制，为开发更有效的治疗方法提供线索。

（3）构建肿瘤模型

肿瘤的发生和发展涉及多个基因的异常表达。利用基因编辑技术，我们可以在细胞或动物模型中精确地引入或敲除与肿瘤发生相关的基因，从而模拟肿瘤的形成和发展过

程。这些模型对于研究肿瘤的生物学特性、侵袭和转移机制以及药物敏感性具有重要意义。

(4)神经退行性疾病的研究

神经退行性疾病，如阿尔茨海默病、帕金森病等，是神经系统逐渐退化的疾病。通过基因编辑技术，我们可以模拟这些疾病中特定基因的突变或异常表达，从而研究其对神经细胞功能和存活的影响。这些模型有助于我们深入了解神经退行性疾病的发病机制，为开发新的治疗策略提供重要依据。

(5)自身免疫性疾病的模拟

自身免疫性疾病是由于免疫系统错误地攻击自身组织而引起的。通过基因编辑技术，我们可以修改免疫系统相关基因的表达，以模拟自身免疫反应的发生和发展。这些模型有助于我们研究自身免疫性疾病的发病机理，并探索潜在的治疗方法。

2.功能基因组学的研究

基因编辑技术使得科学家们能够精确地敲除或敲入某个基因，从而研究该基因在生物体中的功能和作用机制。这对于揭示生物体的生命活动规律具有重要意义。

通过基因编辑技术，科学家可以精确地敲除或突变特定基因，以观察其对生物体表型的影响。这种方法为直接研究基因功能提供了有力工具。例如，通过敲除某个与疾病相关的基因，科学家可以研究该基因在疾病发生和发展中的具体作用。

基因编辑技术结合高通量测序技术，使得科学家能够对大量基因进行快速、准确的筛选和验证。这有助于发现新的基因功能和调控网络，从而加深对生物体复杂生物学过程的理解。利用基因编辑技术，科学家可以构建更加真实、精确的疾病模型。这些模型不仅有助于深入研究疾病的发病机制，还为药物研发和临床治疗提供了重要的实验平台。例如，通过编辑与人类疾病相关的基因，可以在动物模型中模拟疾病的表型，进而研究疾病的病理生理过程。

3.药物研发

药物研发的首要步骤是确定有效的药物靶点。基因编辑技术可以精确地敲除或修饰特定基因，从而帮助研究人员验证这些基因作为潜在药物靶点的有效性。例如，通过CRISPR-Cas9技术，可以快速地敲除某个疑似与疾病相关的基因，并观察生物体或细胞对此的反应。这种方法可以迅速筛选出真正有治疗潜力的靶点，大大缩短药物研发周期。

为了更深入地研究疾病的发病机制，并测试药物的疗效，研究人员需要构建疾病模型。基因编辑技术使得构建与人类疾病高度相似的动物或细胞模型成为可能。通过精确地引入与人类疾病相关的基因突变，可以模拟疾病的真实发病过程。这些模型为药物筛选和疗效评估提供了宝贵的工具。

在药物研发过程中，了解不同个体或细胞类型对药物的反应差异至关重要。基因编辑技术可以帮助研究人员创建具有不同基因背景的细胞系或动物模型，从而测试药物在不同遗传背景下的疗效。这有助于预测药物在人群中的疗效差异,为个性化医疗提供数据支持。

三、基因编辑技术在异种器官移植中的应用

基因编辑技术在异种器官移植中扮演关键角色,主要通过以下方面进行应用。

1.避免免疫排斥反应

异种器官移植的主要难题之一是免疫排斥反应。基因编辑技术能够敲除供体动物(如猪)身上引起人类排斥反应的关键基因,例如某些特异抗原成分的基因,从而降低排斥反应发生率或避免排斥反应的发生。

2.插入人类保护基因

除了敲除排斥相关基因,科学家还可以利用基因编辑技术将人类的一些补体调节蛋白基因(如*CD55*、*CD46*、*CD59*等)插入到供体动物的器官细胞中。这样做可以在供体器官细胞表面添加人体细胞的标志,使人类免疫系统更难以识别并攻击这些异种细胞,进一步减轻排斥反应。

3.提高器官兼容性

通过基因编辑,可以对供体动物的器官进行改造,使其更适应人类的生理环境,提高移植后的存活率和功能。

基因编辑技术在异种器官移植中的巨大潜力,也为解决人类器官移植中供体短缺的问题提供了新的可能途径。

多基因编辑猪-脑死亡受者异种肝移植:2024年3月10日,中国科学家团队在窦科峰院士和陶开山教授的带领下,成功完成了世界首例多基因编辑猪的肝脏移植手术。团队选择了合适的供体猪,并利用CRISPR-Cas9等基因编辑技术对其进行了精确的基因改造。通过敲除引起人类排斥反应的关键基因,如某些特异抗原成分的基因,并插入人类的一些补体调节蛋白基因,以降低免疫排斥反应的风险。术中,移植肝脏在恢复血流后即刻分泌胆汁,且未见超急性排斥反应,肝脏持续工作了超过96 h。

多基因编辑猪-脑死亡受者异种肾移植:2024年4月8日的消息报道,中国团队利用CRISPR-Cas9技术成功进行了多基因编辑猪的肾脏移植到脑死亡受者体内的手术。术后13 d移植的肾脏在受者体内功能良好,正常产生尿液。这次手术的成功被认为是异种肾移植领域的重要突破。

全球首例猪-人肝肾联合异种移植:清华大学董家鸿院士团队、昆明医科大学第一附属医院曾仲团队、云南农业大学魏红江团队成功将一只8基因编辑猪的肝脏及肾脏,同时移植到一位脑死亡患者体内,为深入研究、改进异种移植技术奠定了重要基础。

基因编辑猪的肾脏及肝脏,通过联合移植方式移植到一名脑死亡受体体内:北京清华长庚医院与昆明医科大学第一附属医院的器官移植科、麻醉科、手术室、重症医学科等十

多个科室的几十位专家组成联合攻关团队，历经八个半小时顺利完成手术。供体猪通过基因编辑技术和体细胞核移植技术对8个基因进行了编辑：敲除了猪的3个异种糖抗原合成基因（*GGTA1*、*CMHA*、*β4GalNT2*），可消除超急性排斥反应；转入了人的3个补体调节蛋白（hCD46、hCD55、hCD59），可有效缓解人补体系统激活导致的急性排斥；转入了抑制凝血的调节蛋白（hTBM、hCD39），可有效避免凝血紊乱导致的排斥。

四、基因编辑技术在其他领域的应用

除了上述领域外，基因编辑技术还在其他领域展现出了广泛的应用前景。

（1）环境保护：基因编辑技术还可以用于环境保护领域。例如，通过编辑微生物的基因，可以使其具有降解特定污染物的能力，从而为环境污染治理提供新的解决方案。

（2）作物性状的改良：通过基因编辑，科学家们可以精确地修改作物的遗传信息，从而改良其性状，如提高产量、改善品质、增强抗逆性等。例如，通过编辑作物的基因，可以提高其对干旱、盐碱等逆境的耐受性，这对于提高作物的产量和稳定性具有重要意义。

（3）抗病抗虫性状的培育：通过基因编辑技术，可以将具有抗病或抗虫功能的基因精确地插入到作物的基因组中，从而培育出具有抗病或抗虫性状的新品种。这不仅可以减少农药的使用，降低农业生产成本，还有利于环境保护。

（4）畜牧业：在畜牧业中，基因编辑技术也用于改良动物的性状和提高动物的生产性能。例如，通过编辑动物的基因，可以改善其肉质、提高产奶量等。

虽然基因编辑技术具有广泛的应用前景和巨大的潜力，但其应用也面临着伦理、法律和社会等方面的挑战。因此，在推动基因编辑技术应用的同时，我们也需要关注其可能带来的风险和问题，并制定相应的政策和法规来规范其应用和发展。

总的来说，基因编辑技术的应用已经渗透到生物医学的多个领域，并且正在改变我们对生命科学的理解和应用。随着技术的不断进步和应用的深入，我们有理由相信，在未来，基因编辑技术将在人类健康、农业生产和环境保护等领域发挥更大的作用。然而，与此同时，我们也需要对技术的潜在风险保持警惕，并努力确保它在伦理和法律的框架内得到合理和负责任的应用。

基因编辑技术的发展也促进了相关产业链的形成和完善。例如，基因编辑工具的研发和生产、基因编辑服务的提供，以及基于基因编辑技术的产品研发和推广等，都形成了一个庞大的产业链。这不仅为相关的企业和研究机构带来了巨大的商业机会，也为社会的进步和发展注入了新的活力。

需要强调的是，基因编辑技术虽然强大，在应用过程中，还需要充分考虑技术的局限性、潜在的风险以及伦理道德问题。同时，也需要加强公众对基因编辑技术的了解和认识，提高其科学素养和风险防范意识。只有这样，才能确保基因编辑技术在为人类带来福祉的同时，也能得到合理和可持续的发展。

第四节 CRISPR研究的技术方法

CRISPR技术,作为生命科学领域的一项重大突破,已广泛应用于基因编辑、基因敲除、基因替换等领域。本节将介绍CRISPR-Cas9系统及其变体CRISPR-dCas9系统,并探讨CRISPRi和CRISPRa这两种基因表达调控技术,以及它们在CRISPR screen和Perturb-Seq中的应用。

一、CRISPR-Cas9系统概述

CRISPR-Cas9系统由sgRNA(由crRNA和tracrRNA组成的嵌合体)和Cas9蛋白组成。crRNA负责靶向特定的DNA序列,而tracrRNA则作为Cas9核酸酶的募集序列。Cas9具有切割靶DNA的核酸酶活性,通过其RuvC1和HNH结构域切开每条DNA链,从而诱导DNA双链断裂(DSB)。这一特性使得CRISPR-Cas9系统成为基因编辑的强大工具。

二、CRISPR-dCas9系统:基因表达调控的新篇章

CRISPR-dCas9系统是CRISPR-Cas9的变体,其中的Cas9蛋白经过突变,失去了切割DNA的功能,但仍能精准地结合到目标DNA序列。这种失去切割功能的Cas9蛋白被称为dCas9。由于dCas9不再引起双链断裂,它为我们提供了一种新的基因表达调控手段。

三、CRISPRi技术:精准抑制基因转录

CRISPRi(CRISPR干扰)技术利用dCas9与sgRNA的结合,精确靶向目标基因的启动子区域或编码序列。通过阻碍转录因子的绑定和RNA聚合酶的功能,CRISPRi技术能够抑制基因的转录,从而降低特定基因的表达水平。这一技术为研究人员提供了一种不修改DNA序列就能降低基因表达的方法。

四、CRISPRa技术:增强基因转录活性

与CRISPRi相反,CRISPRa(CRISPR激活)技术旨在增强特定基因的转录活性。通过将转录激活因子(如VP64)融合到dCas9上,并使用sgRNA指导这个复合体到目标基因的启动子区域,CRISPRa技术能够激活基因的转录。这一技术为特定基因的过表达提供了一个有力的工具,尤其适合于研究基因功能和疾病机理。

CRISPRa与传统过表达技术的对比:CRISPRa与传统的基因过表达方法相比,具有更高的特异性和更精细的调控能力。它允许在基因的自然位点上调控表达,避免了非生理

水平的表达问题。然而，技术上的问题包括脱靶效应和不完全激活效率仍需解决。此外，CRISPRa主要影响转录水平，无法影响可变剪切过程。

CRISPRi与传统敲低技术的对比：与传统的RNAi敲低方法相比，CRISPRi展现出更高的特异性和调控灵活性。它可以通过特异性结合避免脱靶效应，并且可以通过调节复合体的浓度和结合时间来精细调控基因表达水平。但在某些细胞类型中可能存在转染效率低的问题。

CRISPRi/a技术的出现极大地推进了功能基因组学的研究。通过组合CRISPRi/a和高通量测序技术，研究者可以在全基因组层面进行CRISPR screen，以鉴定影响特定生物学过程的关键基因。而Perturb-Seq则结合了CRISPRi/a和单细胞RNA测序，允许科学家在单细胞水平上研究基因干扰或激活的影响。这些应用为揭示复杂生物学系统提供了强大的工具。

基于原核生物中的CRISPR-Cas系统，通过人工设计特定的CRISPR RNA(crRNA)与Cas蛋白复合物，实现对目标DNA序列的精准识别和编辑。以下将详细介绍CRISPR-Cas9研究的主要技术方法。

1.gRNA设计与载体构建

在CRISPR-Cas9系统中，gRNA(guide RNA)的设计与合成是至关重要的一步。gRNA是由一段crRNA和一段tracrRNA(trans-activating CRISPR RNA)通过碱基互补配对形成的复合体。需要根据目标DNA序列设计特定的gRNA序列，确保它能够精准地识别并引导Cas9蛋白进行切割。gRNA的合成可以通过化学合成或体外转录等方法实现。

很多免费网站可以自行设计gRNA。不同的在线工具有不同的设计法则和评分标准，同一序列用不同的在线工具设计得到的结果也可能各不相同。以下为可以进行gRNA序列设计的免费网站：

(1)CHOPCHOP：http://chopchop.cbu.uib.no/(图13-5)。

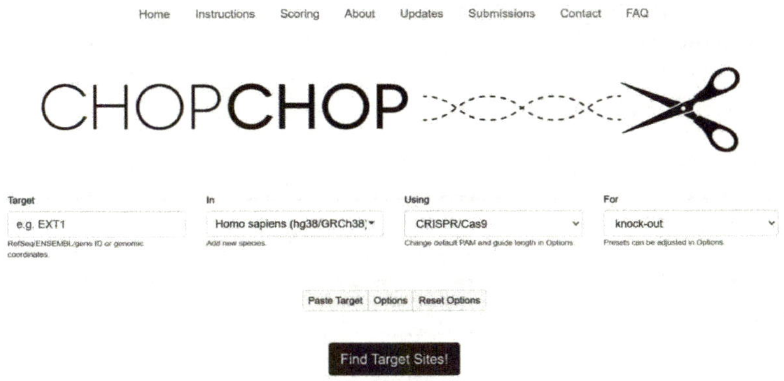

图13-5　CHOPCHOP网站

CHOPCHOP是一个用户友好的在线工具，它允许用户输入目标基因的序列，并自动推荐最佳的sgRNA靶点。该工具考虑了多种因素，如靶点特异性、PAM序列的存在以及潜在的脱靶效应，从而帮助用户设计出高效的sgRNA。

(2)CRISPRdirect:http://crispr.dbcls.jp/(图13-6)。

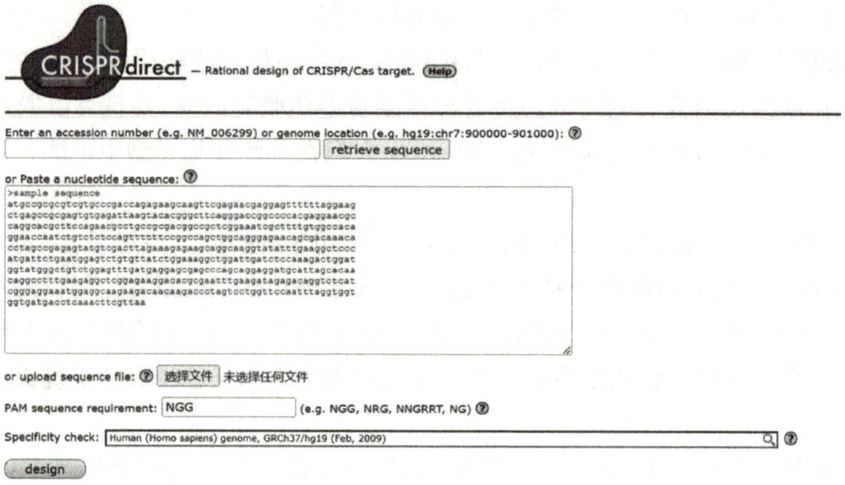

图13-6　CRISPRdirect网站

CRISPRdirect是在线sgRNA设计工具,它提供了一个简洁的界面,允许用户输入基因组序列并获取潜在的sgRNA靶点。该工具的特点是能够快速分析并提供多个候选靶点。

(3)E-CRISP:http://www.e-crisp.org/(图13-7)。

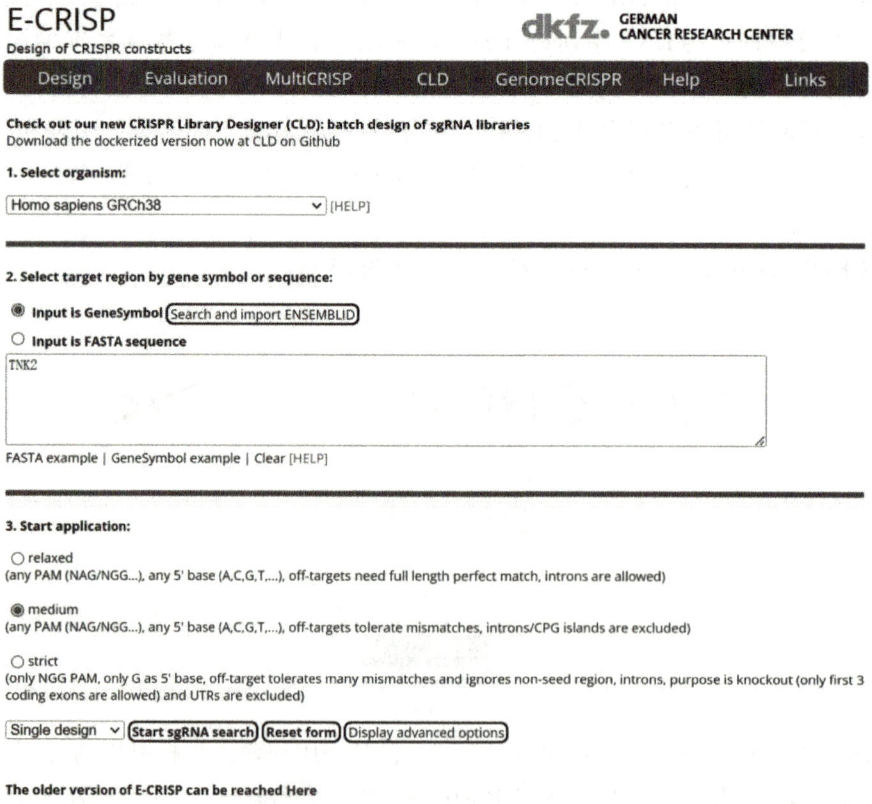

图13-7　E-CRISP网站

E-CRISP是一个专为设计高效sgRNA而开发的在线工具。它结合了多种算法来预测sgRNA的效率和特异性，帮助研究人员找到最佳的编辑位。

（4）CRISPR-ERA:http://www.e-crisp.org/E-CRISP/（图13-8）。

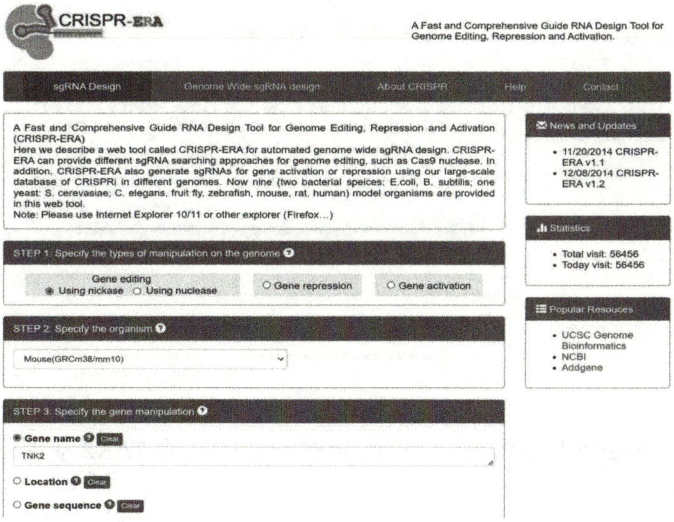

图13-8　CRISPR-ERA网站

CRISPR-ERA是一个全面的sgRNA设计和分析工具。它不仅能够设计sgRNA，还能对设计的sgRNA进行评分和筛选，从而找到最适的编辑方案。

（5）zlab:https://www.zlab.bio/resources（https:// zlab.bio/guide-design-resources，张峰实验室）。

zlab是一个网页设计工具，打开网址，选择网页工具-博德研究所，粘贴序列，即可查看结果和下载数据。

（6）SYNTHEGO：https://design.synthego.com/#/。

打开以上网站链接，选择种属人*Homo sapiens*，人的*TNK2*基因的ID号为10188，选择*TNK2*基因，点击search（图13-9）。

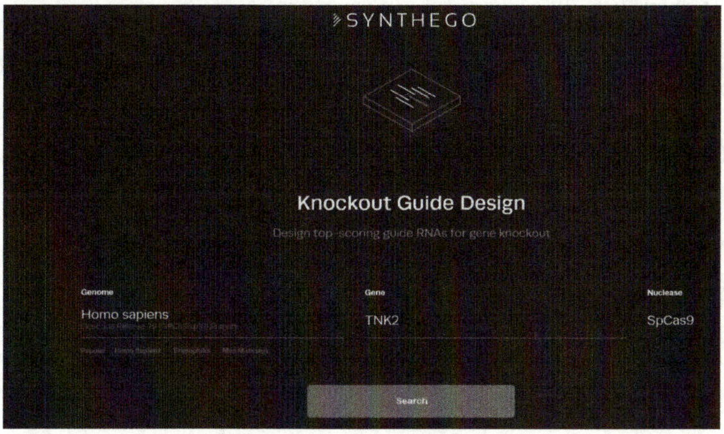

图13-9　SYNTHEGO　网页一

搜索结果分两部分，左侧推荐的sgRNA和右侧所有的sgRNA。点击会看到四条推荐的sgRNA的序列（图13-10）。

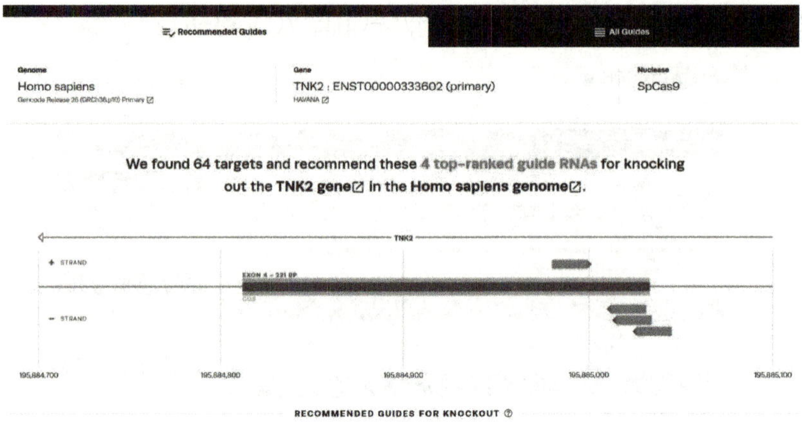

图13-10 SYNTHEGO 网页二

选择其中一条sgRNA序列点击查看，会看到sgRNA在*TNK2*基因上的具体作用位置（图13-11）。

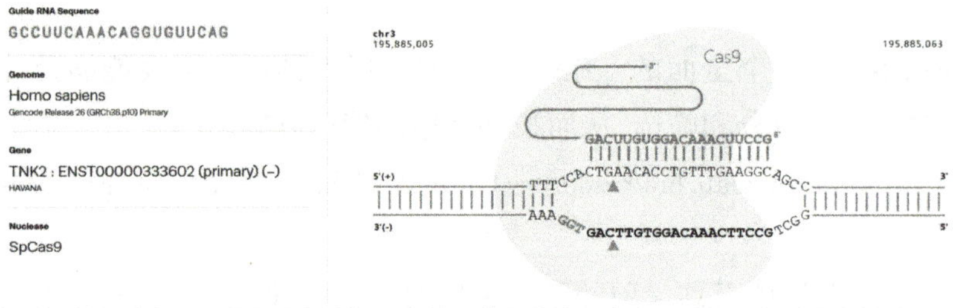

图13-11 SYNTHEGO 网页三

质粒载体是一种经过工程改造的病毒载体，它结合了CRISPR-Cas9基因编辑系统和慢病毒（lentivirus）载体的优点。该载体包含了CRISPR-Cas9系统的关键组件，即Cas9蛋白和sgRNA（单链引导RNA）。sgRNA能够引导Cas9蛋白到特定的DNA序列上进行切割，从而实现精准的基因编辑。

以lentiCRISPRv2载体为例，详细介绍sgRNA构建到该载体中的步骤。将设计好的sgRNA中的U碱基改成T碱基，如*TNK2*基因的sgRNA序列为5'-GCCUUCAAACAGGUGUUCAG-3'，修改后的碱基为5'-GCCTTCAAACAGGTGTTCAG-3'，该序列的反向互补序列为3'-CGGAAGTTTGTCCACAAGTC-5'，在序列两端添加*Bsm*B I酶切后的同源序列如下（图13-12）。

5'- caccgGCCTTCAAACAGGTGTTCAG-3'
3 '-cCGGAAGTTTGTCCACAAGTCcaaa-5 '

图13-12 同源序列

合成这两条互补的序列后，退火成双链就可以连接到用*Bsm*B I酶切后的lentiCRISPRv2载体中。lentiCRISPRv2载体(图13-13)包含hspCas9和嵌合的前导RNA。hspCas9编码CRISPR-Cas9系统中的Cas9核酸酶，该酶能够识别并切割与sgRNA互补配对的DNA序列。嵌合的前导RNA(sgRNA)与靶向序列位点(通常为20 bp)互补配对，其3′端紧邻PAM基序(NGG)。sgRNA引导Cas9核酸酶至特定DNA序列进行切割。

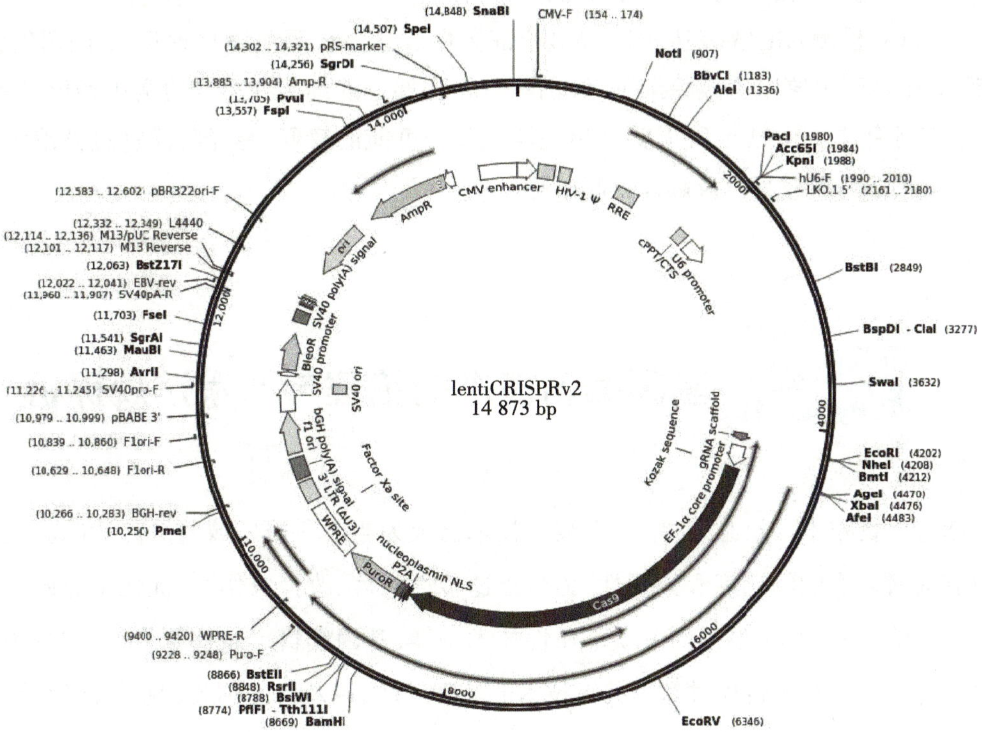

图13-13 lentiCRISPRv2载体结构图

2.编辑效果检测

为了验证CRISPR技术的编辑效果，研究人员可以通过多种方法对编辑后的细胞或组织进行检测。常用的检测方法包括PCR扩增、测序分析、流式细胞仪分析等。通过这些方法，研究人员可以评估编辑效率、特异性以及潜在的脱靶效应等。

CRISPR-Cas9系统通过Cas9蛋白剪切DNA，导致双链断裂(DSB)。随后，细胞利用非同源末端连接(NHEJ)进行修复，但在修复过程中会在DSB位点随机引入碱基的插入或缺失(Indel)。如果这些Indel不是3的倍数，就会导致后续阅读框发生移码，提前产生终止密码子(PTC)，导致蛋白功能的丧失，从而达到敲除效果。

(1)qPCR检测mRNA表达的验证方法

尽管CRISPR-Cas9介导的敲除影响的是蛋白的翻译过程，理论上对mRNA的表达丰度没有影响，但在实际实验过程中，研究者确实能够检测到部分敲除细胞株mRNA的表达发生明显下调。这主要是由于翻译过程的质量监测(QC)事件，特别是无意义介导的

mRNA降解(NMD)和无终止密码子导致的mRNA降解(NSD)两条通路的作用。

NMD是影响CRISPR-Cas9敲除的mRNA水平的主要通路。当核糖体遇到提前产生的终止密码子时,将激活NMD,导致mRNA的降解。然而,NMD的效率受到多种因素的调节,包括PTC的位置、外显子长度和mRNA本身代谢速率等。因此,qPCR检测mRNA表达的方法不能作为验证CRISPR-Cas9介导敲除效果的可靠手段。

(2)WB验证蛋白表达量的验证方法

与qPCR检测mRNA表达相比,WB验证蛋白表达量似乎更直接地反映了敲除效果。然而,即使基因组鉴定为敲除细胞系,仍然有相当部分的细胞在质谱检测中残留了蛋白。这种残留水平与mRNA残留无明显相关性。几种可能的解释:翻译阶段跳过被编辑的外显子、未触发NMD过程以及翻译重起始等。

第五节 基因编辑技术的伦理与政策法规探析

随着生物技术的迅猛发展,基因编辑技术已成为当今科研领域的热点话题。这项技术以其前所未有的精确度和灵活性,为治疗遗传性疾病、改良农作物、优化工业微生物等提供了可能。然而,正如任何一项革命性技术一样,基因编辑也面临着伦理、政策法规等多方面的挑战。本节将探讨基因编辑技术的伦理问题,以及与之相关的政策法规,旨在为该技术的健康发展提供参考。

一、基因编辑技术的伦理问题

1.人类基因编辑的边界

基因编辑技术在人类胚胎上的使用引发了关于“设计婴儿”的辩论,这涉及对生命起始条件的操控以及未来社会不平等问题的担忧。例如2018年,中国科学家贺建奎宣布一对经过CRISPR-Cas9基因编辑的双胞胎婴儿在中国出生。这对双胞胎的一个基因(*CCR5*)被修改,旨在使其出生后即能天然抵抗艾滋病毒感染,这一行为立即引发了国内外科学界的质疑和谴责。

贺建奎的行为严重违反了国际伦理共识和中国的现行法规。他未经严格伦理审查和有效知情同意,擅自对人类胚胎进行基因编辑,并将编辑后的胚胎用于妊娠及生育。这种行为不仅损害了受试者的权益，也挑战了人类伦理的底线。此外，他的行为还可能对双胞胎婴儿的健康和未来产生不可预测的影响。

贺建奎及其团队成员因非法实施人类胚胎基因编辑活动被追究刑事责任。这一事件促使中国乃至全球对基因编辑技术的伦理和法律问题进行了深刻的反思和讨论。它提醒我们，在追求科技进步的同时，必须坚守伦理底线和法律规定，确保技术的应用符合人类的共同利益和价值观。同时，这一事件也促使各国政府和国际组织加强了对基因编辑技术的监管和伦理审查力度。

2. 安全性与长期风险

基因编辑技术虽然具有精确性高的特点，但其安全性仍是一个重要问题。对生物体进行基因编辑可能带来未知的副作用和风险，这些风险可能对编辑后的个体产生长期甚至不可逆的影响。因此，在推广和应用基因编辑技术之前，必须进行充分的安全评估。

3. 代际伦理与自主权

对人类胚胎或生殖细胞进行基因编辑，其遗传改变将传递给后代。这引发了关于代际伦理的讨论。未来世代是否有权决定自己的遗传特征？父母是否有权为后代做出这样的决定？这些问题都涉及对个体自主权和尊严的考量。

4. 遗传多样性与生态平衡

在自然界中应用基因编辑技术可能破坏生物多样性和生态系统平衡。例如，释放经过基因编辑的微生物到自然环境中可能会影响原有物种的生存。

5. 不可逆的基因改变

基因编辑技术通常涉及永久性的DNA修改，一旦出错或被滥用，可能带来无法预测的后果。

二、政策法规框架

为了规范基因编辑技术的应用，各国政府和国际组织纷纷出台了一系列政策法规。这些法规旨在确保基因编辑技术的安全、合法和道德应用。

1. 国际生物伦理准则

国际社会普遍认同，基因编辑技术应遵循国际生物伦理准则。联合国教科文组织制定的《人类基因组与人权宣言》强调，基因编辑技术的研究和应用应尊重人的尊严、自主权和隐私权，并应遵循严格的伦理审查程序。此外，世界卫生组织和其他国际组织也发布了相关指南和建议，以指导基因编辑技术的伦理应用。

2.国家法律法规

不同国家根据自身情况制定了不同的法律法规来规范基因编辑技术的应用。中国《中华人民共和国刑法》第三百三十六条之一明确规定了非法植入基因编辑、克隆胚胎罪，旨在保护人类生殖秩序和生物安全。此外，中国还发布了《人胚胎干细胞研究伦理指导原则》等相关文件，对涉及人类胚胎的研究提出了严格的伦理要求。在美国，FDA负责监管基因编辑技术的安全性和有效性，并要求相关研究遵循伦理准则。

3.伦理审查与监管机制

为确保基因编辑研究符合伦理原则和法律规定，各国普遍建立了伦理审查与监管机制。这些机制要求所有基因编辑研究都必须经过独立的伦理委员会审查，并接受相关监管部门的监督。伦理委员会通常由多学科专家组成，包括生物学家、医学家、伦理学家、法律专家等，他们负责评估研究的伦理风险，并确保研究符合相关法规和伦理准则。

基因编辑技术作为一把双刃剑，其在推动科学进步的同时也必须面对伦理道德的挑战和社会法律的适应问题。通过建立健全的伦理审查机制、法律法规体系以及国际合作框架，我们可以最大限度地发挥这项技术的积极作用，同时控制和减少潜在的负面效应。

思考题

1.基因编辑技术在治疗遗传性疾病中的潜力与挑战是什么?

2.CRISPR-Cas9技术相比其他基因编辑技术有哪些显著优势?

3.异种器官移植中，基因编辑技术如何帮助降低免疫排斥反应?

4.基因编辑技术的伦理问题主要体现在哪些方面?如何平衡科技进步与伦理道德?

5.在药物研发中，基因编辑技术如何加速新药的发现和开发过程?

参考文献

[1]WONG C.UK first to approve CRISPR treatment for diseases: what you need to know. Nature, 2023, 623(7988): 676-677.

[2]BARRANGOU R, FREMAUX C, DEVEAU H, et al.CRISPR provides acquired resistance against viruses in prokaryotes.Science, 2007, 315(5819): 1709-1712.

[3] SAPRANAUSKAS R, GASIUNAS G, FREMAUX C, et al. The Streptococcus thermophilus CRISPR/Cas system provides immunity in *Escherichia coli*. Nucleic acids research, 2011, 39(21): 9275-9282.

[4]KNOTT G J, DOUDNA J A. CRISPR-Cas guides the future of genetic engineering. Science, 2018, 361(6405): 866-869.

[5] FONFARA I, RICHTER H, BRATOVIC M, et al. The CRISPR-associated DNA-cleaving enzyme Cpf1 also processes precursor CRISPR RNA. Nature, 2016, 532(7600): 517-521.

（李海玉　李建美　龚　婷　冉　娅）